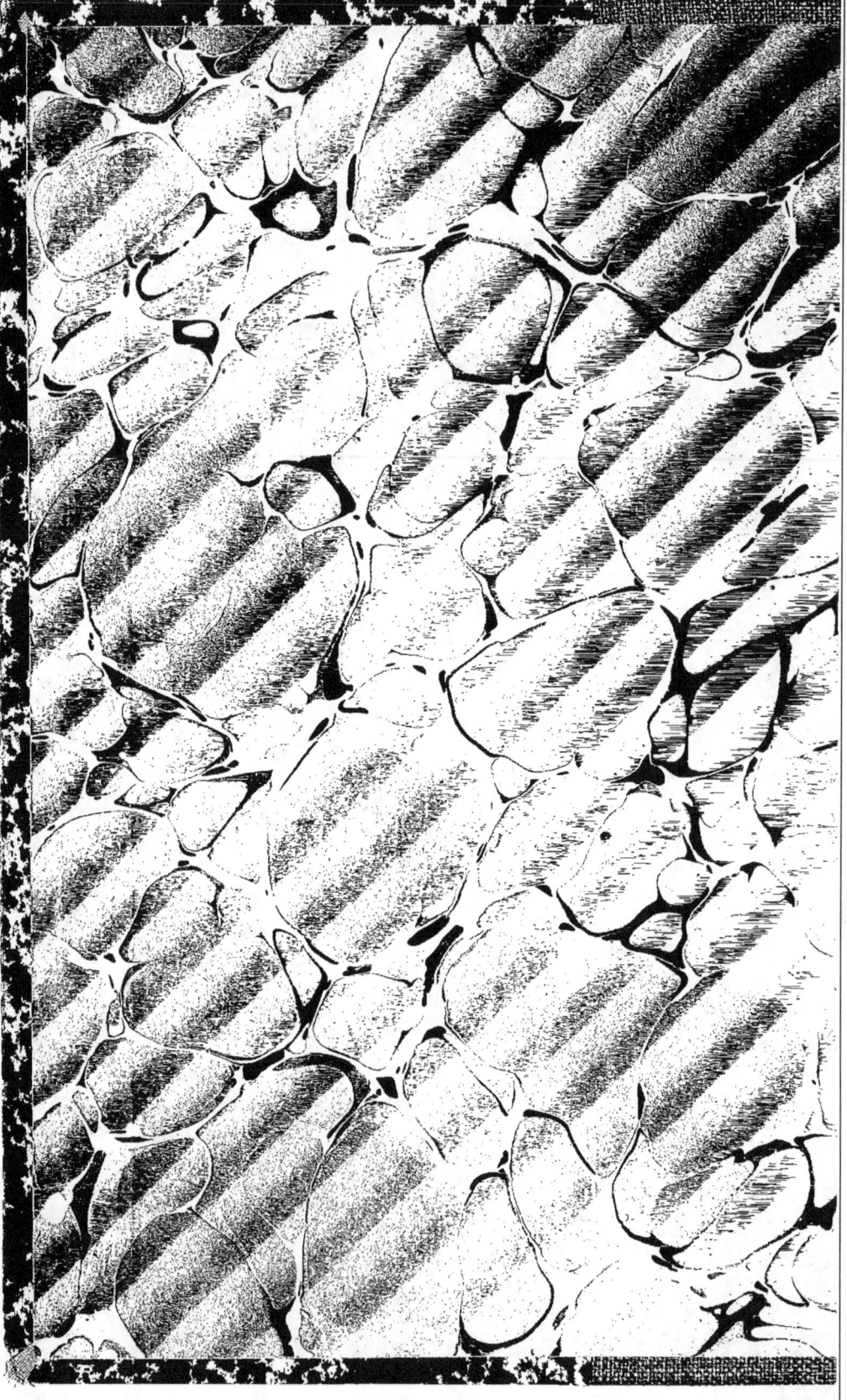

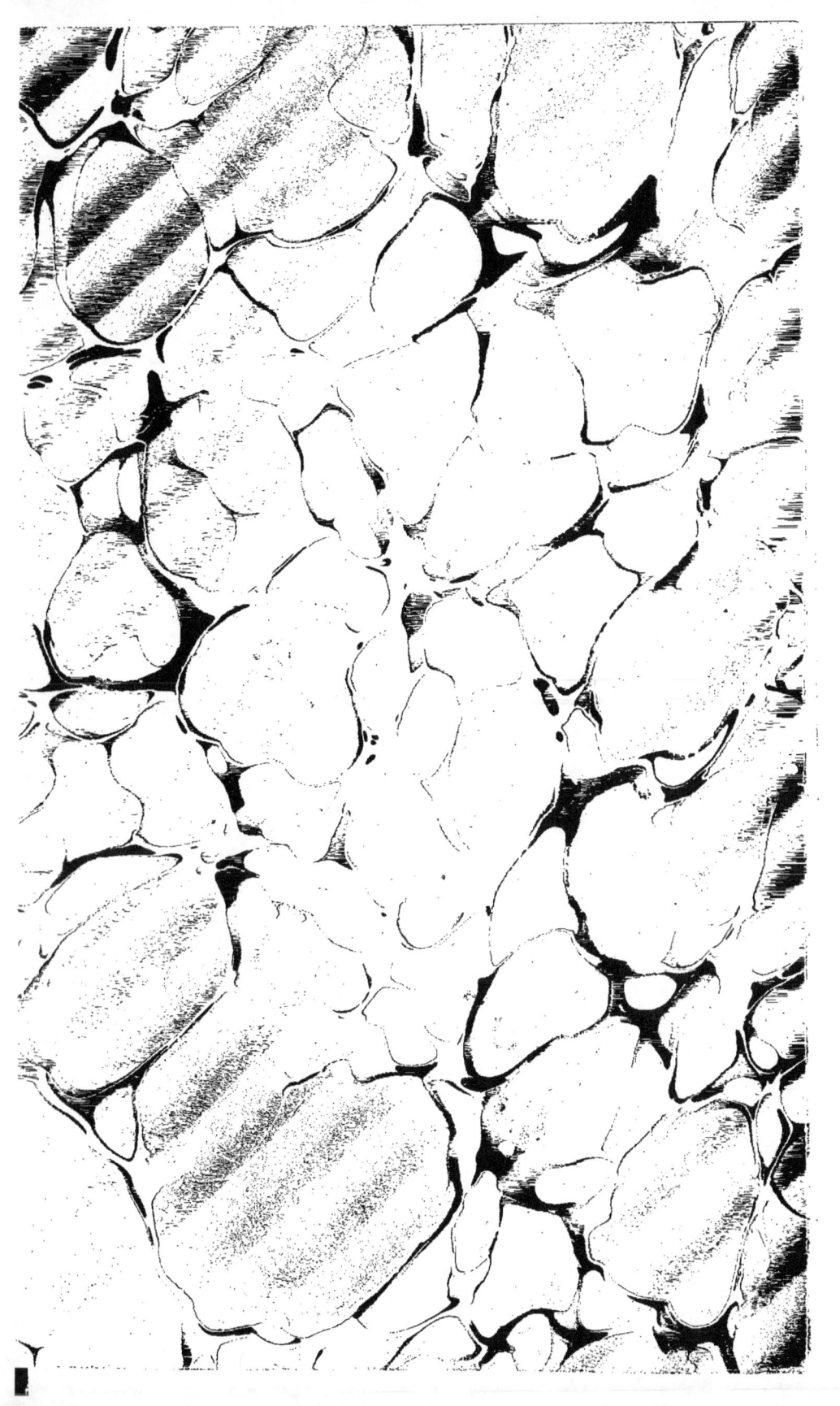

JOURNAL ET MÉMOIRES

DU MARQUIS

D'ARGENSON

PARIS. — IMPRIMERIE DE CH. LAHURE ET Cie

Rues de Fleurus, 9, et de l'Ouest, 21

JOURNAL ET MÉMOIRES

DU MARQUIS

D'ARGENSON

PUBLIÉS POUR LA PREMIÈRE FOIS D'APRÈS LES MANUSCRITS AUTOGRAPHES

DE LA BIBLIOTHÈQUE DU LOUVRE

POUR LA SOCIÉTÉ DE L'HISTOIRE DE FRANCE

PAR E. J. B. RATHERY

TOME PREMIER

A PARIS

CHEZ Mme Ve JULES RENOUARD

LIBRAIRE DE LA SOCIÉTÉ DE L'HISTOIRE DE FRANCE

RUE DE TOURNON, N° 6

M. DCCC. LIX

INTRODUCTION.

I.

Nous offrons en public, pour la première fois dans leur intégrité, le *Journal et les Mémoires* d'un des témoins les plus considérables des événements de notre histoire, pendant la première moitié du XVIIIe siècle, et l'on peut ajouter, d'un des peintres les plus naïfs de la nature humaine et de la société de leur temps. Si nous ne nous abusons, le lecteur y trouvera quelque chose du double genre d'intérêt qui s'attache aux *Mémoires de Saint-Simon* et aux *Confessions de J. J. Rousseau*, à part le génie littéraire auquel notre auteur ne prétendit jamais.

Jusqu'à ces derniers temps, l'on ne connaissait guère le marquis d'Argenson, fils aîné du célèbre lieutenant de police, que par son court ministère, par des témoignages assez contradictoires, et par quelques ouvrages très-inexactement publiés après sa mort. On savait que les courtisans l'avaient surnommé d'Argenson *la bête*, pour le distinguer d'un frère cadet plus brillant, plus aimable, qui avait absorbé à son profit les préférences de la famille, le crédit et les grâces prolongées de la cour, les succès du monde et jusqu'à

a

l'attention de la postérité. Saint-Simon avait ainsi
caractérisé les deux frères : « l'un plein d'esprit et
d'ambition, et, de plus, fort galant, et un aîné qui
était et qui fut toujours un balourd. » Voltaire, esquis-
sant à son tour le même parallèle, mais avec plus de
bienveillance, faisait allusion, dans une lettre à
Cideville, du 9 février 1757, à la mort de l'un et à la
disgrâce de l'autre : « J'ai regretté le marquis d'Argenson, notre vieux camarade : il était philosophe, et
on l'appelait à Versailles d'Argenson *la bête*. Je plains
davantage *la chèvre*, s'il est vrai qu'on l'envoie brou-
ter en Poitou; les fleurs et les fruits de la cour étaient
faits pour elle. »

Aussi tandis que le plus jeune, Marc-Pierre, comte
d'Argenson, avait été deux fois lieutenant de police,
intendant de Paris, directeur de la librairie, admis
dès 1742 au conseil des ministres, et enfin secrétaire
d'État au département de la guerre pendant quatorze
ans (de 1743 à 1757), l'aîné, René-Louis, marquis
d'Argenson, notre auteur, né le 18 octobre 1694, conseiller au parlement (1715), conseiller d'État, intendant du Hainaut et Cambrésis (1720), nommé ambassadeur en Portugal où il ne se rendit pas, ne resta
guère plus de deux ans au ministère des affaires étrangères (du 28 novembre 1744 au 10 janvier 1747). Mais
il avait eu la bonne fortune d'associer son nom, comme
ministre et comme témoin oculaire, au souvenir de la
victoire de Fontenoy, et la relation qu'il en avait
adressée à Voltaire, son ancien camarade de collége
et son correspondant, publiée par celui-ci, était de-

venue historique et avait fait autant d'honneur à l'humanité qu'à l'esprit du ministre qui l'avait écrite.

D'un autre côté, les *Considérations sur le gouvernement de la France*, connues par des copies manu-
scrites, avant de l'être par des éditions posthumes et
incomplètes, avaient été signalées avec éloge par le
même Voltaire, et par J. J. Rousseau qui en avait
fait, dans le *Contrat social*, cette mention flatteuse :
« Je n'ai pu me refuser au plaisir de citer quelquefois
ce manuscrit, quoique non connu du public, pour
rendre honneur à la mémoire d'un homme illustre et
respectable, qui avait conservé jusque dans le ministère le cœur d'un vrai citoyen et des vues droites et
saines sur le gouvernement de son pays. »

Le marquis d'Argenson avait donné sa démission le
10 janvier 1747. Dès lors sa carrière publique fut terminée ; mais il resta le témoin très-attentif, et non
complétement désintéressé, de ce qui se passait autour
de lui, partageant son temps, comme il le disait lui-
même, « entre la bonne compagnie et une meilleure,
qui est la retraite, » vivant du reste beaucoup avec
ses livres, dont le fonds, très-augmenté par son fils,
le marquis de Paulmy, se retrouve à la bibliothèque
de l'Arsenal, et avec ses pensées, qu'il aimait, suivant
une habitude de famille, à consigner par écrit. Lors
de sa mort, arrivée le 26 janvier 1757, ce fils put
constater que « les papiers de son père étaient en bon
ordre, à la différence de ses affaires. » Les remarques
sur ses lectures allaient jusqu'en décembre 1756, et la
dernière date tracée sur son Journal, d'une main en-

core ferme, était du 18 janvier 1757, de sorte qu'on
a pu dire qu'il était mort la plume à la main.

Et pourtant de ces volumineux manuscrits du marquis d'Argenson, notes prises en lisant, mémoires politiques et diplomatiques, théories économiques et
gouvernementales, matériaux pour l'histoire de sa
vie et de son temps, le public ne connaissait encore,
il y a quelques années, que deux échantillons fort in-
complets : l'un purement spéculatif, les *Considérations sur le gouvernement de la France*; l'autre, plus
personnel, les *Essais dans le goût de ceux de Montaigne*, qu'on intitula, dans la deuxième édition, les
Loisirs d'un ministre d'État[1], arrangés, ainsi que le
premier ouvrage, par le marquis de Paulmy, fils de
l'auteur, et retouchés depuis par son arrière-petit-
neveu, M. le marquis René d'Argenson, qui leur a
donné, en 1825, la forme et le titre de Mémoires.
Or, les matériaux qui ont formé la base de ces deux
publications remontent aux années 1732 et 1736, pour
le moins[2]. C'est donc plus de vingt ans de cette pen-

---

1. Il faut remarquer que le *ministre d'État*, c'est M. de Paulmy,
et que c'est lui qui parle dans la seconde édition (1787), tandis
que dans la première (1785), on laissait parler le marquis d'Argenson.

2. Cela résulte, pour les *Considérations*, de l'article 375 d'un
manuscrit du même auteur : *Pensées sur la réformation de l'État*,
article qui est de l'année 1733, et dont le sommaire est ainsi
conçu : « Première idée de l'admission de la démocratie dans le
gouvernement monarchique, *dont j'ai fait un traité à part*. » Quant
aux *Essais*, le titre de la première édition porte : *composés en* 1736,
et cela est confirmé par une note qui se trouve à la page 131.

sée si active et si mobile, mûrie par l'exercice du pouvoir et par les méditations de la retraite, qui ont été
laissés de côté. Ainsi, même en ce qui touche l'ouvrage
où l'on a cru trouver le dernier mot et le résumé des
idées politiques de l'auteur, on n'a eu égard, dans les
éditions posthumes de 1764 et années suivantes, ni
aux retours fréquents qu'il y fait dans son manuscrit
des *Pensées sur la réformation de l'État*, ni à l'é-
dition qu'il en avait préparée lui-même à la date
de 1752 [1].

En attendant une publication qui fasse connaître,
d'après les manuscrits, l'ensemble des travaux économiques et politiques du marquis d'Argenson, revenons
à ce qu'on avait appelé ses *Mémoires*, et ce dont on
n'avait encore qu'une idée bien imparfaite, lorsque la
Société de l'Histoire de France fut informée [2] qu'il
existait à la bibliothèque du Louvre, parmi d'autres
papiers provenant de la famille d'Argenson [3], un *Jour-*

1. Ce manuscrit, avec de nombreuses variantes et corrections
de la main de l'auteur, fait partie des *Papiers d'Argenson* à la
bibliothèque du Louvre, n° 61. Il porte pour titre : *Jusques où
la démocratie peut estre admise dans le gouvernement monarchique*,
et pour épigraphe ces deux vers de *Britannicus* qui résument l'idée
constante de l'auteur, la conciliation de la monarchie et de la liberté :

> Que dans le cours d'un règne florissant
> Rome soit toujours libre et César tout-puissant !

2. Séance du 3 mars 1857. *Bulletin*, p. 36.
3. Compris, comme biens d'émigré dans la saisie du mobilier
de M. le duc de Luxembourg, dont la mère était fille du marquis
de Paulmy, ces manuscrits avaient, à ce qu'il paraît, été signalés
au Directoire comme renfermant, sur l'affranchissement de l'Ita-

nal original et autographe du marquis, et saisie par M. Chéruel d'une proposition tendante à le mettre au jour. Mais tandis que ce projet passait par les diverses épreuves qui garantissent la maturité des travaux de la Société, elle se vit prévenue par l'apparition des *Mémoires et Journal inédit du marquis d'Argenson*, publiés et annotés par M. le marquis d'Argenson, arrière-petit-neveu de l'auteur, à qui l'on devait déjà le volume paru en 1825[1].

Le conseil d'administration de la Société, avant de donner suite à son projet, crut devoir attendre que l'on pût juger du véritable caractère de l'entreprise annoncée et déjà en voie d'exécution[2]. Aujourd'hui que cette publication est terminée, la Société a pu se convaincre que l'édition du libraire Jannet, bornée à cinq volumes in-12, dont un au moins est rempli par des matières étrangères au Journal proprement dit, prenant pour point de départ les *Loisirs d'un ministre d'État*[3], comme les *Mémoires* de 1825, et, à leur exemple, groupant autour d'un fait ou d'un person-

---

lie, des vues conformes à celles qui étaient alors à l'ordre du jour. En conséquence, ils furent transférés dans ses archives, et de là dans la bibliothèque du conseil d'État, qui est devenue plus tard celle du Louvre.

1. Paris, Jannet, 1857–1858, 5 vol. format de la *Bibliothèque elzévirienne*.

2. Avis en fut donné à la Société dans la séance du 7 avril. *Bulletin*, p. 52.

3. « Nous prenons pour point de départ l'ouvrage connu depuis longtemps sous le nom de *Loisirs d'un ministre d'État*, etc.» *Préface*, p. xij. Voy. aussi p. cxxvij.

nage des morceaux écrits à des dates et sous des impressions souvent très-différentes; du reste, en ce qui regarde les additions, procédant par voie d'extraits tirés de brouillons ou de copies plus ou moins exactes, publication *nécessairement écourtée*, comme la qualifie l'éditeur lui-même [1], arrangée quant au style, ainsi que l'a surabondamment démontré M. Sainte-Beuve pour les morceaux tirés du volume de 1825 [2], et comme il serait également facile de l'établir pour les nouveaux fragments empruntés au *Journal*, la Société, disons-nous, pensa que cette publication ne pouvait préjudicier à celle qu'elle projetait, en huit volumes in-8°, publication faite sur les manuscrits originaux de la bibliothèque du Louvre et destinée à les reproduire aussi exactement que possible.

Si les deux éditions doivent différer et par l'exécution matérielle et par les éléments qui leur auront servi de base, elles ne différeront par moins par le point de vue où se seront placés les éditeurs, diversité qui, nous l'espérons, tournera en définitive au profit du public.

Héritier du nom et, jusqu'à un certain point, des traditions de la famille, mais, il ne faut pas l'oublier, représentant d'une branche collatérale, celle du mar-

---

1. *Préface*, p. xij. « N'en demandons pas trop, et bornons-nous à la publication nécessairement un peu écourtée qui va suivre. »

2. Dans une excellente étude sur le marquis d'Argenson, pour laquelle l'auteur avait pu consulter les manuscrits du Louvre, et qui, insérée d'abord dans l'*Athenæum français* de 1855, a été recueillie dans le t. XII des *Causeries du lundi*, avec un *Post-scriptum* important.

quis étant éteinte, M. René d'Argenson a pu donner une notice intéressante sur la vie et le ministère de son arrière-grand-oncle ; il a puisé, avec trop de parcimonie peut-être, dans ses correspondances de famille, des lettres intéressantes qui remplissent une partie du quatrième et du cinquième volume de son édition, lettres émanées des deux frères d'Argenson, de Voltaire, de Saint-Simon, du président Hénault, de la reine Marie Leckzinska, etc. ; mais, dans sa susceptibilité, honorable du reste, pour ce qui touche les droits des familles, dans son désir bien naturel de réconcilier après leur mort, comme on l'a dit, des parents dont l'union n'avait pas été sans nuages, il lui était peut-être difficile de faire la part des droits de l'histoire sur ceux qu'elle aussi appelle *les siens*, et de tenir la balance égale entre des rivalités et des mésintelligences, dont la trace apparaît trop souvent dans les confidences du marquis. De là une espèce de répugnance et presque de dédain pour ce *Journal*, dont la forme négligée le rebute, et qu'il publie néanmoins, mais qu'il publie comme à regret et par extraits seulement, alors qu'il vient de déclarer que « tout abrégé sera nécessairement informe et trompeur [1]. »

Par ces motifs, une société qui n'a et ne saurait avoir d'autre intérêt que celui de l'histoire, qui du reste a toujours su le concilier avec le respect des plus hautes convenances, était peut-être dans de meilleures conditions d'impartialité pour apprécier la valeur his-

1. *Préface*, p. viij.

torique et littéraire des documents dont il s'agit et la manière dont il convenait de les communiquer au public.

Du reste, le public lui-même en sera juge. Les manuscrits qui ont servi de texte à notre publication, grâce à l'autorisation bienveillante de M. le ministre d'État et de la Maison de l'Empereur, sont, comme nous l'avons dit, conservés à la bibliothèque du Louvre, et il sera toujours facile d'y recourir au besoin. Nous allons en donner la description exacte.

Les *Matériaux pour l'histoire des choses arrivées de mon temps* forment huit volumes in-4° d'environ six cents pages et d'une écriture très-serrée. Chaque volume se compose uniformément de cinquante cahiers de douze feuilles. Le tout est rédigé en forme de journal, et consigné par écrit de la propre main du marquis d'Argenson, à mesure que les événements se passaient, ou que le souvenir s'en présentait à l'esprit de celui qui tenait la plume. Nous avons vu que, quelques jours avant sa mort, il travaillait encore à ce Journal commencé vers 1725, mais qui remonte plus haut par les réminiscences de l'auteur, ou par les traditions de famille. Il y a même pour le commencement deux rédactions différentes. La plus ancienne, qui a un caractère particulièrement intime et personnel, est intitulée : *Matériaux de mémoires de ma vie*. Elle se compose de sept cahiers dont le premier manque, et elle s'étend de 1730 à mai 1744, toujours avec des souvenirs antérieurs. Cette rédaction paraît avoir été abandonnée pour celle des huit volumes in-4°, mais elle ne forme pas double emploi avec elle, et fournit des détails précieux pour les premières années de la période qu'embrasse le journal.

Il n'y a dans toute cette période qu'une lacune volontaire portant sur le ministère de l'auteur. Il se proposait de la remplir par les *Mémoires de son ministère, commençant à la fin de* 1744 *et finissant au commencement de l'année* 1747. Suivant la *table générale* qu'il en a dressée lui-même, ces Mémoires devaient avoir quatre volumes, composés chacun d'une douzaine d'articles ou de chapitres. Les quatre premiers chapitres du tome premier ont seuls été rédigés par d'Argenson sous le nom d'un secrétaire qui lui adresse la parole, comme les secrétaires de Sully à leur maître dans l'édition originale des *OEconomies*. Le reste est à l'état de notes. Tel est le morceau, peu considérable du reste, que l'éditeur des *Mémoires* en cinq volumes affecte d'opposer en toute circonstance au *Journal*, comme seul élaboré, seul destiné au public, seul digne de lui être offert, tout en prenant avec ce manuscrit *arrêté*, comme il l'appelle, les mêmes libertés qu'avec les autres. Quant au Journal lui-même, ce sont, à en croire M. René d'Argenson, « des fragments d'écritures plus ou moins suivis, souvent dépareillés, c'est un fouillis de notes informes, rédigées à l'impromptu par l'auteur pour lui seul, réunies fortuitement et conservées par hasard. »

Il est possible que ces qualifications soient applicables aux brouillons que l'éditeur a eus entre les mains et qu'il ne fait pas autrement connaître; mais la seule inspection des manuscrits du Louvre prouve

qu'elles ne conviennent nullement aux *Matériaux
pour l'histoire de ma vie et de mon temps*. Tel est au
contraire le soin minutieux qui a présidé à leur con-
fection, qu'au n° 524 (car, outre les dates qui sont
partout exactement indiquées, les articles sont numé-
rotés jusqu'au premier quart du second volume), on
lit la mention suivante :

« Ici, j'ai commencé à changer la forme de ce
Journal, pour ressembler plus au *Journal de l'Estoile* :

« 1° Je ne numéroterai plus les jours.

« 2° La marge de mon papier sera moins grande.

« 3° Je mettrai le jour en haut, en tête.

« 4° Je mettrai toujours le titre des matières en
marge, etc. »

D'Argenson revient fréquemment sur cette intention
avouée de se rapprocher du modèle indiqué par lui.

Ainsi, au n° 168 :

« De plus en plus je composerai ces Mémoires dans
le goût du *Journal de l'Estoile*, naïveté caustique, détails instructifs et anecdotes. »

Et au n° 161 :

« Ceci peut se rédiger par ordre de dates et en
journal dans le goût des *Mémoires de l'Estoile*, mais
les articles se trouveraient souvent bien plus étendus.
Il y aurait quantité de fautes à corriger par un éditeur,
et au style beaucoup à réformer et à châtier. »

Il ne serait donc pas exact de dire que toute arrière-
pensée de publicité fût absente de l'esprit de l'auteur. Il
y a au contraire chez lui, ainsi que l'a fort bien remar-

qué un critique, à propos des volumes publiés par le
libraire Jannet, une préoccupation visible du public,
et l'on pourrait citer certaines phrases où il semble
prendre le lecteur à partie. Ce que l'on a dit de Saint-
Simon : « qu'il a devant lui un auditoire absent, mais
qu'il devine et auquel il fait appel [1], » n'est certainement pas sans application à d'Argenson lui-même.

Ce qui reste vrai, et ce qui, pour beaucoup de lecteurs, ne sera qu'un attrait de plus, c'est que l'auteur, ainsi qu'il le déclare au début de ses souvenirs de famille, a plutôt en vue *sa* postérité que *la*
postérité [2]. C'est ainsi qu'en a jugé un critique des
plus délicats, qui avait eu l'occasion d'examiner les
manuscrits du Louvre, et dont nous aimons à citer
l'opinion, sous la réserve des observations qui précèdent :

« Ce qui fait, à mes yeux, dit M. Sainte-Beuve, une
grande partie de l'intérêt des écrits de d'Argenson, et
ce qui doit les rendre précieux pour quiconque aime
la vérité, c'est que tout y est successif et selon l'instant
même; il ne rédige pas ses Mémoires après coup en
résumant dans un raccourci plus ou moins heureux
ses souvenirs : il écrit chaque jour ce qu'il sait, ce qu'il

---

1. « Il y aura toujours cette différence essentielle que le marquis
d'Argenson n'écrit que pour lui. Saint-Simon a devant soi un auditoire absent, mais qu'il devine et auquel il fait appel.» *Préface
de l'éditeur des Mémoires du marquis d'Argenson*, p. xi.

2. Parfois même il s'adresse directement à ses enfants ; mais il
faut remarquer que ceci est particulier aux *Matériaux de Mémoires
de ma vie*.

sent ; il l'écrit non pas en vue d'un public prochain ou posthume, mais pour sa postérité tout au plus et ses enfants, et surtout pour lui, pour lui seul en robe de chambre et en bonnet de nuit. La dignité peut y trouver à redire, la curiosité en profite d'autant[1]. »

Toutefois, le déshabillé ne doit pas aller jusqu'à la nudité. Aussi n'avons-nous pas hésité à retrancher certains passages obscènes, en petit nombre d'ailleurs, si, comme nous le pensons, on ne doit exclure à ce titre ni ceux où l'auteur peint les mœurs du temps avec des couleurs qui se ressentent un peu du sujet, ni ceux où, dans le cours d'un récit qui n'a rien de scabreux du reste, il lui échappe des expressions grossières sans doute, mais empreintes de l'esprit du xviiie siècle et aussi du franc-parler gaulois[2].

Sans offenser les regards du lecteur par des termes que les initiales désignent suffisamment, nous demandons à son esprit et à son imagination quelque tolé-

1. M. Sainte-Beuve, *Causeries du lundi*, XII, 94.

2. Ce que nous disons là s'applique aux écrits intimes du marquis d'Argenson, car, dans ce que nous avons pu voir de ses écrits diplomatiques, nous avouons n'avoir rien trouvé qui autorise la mauvaise plaisanterie reproduite (inexactement) à la p. 258 du premier volume des *Mémoires* de la collection Jannet. Puisque l'éditeur croyait devoir recueillir cette prétendue imitation du style ministériel de son grand-oncle, ainsi que celui-ci l'avait fait lui-même dans son manuscrit : *Affaires étrangères*, II, 168, il aurait dû y joindre, s'il la connaissait, la note écrite en marge de la main de celui-ci : « *Pièce ridicule composée contre moi, à qui on attribue cette façon de m'exprimer que je n'ai jamais connue. — Composé ainsi par ordre de M. de Maurepas.* »

rance pour ces licences de langage qui sont elles-
mêmes des traits de mœurs, et, en quelque sorte, des
témoignages historiques.

Puisque nous avons touché la question du style,
ajoutons ici que nous n'avons pas tout à fait pris au
mot l'auteur, lorsqu'il a dit : « Il y aurait beaucoup de
fautes à corriger pour un éditeur, et au style beaucoup à réformer et à châtier. »

Non pas qu'on n'y trouve, en effet, d'innombrables
incorrections, ou plutôt une habitude générale de
négligence dans la manière de s'exprimer. Le plus
souvent, il suffisait à d'Argenson de se comprendre
lui-même. De là vient qu'il lui arrivait fréquemment
de noter ses pensées *en style d'agenda*, comme il le dit
quelque part. Mais d'abord il faut se rappeler ce
qu'écrivait Grimm à propos de la publication des
Loisirs d'un ministre d'État : « Il est impossible qu'un
auteur aussi sans apprêt ne dise pas la vérité. » D'ailleurs, la critique littéraire de nos jours est un peu plus
large en pareille matière qu'elle ne l'était autrefois.

Un juge que nous avons déjà cité, et auquel après
tout on ne peut mieux faire que de s'en rapporter sur
ces questions de style, M. Sainte-Beuve, a ainsi caractérisé celui du marquis d'Argenson :

« Ce n'est pas un écrivain, il est vrai, mais il a sa
manière de parler et de dire qui, pourvu qu'on la lui
laisse et qu'on n'y fasse pas de demi-toilette, a son caractère et son originalité. Ce n'est pas le style d'un
académicien ni d'un homme essentiellement poli; ce
n'est pas celui d'un grand seigneur, mais plutôt d'un

bourgeois comme du temps de d'Aubray dans la *Satyre Ménippée*, ou, si l'on aime mieux, d'un gentilhomme campagnard, de bonne race, nourri de livres, et qui s'exprime crûment, rondement et avec séve. Il nous rappelle le ton des pères et aïeux de Mirabeau.... Bref, si ce n'est pas un écrivain, ce n'est pas non plus le contraire que d'Argenson [1]. »

Nous ne nous sommes donc cru autorisé à corriger, ou plutôt à rétablir le texte original, que pour les *lapsus calami*, lorsque évidemment l'auteur ne disait pas ce qu'il voulait dire; pour terminer des phrases inachevées, ou ajuster celles dont la fin ne répondait pas au commencement, enfin pour faire disparaître des répétitions fastidieuses de mots ou d'idées. Nous ne nous sommes pas fait non plus une obligation de reproduire l'orthographe souvent très-bizarre de l'auteur, comme s'il s'agissait d'un texte classique, d'un écrivain de profession.

La forme du journal, toute spontanée, toute successive, entraîne, par cela même, de nombreuses redites. Nous n'avons point eu la prétention de les faire entièrement disparaître, puisqu'elles tiennent à l'essence même du journal. Qui ne sent, par exemple, que ces lamentations, répétées à satiété, sur la persistance de Fleury à rester au pouvoir, font comprendre, disons mieux, font partager au lecteur les impatiences de l'opinion publique lassée par ce ministère qui ne finissait pas? Toutefois, il y avait à cet égard une mesure

1. *Causeries du lundi*, XII, p. 92.

à garder, une distinction à établir. Qu'en revenant sur
les mêmes événements le chroniqueur se complète,
qu'il se rectifie, qu'il se contredise même souvent,
nous le laissons faire; mais quand il se répète textuel-
lement, nous retranchons sans scrupule.

Nous avons également, mais avec plus de réserve,
opéré des retranchements dans les morceaux très-longs
et très-multipliés qui se rapportent aux affaires étrangères. Il ne fallait pas oublier qu'elles ont formé l'objet
du ministère du marquis d'Argenson, ministère court,
mais auquel sont restés attachés en définitive d'hono-
rables souvenirs, et que, parmi ces projets et ces rêves
d'un ministre homme de bien, il en est quelques-uns
qui n'ont rien perdu de leur intérêt. Mais, quand il ne
fait qu'extraire les nouvelles étrangères de la *Gazette*,
ce qui lui arrive fréquemment dans les derniers volumes, nous ne croyons pas utile de reproduire ces extraits où l'auteur n'a rien mis du sien.

Du reste, à part le commencement du *Journal*, où
quelque confusion dans des réminiscences consignées
après coup, et la nécessité d'entrelacer deux ordres
de récits différents, ont forcé à changer quelquefois
la disposition des articles, nous avons suivi partout
scrupuleusement la marche du manuscrit, qui n'est
autre que la succession même des faits ou celle des
pensées et des impressions de l'auteur. Il y a presque
toujours intérêt à savoir qu'un souvenir antérieur a
été enregistré par d'Argenson tel jour plutôt que tel
autre, et, dans ce cas, nous le laissons à la place qu'il
occupe, préférant la chronologie des idées à celle des

événements. Seulement nous mettons entre deux crochets les dates ainsi transposées. Nous indiquons de la
même manière les intercalations, assez rares du reste,
faites après coup par l'auteur.

Outre les huit volumes du *Journal* et le petit volume supplémentaire qu'il a fallu y refondre, la bibliothèque du Louvre possède un certain nombre d'autres
manuscrits du marquis d'Argenson. Nous allons indiquer les plus importants, ceux auxquels nous avons
eu le plus souvent recours :

1° *Pensées sur la réformation de l'État*, 2 vol.
in-4 [1].

2° *Mémoires d'État*, 3 vol. in-4; s'étendant de 1731
à 1744.

3° *Affaires étrangères*, 2 vol. in-fol., comprenant
les *Mémoires de mon ministère,* tels que nous les avons
décrits plus haut.

---

1. Voici comment ce manuscrit est désigné par l'éditeur des
Mémoires dans une note qui a pour titre : *Éclaircissements sur les
manuscrits du Louvre*, t. V, p. 82.

« Une autre série de sentences est intitulée : *Pensées sur la
réformation de l'État;* numérotée jusqu'au chiffre 773, elle ne
commence qu'au 611e. Ce simple aperçu fait concevoir combien, malgré leur étendue, les dossiers du Louvre sont incom-
plets. »

Or, le manuscrit dont il s'agit se compose de deux volumes,
dont le premier et le plus important, renfermant 610 nos, et précédé de deux tables, n'a pas été connu de l'éditeur, qui cependant
a la prétention de nous donner les *Pensées sur la réformation de
l'État*, alors qu'il en omet les trois quarts.

Ne sommes-nous pas en droit de dire à notre tour : Ce simple
aperçu fait voir combien son édition est incomplète?

b

4° *Pensées depuis ma sortie du ministère*, 1 vol. pet. in-fol.

5° *Remarques en lisant*, répertoire fort curieux où l'auteur rend compte de ses lectures, depuis mai 1742 jusqu'à décembre 1756. Malheureusement il est incomplet, ne commençant qu'au n° 928, par suite de la perte du premier des trente-deux cahiers in-4° dont il se composait[1].

Or, d'Argenson renvoie souvent d'un manuscrit à l'autre, sans se soucier de l'étiquette du sac, interrompant une dissertation politique par une anecdote de cour, ou un extrait de lectures par le récit d'une bonne fortune de jeunesse. Ainsi, dans son *Journal*, à la date du 12 août 1744, il nous avertit que « s'il lui revenait à écrire quelque chose d'oublié ou de peu antérieur, il le mettrait à *Remarques en lisant*. » Dans le manuscrit intitulé : *Affaires étrangères*, on trouve t. II, p. 61, l'*Extrait d'une lettre écrite à M****, touchant ce que j'ai vu de la bataille de Fontenoy, avec cette mention en marge : *à Mémoires de ma vie*. En rétablissant dans le *Journal* un certain nombre de morceaux dont la place y était ainsi marquée, nous n'avons fait que nous conformer aux intentions de l'auteur.

C'est dans les mêmes manuscrits, et dans quelques autres, qui seront cités à l'occasion, que nous avons de préférence puisé la matière de nos notes, saisissant

---

1. Une erreur commise par l'auteur, dans le numérotage des articles, l'a fait passer du n° 1270 à 1721, et ainsi de suite.

cette occasion de faire connaître des documents iné-
dits et dont plusieurs sans doute ne verront jamais le
jour. Du reste, nous avons tâché d'être sobre dans
cette partie de notre travail, sans négliger aucun des
éclaircissements que pouvait désirer le lecteur.

II

Nous n'avons pas l'intention de retracer ici la vie
du marquis d'Argenson, ni le tableau de l'époque où
il a vécu. Cette tâche a été convenablement remplie,
dès 1825, par l'éditeur des *Mémoires*. C'est par d'autres côtés que nous voudrions faire connaître celui qui
a tant vécu par la pensée, et qui a écrit tout ce qu'il
pensait. Ce n'est pas le personnage politique, l'acteur
élevé un moment sur la scène de l'histoire, c'est
l'homme intérieur, le témoin caché derrière le rideau
que nous chercherons à saisir. L'occasion est trop rare
de prendre ainsi la nature humaine sur le fait, pour
la laisser échapper, et lorsque l'on peut poursuivre
cette piquante étude sur une individualité qui appartient à l'histoire, la curiosité devient à la fois plus
vive et plus légitime.

Nous voulons donc résumer ici l'impression que
nous a laissée la lecture du *Journal* et des autres manuscrits du marquis d'Argenson, sur ce personnage
très-singulier, et dont la plus grande singularité peut-
être consiste en ce qu'il s'est montré à nous sans
réserve.

Puisque le nom de Montaigne a été prononcé par
M. de Paulmy à propos de son père, prenons occasion
de ce rapprochement, un peu ambitieux peut-être,
pour constater au moins que *l'être ondoyant et divers*,
dont parle l'auteur des *Essais*, n'apparut nulle part
plut naïvement que dans le *Journal* du marquis, dont
on peut dire aussi : « Ceci est un livre de bonne foi. »

Ici pur déiste et matérialiste, là, ramené à l'idée d'une
autre vie par le spectacle des injustices de celle-ci, il
sent et exprime vivement la supériorité du christianisme
sur les croyances païennes et l'héroïsme des premiers
chrétiens; mais les vices du clergé de son temps,
les abus des établissements monastiques lui arrachent
d'énergiques et persévérantes protestations. Toutefois,
s'il veut supprimer les couvents, c'est pour enrichir
les paroisses, et à travers des théories fort peu ortho-
doxes sur la religion, des invectives souvent grossières
contre ses ministres, on sent qu'il est vivement frappé
par l'influence qu'elle exerce sur la police des États
et sur la morale privée. C'est ainsi qu'à la suite d'une
de ses sorties ordinaires contre le clergé, il s'écrie :
« Abandonnerons-nous pour cela notre sainte religion,
si belle, si chère aux honnêtes gens, si fructueuse
pour ramener les mœurs du siècle? » A ses yeux, « les
petits favoris qui travaillent à rendre le roi esprit fort
sont bien coupables; » et, « les hérétiques sont le
poison de l'autorité. Plût à Dieu que ces damnés de
réformateurs ne fussent pas venus approfondir les
mystères! » Il ne va guère au delà de la simple tolé-
rance pour les protestants qu'il exclut des charges

publiques. L'insurmontable dégoût que lui inspirent les discussions théologiques le mène à être, comme il dit, « furieux sur l'observation du silence; » et voici le plan de conduite qu'il trace au gouvernement dans les matières religieuses : « On dirait : Dieu et son Église vous ordonnent de croire Trinité, Incarnation, grâce, etc. Une petite définition, l'Écriture sainte, un bon catéchisme, et voilà tout ce que vous en aurez. Si vous voulez disserter sur cela, *silence;* si vous voulez disputer, *punition.* »

En général, il ne s'écarte guère de cette doctrine qui admet certaines vérités de sentiment ou de conviction et demande silence et respect sur le reste. Du moins, c'est la théorie qu'il met en avant pour les autres, sans s'y assujettir toujours pour son propre compte. Il donne quelque part ce qu'il appelle un cours abrégé de théologie. Ce cours ne tient qu'une page : il y énumère un certain nombre de propositions à la suite desquelles il met entre parenthèses (*certain*), ou (*à se taire*).

Voici les deux derniers passages que contiennent les papiers du marquis d'Argenson, dans l'ordre d'idées qui nous occupe. Nous croyons devoir les donner dans leur incorrection et dans leur franchise, tels qu'ils ont, comme on l'a dit, sauté du cœur sur le papier. Nous aimons à les considérer comme le dernier mot de l'auteur sur la question :

« Il y a des vérités sur lesquelles un homme de bon esprit est parfaitement convaincu, comme de l'existence d'un Dieu éternel et infini, de sa justice et de

sa providence, comme de son grand mécanisme physique; d'autres sur lesquelles il ne peut se convaincre,
comme sur la grâce, les mystères, etc.; sur cela, il
doit se taire, même s'abstenir d'y penser, et respecter
en tout la religion pratique dans laquelle il est né. »

Et ailleurs : « Il n'y a de différence d'une religion
raisonnable à une qui l'est moins, sinon que la première se tait et respecte même des choses dont la né-
gation lui paraîtrait plus évidente que l'affirmation.
Elle doute des contradictions délicates, mais ne doute
pas sur les choses qu'elle ignore, ou elle se tait. Ainsi
sont quantité de mystères, l'existence des choses im-
matérielles, leur immortalité, comment la Providence
agit pour la justice de Dieu, la nature et les attributs
de Dieu, la révélation par l'Écriture sainte; que de
choses où un honnête homme doit se taire, respecter,
s'abstenir d'approfondir, *même de douter !* Tout doit
aller à la morale, au respect et à l'amour de la divinité, et à faire du bien au prochain[1]. »

La morale de d'Argenson est encore plus difficile
à définir que sa religion. On ne saurait lui refuser une
probité scrupuleuse, un désintéressement qui allait
jusqu'à l'insouciance des intérêts matériels, un ardent
amour de l'humanité qui perce dans toutes ses paroles
et qui les élève parfois bien au-dessus du jargon philosophique et humanitaire. Il a de ces mots qui par-
tent du cœur et qu'on n'oublie pas quand on les a
une fois entendus. « Il y a un métier à faire où il y a

1. *Pensées sur la réformation de l'État*, nᵒˢ 712, 738.

prodigieusement à gagner, c'est d'être parfaitement
honnête homme. » La misère des campagnes lui arra-
che cette parole admirable qui avait frappé Voltaire,
et qui, a-t-on dit, mériterait d'être inscrite en lettres
d'or : « Il nous faut des âmes fermes et des cœurs
tendres pour persévérer dans une pitié dont l'objet
est absent. »

Ailleurs, il entonne, en plein xviiie siècle, un hymne
à la pauvreté, qu'on croirait échappé à la muse d'un
poëte gnomique ou chrétien : « C'est une belle chose
que la pauvreté ! Quand nous savons resserrer nos
besoins, nous devenons semblables aux dieux. Par
là nous vaquons bien mieux aux affaires publiques.
Voilà ce qu'on devrait inspirer aux jeunes gens, voilà
ce que l'Évangile voulait établir, et voilà ce qui rendrait un État florissant, empêcherait les pauvres, in-
troduirait la vertu qui rend les hommes et les sociétés
si heureux. La pauvreté est la source de toutes vertus. » Quelquefois même chez lui la philanthropie a
des accents tendres comme ceux de la charité. « Dans
ma société, je recherche des cœurs plutôt que des
esprits. Malheureusement, mais naturellement, je ne
les trouve guère dans ce qu'on appelle les gens d'esprit et dans les gens riches, car on ne peut tout avoir.
Mais les pauvres d'esprit et de biens, les pauvres, les
malheureux sont ordinairement les seuls qui connaissent l'usage de leur cœur : ils sont reconnaissants,
tendres, vous aiment, et je m'attendris aussi pour
eux si bien que je n'aime à vivre qu'avec eux pour
aimer et pour être aimé, pour leur faire du bien et

pour en ressentir du plaisir bien autrement que du
mien propre[1]. » Ne reconnaît-on pas l'homme qui se
sentait mal à l'aise à Versailles, et qui ne « retrou-
vait l'usage de son cœur » que parmi les paysans d'Argenson et de Segrez? D'Argenson *la bête* a trouvé le
meilleur commentaire du texte divin : *Beati pauperes
spiritu*.

Pourquoi faut-il que cette chaleur et cette délicatesse de sentiment ne se retrouvent plus dans l'homme
singulier que nous étudions, quand il s'agit de la famille, du lien conjugal, des rapports entre les deux
sexes? Il semble que la philanthropie éteigne en lui
le sentiment de la pudeur[2], et que cet amour si vif du
genre humain le laisse un peu froid à l'égard des siens,
femme, frère et enfants. D'Argenson, il faut en convenir, blesse quelquefois le sens moral sur ces matières
délicates; chez lui la grossièreté des expressions passe
jusqu'aux sentiments, et les actes se ressentent de la
licence de la pensée. Ne parlons pas ici de quelques
écarts de jeunesse; essayons même d'oublier certains

---

1. *Remarques en lisant*, n° 1983. Cet article est intitulé : *Bons
cœurs*.

2. Voici à cet égard quelque chose de caractéristique : « J'ai
dans un cabinet quelques tableaux trop libres et représentant
assez naturellement l'acte de la reproduction. Un de mes amis l'a
critiqué. Je lui ai dit : Voyez à côté ces deux petites batailles;
vous les trouvez bien placées; on y voit des hommes renversés,
navrés; on y tue des hommes, on les massacre à coups de pistolet et d'épée, et vous vous scandalisez de voir à côté d'autres tableaux où l'on répare tant de malheurs. Quel préjugé! » *Remarques
en lisant*, n° 116.

détails immondes cachés dans un coin des *Mémoires de sa vie*, et dont l'homme mûr vient après coup faire à ses enfants l'incroyable confidence. Mais que dire de ses théories sur le mariage qu'il appelle *un droit furieux*, et dont il assure que *la mode passera?* « Je tranche net que le mariage devrait être défendu par de bonnes lois, que je méprise et que je fuis tous gens mariés, qu'ils ne seront jamais mes amis, et que je n'en prendrai jamais à mon service. » A la vérité il explique ailleurs qu'il consentirait à tolérer le mariage, pourvu que les époux fussent de droit séparés de biens, et qu'ils pussent se séparer de corps *ad nutum*. Il affirme, contre toutes les données de la science, que des unions libres seraient bien plus favorables à la population[1], ou, comme il s'exprime, à la *peuplade;* que l'homme est naturellement *tourterelle*, et que la fidélité, bannie des mariages réguliers, se retrouverait infailliblement dans ces unions sans règle et sans frein. Il s'ingénie à trouver des cas où le concubinage et même l'adultère seraient justifiés par le but[2]. Puis il s'écrie en toute assurance : « Eh quoi! tout cela serait un

1. On retrouve ces folles théories dans une espèce de mémoire que le maréchal de Saxe a placé à la suite de ses *Rêveries :* il est intitulé : *Réflexions sur la propagation de l'espèce humaine.* « Le mariage, dit-il, y est opposé ainsi que l'éducation. Il ne devrait être contracté que pour cinq ans; au bout de ce temps, si aucun enfant n'était né, il ne pourrait être renouvelé à moins d'une dispense, et il ne deviendrait indissoluble qu'après avoir été renouvelé jusqu'à trois fois avec survenance d'enfants. »

2. *Pensées sur la réformation de l'État*, nᵒˢ 214 et 217.

crime? Pratiquant un tel amour, je sens que *je mords en pleine vertu.* »

On sent ici la boutade et l'infatuation d'une mauvaise cause. Dans ses écrits donnés au public, d'Argenson parle du mariage en termes plus réservés. Il avoue, par exemple, « que les deux sexes le préféreront toujours au concubinage, quand le pays sera bien gouverné [1]. » Dans ses *Pensées* même, auxquelles nous avons emprunté les énormités qui précèdent, il revient à plusieurs reprises sur le même sujet, comme un homme qui voudrait bien atténuer ce que ses premières propositions ont eu d'excessif; mais on jugera jusqu'à quel point ce qui suit mérite le nom d'amende honorable. « Dans plusieurs articles de ces mémoires, dit-il, j'ai mal parlé du mariage, et, véritablement, 1° on en abuse en n'y considérant que le bien et toute autre convenance, hors celle du cœur; 2° il dérive d'un principe de propriété contraire à la loi naturelle. Mais, comme les législateurs doivent s'accommoder au temps et aux peuples, regardons-le comme le moins mauvais parti qu'on puisse tirer de l'humanité, et disons qu'il faut le favoriser présentement. » Et un peu plus loin : « A tout prendre, le mariage tel qu'il est, ne va pas mal *dans la canaille* et parmi les protestants : des gens grossiers, des caractères paisibles et mercantiles, comme ces réformés ré-

1. *Du bien que les seigneurs peuvent faire aux habitants de leurs terres;* mémoire imprimé dans le *Journal œconomique* de juin et octobre 1751.

publicains, et non comme nos papillons français, se trouvent bien de ces mariages contraints,
aux chaînes desquels ils ne pensent pas. Concluons
qu'il faut pousser le peuple au mariage, *en attendant
mieux*[1]. »

Et nous, concluons que d'Argenson est un incorri-
gible blasphémateur du lien conjugal. Nous verrons
qu'il avait, ou du moins qu'il croyait avoir ses raisons
pour cela. S'il s'exprime sur le compte de sa femme
en termes qui n'ont rien de flatteur, il ne parle guère
mieux des femmes en général, « auxquelles nos
mœurs donnent trop d'indépendance, qui doivent
être traitées en subalternes, » etc. En revanche, il
voit quelque chose de respectable dans les filles entretenues[2]. Quant aux enfants, il déclare qu'on ne
leur doit que l'éducation, et il ne serait pas éloigné
de substituer l'État à la famille pour les faire élever
en commun. Il veut au moins qu'on donne aux
enfants trouvés le titre d'*enfants de l'État*, et même
un uniforme, qu'on accorde des récompenses aux
filles fécondes afin d'encourager la *peuplade*, et (c'est
encore un de ses termes) la *manufacture*[3], devançant
ainsi, avec la prédilection de nos dramaturges, les
plans d'éducation de Robespierre pour une certaine

---

1. *Pensées*, n° 656.

2. « Il n'y a pas de difficulté à rechercher et à détruire les mauvais lieux ; mais les filles entretenues, cela est respectable. » *Ibid.*,
n° 767.

3. *Ibid.*, n°ˢ 509 et 627.

classe de la société et les immoralités législatives de
la Convention.

Nous en passons, et des pires [1]. Est-ce le même
homme qui a écrit des passages dignes de Fénelon, et
ces tirades inqualifiables où la grossièreté de la forme
le dispute à l'absurdité du fond? Sans doute, nous
avons besoin de le répéter, il ne faut pas toujours
prendre au sérieux ces théories d'un esprit solitaire qui
s'enivrait de sa propre pensée, qui exagérait, en les
fixant sur le papier, ces écarts de l'imagination qu'on
laisse d'ordinaire flotter dans le vague et emporter
aux vents. Mais néanmoins c'est un fait important à
constater, dans l'histoire des idées morales, que cette
coïncidence entre les systèmes et les faits, en vertu de
laquelle de pareilles théories sur le mariage se produi-
saient dans un siècle où il était de bon ton que deux
époux se donnassent carte blanche pour leurs infidé-
lités mutuelles, et sous la plume d'un contemporain et
admirateur de ce philosophe de Genève, qui mettait
ses enfants à l'hôpital.

Enfin, pour en revenir à d'Argenson lui-même, il
est difficile de ne pas se rappeler que l'auteur de ces
belles maximes sur le mariage et sur la famille, vécut
séparé d'avec sa femme, eut des maîtresses [2], et qu'il
dit du mal de tous les siens. Sans qu'on soit en droit

1. Voir nᵒˢ 734, 757, 761, 765.
2. Voy. p. 55, *Mes affaires avec Mme de G.* Plus loin, on
trouvera des détails sur une autre *affaire* du même genre, et on
lit, nᵒ 282 des *Pensées* : « J'ai une maîtresse depuis six ans, à
qui je n'ai pas manqué d'un iota. »

de l'accuser, ce semble, d'avoir été dans ses actes un mauvais père ni un mauvais frère, on a pu voir au moins une absence de délicatesse paternelle dans la manière dont il parle de ses enfants, et, si le ton de sa correspondance avec son frère paraît généralement affectueux, si même il reconnaît à l'occasion les bons procédés que celui-ci a pu avoir envers lui, il faut avouer qu'il s'en dédommage bien dans son *Journal* et ailleurs[1]. Il y a là un fond persistant d'amertume et d'aigreur qu'il est très-facile d'expliquer, difficile de justifier toujours, dans tous les cas impossible de méconnaître, et dont nous avons plutôt atténué qu'exagéré l'expression.

Enfin comment déterminer la politique du marquis d'Argenson? Comment saisir sa véritable pensée au milieu de ces jugements souvent contradictoires qui semblent flotter au gré des événements, de ce chaos d'idées, de plans, de théories, où se heurtent pêle-mêle les rêves les plus absurdes et les vues les plus saines, l'utopie la plus effrénée et le sentiment très-marqué du positif des affaires, un attachement non dissimulé pour certaines formes du passé et les aspirations les plus libérales vers l'avenir.

Il y a chez lui le rêveur, l'utopiste, le faiseur de plans, celui dont Louis XV disait, non sans ironie : « N'y a-t-il pas là-dessus quelque mémoire de M. d'Ar-

---

1. C'est surtout dans le n° 1207 des *Remarques en lisant* que le marquis d'Argenson a résumé dans des termes d'une incroyable amertume, tous ses griefs contre son frère.

genson ? » et qui écrivait lui-même dans son *Journal :*
« Je joins ici le vraisemblable pêle-mêle avec le visionnaire.... Voilà donc mes almanachs souvent dérangés, et en effet je n'ai point regret à prévoir ce que
voudraient la raison et la prudence.... Tout cela me
fait passer pour un homme singulier dans le bien. » Et
ailleurs : « Disant ceci, on ne m'écoute plus ; on me regarde en face comme un homme à idées singulières, on
bâille.... et cependant je dis vrai. » Quelquefois même
d'Argenson devance nos réformateurs contemporains
dans quelques-unes de leurs conceptions les plus bizarres. Il y a, dans le tableau suivant, de la fantaisie fou-
riériste et comme un parfum anticipé du Phalanstère :

« Les princes ont de grands parcs, comme vous di-
riez celui de Meudon. Ils y ont des ménageries de
toutes sortes de bêtes curieuses. Que ne s'avisent-ils
d'une chose, c'est d'y avoir des *ménageries d'hommes
heureux.* Voici comment j'accommoderais le grand parc
que je dis : j'y bâtirais quatre ou cinq villages dont les habitants seraient les plus fortunés paysans que je pourrais
établir ; les maisons enjolivées, propres, peintes en
dehors, de jolie architecture rustique ; les bestiaux
gras et bien tenus, leurs familles bien vêtues et heureuses. Nous aurions des musettes, des chalumeaux pour
former des danses et de jolies images champêtres, etc.
Voilà ce que Monseigneur devrait entreprendre à
Meudon, ou M. le duc d'Orléans à Saint-Cloud[1]. »

Passe encore pour cette esquisse à la Watteau, où

1. *Pensées,* n° 152.

s'égare l'imagination du grave économiste, et que semblent s'être proposé plus tard de réaliser les royales
fantaisies de Trianon. Mais que dire de cette loi « que
le prince devrait faire un beau matin, après avoir consulté l'Académie des sciences, pour régler la distribution de la journée entre ses sujets? » Il y aurait une
heure pour recevoir les visites, une pour travailler chez
soi sans être dérangé, une autre enfin pour sortir et
vaquer aux délassements, etc. « En conséquence, les
cloches des églises sonneraient les fonctions principales, de même que celles d'un couvent, ce qui serait
admirable pour l'effet dans une ville comme Paris.
Toute une ville aurait l'air de règle qu'a un couvent.
On verrait le silence et la solitude dans les rues à l'heure
de la retraite, et, à cinq heures, tout prendrait un air
de fête, les promenades, le concours des équipages,
l'illumination des soupers, tout aurait, ce me semble,
un grand air de joie, d'abondance et d'ordre[1]. »

Et cependant ce même homme, que le maréchal de
Richelieu appelait « le secrétaire d'État de la république de Platon, » qui se proclamait le disciple de l'abbé
de Saint-Pierre, et qui cite ce rêveur homme de bien
presque à chaque page de ses *Pensées sur la réformation de l'État*, s'abusait si peu sur le côté faible
des utopies politiques, qu'il a dit en propres termes :
« L'abbé de Saint-Pierre s'est trompé souvent, *car il
n'a rien administré*, et on ne peut, de son cabinet,
deviner aujourd'hui hommes et affaires. » Quant à

---

1. *Pensées*, n° 429.

d'Argenson, ses cinq ans d'intendance l'avaient initié
à la pratique des affaires et au commerce des hommes.
« J'étais jeune, dit-il quelque part en parlant de ses
débuts dans l'administration, et j'y allais sans flegme.
Or, *il faut du flegme pour conduire les Français* [1]. »
Plus tard, la part assidue qu'il prit aux travaux du
conseil d'État, ses deux années de ministère, ses devoirs
de seigneur de terres, qu'il prenait fort au sérieux [2],
et surtout l'attention qu'il prêtait aux questions économiques, commerciales [3], ainsi qu'à toutes celles qui
se rattachent au mécanisme pratique de l'administration et au bien-être matériel des administrés, combat-
tirent heureusement ce qu'il pouvait y avoir chez lui
de penchant à se nourrir de pensées et de méditations
solitaires. Non-seulement il a bien vu ce qui se passait
autour de lui, mais il a même eu, à un plus haut degré
peut-être qu'aucun homme de son temps, l'initiation
des choses de l'avenir.

Du reste, malgré son amour sincère de l'humanité,
il n'est pas naturellement porté à ce qu'on appelle
aujourd'hui le cosmopolitisme et la politique senti-
mentale. Dans un article de ses *Pensées* (n° 205), il

---

1. *Pensées*, n° 731.

2. Nous avons déjà cité son *Mémoire sur le bien que les seigneurs peuvent faire aux habitants de leurs terres.*

3. Qu'on lise ses *Observations sur la dissertation du marquis
Belloni*, insérée au *Journal œconomique* d'avril 1751, et sa *Réfutation* de la réponse faite aux précédentes observations, réfutation
non insérée et inédite (*Ms d'Argenson*, n° 60), et l'on se convain-
cra que de nos jours les partisans de la liberté commerciale n'ont
presque rien ajouté aux raisonnements du marquis d'Argenson.

déduit les raisons qui le portent, contrairement au
sentiment de l'abbé de Saint-Pierre, « à concentrer
son amour dans sa patrie et à être plus qu'indifférent
pour les autres habitants du monde. Qu'un plus grand
homme, dit-il, embrasse l'amour de toute la terre ronde,
j'avoue que je ne me sens pas assez grand pour cela.
Aimer son pays, c'est une façon d'aimer qui peut bien
remplir les devoirs d'un homme pendant sa vie, et,
dès que cela est, on ne peut choisir un objet étranger
à soi plus digne et d'une plus honnête étendue que
celui de sa patrie tout juste. » Plus tard, à la vérité,
ses idées à cet égard semblent s'élargir un peu; mais
l'on va voir que, si son patriotisme se met un moment
à courir le monde, il sait revenir adroitement à son
point de départ.

Ainsi, il demande (n° 500) « si l'on ne pourrait pas
se regarder comme citoyen du monde plus qu'on ne
fait? » et annonce même qu'il travaille à un traité
ayant pour titre : *jusqu'où le cosmopolisme* (sic) *peut
être admis chez un bon citoyen?* Cette vue échauffe un
moment son imagination toujours prête à prendre
l'essor : « Quel petit coin tient l'Europe sur la terre
ronde! Que de terres restent à habiter! Voyez cette
étendue immense des trois parties du monde, et des
terres non découvertes au nord et au midi! Si on y
allait par d'autres vues que cette ennuyeuse propriété
exclusive, toutes ces terres seraient habitées en deux
siècles. Nous ne le verrons pas, mais cela arrivera.

« Et ce n'est pas seulement pour obéir à la saine
morale, ce serait aussi pour notre bien-être, pour celui

de la nation même, que cette morale se devrait écouter. Un particulier qui fera bien, bien trouvera, et qui mal fera, mal trouvera; de même aux nations. Cependant notre bonne volonté pour la patrie doit se concentrer à elle, et le bien pour les autres voisins y concourra. »

Ainsi d'Argenson a ses idées sur la politique générale, ses plans sur l'équilibre de l'Europe, qu'il n'eut guère le temps d'appliquer comme ministre, et qu'en revanche il développe un peu longuement dans ses manuscrits. Mais il les rapporte tous à l'intérêt de la France, de *sa chère patrie*. Dans la première ferveur de sa sympathie, peu durable du reste, pour la politique du cardinal de Fleury : « Je ne trouve pas grand mal, dit-il, que M. de Chauvelin ne soit plus notre ministre, car je n'aime qu'une politique bourgeoise où l'on vit bien avec ses voisins et où l'on n'est que leur arbitre, afin de travailler une bonne fois et de suite à perfectionner le dedans du royaume et à rendre les Français heureux. »

Il admire sincèrement, sinon la théorie, du moins la pratique du gouvernement d'un peuple voisin, son esprit de suite et de nationalité; nulle part peut-être l'influence croissante, en philosophie et en littérature, des idées venues de l'autre côté du détroit n'a été signalée avec plus de sagacité que dans ses *Remarques en lisant;* mais l'esprit de domination, l'avidité commerciale de ce peuple trouvent en lui un infatigable adversaire, et il a contre l'alliance anglaise, trop caressée, dit-il, par le cardinal de Fleury, toute la verdeur d'antipathie, de préjugé peut-être, d'un châtelain des xive et xve siècles. « Quelle vocation que celle de la Pucelle! s'écrie-il à propos des priviléges accordés par nos rois à la famille de Jeanne d'Arc; quels services! quelles distinctions cela méritait! Voilà des grâces bien placées. » On aime à recueillir ce témoignage chaleureux et vraiment patriotique, à une époque où l'on ne songeait guère à la Pucelle que pour nier la vocation de l'héroïne, ou pour déshonorer la femme, comme l'avait tenté un contemporain et condisciple de d'Argenson. Dans un autre passage, que nous aurons occasion de reproduire, il lui échappe de dire, avec une exagération qui ne déplaît pas : « Le joli peuple que le Français pour la marine! Auprès de lui les Anglais ne sont que *des polissons!* »

Ses plans pour l'émancipation de l'Italie, par la Sardaigne et à l'encontre de l'Autriche, attestent de la part du marquis d'Argenson, des idées généreuses qu'il eut le mérite de ne pas renier quand il fut aux affaires, et qui conservent encore aujourd'hui tout leur intérêt, quelque opinion que l'on adopte du reste sur le temps et le moyen de les réaliser. Il trouve pour les développer une chaleur qui ne lui est pas habituelle, dans les questions où la France n'est pas personnellement en jeu : « Il faut chasser les barbares de l'Italie!... » C'est le vieux cri du patriotisme italien; c'est aussi le langage constant du ministre de la France. « Eh quoi! dit-il dans son *Journal*, les courages italiens sont abattus au point qu'il n'y a personne à Florence qui imagine de se soulever pour recouvrer sa liberté et se mettre en république! »

Le rôle qu'il assigne dès lors au Piémont dans la dé-
livrance de l'Italie semble prouver qu'il voyait juste
et loin. Il signale dans ses *Considérations sur le gouvernement de la France*, les progrès de cette puissance
et l'habileté soutenue de ses souverains. « Les peuples
ne peuvent mieux faire, dit-il, que de se livrer à des
princes si habiles et si vigilants. » « On pourrait, dit-
il encore, laisser tout le Milanais au roi de Sardaigne,
comme on le lui avait tant promis, donner Mantoue
aux Vénitiens et rétablir le gouvernement républicain à
Florence, ce qui ne paraîtra chimérique qu'aux esprits
bornés. » Il écrivait, en 1735 : « Tant qu'il restera à
l'empereur le moindre droit utile ou honorifique en
Italie, la contiguïté de l'Allemagne avec la Péninsule
et l'abaissement des Vénitiens y donneront une entrée
libre et ouvriront carrière à l'ambition autrichienne
pour conquérir le reste de l'Italie.

« La maison de France y met obstacle depuis deux
siècles ; mais en politique les vengeurs deviennent
souvent tyrans. On y connaît donc aussi l'ambition
de la maison de Bourbon ; mais les choses ne sont
pas égales. L'Italie a tout à craindre des Allemands,
et ne se donne aux Français et aux Espagnols que
librement. La branche qui règne en France ne peut
entrer en Italie sans le concours libre et volontaire du roi de Sardaigne.... Dailleurs c'est en sachant se contenter que la France acquerra la solidité de ses possessions, et ce qu'elle doit désirer c'est
de chasser les Allemands d'Italie, sans nous accroître
de rien de ce que nous leur ôterons....

« L'équilibre une fois assuré en Italie, on n'y verra plus de ces petites puissances incapables de se soutenir contre les grandes, et cependant assez bonnes pour en être enviées, ou trop petites et trop multipliées pour ne pas dégénérer de leur gouvernement primitif et s'entre-déchirer par des guerres privées.

« Les rois de Sardaigne s'étendront difficilement davantage; ils seront séparés de la maison d'Autriche par des républiques qui ne donneront aucune ouverture à leur ambition. Quel avantage pour la paix universelle que le gouvernement républicain restreint dans de certaines limites! Il n'aspire point aux conquêtes; il n'est sujet ni à l'enfance ni à la décrépitude d'un prince, ni à la stérilité d'une princesse. Si les sujets sont plus heureux dans une monarchie, les voisins se trouvent mieux d'une république.

« L'entrée d'Italie serait pour toujours fermée à l'empereur.

« Et pour nous-mêmes, quelle heureuse privation, si nous sommes exclus pour toujours de la nécessité d'y envoyer nos armées triompher, mais périr[1]! »

Mais, nous le répétons, c'est pour la France qu'il réserve ses plus vives sympathies, ses constantes préoccupations. Il a pour elle de véritables accents de tendresse : « Qu'a fait ma belle patrie pour être ainsi traitée? » s'écrie-t-il dans une de ses sorties contre la

_____

1. Voy. dans les *Mémoires d'État*, II, f° ɪɪ : *Essais sur les moyens de pacification;* et f° 180 : *Mémoire sur les affaires d'Italie.* Voy. aussi le morceau *sur la négociation de Turin* dans l'édition des *Mémoires* donnée en 1825.

politique ministérielle. Tantôt il lui rend par la pensée
ses limites naturelles, rappelant « notre beau dessein
de n'avoir au nord et au nord-est que le Rhin pour
frontière, » tantôt, analysant le sentiment qui nous
attache à elle, il le montre remontant pour ainsi dire
du moindre hameau au pays tout entier : « Le plus
grand ressort de prospérité dans ces entreprises, dit-il
dans le Mémoire déjà cité sur *le bien que les seigneurs
peuvent faire aux habitants de leurs terres*, est de rappeler dans le cœur des hommes le doux nom de *patrie*,
qui est devenu ignoré ou même haï dans le siècle où
nous vivons. Ce mot de ralliement qui a créé autrefois tant de miracles exprime un sentiment qui se commence par le village; on l'étend à son canton, à sa
province, puis enfin à sa nation. »

Le marquis d'Argenson ne sépare pas dans ses affections l'intérêt du pays de celui du trône et de la noblesse qui, dans sa pensée, doit être le plus ferme
appui de l'un et de l'autre. Car, et c'est là un trait
caractéristique sur lequel on ne saurait trop insister, il
est impossible d'être plus sincèrement, plus obstiné-
ment monarchique que ce frondeur perpétuel, cet
infatigable réformateur. C'est pour lui une affaire de
sentiment et de raison. Il faut voir de quel ton il parle
de « cet amour du roi, héréditaire dans sa race. » Il
a en lui « la foi d'Abraham. » « Louis XV, dit-il au
commencement du règne, est chéri de son peuple sans
lui avoir fait encore aucun bien. » Dans ces premières
années où la maladie du jeune roi donna lieu aux ma-
nifestations extraordinaires d'une affection qui ne

devait plus renaître, d'Argenson salua l'avénement
« d'un règne à la Titus, » et proclama que Louis XV
« aurait les qualités de Henri IV et de Louis XIV, sans
avoir leurs défauts[1] » Lors de l'heureuse campagne
de 1743, « nos princes font merveille à l'armée : aurions-
nous un roi? » s'écrie-t-il avec plus de joie encore que
de surprise. Plus tard, quand de trop justes causes
multiplient autour de lui les témoignages de désaffec-
tion, « il ne veut pas qu'on dise du mal du roi, il veut
le croire bon. Parfois, dit-il, on disculpe le roi, plus
souvent on l'inculpe. Pour moi, qui l'aime avec passion, je saisis avec avidité tout ce qui peut le blanchir
et l'élever. » Enfin, il faut tout l'égoïsme, l'insensibilité,
le dévergondage croissant du règne dont d'Argenson ne
vit pas la fin honteuse, pour lasser cette foi robuste et,
comme on le disait au xvie siècle, déraciner les fleurs
de lis plantées si avant dans son cœur : ou plutôt
l'affection personnelle se réfugie alors dans la doctrine
monarchique.

   « La France, écrit-il en août 1739, demande qu'on
la tire, non de dessous ses rois, ce qu'à Dieu ne plaise !
mais de dessous une aristocratie odieuse, non de noblesse qui penserait plus généreusement, mais d'une
satrapie de roture qui a tout mis en ruine. » Nous
avons vu le même vœu inscrit en tête de l'édition qu'il

---

1. Nous trouvons dans les *Mémoires d'État*, II, 300, un morceau, daté de 1738, *sur les vertus royales de Louis XV*, avec cette
mention en marge : *à mettre en forme de lettre à un gentilhomme
de province.*

avait préparée de ses *Considérations sur le gouverne-*
ment de la France :

> Que dans le cours d'un règne florissant
> Rome soit toujours libre et César tout-puissant !

La conclusion n'en est pas moins nette : « La liberté
est l'appui du trône ; l'ordre rend légitime la liberté[1] ! »
Belles paroles, dont notre auteur faisait l'alpha et
l'oméga de sa profession de foi politique, et auxquelles
la France, après un siècle d'épreuves, doit peut-être
s'estimer heureuse de revenir.

D'Argenson, qu'on ne s'y trompe pas, n'est ni un
parlementaire dans le sens ancien ou moderne du mot,
ni un partisan de la souveraineté du peuple ; écoutons-
le : « Tout l'art du gouvernement, suivant mon *Traité*
de démocratie monarchique, consiste à imiter absolument celui de Dieu sur les hommes (et je crois que cette
idée n'est pas basse), donner tout le pouvoir au gouvernant, n'en laisser aucun au gouverné, puisque qui
donne tout au premier n'excepte rien pour le second ;
mais cacher ce pouvoir absolu en ne présentant au
gouvernant que l'idée d'une liberté totale, comme
Dieu la présente aux hommes, et quand cette liberté
devient nuisible, l'arrêter là seulement où elle l'est,
l'arrêter net et absolument [2]. »

« Tout bien considéré, je n'aime pas ces consulta-

---

1. Nous citons d'après le manuscrit, et non d'après l'imprimé
où l'on chercherait vainement ces passages.
2. *Pensées sur la réformation de l'État*, n° 131.

tions au peuple, ni aucune assemblée des états généraux, car cela n'imite point le gouvernement de Dieu, qui ne consulte point les hommes sur les opérations générales. On ne doit, suivant mes principes, laisser aux gouvernés que la liberté de leur propre action, avec quelques colléges de membres s'entendant pour leur bonheur, et suffisamment nombreux pour le bien de chacune de leurs actions ; mais les assemblées ou colléges généraux de tous les gouvernés ne doivent point être convoqués [1]. »

Cependant il est juste, il est utile de consulter les communautés sur leur part contributive dans l'impôt général. « Par là, dit-il, le peuple serait bien content ; il croirait entrer dans toutes les affaires de l'État, comme et mieux que dans une république. Il s'y intéresserait, comme fait une femme à qui l'on fait part de ses affaires de ménage. Mais, je le répète, cette admission à la connaissance des affaires a ses bornes, et quand je dis que le roi demanderait à ses peuples, ce n'est pas précisément à charge de consentement, comme au parlement d'Angleterre, c'est exiger, mais exiger avec justice et honnêteté [2]. »

« C'est une erreur politique de désirer un pouvoir intermédiaire entre la puissance publique et le peuple ; il ne devrait y avoir que le protecteur et le protégé : le premier empêche l'anarchie, le second jouit des lois et vit dans le bon ordre ; l'intelligence des particuliers fait le reste. Que la puissance publique soit douce,

1. *Pensées*, n° 533. — 2. *Pensées*, n° 527.

ferme et bienfaisante, elle n'aura pas besoin de ces
machines politiques, de ce contre-poids de trois pouvoirs dont on fait tant de cas en Angleterre[1]. »

Bien que cette idée d'un roi homme d'affaires, et,
comme il l'appelle, procureur du couvent, tente quelquefois d'Argenson, il en revient toujours à la théorie
qui est celle de l'abbé de Saint-Pierre, de Quesnay,
de Turgot, du marquis de Mirabeau, de la plupart des
réformateurs au xviiie siècle[2] : la réforme par le pouvoir. En général, ce qu'il rêve pour instrument de
ses plans d'amélioration intérieure, ce n'est point une
grande assemblée délibérante, c'est « un roi puissant qui joindrait l'autorité absolue à la force de la
raison. »

Il n'éprouve de scrupules que pour les grandes
questions extérieures, la paix ou la guerre, la rupture
avec un État voisin, la cession d'une partie du terri-
toire et autres semblables, où il lui paraît bien difficile de laisser l'omnipotence royale s'exercer sans contrôle. « A cela, dit-il, on n'a trouvé de remède que le
conseil nécessaire des barons dans nos anciens gouvernements; en Angleterre, la nécessité de recourir à
la nation représentée par le suffrage des communes
pour avoir de l'argent : or, on ne fait point la guerre
sans argent.... Mais, comme je dis que ces conseils sont
nécessaires, de là ils deviennent insupportables au

1. *Mémoires du ministère de R. L. de Voyer d'Argenson,*
mss., nº 57, t. I, fº 17.

2. M. A. de Tocqueville, *l'Ancien régime et la Révolution*, p. 105,
246.

souverain, et il fait si bien qu'il les élude, soit par
corruption, soit par adresse.... En Angleterre, le roi
ayant le détail des négociations engage adroitement à
la paix et à la guerre, ou bien la commune, qui a les
cordons de la bourse, consent ou dissent par la connaissance des détails, ce qui met sous les yeux du public des mystères qui devraient être secrets pour réussir.... La démocratie n'entend rien aux affaires du
dehors; elle n'a pas ce tact fin qui saisit les occasions
et qui en profite lestement; le secret est toujours mal
gardé. Si vous y appelez l'aristocratie, voici que les
nobles, presque tous guerriers, aiment la guerre pour
y trouver leur avancement : par là vous renouvelez le
pouvoir aristocratique et l'autorité des anciens barons,
lesquels par le dehors maîtriseront le dedans. Je trouve
que les Anglais ont fait sur cela tout ce qu'ils pouvaient
faire, et que cependant ils n'ont rien fait de satisfaisant. »

Cette partie des affaires étrangères est donc « très-
difficile à arranger, » et d'Argenson avoue n'être content de rien. Néanmoins, « un sénat national, composé
également de tous les ordres de l'État, et qui, dans
les questions ci-dessus, retiendrait les rois par la nécessité d'obtenir des subsides, » lui paraîtrait, à tout
prendre, « le corps le plus propre à bien mener cette
partie, soit de négociation, soit de mouvements de
guerre. »

Ce qu'il y a de singulier, c'est que dans l'article auquel nous avons emprunté la théorie qui précède [1], et

1. *Pensées*, n° 764.

que l'auteur a ainsi qualifié en marge : *Article excellent et important*, d'Argenson, si hostile aux parlements, quoique sorti de leur sein, et qui avait écrit cette phrase au n° 64 du même manuscrit : « Un des grands coups qu'on puisse faire en France, c'est de supprimer l'ordre de la robe, ainsi que les moines et les jésuites; » d'Argenson, disons-nous, en attendant mieux, voit *ce sénat national* tout trouvé dans le parlement de Paris, qui lui paraît alors (1752) « se défaire de bien des défauts qu'il avait. »

Autre singularité : le marquis d'Argenson, dont l'idée fixe est l'admission de la démocratie dans la monarchie, voudrait néanmoins qu'on réservât tous les emplois de l'administration et de la guerre, « depuis le ministère et le généralat jusqu'à la moindre justice de village, » à la noblesse « *ce joli ordre*, dont je voudrais tant qu'on se servît pour tout; » mais, il est vrai, à la noblesse dépouillée de ses priviléges féodaux, contribuant aux charges publiques, ouverte à tous les mérites et distinguée des *grands seigneurs*, « race à détruire absolument en France. J'entends par grands seigneurs des gens qui ont des dignités, des biens, des titres, des charges, des fonctions, qui, sans mérite, sans être à peine des hommes, n'en sont pas moins grands, et qui, par cette raison, ne valent nécessairement jamais rien.... Entendez ces gens-là et même tout le monde : on vous dira que c'est le soutien de l'État, qu'il faut conserver ces beaux noms de Montmorency, La Trémouille, etc. Je vois que l'on conserve une race de bons chiens de chasse, quand ils sont bons, mais, quand ils dérogent, on les noie[1] ! »

Assurément, il semble difficile d'être plus dépourvu de préjugés à l'égard de la noblesse, et d'Argenson paraît en droit de s'écrier, comme il le fait : « Lequel d'eux a jamais eu assez de raison pour penser la même chose ? « Mais lisez ce qui suit, et dites si le petit bout d'écusson ne perce pas à travers le manteau philosophique dont notre marquis vient de s'envelopper : « Moi qui écris, je suis de cet ordre. Mes aïeux viennent, dit-on, d'un chevalier grec qui passa en France du temps de Charles le Chauve. J'ai des titres de 500 ans[2], qui prouvent que mes pères étaient plus grands seigneurs dans notre origine que nous ne le sommes aujourd'hui, quoique je sois fils d'un grand officier de la couronne et que je tienne le premier rang parmi la noblesse de ma province, et que l'on ne connaisse point l'origine de ma noblesse, si ce n'est qu'elle a toujours été. »

Ainsi, à travers le vague, les fluctuations, les incohérences que nous n'avons pas cherché à dissimuler dans l'analyse qui précède, ce qui domine dans les

---

1. *Pensées*, n° 136.
2. Peut-être d'Argenson s'exagère-t-il un peu l'ancienneté de sa noblesse. Voici ce que nous lisons dans une *Généalogie inédite de la famille des Voyer*, par l'oratorien Adry : « On voit un Étienne Voyer, seigneur de Paulmy, qui scella un acte de 1255 ; mais on ne peut commencer la filiation de cette famille qu'à Philippe ou Philippon Voyer, seigneur de Paulmy, qui signe en 1374, 1498 et 1511, mais qui ne vivait plus en 1515. »

opinions politiques de d'Argenson, c'est l'idée d'une
monarchie forte, servie en haut par une noblesse in-
telligente et dévouée, en bas par une démocratie municipale heureuse de s'occuper de ses affaires et sa-
tisfaite de ce rôle; des libertés économiques plutôt
que politiques, un système se rapprochant plus des
doctrines de Sully que de celles de Colbert, et qui,
de loin donne la main à celles de Quesnay et de Turgot : la préférence accordée à l'agriculture sur les
manufactures, aux campagnes sur les villes, en quoi
il s'écartait des idées de son maître, l'abbé de Saint-
Pierre, partisan de la centralisation; « laisser faire, et,
pour gouverner mieux, gouverner moins, » établir
une capitation ou impôt unique par tête et sur le
revenu, abolir progressivement tous droits d'entrée et
de sortie, favoriser les impôts de consommation,
protéger la circulation et le commerce, non par des
prescriptions directes, mais par de bonnes mesures
d'administration générale.

Pour arriver à réaliser ses vues de bien public,
d'Argenson a une espèce d'intrigue et d'ambition qu'il
avoue tout franchement : « Voilà de l'intrigue, car il
en faut.... Et voilà comme on se laisse aller à des pensées ambitieuses. » Souvent on voit percer le dépit du
candidat politique dans les jugements qu'il porte sur
le roi et sur les ministres, et ses alternatives d'espoir
ou de découragement expliquent des variations corres-
pondantes dans ses opinions. Le plus souvent, cet
espoir se trahit d'une manière naïve : le roi paraît-il
mal disposé pour lui, c'est qu'il dissimule; M. Chau-

velin voit-il augmenter la rigueur de son exil, il n'en
est que plus près de rentrer au pouvoir, lui et ses
amis. Le désappointement n'est pas moins naïvement
exprimé, parfois même il touche au comique, par
exemple, lorsqu'en août 1739 ambassade et ministère
échappent à d'Argenson, et qu'il consigne dans son
journal une longue dissertation philosophique, finissant par ces mots : « Je crois avoir composé tout cet
article dans le goût de Senèque, que je lis actuellement. »

D'ailleurs que ne pardonne-t-on pas à un ambitieux qui a des paroles comme celles-ci : « Je travaille
à devenir premier ministre de France, je tâche à m'en
rendre digne; quand j'aurai conscience que je le suis,
on m'y nommera si l'on veut. » Et encore : « Si, étant
au pouvoir, je connaissais un homme capable, j'irais
à quatre pattes pour le chercher, pour le prier de me
servir de conseil et de tuteur. »

Un éminent publiciste de nos jours, dans l'Avant-
propos de son ouvrage sur l'*Ancien régime et la Révolution*, s'exprime ainsi, en parlant de l'étude des documents administratifs du xviiie siècle : « J'y retrouvais
une foule de sentiments que j'avais crus nés de la Révolution, une foule d'idées que j'avais pensé jusque là ne venir que d'elle, mille habitudes qu'elle passe pour nous
avoir seule données. » Nous avons éprouvé une impression semblable en lisant les écrits de d'Argenson.
Nul, dans cet ancien régime auquel il appartenait par
le temps et par plusieurs de ses opinions, ne s'est
élancé aussi hardiment par la pensée dans le domaine

mystérieux de l'avenir. Nul n'a plus clairement vu le
mal et plus nettement indiqué le remède. Sa clair-
voyance va quelquefois jusqu'à la divination. Qu'on
lise, par exemple, les n°ˢ 77 et 78, écrits vers 1731,
de ses *Pensées sur la réformation de l'État*. Il y décrit
les semences de révolution que le pays recèle. « Les
choses, dit-il, se trouvent dans un certain branle
d'autorité qui fait qu'elles vont toutes seules pendant
quelque temps, mais, que le gouvernement devienne
plus faible, alors ceux qu'on voit aujourd'hui les
plus abaissés s'élèvent et se trouvent de grandes forces
pour attaquer l'autorité royale. Les grands seigneurs
et même les princes du sang savent se mettre à la
tête du parti. Alors on demande des états généraux
pour des réformations d'abus, les mécontents se dé-
clarent, les ambitieux se couvrent du manteau du
bien public, et tel qui n'eût été qu'un médiocre courtisan devient un grand homme à la tête de ces partis.... Croyez-vous que le ciel fasse toujours des miracles pour sauver les races royales établies sur les
trônes, et dont les rejetons tombent dans le nul
absolu? »

« Le roi ne songe pas assez à la sûreté de Paris qui
est souvent de grande conséquence pour son autorité.
On a vu des barricades, c'est une invention qui a fait
fortune depuis le duc de Guise, dont on s'est servi
depuis et que les Parisiens savent à présent. Ils s'en
serviront à la première occasion, c'est un moyen de
résistance qui a grande force. Alors les rues de Paris
deviennent des retranchements redoutables. Chaque

barricade est un épaulement placé de dix pas en dix pas, et dressé en un moment dans tout Paris. De là, ainsi que des fenêtres des maisons on vous canarde à coup sûr. Que faire donc alors? Tirer le canon de la Bastille? *Non talibus armis tempus eget.* Bombarder Paris? Détruire le chef de l'État? Cependant tout peut causer des séditions dans ces bourgeois : une denrée un peu trop chère, un édit bursal, un favori du peuple maltraité. »

Parmi les remèdes et les réformes qu'il indique, beaucoup sans doute, pour ceux qui ont vu les événements, restent à l'état de palliatifs insuffisants ou de chimères irréalisables. Mais on est étonné de voir combien de fois il a rencontré juste, dans son programme des innovations à venir, et trouvé jusqu'aux mots qui servent à les désigner.

Ainsi, rien ne ressemble à nos préfets, comme les intendants tels que d'Argenson les réclame, avec leur institution améliorée, leurs pouvoirs étendus, leurs frais de représentation, etc. D'ailleurs la division par départements, et même la subdivision en arrondissements et en cantons est indiquée aux n°s 70, 363 et 395 de ses *Pensées sur la réformation de l'État,* avec l'intention expresse de briser le moule des anciennes circonscriptions féodales et coutumières ; mais en ménageant le plus possible les habitudes prises par suite de l'établissement des divers siéges ecclésiastiques, militaires et financiers.

« Pour commencer à établir une meilleure police en France, si jamais j'étais le maître, je commence-

d

rais par diviser le royaume en autant de gouvernements qu'il y a d'élections et de subdélégations, et ces
districts je les arrondirais bien topographiquement
auparavant, y donnant les limites les plus naturelles
que la terre me présenterait. — En chaque élection,
un intendant, un commandant des troupes et un président de la justice.... Pour mieux répandre ces forces
avec distribution avantageuse, je pourrais assigner à
chacun de ces chefs, dont les fonctions seraient bien
séparées, une ville ou résidence différente.... Les corps
municipaux mèneraient par cantons, et sous eux, par
chaque ville et village, les affaires de deniers et travaux publics, avis sur ce, commerce, agriculture, police, etc.

« J'ai été longtemps embarrassé si je ne prendrais
pas, pour cette nouvelle division à imposer à la France,
les anciennes et petites divisions par cantons, comme
Vermandois, Brie, Hurepoix, Comminges, Cerdagne;
mais, en repassant cela sur les cartes, j'y ai trouvé
abus, car c'étaient divisions faites jadis au hasard par
violence, usurpation et tyrannie. Il est vrai que les
peuples y sont habitués, que le respect même de l'antiquité y met un sceau, et qu'il y a plus, c'est que les
coutumes y assujettissent encore les peuples.

« Mais ces coutumes elles-mêmes devront être peu
à peu réduites à l'uniformité, en y mettant tout le
temps qu'il faut pour y subjuguer les esprits ainsi que
les corps. Il ne faut respecter les vieux abus qu'autant qu'ils mettent d'obstacle nécessaire à les déraciner trop brusquement.

« J'ai aussi longtemps hésité sur les capitales. D'abord je croyais qu'il valait mieux que chaque pouvoir eût, dans la même province, une capitale à lui affectée, comme une ville pour l'évêque, une pour le commandant, une pour le parlement, et ainsi des autres. Ma raison était que cela eût fait fleurir plus de villes, et qu'assurément on a besoin en France de faire renaître les villes de province qui deviennent à rien et que Paris absorbe trop.

« Mais j'ai pensé, et m'y suis tenu, qu'il arriverait de là que chacun de ces pouvoirs empiéterait infailliblement sur les autres, et d'ailleurs que cela fatiguerait les habitants qui auraient à faire à plusieurs de ces puissances à la fois, au lieu qu'il leur serait commode de trouver tout en un même lieu. Ainsi, réflexions faites, je pense que cette distribution des forces qui composent les villes ne doit pas être tellement fractionnée que celles-ci en soient énervées. D'ailleurs ces différents pouvoirs ont beaucoup de choses à se communiquer. »

Plus loin il revient encore sur ces questions, qui le préoccupaient très-sérieusement et qui figuraient au premier rang dans son programme ministériel.

« J'ai parlé ailleurs de l'utilité dont il serait de morceler les *départements* du royaume et d'uniformiser lesdits départements, en sorte que chacune de ces portions eût à elle son évêché, son commandant, son intendant, son parlement et ses états. Mais ici je dirai que ce morcellement a ses bornes et que, si je veux que chaque portion devienne petite pour être mieux gouvernée et pour respecter davantage l'autorité d'un grand roi, qui commanderait à une centaine de provinces, au lieu que ce roi n'est pas si fort le maître en ne commandant qu'à douze grands gouvernements, aussi je ne veux pas que ces provinces soient trop petites.

« Aujourd'hui, au contraire, les divisions sont trop grandes et les capitales mal réparties. Il faudrait donc que des géographes travaillassent incessamment sur ceci et présentassent le nouvel état de la France.

« Je mets bien ceci au nombre des articles que j'exécuterai si je suis jamais premier ministre. »

Ne reconnaît-on pas la mairie moderne aux traits dont il peint « cette *maison commune*, qu'il voudrait que le seigneur bâtît à ses dépens dans chaque paroisse sur la place publique, bâtiment modeste et suffisant à la force de chaque communauté; les syndics s'y assembleraient à certains jours avec les principaux habitants; on y travaillerait aux affaires du village, on y conserverait les titres et papiers de la commune, les enseignements et bornages, ceux des impositions, dénombrements, etc.[1] »

Ces idées et ces expressions toutes modernes frappent à chaque instant dans les écrits de d'Argenson. C'est ainsi qu'il nous parle de *liste civile*, de *contribuables*, de *scrutins*, d'*électeurs* et d'*éligibles*. Com-

---

1. *Mémoire sur le bien que les seigneurs pourraient faire aux habitants de leurs terres*, f° 150. Nous citons toujours ce mémoire d'après le manuscrit fait sous les yeux de l'auteur, qui porte le n° 60 dans les *Papiers d'Argenson*.

ment énumérer ici toutes les réformes dont on trouve chez lui le germe ou l'indication précise : suppression des priviléges féodaux, du droit d'aînesse et des substitutions, abolition des vœux perpétuels, uniformité des poids et mesures ainsi que de la législation ; à la place des parlements, des juges inamovibles et salariés par l'État, institution des juges de paix et d'un *conseil de cassation* pour réprimer la chicane et régulariser la jurisprudence, extension des conseils de prud'hommes et des tribunaux de commerce ; renvoi des troupes étrangères, séjour du roi et des ministres dans la capitale embellie par de vastes places, percée de larges rues, « avec le bois de Boulogne pour campagne [1]. »

D'autres améliorations de détail, réalisées dans ces derniers temps, ou destinées à l'être dans un avenir plus ou moins prochain, ont exercé la sagacité de d'Argenson : suppression des cimetières, des hôpitaux et des boucheries dans l'intérieur de Paris, la mendicité combattue par l'établissement de maisons de travail, d'hospices pour les enfants trouvés et les femmes enceintes ; les inondations prévenues par la création de lacs factices, le charbon de terre substitué au bois comme combustible, greniers d'abondance, comices agricoles, crédit mobilier, enseignement mutuel, Académie des sciences morales et politiques, etc. [2],

1. *Pensées sur la réformation de l'État*, n°ˢ 87, 191, 508, 514, 763, 768, etc.
2. *Pensées*, n°ˢ 301, 372, 763, etc.

que ne trouve-t-on point dans cet étonnant répertoire des inventions et des progrès à venir? Il n'est pas
jusqu'aux omnibus, qu'en cherchant bien, on ne pût
y découvrir [1]. Ce qu'il y a de certain, c'est que la
découverte des ballons s'y trouve indiquée avec une
précision merveilleuse [2].

D'Argenson n'a pas montré une prévision moins
extraordinaire en ce qui concerne les grands problè-
mes de l'Europe et du monde. Nous avons fait connaître avec quelques détails ses vues pleines d'opportunité sur ce qu'on appellerait aujourd'hui la question
italienne. Nous avons reproduit dans un *appendice*

---

1. « A l'égard de la grandeur des villes comme Paris, une
bonne police pourrait rendre les transports bien plus faciles par
des *Post-boys* ou poste aux lettres, voitures publiques à l'heure, à
la course, coches de ville à toute heure. » *Pensées*, n° 125.

2. « *Voici une chose qu'on traitera de folie : je suis persuadé
qu'une des premières fameuses découvertes à faire et réservée peut-
être à notre siècle, c'est de trouver l'art de voler en l'air. La phy-*
sique nous conduit certainement à juger la possibilité de cette
découverte : les oiseaux se soutiennent bien avec leurs ailes; pourquoi l'art qui imite la nature ne trouverait-il pas à copier cette
machine d'un oiseau volant? On a bien imité les poissons nageant.
L'eau est un liquide comme l'air; vous vous y soutenez en mettant dedans un corps en équilibre, c'est-à-dire dont le volume ne
soit pas aussi pesant que pareil volume d'eau; appliquez les
mêmes moyens à l'art de voler.

« *Vous voyez qu'une bulle de savon vole à cause que son volume,
où l'air est raréfié, est plus léger que pareil volume d'air; faites
donc des machines qui copient la bulle de savon; trouvez quelque
matière dont vous fassiez les parois d'une vaste boule, que cela soit
léger pour cette matière et pompez-en l'air. Sur cela vous mettrez à
leur aise des hommes, des provisions, etc.* » *Ibid.*, n° 229.

l'ensemble de ses idées sur l'Orient. Il y a touché la plupart des points qui ont préoccupé le commencement de ce siècle ou qui restent encore à l'ordre du jour : la conquête de l'Égypte, le percement de l'isthme de Suez, la destruction de la domination des barbaresques, le projet d'une croisade politique en Orient, dans le double but d'affranchir les lieux saints et de combattre l'influence russe. Avec un peu de bonne volonté, on y trouverait même prédite la renaissance d'un empire grec sous un prince de Bavière [1].

Il a vu et annoncé très-clairement la séparation des colonies anglaises du nord de l'Amérique et les progrès extraordinaires de ces nouvelles républiques qui constitueraient à elles seules une nouvelle partie du monde.

« Un autre grand événement à arriver sur la terre ronde, le voici : les Anglais ont dans l'Amérique septentrionale des domaines grands, forts, riches, bien policés; ils y ont dans la Nouvelle Angleterre un Parlement, des gouverneurs, troupes, habitants blancs à foison, richesses et marines, qui pis est.

« Je dis qu'un beau matin ces dominations peuvent *se séparer de l'Angleterre*, se soulever et s'ériger en *république indépendante*.

« Qu'arrivera-t-il de là? y pense-t-on? Un pays bien policé par les arts d'Europe, en état de communiquer avec elle par la perfection où est aujourd'hui la marine, et qui, par là, s'appropriera nos arts à mesure de

1. *Pensées*, n° 530.

leur perfectionnement; patience! un tel pays dans
plusieurs siècles fera de grands progrès en peuplade et
en politesse; un tel pays en peu de temps se rendra
maître de l'Amérique et surtout des mines d'or [1]; car
quelle différence d'un gouvernement de gagistes à un
gouvernement qui fait pour lui et sur les lieux! Figu-
rez-vous la Hollande transportée au milieu de l'Amérique : quels ravages y feraient ses forces en peu de
temps! Quelle supériorité sur toutes les autres colonies de mercenaires, gouvernants intéressés, troupes
mal disciplinées, recrues lentes, ordres lents, peu de
force, peu de zèle, puisqu'il faut tirer son âme de si
loin. Ils envahiraient tout en travaillant pour eux,
car ils délibéreraient, résolveraient et exécuteraient en
bien moins de temps qu'il n'en faudrait ici pour donner avis. »

Ailleurs, dans un de ces accès de lyrisme économi-
que auxquels il est sujet, et qui semblent parfois lui
communiquer le don de seconde vue, il s'écrie, en
décrivant les effets que doivent produire l'extension de
la liberté commerciale et le perfectionnement des voies
de communication : « Et vous verrez alors combien la
terre sera belle! Quelle culture! Que de nouveaux arts
et de nouvelles sciences! Quelle sûreté pour le commerce. La navigation précipitera tous les peuples au-
devant les uns des autres. Un jour viendra, qu'on ira
dans une ville peuplée et policée de Californie, comme
on va par le coche de Meaux [2]. »

1. *Pensées*, nos 155, 223, 345. — 2. *Ibid.*, no 300.

Du reste, il serait puéril de dissimuler que d'Argenson, comme tous les prophètes, a mêlé beaucoup de
rêveries à des aperçus frappants de justesse : dans ce
nombre incalculable de projets, de plans, de théories,
il a, ainsi qu'il le dit lui-même, « joint le vraisemblable avec le visionnaire » et devancé les générations
futures dans la voie de l'erreur presque aussi souvent
que dans celle de la vérité. S'il a indiqué d'avance la
plupart des réformes de 1789, plus d'une des folies de
l'époque révolutionnaire a trouvé en lui un précurseur
et un panégyriste : tels sont les banquets civiques [1], la
faveur accordée aux enfants trouvés, les primes données aux filles mères, le divorce par incompatibilité
d'humeur, etc. Enfin, dans ces atteintes à l'institution
du mariage et au principe de la propriété, dans la suppression de la succession collatérale, dans ces restrictions au droit de tester, pour assurer à chacun, selon
ses œuvres, une part distributive dans les biens de la
communauté, etc., etc., on reconnaît les idées favorites de plus d'une secte fameuse de nos jours.

Tel est d'Argenson, tel il se montre à nous dans son
Journal et dans ses autres écrits, avec ce mélange de
bien et de mal que tout homme né d'Adam apporte
en naissant, mais dont il voile certaines parties que
d'Argenson étale naïvement. Saluons en lui l'un des
grands précurseurs de nos réformes économiques,
politiques et sociales. Pardonnons-lui ses erreurs en
songeant que, s'il lui eût été donné de voir l'abus que

1. *Pensées*, n° 123.

l'on a fait depuis de quelques-unes de ses théories, il eût pu dire, comme Raynal dans sa *Lettre à l'Assemblée législative* : « J'ai médité toute ma vie les idées que vous venez d'appliquer à la régénération du royaume. Je les ai méditées dans un temps où, repoussées par toutes les institutions sociales, elles ne présentaient que la séduction d'un vœu consolant. Alors, aucun motif ne m'appelait à en faire l'application ni à calculer les effets des inconvénients terribles attachés aux factions, lorsqu'on les investit de la force qui commande aux hommes et aux choses, lorsque la résistance des choses et des passions des hommes sont des éléments nécessaires à combiner. » Quant à celles des erreurs de d'Argenson qui affectent la morale privée, il convient sans doute d'être plus sévère, en se demandant toutefois s'il fut plus corrompu ou seulement plus franc que la plupart de ses contemporains et des nôtres.

Enfin, quel que soit le jugement porté sur l'homme, on lira le *Journal*, cette chronique vivante de la première moitié du xviiie siècle, à laquelle la position de l'auteur donne un intérêt particulier. Si les commérages et les bruits de ville et de palais enregistrés par le greffier L'Estoile ou recueillis par l'avocat Barbier ont obtenu tant de faveur, on ne mettra pas moins d'empressement à connaître le témoignage de celui qui traversa les fonctions publiques, qui, par lui-même ou par les siens, eut part à la confidence du roi, des ministres, du premier prince du sang, qui fut lié avec ce que l'administration, la science et les lettres comptaient de

plus considérable ; de Torcy, Caumartin, de Bellisle,
le chancelier d'Aguesseau, les cardinaux de Polignac et
de Tencin, l'abbé de Saint-Pierre, Voltaire, Rollin, etc.,
sans parler d'autres liaisons d'une nature moins sérieuse ou moins relevée, soit avec des femmes qui
jouaient alors un grand rôle, soit avec « ces valets très-
principaux, » dont parle Saint-Simon, « qui, à toute
heure dans les cabinets du roi, n'y avaient pas les
yeux ni les oreilles fermés. » On voudra connaître
l'avis du ministre de Louis XV sur les affaires de l'Europe, à une époque féconde en guerres, en négociations, en intrigues, et, quant aux événements inté-
rieurs, on les trouvera tout palpitants de l'intérêt du
moment chez un chroniqueur curieux et réfléchi, qui
ne se borne pas à les étudier dans les vicissitudes minis-
térielles et dans les influences des favorites, mais qui
s'occupe des parlements, des finances, des impôts,
de tout ce mécanisme intérieur de l'administration
au XVIIIe siècle, encore mal connu, bien qu'un ouvrage
récent ait jeté de vives lumières sur cette partie de
notre histoire si rapprochée de nous. Le *Journal du
marquis d'Argenson* se recommande encore par l'attention que l'auteur prêtait à d'autres questions également fort négligées de son temps; il signale déjà les
dangers de ce qu'il appelle « la résidence universelle
à Paris » et de ce que nous nommons la centralisation.
Il attache une grande importance à tout ce qui consti-
tuait le mouvement provincial, la délibération des
pays d'État, le gouvernement des Intendances, la vie
des seigneurs sur leurs terres, l'administration des

communes, car la commnue était le pivot sur lequel devaient rouler tous ses plans de réforme. En un mot et pour emprunter à l'auteur lui-même une phrase qui caractérise avec exactitude le genre d'intérêt que présente son *Journal*, « on peut dire que, si ce n'est pas là une vraie histoire de la cour et du pays pendant trente-cinq ans, ce sont au moins de bons matériaux pour la composer. »

E.-J.-B. RATHERY.

JOURNAL ET MÉMOIRES

DU MARQUIS

D'ARGENSON.

Si ce que j'écris ici est destiné à être lu de ma postérité, je ne suis pas fâché qu'elle sache les commen-
cements de la fortune de mon père. Mon aïeul[1] s'était
ruiné dans l'ambassade de Venise, non pas précisément par la faute de l'emploi, mais par la sienne
propre, et non pas encore par fautes qui le rendis-
sent méprisable aucunement, mais il n'avait pas les
vertus propres à la cour; il avait des parties pour
l'ambassade, une très-belle figure, de l'esprit, du
savoir et infiniment de vertu, et surtout du courage,
mais il allait trop haut, il était fier, et avec cela grand
dévot; il déplaisait aux gens du monde et surtout aux

---

1. René de Voyer d'Argenson, né en 1596, mort en 1700.
Avant d'être envoyé à Venise, il avait exercé un grand nombre
d'emplois dont les détails remplissent les nᵒˢ 2 à 18 des *Papiers
d'Argenson* à la Bibliothèque du Louvre.

1.   1

ministres avec qui il faut, même aux honnêtes gens,
quelque sorte de souplesse; et, de plus, il n'eut aucun
succès dans les négociations, d'abord par le hasard
du temps, et puis parce qu'il était ce qu'on appelle
un gros fin. Il m'a paru ainsi dans ses papiers d'ambassade que j'ai bien lus en les rangeant en ordre[1].

Sans doute que mon bisaïeul, homme de grand mérite, et à aller à tout, homme du monde et agréable
à la cour, autant pour le moins homme de probité
que de religion, s'était trompé sur l'article de mon
aïeul en lui procurant si jeune une ambassade; il
avait été séduit par les bonnes et idoines qualités que
j'ai dit d'abord, et aveuglé par quelque amour-propre
sur son fils, n'avait pas prévu ce qui arriva, quoique
cela dût résulter des défauts de mon aïeul. C'est qu'il
sortit d'ambassade, ruiné de fortune et de biens; il
n'eut pas l'adresse de tirer ses appointements de la
cour; il paraissait se complaire à être maltraité; on ne
gagne rien à la cour à ce personnage d'homme plaintif
et malheureux. Il se fit détester par le cardinal Mazarin; ce fut bien pis sous M. Colbert : la dévotion se
mêlait de tout et lui servait à déclamer contre les vices
des grands; sa hauteur fit que le roi même le trouva
insupportable. Il était conseiller d'État; il y en avait
grand nombre; on fit une réforme, il fut supprimé
étant fort jeune; il n'avait que trente-deux ans à son

1. La Bibliothèque du Louvre possède deux volumes manuscrits
qui ont fait partie de ces papiers d'ambassade. Ils sont intitulés :
Mémoires et pièces fugitives concernant le gouvernement de Venise
(1652). — *Extrait des origines des maisons vénitiennes.* — *Mémoires et blasons relatifs à la noblesse de Venise et autres endroits
voisins de cet État.*

retour d'ambassade, et jamais il n'a pu rattraper la place, aucune pension de la cour, aucune grâce, aucune justice.

La dévotion qui avait contribué à ses malheurs lui fut certes d'une grande ressource[1]. Je ne sache pas d'exemple d'un mauvais traitement aulique aussi complet que le sien ; il alla s'enfermer tout jeune dans ses terres où tout tombait par morceaux ; tout était saisi. Quand le sort se calma un peu à son égard, ce fut que le roi lui acheta assez cher son hôtel d'Argenson, rue des Poulies, afin de l'employer dans le dessein du Louvre[2]. On lui donna encore quelques drogues ; enfin, avec cela, avec le bien de ma grand'mère et la droiture, il paya ses créanciers, mais il se trouva réduit à quatre ou cinq mille livres de rente. Avec cela il se piquait de goût ; il aimait les bâtiments à la folie ; l'objet d'établir ses enfants par les épargnes ne

1. Ses écrits de dévotion remplissent les n°s 20 à 27 des *Papiers d'Argenson*. Plusieurs ont été imprimés. On y remarque des traités théologiques, des oraisons, des litanies, des poëmes plus ou moins étendus, tels que *l'Art d'aimer Dieu*, les *Exercices spirituels de saint Ignace*, le *Poëme du Sauveur*, en vingt-sept chants ou *récits;* des projets d'établissements charitables, des statuts de confréries, etc., etc.

Cette dévotion de son aïeul suggère à d'Argenson la réflexion suivante dans ses *Pensées sur la réformation de l'État*, n° 59 : « Mon aïeul était grand dévot ; son zèle avait tourné son esprit vif et travailleur à beaucoup méditer et composer sur Dieu. Je compte que son petit-fils ne démérite pas, ayant tourné son zèle à la dévotion, à l'État et à sa chère patrie. »

2. Plus tard, le garde des sceaux habita le nouvel hôtel d'Argenson, bâti par l'architecte de Wailly, et situé au fond d'une impasse qui porte encore ce nom, Vieille rue du Temple, entre les n°s 22 et 26.

le touchait guère ; un homme ambitieux et haut préfère le rien au médiocre ; il ne songeait donc pas à ses enfants, mais il trouva moyen de bâtir toute sa vie dans ses terres ; il est vrai qu'on bâtit à un bon marché incroyable à Argenson, surtout mon pauvre grand-père y a élevé une église paroissiale qui est l'admiration du canton ; il est mort en 1700.

Il avait eu plusieurs enfants, cinq sont venus à bien, deux filles, une carmélite que j'ai vue ; l'autre, Mme d'Étilly, qui eut très-peu en mariage ; ce qui n'empêcha point M. de Valory d'Étilly de se trouver honoré de l'épouser ; un chevalier de Malte à l'éducation de qui il fallut pourvoir, et qui mourut, ce me semble, à Malte ; l'archevêque de Bordeaux [1] et mon père.

Mon père naquit à Venise, il eut la république pour marraine, et M. le prince de Soubise qui voyageait alors en Italie, pour parrain. J'ai une lettre originale de Balzac [2] sur la naissance de mon père : il prophétise une grande fortune au petit *Venise*. Assurément tout y était bien contraire à ces apparences de fortune quand mon aïeul se fut retiré, comme j'ai dit, dans ses terres et même quand il eut payé ses dettes. Il

1. François Hélie de Voyer d'Argenson, né à Paris, le 22 septembre 1656, mort archevêque de Bordeaux, le 25 octobre 1728.

2. Louis Guez de Balzac était voisin de campagne en Angoumois, et ami de René d'Argenson, l'ambassadeur à Venise. Dans ses *Lettres choisies*, Paris, Courbé, 1658, in-12, on en trouve plusieurs qui sont adressées à d'Argenson, mais non celle dont il est ici question. Peut-être par suite de ces souvenirs de province et de famille, notre auteur avait conservé du goût pour cet écrivain bien oublié au xviiie siècle. Voyez ce qu'il en dit dans ses *Remarques en lisant*, n° 2485.

donnait à mon père cinq cents livres de pension pour
son entretien et pour tout ; quelquefois mon père venait à Paris avec cela, il mettait ce qu'il destinait à
son séjour à Paris sur une carte à la bassette, et quand
cela était perdu, il repartait le lendemain. L'archevêque de Bordeaux avait plus que lui ; il avait huit
cents livres à cause des thèses qu'il avait à soutenir.
Mon père fut quelques années substitut de M. le procureur général, mais il fallait en demeurer là, et se
soutenir à Paris ; il fallut quitter cette route. Il revint
en Touraine battre la campagne ; il voulait servir ; on
y barguigna ; l'âge le gagna trop (quoique jeune encore) pour commencer. Il fut question pour lui d'é-
pouser Mlle de Paulmy, depuis Mme la comtesse de
La Rivière ; il eût eu par là la terre de Paulmy, mais
elle n'était pas encore héritière, son frère vivant ; il
ne mourut que depuis le mariage de sa sœur avec
M. de La Rivière. Mon père redoutait dans ce mariage
l'éducation de la demoiselle qui était élevée à la cour,
près de Mme la Duchesse ; elle était sérieuse, et d'ailleurs la mère, la comtesse d'Uzès, était un monstre
qui est morte fort âgée, en plaidant contre toute sa
famille. Enfin mon père n'avait nul goût pour ce
mariage.

Il trouva des ressources du côté maternel : ma
grand'mère [1] était une héritière d'Angoumois, d'une

1. Marguerite Houlier, comtesse d'Argenson, a, comme son
mari, laissé des écrits de piété qui remplissent le n° 21 des *Papiers*
déjà cités. Nous y remarquons : *Traité de la communion de tous
les jours*, traduit de l'italien du P. Molinos ; *Règlemens pour l'assemblée des dames de la charité de l'Hospital Général* (1658) ; *Portrait de mes défauts*, etc.

ancienne noblesse de cloche. Son père, M. Houlier, vivait encore, et était lieutenant général du bailliage d'Angoulême. Ma grand'mère avait bien eu quatre cent mille livres en mariage, grande dot en ce temps-là ; mon aïeul en avait mangé une partie ; elle avait signé des engagements, mais il restait des fonds dans l'Angoumois qu'on ne mangea point. M. Houlier vivait, il proposa de résigner sa charge à mon père ; cela choquait qu'un homme comme mon père fût lieutenant général d'un bailliage, quoique ce fût un des beaux ressorts du royaume, mais son âge était passé de servir ; il trouvait à cela une subsistance et de l'occupation.

Quoique ce ne fût véritablement pas un homme ambitieux que mon père, cependant le diable le berçait sans qu'il s'en aperçût ; il cheminait volontiers sur les voies de faire sans songer à faire, et à mesure que le goût des bagatelles diminue dans de tels esprits, ils vont jusqu'à s'ennuyer de tout ce qui n'est pas chemin de fortune. Les moyens qu'il embrassait étaient de se rendre fort capable et de s'exercer à un grand travail. Il avait ce qu'on appelle l'esprit travailleur. J'ai des preuves de ces travaux, des remarques sur des lectures, dissertations dans le grand et politiques, extraits historiques, études du droit public et particulier. J'ai des volumes de pareils travaux [1]. De quoi

---

1. Voici la réflexion que la perte de ces précieux documents inspire à M. le marquis d'Argenson :

« Ces papiers du lieutenant de police sont entièrement perdus, du moins n'en existe-t-il rien à la collection du Louvre. Quel dommage pour les fureteurs ! » (T. I, p. 171 de l'édition Jannet.)

M. le marquis d'Argenson se trompe en croyant qu'il ne reste

cela pouvait-il servir à un pauvre gentilhomme de campagne, ou bien à un juge de province? Mais cette charge était une magistrature. Si ce n'était pas tourner le nez à la fortune que ses inclinations lui promettaient, c'était toujours n'y pas tourner le dos.

Au reste, il était gaillard, d'une bonne santé, donnant dans les plaisirs sans crapule ni obscénité; la meilleure compagnie de la province le recherchait; il buvait beaucoup sans s'incommoder, avait affaire à toutes les femmes qu'il pouvait, séculières ou régulières, un peu plus de goût pour celles-ci [1], camuses

rien de ces papiers du lieutenant de police, qui, à l'époque de la révolution, avaient été placés, à ce qu'il paraît, dans un dépôt formé alors aux Petits-Pères. Il y en a quelques-uns à la Bibliothèque impériale, à celle de l'Arsenal et même à celle du Louvre.

On trouve de plus, à la Bibliothèque Mazarine, un assez grand nombre de lettres de lui dans un manuscrit intitulé : *Lettres politiques écrites par divers à la marquise de Lacour de Balleroy, de* 1693 *à* 1724, 8 vol. in-4.

Peut-être est-il bon qu'il se trouve des *fureteurs* pour révéler aux familles l'existence de documents qui les intéressent, et qu'elles ignorent.

1. « M. d'Argenson, dit Saint-Simon, avait été corrompu par sa charge même, et ses mœurs tenaient beaucoup de celles qu'il avait sous les yeux. »

Il mourut dans le couvent de la Madeleine de Traisnel, situé rue de Charonne, n° 100, où il s'était retiré vers la fin de sa vie. Il était depuis longtemps, dit Barbier, fort ami de la prieure, Mme de Villamont, femme d'esprit et de condition. Ces liaisons avaient été chansonnées. Voy. le *Journal de Barbier*, édition de 1857, t. I, p. 42 et 126. Lemontey parle ainsi du même fait dans son *Histoire de la Régence*, t. I, p. 334. « Il se retira volontairement dans l'intérieur d'un monastère de filles, où sa succession fut une proie et sa présence un scandale. J'ai vu la plainte

ou à grand nez, grasses et maigres; disait force bons
mots à table, il était de la meilleure compagnie qu'on
puisse être. C'était un esprit nerveux, un esprit de
courage et le cœur presque aussi courageux que l'esprit; une justesse infinie avec de l'étendue; il ne connaissait pas tout ce qu'il avait de génie et d'élévation,
et, sur la fin de ses jours, il s'était fait l'habitude de
les resserrer encore et de les méconnaître.

Le voilà donc à Angoulême plus abondamment et
plus honorablement qu'il n'avait jamais imaginé d'être.
Peu après son installation, M. Houlier mourut. Il avait
une maison à la ville et une à la campagne, que ma
grand'mère lui prêtait; c'est la Poyade, sur les bords
de la Charente, qu'on dit être un séjour charmant;
la charge lui valait un revenu honnête. Il vivait médiocrement bien avec quelques portions de sa compagnie, des sots provinciaux qui tenaient leur morgue.
Mon père prenait avec eux des manières cavalières; il
allait vite sur les formes, afin d'aller grandement sur
l'essentiel et le grand de la justice; il accommodait
des procès; il épargnait des épices; il faisait le plus de
bien qu'il pouvait au genre humain. En voilà assez
pour animer bien fort contre leur chef des âmes basses
et mercenaires, prétextant les règles, c'est-à-dire les
formes, et vantant les droits de leurs charges. Ils se
plaignaient, entre autres choses, de ce que mon père
menait avec lui à l'auditoire un grand chien à collier,

des enfants d'Argenson contre la prieure du couvent où leur père
était mort. » Cette mort donna lieu à une estampe satirique qui est
décrite fort en détail dans le *Journal de Mathieu Marais*, à la date
du 6 juin 1721. *Revue rétrospective*, XII, 22.

à peu près comme était le mien, mort depuis peu, et nommé Calot.

Voici le commencement de la fortune de mon père, élévation qu'il n'a certainement due qu'à lui-même, à son mérite, à son travail et à ses talents pour le gouvernement, mérite employé dès qu'il a été connu des grands. En 1691 ou 1692, on envoya dans les provinces une commission des grands jours[1]. Un des commissaires était mon oncle, M. de Caumartin. Quand la commission fut à Angoulême[2], on fut frappé du mérite du lieutenant général : il leur parut sublime en affaires et le premier homme du monde en qualité d'homme de bonne compagnie ; ils reconnurent ses vertus et son courage. M. de Caumartin se piquait de science généalogique ; il savait que notre naissance est des plus anciennes de France, des premières de notre Touraine, qu'on trouve presque toujours de mes ancêtres commandant à la tête de la noblesse guerrière de Touraine, nos anciennes alliances, des emplois à la cour, ambassades, etc.

Voilà donc M. de Caumartin qui s'engoue particulièrement de mon père ; il était allié de M. de Pontchartrain et son favori, chargé des plus grandes affaires de finances. M. de Caumartin presse mon père de venir à Paris ; tous les commissaires du conseil se joignent à lui ; il n'y a qu'une voix, offres sincères de services ;

1. *Commission du roi pour la réformation des abus de la justice dans les provinces du haut et bas Limousin*, etc., instituée par lettres patentes du 4 août 1688. Paris, Est. Michallet, 1688, in-4.

2. Ce fut dans cette ville que siégea d'abord la Commission. D'autres lettres patentes du 22 novembre suivant la transférèrent à Poitiers.

mon père refusait cette tentation, il ne voyait jour à rien par son peu de fortune, il haïssait les chimères. Cependant, au bout de peu de mois, il fut obligé d'aller à Paris, et on l'y retint. L'occasion d'y aller fut un bon procès que lui fit sa compagnie, et sur lequel il fallut demander un règlement au conseil. J'ai eu occasion dans une affaire dont j'ai été commissaire en 1725, de voir ce règlement qui servait de base pour une affaire semblable; il tourna fort à l'avantage du lieutenant général d'Angoulême. M. de Caumartin noua une grande connaissance et amitié entre mon père et M. de Pontchartrain, lors contrôleur général et depuis chancelier de France. M. de Pontchartrain disait à tout le monde : « Savez-vous ce que c'est que ce M. d'Argenson-là ? c'est un homme à aller à tout par la suite, et dès à présent à faire intendant de Languedoc. »

Cette opinion bien conçue et portée au roi, fructifia bientôt. On commença par lui donner quelques commissions lucratives et surtout bien laborieuses, celle de réformer les amirautés, les règlements de la marine, le conseil des prises; et, dans ces affaires de marine, il se rendit si capable en peu de temps, que M. de Pontchartrain le borgne étant reçu en survivance de son père pour la place de secrétaire d'État de la marine, on lui donna mon père pour l'instruire. On lui donna ensuite la commission de procureur général de la recherche des francs fiefs, et amortissements; il y fit des travaux incroyables, et fit revenir au roi plusieurs millions, en ne s'attirant que du respect et des éloges de sa justice de la part des parties qu'on recherchait. Il y avait des appointements raisonnables atta-

chés à cette commission, de sorte que pouvant sub-
sister à Paris, il se défit de sa charge d'Angoulême.
M. de Caumartin voulut qu'il épousât ma mère, et
M. de Pontchartrain en facilitait tous les moyens. On
disait à ma mère que c'était la faim et la soif qui se
mariaient; elle n'avait que trente mille écus; son courage lui inspirait de meilleures espérances; elle jugeait
que le mérite de mon père le pousserait plus loin que
ses autres beaux-frères qui, effectivement, ont été
trop heureux de l'avoir pour patron dans la suite.

Mon père avait trente-neuf ans juste quand il commença ainsi à être employé à Paris. Il était laid avec
une physionomie d'esprit, et fort bien fait; ma mère
en voulut tel qu'il était. Mais il était question d'avoir
un état, il fallait absolument une charge de maître
des requêtes; on ne savait comment s'y prendre, et
le mariage se fit sans être bien assuré de ce point-là.
Mais l'heureuse étoile voulut encore que les charges
de maître des requêtes devinrent à extrêmement bon
marché. Un M. Fermé prêta à mon père l'argent nécessaire et sans intérêt pour cette acquisition. Ce
M. Fermé était receveur des tailles d'Angoulême, et
s'était pris d'une grande passion pour mon père; il
voulut ainsi hasarder son bien, et aida mon père de
tout ce qu'il lui fallut. Aussi mon père a-t-il fait sa fortune, il l'a mis dans toutes les affaires qu'il a pu; on
est homme là à gagner de gros biens; lui et ses enfants nous ont toujours été fort attachés. Mon père
ne laissait pas d'avoir du bien à ramasser des côtés
collatéraux. Son oncle, l'abbé d'Argenson, lui donna
son bien à charge de pension. En faveur du mariage,
M. le vicomte d'Argenson, son autre oncle, en donna

ou assura une partie, entre autres la maison, Vieille
rue du Temple, où mon père alla loger en 1696. Il
lui revint encore du bien du côté maternel, qui est
rentré petit à petit, de quoi il a composé ses acquisitions faites autour d'Argenson. C'est donc avec tout
cela que mon père s'établit, prit femme et charge.
Peu de temps après, il fut question de lui pour l'intendance de Metz, mais, dans le même temps, on
préféra de le charger de la police de Paris, M. de La
Reynie s'étant retiré. On sait comment il s'est acquitté
de cette charge; je renvoie sur cela à l'éloge qu'a fait
de lui M. de Fontenelle en 1722, à l'Académie des
sciences.

Dans cette place, mon père était véritablement un
ministre, car il travaillait directement avec le roi, et
était avec ce grand monarque dans une correspondance continuelle. Il a été dix fois question pour lui
de l'élever au ministère; la brigue de cour, la ligue
des ministres l'en exclurent en disant toujours la même
chose, savoir : « Qu'il n'y avait personne pour le remplacer à la police de Paris dans des temps aussi difficiles que ceux de la dernière guerre. » On le croyait
fort ami des jésuites, on se trompait; comme il les
connaissait eux et leurs desseins, il ne les estimait pas,
et ne faisait pas grand'chose pour eux; ces gens-là
n'aiment pas ceux qui ne travaillent qu'à demi pour
eux. Mon père était aussi médiocrement bien avec
Mme de Maintenon; elle l'estimait, mais peu de liaison; il était attaché au maître en droiture; tous les
ministres le craignaient; les courtisans l'excluaient
autant qu'il savait se passer d'eux. M. de Bâville a
été à peu près dans cette même situation en Langue-

doc, où les grands succès l'ont confiné, mais lui ont donné un pouvoir souverain.

1697.

Une anecdote que je tiens de quelqu'un de sûr, touchant le cardinal Dubois. Étant abbé Dubois, le feu roi se servit utilement de lui pour obtenir de M. le duc d'Orléans qu'il épousât sa bâtarde qui est aujourd'hui duchesse d'Orléans. Quand cette négociation eut réussi par la seule médiation de cet abbé, le roi vit encore cet abbé secrètement pour le remercier, et il lui dit de lui demander ce qu'il voudrait, et qu'il l'obtiendrait de sa reconnaissance ; l'abbé n'hésita pas, et lui dit : « Sire, dans des occasions importantes on ne doit demander à d'aussi grands rois que Votre Majesté que des grâces proportionnées à un tel maître. Je vous demande d'être cardinal. » Le roi lui tourna le dos, puis revint, et insista pour qu'il lui demandât abbayes ou bénéfices, sûr de l'obtenir. Cet homme-là était si fou dès lors, et visait tellement au grand, qu'il tint bon, ne voulut pas demander autre chose que le chapeau, et n'eut effectivement rien.

— Autre anecdote touchant Mme de Maintenon. Le roi l'avait certainement épousée ; il n'y avait pas d'apparence de le déclarer, mais elle ne voulait cependant pas souffrir d'actes contraires à son droit. C'est une loi que jamais personne ne peut être mis sur le lit de la reine que le roi, quand il s'agirait de la vie la plus précieuse et de tout ce qu'il y a de plus grand après le roi, comme vous allez voir. Mme la duchesse de Bour-

gogne se trouva très-mal chez Mme de Maintenon, on
n'avait pas le temps de la porter chez elle. Mme de
Maintenon arrangea des carreaux sur un sofa pour
qu'on ne la mit pas sur son lit, et elle ne fut pas mise
sur ce lit (1706).

1698.

Quand mon oncle l'évêque de Blois[1] fit ce discours
à l'Académie française, où il se moqua si bien de
l'évêque de Noyon, Tonnerre[2], M. de Fénelon, archevêque de Cambray, dit à l'abbé de Caumartin en
sortant : « Monsieur, je vous ai *entendu* et *entendu*. »

1704.

J'ai ouï dire à M. de Châteauneuf, peu de jours
devant sa mort, que pendant les quatre dernières
années de son ambassade de Constantinople, il n'a-
vait reçu qu'une lettre du roi par an, qu'elle était
toujours la même, et disait en quatre lignes :

« Vous ne pouvez me rendre plus grand service
dans votre ministère que d'engager le Grand Seigneur
à continuer la guerre avec l'empereur d'Allemagne. »

1. Jean-François-Paul Lefèvre de Caumartin, 1668-1733,
membre de l'Académie française et honoraire de celle des inscriptions.

2. M. de Clermont-Tonnerre, évêque de Noyon, connu par
son excessive vanité. L'abbé de Caumartin, chargé de sa réception, lui adressa un discours où il se moquait finement du réci-
piendaire tout en paraissant l'accabler de louanges. On peut lire
dans les *Mémoires de Saint-Simon*, édition Chéruel, t. I, p. 213,
les détails de cette mystification académique.

1709.

A la fin de 1709 je fus mis au collége avec mon frère ; nous étions alors si grands garçons, c'est-à-dire si avancés dans le monde, que, sans être nés libertins, nous l'étions devenus, car on imite d'âge en âge l'étage un peu devant nous ; les petits garçons veulent trancher du jeune homme, comme les jeunes gens avancés pour leur âge contrefont les hommes importants. Ma mère était bonne, indulgente et avait quelque goût ; notre façon d'être ne la détournait point de nous laisser suivre nos habitudes. Je fréquentais les spectacles, les assemblées, les femmes ; je faisais des connaissances, j'allais au cabaret et autres lieux quand j'étais avec des gens du monde ; je me figurais être si bien dans le monde !

Je ne sais où mon père avait pris de nous donner pour gouverneur un des sots hommes que j'aie connus ; il se nommait Andoche Gaillardet. Il était fou, imbécile, ignorant, libertin et hypocrite ; il rapportait tout à mon père, et voilà toutes ses armes pour nous réprimer. Nous eûmes bientôt secoué le joug de ce qu'il possédait d'autorité propre à lui et en sa qualité. Comme il faut que le commandement soit fondé sur la justice, disent les auteurs de droit public, ayant manqué ce point par une humeur indomptée dont il nous tourmentait, je m'avisai le premier de résister et de la détruire. Les découvertes les plus simples sont les plus belles. Cet homme prenait plaisir à nous mortifier par des endroits sensibles ; il avait saisi d'abord ce raffinement des tyrans. Ayant donc remarqué

que j'aimais le dessin[1], que je ramassais des estampes
ou morceaux de dessins, soit des autres, soit de ma façon, que je mettais tout cela dans un joli ordre en mes
portefeuilles, et que je m'y complaisais, une fois que
j'avais fait une grande faute, il me déchira quelques-uns
de mes chers dessins; cela me punit beaucoup, mais
ensuite son humeur le porta au premier caprice, pour
des fautes légères, pour celles que sa seule bile rendait telles : il continua le même supplice, et c'est
par là qu'il fut détrôné. Sentant la justice pour moi,
méprisant un tel bourreau, et animé de vengeance,
une fois qu'il venait faire main-basse sur mon pupitre,
j'enfonçai mon chapeau, je me préparai au combat
en lui montrant les deux poings, et lui dis : « Viens-y,
b..... de chien, je te recevrai comme tu le mérites. »
J'étais déjà fort, il n'osa se commettre, et depuis cela
il n'osa plus me menacer de lui, mais seulement de
mon père.

Nous entrâmes donc au collège, mon frère et moi,
comme des gens du monde à bonnes fortunes, si vous
voulez, qu'on priverait de leur divinité et qu'on rédui-
rait à un état aussi humiliant que celui de devenir écoliers; j'en eus grande honte, je la renfermai dans la
retraite; je perdis nombre de connaissances. J'étais
en ce temps-là fort lié d'amitié avec M. de Fronsac,
depuis duc de Richelieu; quand j'entrai au collège il

---

1. D'Argenson nous apprend dans ses *Remarques en lisant*,
n° 1753, qu'il dessinait lui-même dans sa jeunesse. « J'ai de moi,
dit-il, des dessins à la gouache de 1713 et de 1714. » Il est vrai
qu'il ajoute qu'ils sont au-dessous du médiocre, mais qu'il les
revoit de temps en temps, et qu'ils lui paraissent avoir gagné en
vieillissant.

alla s'établir à Versailles, se marier[1], se faire mettre
à la Bastille en donnant de la jalousie au duc de Bourgogne, et cependant il avait environ deux ans moins
que moi. J'étais encore lié avec M. de Melun, alors
M. le prince d'Épinoi, tué depuis par un cerf[2], ce M. de
Bavière aujourd'hui comte de Bavière, M. le prince de
Soubise[3], etc. Quelque temps après que je fus au collége, il y vint à une petite tragédie d'enfants dont il
était parent, et moi j'étais dans l'amphithéâtre avec
ma robe, et, lorsque sur un banc de bois il m'avisa, je
lui tournai le dos. J'entrevoyais comme cela, quelquefois, des femmes de ma connaissance avec qui j'avais
été en familiarité; quelle humiliation! Mais nous sortions quelquefois, et je mettais alors tout mon avoir
pour paraître décemment et me rétablir dans les bons
airs, aux spectacles, promenades, maisons. Si jamais
j'ai été coupable de dépenses indiscrètes, c'était pour
subvenir à satisfaire cette petite ambition qui, quoique
peu frayeuse en elle-même, était fort disproportionnée
avec les mois qu'on donne à un écolier. Et alors qui
m'eût traité d'écolier m'eût trouvé bien révolté. Pourquoi se moquerait-on d'une telle ambition? N'est-ce
pas le même canevas sur lequel est bâtie celle des conquérants? Un roi veut paraître un héros et un héros
passer pour un dieu.

Cependant j'eus le fouet, ou autant vaut, à ma se-

1. En 1711, avec Mlle de Noailles.

2. Louis II de Melun, prince d'Épinoi, duc de Joyeuse. Sa
mort arriva le 29 juillet 1724.

3. Louis-François Jules, fils du prince de Rohan. Il mourut
aussi en 1724.

conde année de rhétorique, en 1711. Le duc de Boufflers[1], mon ami, alors gouverneur de Flandre en survivance et colonel de son régiment, étant en même
classe que moi, eut le fouet tout à fait pour faute
commune : nous avions tramé ensemble une espèce
de révolte contre le P. Legay[2], notre régent ; nous
lui soufflâmes des pois par une sarbacane ; cela fit
grand bruit. Le maréchal de Boufflers s'en plaignit au
roi, et il retira son fils du collége. Ce pauvre garçon
en eut un chagrin mortel ; quelques mois après, la
petite vérole lui prit et il en mourut. Je n'oublierai
jamais quel était le caractère de ce garçon-là ; il avait
une ambition démesurée, et les moyens ne lui man-
quaient pas pour atteindre tout au plus loin dans sa
petite sphère du collége ; il séduisait qui il voulait, et
le mettait dans son parti à pendre et dépendre, de
sorte que pour ses brigues et ses vues il avait des gens
attachés à lui de tous métiers, des confidents, des
prôneurs, des négociateurs et des coupe-jarrets. Il
prodiguait des faveurs bien coupables pour tant de
choses ; il avait une jolie figure ; il cheminait par co-
quetterie de fantaisie en fantaisie, et avec cela il avait
beaucoup d'esprit pour ses études ; il remportait tous
les prix. Il avait pour moi encore plus d'estime que
d'amitié, et moi plus d'amitié, ou même plus d'amour
pour lui que d'estime[3].

1. Lisez *le comte*, Antoine-Charles-Louis, fils aîné du maréchal
duc de Boufflers, mort à quatorze ans, le 22 mars 1711.

2. Bien que ce nom soit ainsi écrit, il s'agit évidemment du
P. Lejay, alors professeur de rhétorique au collége de Louis le
Grand, et qui eut aussi Voltaire pour élève.

3. L'auteur a consigné dans ses *Remarques en lisant*, n° 994,

1712.

Début des mémoires du temps de la jeunesse et des bonnes fortunes. Je ne suis pas d'une figure fort distinguée, cependant j'ai connu bien des femmes avec qui, si j'avais voulu insister un peu davantage, j'aurais été du dernier bien ; leurs moments de bonne volonté n'étaient pas douteux ; mais souvent n'étant pas le mien, je ne m'en apercevais bien qu'après qu'ils n'étaient plus, et alors, dans mes bons moments à moi, je me trouvais trop sot de n'en avoir pas profité, et j'en ai eu depuis de longs repentirs. Souvent c'était timidité, c'était effroi. J'avouerai que j'ai toujours été hors de moi et intimidé aux premières approches libres d'une femme, surtout de nouvelle connaissance, et il entre à cela tout respect et nul mépris[1]....

—Si je vis vieux, j'aurai à dire, et avec vérité, une chose bien particulière ; j'ai vu et lié amitié avec un homme qui avait couché avec une maîtresse de

un autre souvenir de collége relatif à Fouquet-La-Varenne, petit-fils du maréchal de Tessé.

1. Ici d'Argenson entre dans des détails où il nous est impossible de le suivre. Il conclut par ce mot sur les hommes à bonnes fortunes : « Ce sont de tous les inutiles de ce monde ceux qui ont le mieux passé leur temps. »

On trouve dans les *Remarques en lisant*, nᵒ 1040, une *déclaration d'amour prononcée à une toilette*, le 25 juin 1714. Nous ne la reproduisons point ici ; elle ne renferme que « des lieux communs de morale lubrique » ; mais ce fait d'un homme de quarante-quatre ans, enregistrant soigneusement, et avec date précise, un

François Ier. Ce roi est mort en 1543; il avait eu
le p....... de cette femme, dont je ne sais pas le
nom, peu avant sa mort de ce que vous savez. Cette
petite fille vécut fort vieille et fut luxurieuse sur ses
vieux jours. Elle entretint, pendant un an entier,
un jeune mousquetaire nommé Vitrac. C'est ce bonhomme que je dis qui a été mon ami; il avait eu pour
parrain le duc de Montmorency, pris à Castelnaudary
et ensuite décapité; il était Basque. Il avait vécu fort
vigoureux jusqu'à quatre-vingt-dix ans, et c'est à quatre-
vingts ans que j'ai commencé à le connaître. Il mon-
tait encore à cheval comme un des meilleurs écuyers
du roi.

1713.

Ce sera quelque jour une grande question parmi
les historiens minutistes de savoir si Louis XIV était

pareil document au bout de trente années, nous a paru trop caractéristique pour n'être pas conservé.

C'est aussi comme trait de mœurs, se rapportant à la jeunesse
de d'Argenson, que nous demandons au lecteur la permission de
reproduire le passage suivant emprunté au même manuscrit,
n° 2338, sous la rubrique : *Amours*.

« Une vie parfaite avec sa maîtresse serait celle-ci : d'avoir
une petite maison dans un faubourg ou dans la ville même, un
appartement fermé et où l'on serve par un tour, comme à un
couvent, d'y entrer tête-à-tête, quelques séances par semaine,
selon l'âge, les forces et la santé. Chaque séance de six heures,
de une heure à sept heures; les premières trois heures au lit,
les secondes trois heures à table, et sans tiers. Se rhabiller,
quitter sa robe de chambre, et le reste de la semaine que l'on
paraisse désoccupé de l'amour. Voilà comme j'ai vécu dans ma
jeunesse. »

amant aussi bien que mari de Mme de Maintenon,
ou si c'était simplement une bonne amie qui cherchait à lui complaire en tout, en sorte que, connaissant le goût dominant que le roi avait pour les
femmes, elle établit sa communauté de Saint-Cyr pour
avoir quantité de jolies sujettes de Sa Majesté à lui
administrer selon ses besoins ; il est sûr que le bon
roi voyait souvent en particulier plusieurs des plus
jolies pensionnaires de Saint-Cyr, et par là, le plaisir
se trouvait égal à la nécessité, à la modération, au
défaut d'attachement, aussi et surtout à la fuite de la
contrainte et du scandale. Mme de *** m'a dit qu'elle
ne doutait pas que cela se passât ainsi [1].

1716.

Le marquis de Nesle brigua d'aller au-devant du
czar et de lui faire les honneurs de la France quand
il y vint au commencement de ce règne. Comme il se
pique d'une extrême magnificence, il avait si bien pris
ses mesures qu'il changeait d'habit chaque jour. Toute

1. Cette manière de juger Mme de Maintenon et son établissement de Saint-Cyr se sent un peu de la jeunesse de l'auteur. Plus
tard la réflexion, et probablement la comparaison avec les maîtresses de Louis XV, ramenèrent d'Argenson à une appréciation
plus juste et plus rapprochée de celle qui semble prévaloir aujourd'hui. Voyez dans ses *Remarques en lisant*, nos 2141 et
2482. « Les lecteurs d'aujourd'hui, dit-il, trop portés au scandale, ont cru y trouver une hypocrite ; pour moi, je la trouve
fort raisonnable et religieuse ; elle retira le roi de l'état de scandale, et se joignit à lui par le mariage.... Enfin nous composerions
bien pour ne voir jamais à la cour d'autre reine ni d'autre favorite que faites comme celle-ci. »

l'attention qu'il s'en attira du czar, fut que ce prince
dit à quelqu'un : « En vérité, je plains M. de Nesle
d'avoir un si mauvais tailleur qu'il ne puisse pas trouver un habit à sa guise. »

1717.

Saint-Sernin demanda à S. A. R. M. le duc d'Orléans, régent, l'honneur de porter l'habit à brevet ; il l'obtint et alla remercier. Le régent répondit :
« Je souhaite, monsieur, que votre tailleur vous le
donne d'aussi bon cœur que moi. » Ledit Saint-Sernin
est pauvre et glorieux, au reste brave et ambitieux. Il
se pique de ressembler au maréchal de Villars, il le
copie ; il prétend qu'il fera une aussi grande fortune
que lui. On l'a trouvé une fois s'exerçant à signer, *le
maréchal duc de Saint-Sernin.* En attendant, il va à
pied : l'habit-brevet allait mal ce train-là. Le régent
était non-seulement facile à multiplier les grâces singulières, mais il avait une secrète malice pour avilir
tout ce que le feu roi avait eu à cœur d'illustrer. Cela
provenait d'avoir été maltraité sur la fin du règne et
par le testament ; ajoutez à cela qu'une cour moderne
se pique de tourner en ridicule et de traiter avec une
supériorité indiscrète tout ouvrage, manières et respects de l'ancienne cour.

1718.

Février. — Feu mon père conduisait les choses de
son ministère avec tant de secret, que voici ce qui
m'arriva alors : Je rentrais après souper à une heure ;

le suisse me dit que M. le lieutenant général de police
me demandait; c'était pour écrire quinze lettres cir-
culaires sur sa minute, à autant d'intendants, et de ne
pas me coucher que cela ne fût fait; mon frère en
avait déjà fait sa tâche, qui était d'autant, et il s'était
couché par ordre de mon père. Je pris du café et je
me couchai à quatre heures. Il s'agissait d'une augmentation de monnaies qui surprit tout le monde, car on
avait fait courir le bruit d'une diminution; le lendemain elle fut publiée, et on envoya nos lettres par des
courriers. Par là, on ne se fiait à aucuns commis;
nous-mêmes, mon frère et moi, étions peu pécunieux
et nous couchâmes sur cela, sans pouvoir rien faire
transpirer; car en ces choses-là, le petit intérêt d'un
chacun le mène à divulguer.

Juin. — Je n'oublierai jamais ce que feu mon père
me dit la première fois qu'il m'admit à raisonner
avec lui des mouvements que se donnait alors le parlement contre l'autorité royale; j'étais conseiller au parlement, et lui garde des sceaux et président du conseil
des finances. A tout ce que je lui exposai des raisons,
arguments et vivacité du parlement, il me répondit
seulement : « Mon fils, votre parlement a-t-il des
troupes? Pour nous, nous avons cent cinquante mille
hommes; voilà à quoi cela se réduit. » Et voilà parler
en grand homme!

1719.

Mars. — Le duc de Richelieu était véritablement
coupable quand on le fit mettre à la Bastille environ
en ce temps-ci. Mon père fut cause de son arrêt; il

s'en prit à lui et nous en voulait bien du mal. Cependant il est certain que ce duc avait des liaisons avec l'Espagne, et en voici la preuve, que j'ai sue depuis d'une de ses créatures. Il avait une lettre de la main du cardinal Alberoni, et la gardait si précieusement, qu'elle couchait toujours avec lui sous son chevet; et cette lettre suffisait pour lui faire couper la tête. Duchevron étant venu avec une vingtaine d'archers pour l'arrêter, on entoura son lit. M. de Richelieu eut la présence d'esprit de tenir ce procédé pour sauver le billet d'Alberoni : il dit à Duchevron qu'il avait une extrême envie de p.....; avant de se lever, il prit son pot-de-chambre, leva sa chemise pour p..... devant tout le monde. Le premier mouvement de gens respectueux est de détourner la vue, et M. de Richelieu se servit de ce moment pour avaler le billet; il l'avala et le digéra comme il put.

— Environ alors on parla de grands desseins de Charles XII, roi de Suède, lorsqu'il fut tué à un siége en Norwége [1]. J'ai appris depuis, par le sieur Hogguer, qui y fut employé et qui négocia pour cela, tant avec la cour de Suède qu'avec M. le duc d'Orléans, toutes les particularités de cette affaire, dont il a fait un mémoire pour lui.

Son père et lui ayant prêté plusieurs sommes à Charles XII, ils furent gratifiés de terres et titres en Suède; le père fut jusqu'à sa mort chargé des affaires de Suède auprès des cantons évangéliques, et Hogguer fils fut chargé de tout ce qui regardait ces projets avec

1. Au siége de Frédrickhall, le 11 décembre 1718.

l'Espagne et avec la France. Le baron de Gœrtz[1], premier ministre du roi de Suède, et décapité sitôt après la mort de ce prince, fit deux fois le voyage de France en Allemagne pour conférer avec ledit Hogguer; ainsi il fut dans la confidence et l'agence totale.

Tous les politiques d'alors, cités à la fin de l'*Histoire de Charles XII*, et Voltaire, à la fin de la même histoire, parlèrent beaucoup de ces grands desseins[2]; mais personne ne les possède plus au juste que ledit Hogguer, qui me les a contés à peu près ainsi qu'il s'en suit.

Charles XII faisait la paix avec le czar, et en même temps formait avec lui une alliance offensive et défensive pour s'emparer à eux deux des pays à leur con-

1. George-Henri, baron de Gœrtz, d'une famille de Franconie, ministre de Charles XII depuis son retour de Turquie. Après la mort du roi il fut accusé de haute trahison et de péculat, et exécuté sans forme de procès à Stockholm, le 3 mars 1719.

2. Ce qu'en dit Voltaire au livre VIII de son *Histoire de Charles XII* est beaucoup moins circonstancié que ce qu'on trouve ici. Lémontey, *Histoire de la Régence*, t. II, p. 383, va jusqu'à avancer que « Voltaire a complétement ignoré toute cette politique du Nord. » Voy. le n° 2 de ses pièces justificatives : *Éclaircissements sur Charles XII et ses ministres*. Il y parle du rôle que joua dans cette occasion « un baron de Hoggers, ancienne créature du contrôleur général Desmarets, et l'un des plus fameux intrigants de ce temps. » Ce Hoggers, ou, comme l'écrit d'Argenson, Hogguer, était Suisse, banquier de son état, et se mêlait de politique par goût ou plutôt par passion. Nous verrons son nom, tantôt écrit tout au long, tantôt désigné par des initiales, reparaître souvent dans ce journal. C'était, avec le valet de chambre Bachelier, un des oracles subalternes auxquels d'Argenson empruntait ses informations. Il y a de lui un *Mémoire sur les finances* dans le manuscrit intitulé *Mémoires d'État*, II, 269.

venance dans le Nord, anéantir le pouvoir du Danemark, détrôner Auguste et maltraiter le roi de Prusse,
rétablir la liberté germanique et donner de furieuses
affaires à l'Angleterre chez elle. Il s'appuyait de l'Espagne, où régnait pour ainsi dire Alberoni, ministre
à desseins vastes ; il promettait à l'Espagne le recouvrement de ses anciens domaines d'Italie, et il engageait la France, dès qu'elle le voudrait, dans ses desseins, en lui procurant les Pays-Bas ; et par cette
puissante alliance, le régent était sûr d'un appui bien
efficace pour monter sur le trône de France, si la succession en devenait vacante pour lui, car cet appui-là
était bien plus fort que celui du traité de Londres ou
quadruple alliance, qui n'entrait que dans un médiocre
tourbillon de desseins, en sorte que le roi Georges
n'était pas inquiété pour son usurpation. Il se souciait
peu des inquiétudes qu'on faisait essuyer au duc d'Orléans, et même si le roi d'Espagne savait alors opter
pour la France et abandonner l'Espagne, l'Angleterre
se faisait un mérite auprès de toute l'Europe d'assurer
l'équilibre général, et y sacrifiait les intérêts de son
allié le duc d'Orléans.

Mais le héros du Nord, Charles XII, à parole inviolable et poussant la magnanimité jusqu'à la folie, aurait plutôt manqué à tout qu'à son allié ; il eût plutôt
déféré aux intérêts de la France, plus voisine de lui
et plus concourante à ses vastes desseins, qu'aidé aux
projets de l'Espagne contre le régent, d'autant que les
intérêts de l'Espagne, de ce côté-là, n'entraient pour
rien dans leurs vues communes, et qu'il rendait assez
de services à l'Espagne en lui procurant l'Italie.

A l'égard du czar, celui-ci trouvait un grand avantage à dominer ainsi dans tout le Nord, conjointement avec la Suède; il voyait son empire mieux établi que par la puissance suédoise, celle-ci ne tenant qu'à la vie seule et au grand mérite de son roi, mais qu'après lui cette grande puissance ne se soutiendrait pas comme la sienne. Il voyait toujours les Sarmates et les Goths se répandre de nouveau et donner la loi, comme autrefois, au reste de l'Europe; il aguerrissait ses troupes; ainsi il eût marché d'un parfait concert avec Charles XII à tous ces desseins, et quelle puissance c'eût été, les deux extrémités de l'Europe étant jointes ensemble, savoir la Suède et la Moscovie avec l'Espagne et la France! Par leur position, nul concours d'intérêt, nulle rivalité ne les eût mises en jalousie et en défiance, et on eût été jusqu'au bout si la mort ne fût venue rompre ces desseins dès leur principe, en abattant la tête de l'auteur, qui s'exposait aussi avec trop de prodigalité de son bonheur.

Par ce projet, la Suède cédait à la Russie l'Ingrie, l'Esthonie et la Livonie; mais de cette dernière province la Suède se réservait Riga et ses dépendances; elle cédait encore à la Russie un canton de Finlande. La Suède faisait la conquête de la Norwége entière sur le Danemark, et cela était bien avancé quand Charles XII fut tué. Ensuite Charles XII touchait au Jutland, appartenant au Danemark, et abolissait le droit du Sund. Pour en fermer le passage et obvier au secours des Anglais, le czar mettait sur pied une flotte formidable, qui se combinait avec celle de la Suède, alors sur un bon pied. On conquérait sur la Pologne, à frais communs, une petite province fort à la convenance de la Russie. On donnait à la Suède la Poméranie et le

Mecklembourg. On dédommagerait le duc de Mecklembourg, alors en querelle avec ses sujets, comme il y
est resté depuis; on lui donnait, dis-je, une province
qu'on prenait à la Prusse. On attaquait le roi de Prusse
pour le punir de s'être mêlé, comme il avait fait, de
la précédente guerre de Pologne, on lui montrait que
toutes ses belles troupes n'étaient composées que de
faquins, et qui est-ce qui eût pu ou voulu le secourir?
On le privait, comme j'ai dit, de ce qu'on donnait en
indemnité au duc de Mecklembourg et de quelques
postes à la convenance de la Russie. De là, on entrait
en Saxe et en Pologne; on détrônait une seconde fois
le roi Auguste pour replacer le roi Stanislas sur le trône
de Pologne. On ôtait encore au roi Auguste son élec-
torat de Saxe, et on y remettait la branche aînée de
Saxe-Gotha.

Le traité était déjà signé pour tous ces projets avec
le roi d'Espagne, et le cardinal Alberoni y avait fortement travaillé. L'Espagne envoyait vingt vaisseaux de
guerre au Sund pour se joindre à ceux de Russie et de
Suède et prévenir les Anglais. L'Espagne fournissait
cinq cent mille piastres par mois. De Danemark,
Charles XII descendait à Hambourg, obtenait aisément de cette riche république de gros secours en
argent, et la déchargeait de toute tyrannie du Danemark. Bientôt celui-ci, pris de tous côtés, demandait grâce, et on lui accordait une paix dont on était
bien sûr quant à la durée. Charles XII, avec soixante
mille braves Suédois, gens fort aguerris et enflés de
leurs anciennes victoires, descendait en Allemagne,
tandis que le czar agissait aussi avec une armée formidable dans cette même partie de l'Europe où il a

tant à cœur d'avoir pied. Là on agissait offensivement
contre l'électeur de Hanovre, qui est ami du roi
d'Angleterre; on faisait venir alors le prétendant en
Angleterre et on le rétablissait, ce qui donnait assez
d'ouvrage audit électeur de Hanovre pour ne pas lui
laisser le temps de se mêler des affaires de l'Allemagne.

Pour lors on faisait la loi à l'empereur, à qui on
donnait les affaires que je vais dire : on faisait éclore
les liaisons prises avec l'électeur de Bavière, la maison
palatine et les autres électeurs ecclésiastiques; on re-
cueillait toutes leurs prétentions et les griefs du corps
germanique, sans augmenter aucunes jalousies entre
les catholiques et les protestants, et on renouvelait le
traité de Westphalie pour la liberté germanique. Les
Turcs étaient déjà en guerre avec l'empereur, on ani-
mait cette guerre et on faisait du prince Ragotzki un
roi de Hongrie et de Transylvanie. En même temps
l'Espagne descendait en Italie et y reprenait le Milanais et les Deux-Siciles, ce qui, comme j'ai dit, donnait assez d'ouvrage à l'empereur tout à la fois.

C'était alors l'occasion à la France de paraître, ayant
armé jusque-là sans se déclarer; et pour lui donner
part au gâteau et à la dépouille universelle de l'empereur, on nous donnait les dix provinces des Pays-Bas
catholiques, ce qui remplissait notre beau dessein de
n'avoir au nord et nord-est que le Rhin pour barrière.

La puissance de cette ligue et l'affaiblissement total
de l'empereur nous vengeaient assez de nos pertes précédentes par le traité d'Utrecht. L'Angleterre, si occupée par le prétendant, et la Hollande, sans l'Angleterre et sans l'empereur, n'osaient nous traverser. Et

de plus, on garantissait à M. le duc d'Orléans la future succession de France, si elle venait à s'ouvrir, et cela par un traité particulier entre elle, la Suède et le czar, sans avoir rien communiqué avec l'Espagne.

Charles XII, semblable et surpassant le grand Gustave-Adolphe au milieu de l'Allemagne, avec soixante mille hommes, y faisait la loi et tirait de grandes richesses pour soutenir la guerre de Jutland, Hambourg, Saxe, Prusse et du reste de l'Allemagne. Il réglait en même temps la future succession de l'empereur entre ses héritiers naturels.

Alors il y avait à Paris un grand seigneur d'Espagne appelé don Manuel, envoyé par Alberoni comme simple voyageur, mais pour s'aboucher avec le sieur Hogguer, dépositaire de tous ces secrets. Ils s'assemblaient tous les soirs ensemble chez Mlle Desmares, illustre comédienne et maîtresse de Hogguer; ils soupaient ensemble; mais avant souper et pendant la comédie ils s'enfermaient, travaillaient sur des cartes géographiques, sur des papiers, et écrivaient beaucoup.

Cependant le baron de Gœrtz, pour donner de la jalousie et piquer la curiosité de M. le duc d'Orléans, avait fait cette manœuvre-ci. Il avait fait écrire la partie la moins importante et la moins secrète de ces projets, partie en chiffres et partie en clair, en sorte que cette dépêche était tombée entre les mains de notre résident à Berlin, lequel n'avait pas manqué de l'envoyer d'abord à M. le duc d'Orléans. On y voyait bien que don Manuel était à Paris pour cela, de la part d'Alberoni, mais on y trouvait qu'il correspondait avec un Suédois nommé Sobrissel. On faisait de grandes per-

quisitions pour découvrir où était ce Sobrissel à Paris,
et on ne trouvait rien. On savait seulement qu'il était
fils d'un sénateur de Suède.

Mais ce nom de Sobrissel couvrait celui d'Hogguer,
qui était désigné par là. Mon père, alors garde des
sceaux de France, avait conservé des émissaires de la
police; il avait mis plus de cent personnes à cette découverte et on ne trouvait rien, comme je dis.

Alors M. le duc d'Orléans manda Hogguer pour le
savoir. Celui-ci, fidèle à la France, songea d'abord à
la bien servir, mais en ne trahissant point la cause
étrangère dont il était chargé. Il savait que le régent
devait y être admis à de bonnes conditions et à propos, et le temps en était venu par l'inquiétude et la
jalousie dont il était piqué : il est vrai qu'il n'y pouvait être admis qu'avec dépit de la part de l'Espagne,
qui avait ses intérêts particuliers contre lui; mais la
Suède n'était là-dedans que pour favoriser le régent,
et ce fut cette admission qui chagrina l'émissaire d'Alberoni, comme je vais dire, s'imaginant que Hogguer
le trahissait totalement, après lui avoir fait signer le
traité.

Le régent s'était donné de grands mouvements du
côté de la Suède, de la Prusse et de Madrid, et l'abbé
Dubois ne venait à bout de rien sur la découverte des
grands projets qui transpiraient du roi de Suède et
d'Alberoni.

Le régent manda donc la Desmares et l'interrogea
sur le comportement d'Hogguer et de don Manuel,
qu'il savait souper chez elle tous les soirs; elle lui dit
tout ce qu'elle savait et lui envoya Hogguer.

Celui-ci fit bientôt ses ouvertures au régent, et lui

apprit que le prétendu Sobrissel n'était pas autre chose que lui, Hogguer ; qu'il était le confident de tout, et qu'il ne tenait qu'à lui, régent, d'entrer dans l'alliance. Il lui montra ses pleins pouvoirs, où il y avait carte blanche sur cela. Le régent se défiait cependant d'Alberoni et craignait qu'il n'y eût là-dedans quelque article contre lui ; il voulut avant toutes choses gagner don Manuel ; il chargea Hogguer de lui offrir les plus fortes récompenses s'il voulait quitter l'Espagne et s'attacher à la France, savoir : un million d'argent comptant, mobilier, terres, le cordon bleu, le grade de lieutenant général et un gouvernement.

Hogguer s'acquitta de cette négociation en homme d'esprit et adroit, mais il ne put si bien faire que don Manuel ne vît d'abord qu'il était trahi par Hogguer ; il s'emporta contre lui extrêmement. Le lendemain il l'envoya chercher, il lui parla avec douceur, il lui demanda même pardon de tout ce qu'il lui avait dit la veille ; il ajouta qu'il voyait bien cependant qu'il avait perdu en un moment le fruit, du côté de l'Espagne, de tous ses travaux ; qu'il avait le cœur serré, qu'il n'avait pas vingt-quatre heures à vivre, et que pour rien au monde il ne trahirait pas sa patrie.

En effet, don Manuel tomba dans une grosse fièvre ; on lui envoya Chirac ; il mourut la nuit suivante.

Alberoni chargea de suite de cette affaire le marquis Monti [que nous avons gagné depuis et qui a joué un grand rôle pour nous à l'élection du roi Stanislas, en 1733, décédé en 1737] ; mais il n'eut pas tout le secret de cette affaire, comme don Manuel.

Le régent continua à perfectionner cette négociation avec Hogguer, voyant les pleins pouvoirs qu'il avait de la Suède; il était charmé de s'être si bien tiré d'une intrigue qui lui faisait tant de peine pour ses propres intérêts. Il offrit d'abord cinq cent mille écus par mois à la Suède. Hogguer stipula de conclure sans l'abbé Dubois, puisque par là le traité de quadruple alliance allait au diable, et qu'on soupçonnait justement ledit abbé Dubois d'être pensionné par l'Angleterre.

Tout étant d'accord avec le régent et Hogguer, le régent manda l'abbé Dubois, et en présence de Hogguer, il le traita de coquin et de cuistre. « Voilà donc, dit-il, quels sont vos travaux pour découvrir la chose la plus capitale qu'il y ait eu alors en Europe! J'en ai fait plus, dit-il, en un quart d'heure avec cet homme-ci, et ici, que vous dans toute l'Europe en six mois, et votre Angleterre, et le diable qui vous emporte. »

Il fut question de savoir qui on enverrait en Suède pour ratifier et achever les détails de conclusion; le régent voulut que ce fût Hogguer, et qu'il partît la nuit même, s'il se pouvait, ou la nuit d'après. Hogguer demanda des instructions; l'abbé Dubois dit qu'il n'y avait personne qui pût mieux les dresser qu'Hogguer lui-même. Celui-ci y travailla toute la nuit; on les expédia, on les signa sur-le-champ, et il allait partir lorsqu'on reçut un courrier de Dunkerque, qui apprit la mort du roi de Suède, ce qui finit à l'instant toute l'aventure et tous ces vastes projets.

Décembre. — Je n'ai jamais joué qu'une seule fois au biribi; j'ai juré et j'ai bien observé de n'y jouer que cette fois. On croira que j'y ai perdu; non, bien

au contraire : j'y gagnai deux cents louis, moi qui
ne suis pas joueur. Je dis : voilà toutes les petites
pertes que j'aie jamais pu faire payées et par delà. Je
n'aurai point à me reprocher d'avoir rien dépensé
au jeu.

Je partais pour Lille; j'allai le soir chez M. de Tingri[1]; on allait commencer une partie de biribi; le banquier perdait son temps et s'impatientait, faute d'assez
d'acteurs; je ne jouai à ce jeu mal famé que par respect et déférence : c'était bien un appât qu'il me
tendait, ce jeu, car je gagnai d'une promptitude merveilleuse deux cent cinquante louis. Je gagnai seize
pleins de suite, ce qu'on disait alors n'avoir jamais été
vu. Je commençai à reperdre. Je sacrifiai les cinquante
louis, je mis les deux cents du côté de l'épée, et je gagnai mon carrosse, car nombre d'acteurs étaient arrivés pendant ce temps-là.

1720.

On ne peut, dans ma famille, nous définir autrement que ce qui suit : le cœur excellent, l'esprit
moins bon que le cœur, et la langue plus mauvaise
que tout cela; or, ce dernier article n'est que d'habitude. Ma sœur[2] est, plus que mon frère et moi, faite
de cette façon-là.

1. Christian-Louis de Montmorency-Luxembourg, qui avait
pris en 1711 le nom de prince de Tingri. C'était le fils du maréchal de Luxembourg.

2. Catherine-Madeleine-Marguerite, née le 13 octobre 1693,
mariée le 12 août 1715 à M. de Collande, dont il sera question
dans la suite.

Février. — Une plaisante scène dont il me souvient, est quand Law alla dans la rue Quincampoix pour jouir du triomphe de son système et du tourbillon des actions. Il était à une fenêtre, avec un tapis de velours; des petits Savoyards étaient au bas de la maison qui lui criaient : « Monseigneur, donnez-nous pour boire, nous ferons monter vos actions. »

Avril. — C'est moi qui ai le premier proposé, imaginé et exécuté la fourniture aux troupes, de grain, pour ensuite être, par les soldats, donné à la mouture et fait du pain. Depuis cela on a beaucoup suivi cet essai. En arrivant dans mon intendance de Valenciennes, j'y trouvai beaucoup de soulèvements de garnisons par l'excessive cherté que causaient les augmentations de monnaie du système de Law. Je voulais qu'on donnât le pain aux garnisons; les fours étaient rompus, et les munitionnaires sont de grands fripons. Je m'avisai de ne donner que du froment aux soldats; on cria contre mon idée, comme on fait toujours en toute nouveauté. Les vieux commissaires des guerres disaient que c'était parce que je sortais du collége, et que j'y avais lu que les Romains donnaient ainsi le blé à leurs légions. Je laissai dire; je commençai. Le régent, qui avait bien de l'esprit et qui adorait les nouveautés, m'approuva; les critiques me louèrent ensuite, et le soldat me bénit; il s'en trouva bien, car il avait le pain aussi bon qu'il voulait; il ne redoutait plus la friponnerie des munitionnaires; le son allait pour la mouture, et il avait encore quelque chose pour boire.

Depuis cela, on suit cette invention, et dans la der-

nière guerre on a pratiqué la même chose, tant que
les troupes n'ont pas été campées et en marche en
front de bandière devant l'ennemi. On devrait me
faire honneur de cette invention, ce qui est bien aisé
à prouver par mes lettres et mémoires sous le ministère de M. Leblanc.

J'osai, l'année suivante, prendre un droit sur la
sortie des grains. Tout le monde demandait à le sortir
pour vendre aux étrangers, qui en manquèrent. Les
greniers regorgeaient de vieux blé qui se pourrissait. Je
proposai de vendre ces passe-ports, et cela nous rap-
porta un droit utile.

Dans la même année 1720, je fis cesser les séditions
sur la cherté du pain, à cause des changements de
monnaie de M. Law. J'apaisai tout avec vingt pistoles
qu'il en coûta au roi. Je fis mettre des blés du magasin
royal secrètement sur le marché ; je gagnai deux marchands, qui ne baissèrent que de peu de chose à un
marché où il devait y avoir grande augmentation ; tout
le marché s'en tint là ; il baissa beaucoup au marché
suivant, et les autres marchés suivirent le taux de celui
de Valenciennes.

Dans la même place, je proposai une chose dont
l'exécution fut laissée à mon successeur : ce fut de
faire des ponts de bateaux en bois non encore assemblés. Il fallait rétablir les deux ponts de campagne sur
la Meuse, qui sont dans les magasins de Givet ; on demandait beaucoup pour cela ; ces bateaux périssaient
sous la remise. Je pris idée des Hollandais, ayant vu
à Saardam des flottes en magasin n'ayant que les
bois tout disposés à assembler : plus ces bois travaillés vieillissent, plus ils sont bons. Je fis un mé-

moire de la même chose, pour avoir les bateaux
nécessaires en bois travaillés et non assemblés, et
on commençait à exécuter cela quand je suis revenu
à Paris.

— Je me suis trouvé une fois à une belle harangue
que firent messieurs de l'Académie française à M. le
duc d'Orléans, pour être mieux payés de leurs jetons.
Le discours était assurément fort éloquent. Le régent fixa les yeux en terre et leur répondit : « Pour
toutes choses, Messieurs, il faut commencer par un
bout et finir par l'autre (en parlant des dettes à
payer). »

1721.

Mai. — Philippe d'Orléans, régent de France, avait
toutes les obligations possibles à feu mon père. En
voici deux traits :

1° Ce prince ayant cabalé en Espagne, comme on
a tant dit, et comme il en voulait, dit-on alors, à la
couronne, à la femme et à la personne de Philippe V,
il fut bien vite rappelé de son généralat. Philippe V
envoya ici un cordelier qui savait tout le secret de
cette conspiration. On mit ce cordelier en sûreté à la
Bastille, et M. le prince de Chalais était chargé, de la
part de Mme des Ursins, sa tante, de donner les mémoires relatifs pour l'interroger. Louis XIV chargea de
cette terrible inquisition feu mon père, lequel en rendait compte directement à Sa Majesté. Certainement il
garda la foi due au roi, mais il tourna cependant sa
persuasion de façon qu'il ne fût rien fait ni rien dit à
M. le duc d'Orléans. Le feu roi, sans doute, renferma

en lui-même les vérités qu'il a pu découvrir; mais au
fond Sa Majesté estimait peu son neveu, et il y parut
par son testament, où le feu roi ôtait au régent tout ce
qu'il avait pu imaginer de lui ôter[1].

1. D'Argenson consigna plus tard dans ses *Remarques en lisant*,
n° 929, une confidence relative à ces intrigues du duc d'Orléans
en Espagne.

« M. le duc d'Orléans m'a confié cette anecdote touchant feu
M. le régent son père, ce 4 mai 1742 :

« Ce prince revenant de souper à la campagne, et étant seul
dans un carrosse avec Mme de Simiane et M. le duc de Chartres,
aujourd'hui duc d'Orléans, conta à cette dame (croyant que le
jeune prince n'y entendait rien) toute l'affaire qu'il eut en Espagne, et dont on a fait tant de bruit. Ceci m'a été dit à l'occasion
du vieux Flotte qui vient de mourir âgé de quatre-vingt-dix ans,
et qui avait été valet de chambre de M. le régent. Ce prince convint donc d'avoir en effet fait intriguer en Espagne pour le cas où
Philippe V ne pourrait conserver ce trône; et, en ce cas, M. le
duc d'Orléans se serait fait déclarer roi d'Espagne; et par son courage aurait conservé une couronne que Philippe V ne pouvait
garder. Or, M. son fils remarqua qu'un tel dessein était bien délicat pour le devoir; car on fait naître volontiers une occasion
dont on se prépare à profiter. Ainsi, quand Flotte fut arrêté, ce
ne fut pas pour rien. Ce pauvre valet de chambre négociateur fut
sept ans enfermé au château de Ségovie. On mena aussi à la Bastille un cordelier que mon père fut chargé par le feu roi d'interroger. Je me souviens d'avoir vu souvent au logis M. le prince
de Chalais, beau-fils de Mme des Ursins, venir le matin prendre
mon père pour aller avec lui à la Bastille; et, sur cet interroga-
toire, M. le duc d'Orléans fut sauvé et innocenté; mais Louis XIV
le crut inquiet et ambitieux. Mon père m'a conté que M. le duc
d'Orléans se disait si innocent, qu'il voulait absolument s'aller
constituer prisonnier à la Bastille. Mon père lui répondit : « Monseigneur, voilà bien le discours d'un jeune prince; mais sachez
que, pour quelque cause que ce soit, un prince de sang ne vaut
rien à la Bastille. »

2° Par le lit de justice des Tuileries, la découverte
de la conspiration de Cellamare et la chambre ardente
de Bretagne, M. le garde des sceaux sauva au régent
son autorité, son honneur, et peut-être sa liberté et
sa vie, comme tout le monde sait. Malheureusement
ce salut, procuré à tant de titres, n'était que pour en
mésuser, et mon père en fut la première victime,
ayant été disgracié assez promptement après les derniers services importants tirés de lui.

Juin. — De tout ce qui a été en place de nos
jours, je puis dire que personne n'a plus ressemblé
par le grand au cardinal de Richelieu, que feu mon
père[1]. Ce grand ministre ne désavouerait pas le coup
qu'il frappa quand il tint le lit de justice des Tuileries. Le régent était trahi et étonné. Certainement
on allait voir une révolution subite ; jamais on n'en
a été plus près. Ce que le cardinal Alberoni appelait *mettre le feu aux mines*, dans la lettre qu'on
intercepta de lui et qui passait en France, cela con-
sistait réellement à la jonction de quatre ou cinq embarras où le régent était jeté tout à la fois. Le parlement de Paris ou le ministère le trahissait ; les troubles
de Bretagne, la conspiration de Cellamare, qui avait
mis nombre de personnes de Paris dans cette intrigue
et dans celle de l'hôtel du Maine, les protestants de

---

1. Quelque ambitieux que puisse paraître ce rapprochement,
il faut dire que l'idée en est venue à d'autres qu'au fils de celui
qui en est l'objet. Barbier en annonçant dans son *Journal*, I, 126,
la mort du garde des sceaux, s'exprime ainsi : « Ç'a été le plus
grand génie et le plus grand politique de ce siècle, comparable
au cardinal de Richelieu. »

Poitou, les divisions de la noblesse avec les titrés, les molinistes, qui étaient poussés à bout et dont la fanatique rage peut aller fort loin, tout cela se joignant, on enfermait le régent, et on faisait venir le roi d'Espagne en France pour y être régent.

N'est-ce rien que d'avoir sauvé au royaume l'horrible tumulte et les guerres civiles qu'il eût fallu certainement essuyer avec un prince du courage de M. le duc d'Orléans, avant de le terrasser?

Mon père avait la police alors où, pour y connaître son génie, son travail, ses succès, et surtout son amour pur du bien public, je renvoie à l'éloge qu'en a fait Fontenelle à l'Académie des sciences. Depuis la mort du roi, on le maltraitait dans sa place. Le duc de Noailles et son parti, qui avait ses desseins, toute cette race de petits seigneurs et la clique jansénienne gouvernaient et trompaient le régent; on le portait à donner des dégoûts à mon père dans sa charge, en prenant ce prince par son faible, qui était de prendre tout le contre-pied du feu roi; et cependant le régent avait, comme on sait, les plus essentielles obligations à mon père; il s'en souvenait, mais il ne pouvait les reconnaître que par de grandes ingratitudes, tant que le ministère ne changerait.

On se servait de la chambre de justice[1] pour attaquer mon père par ses approches, en faisant d'abord le procès à ses ouvriers de police pour passer de là à lui, et perdre un homme qui, ce parti le voyait bien,

---

1. Établie par édit de mars 1716. Le parlement, qui en voulait au lieutenant de police, avait fait arrêter plusieurs de ses agents, et était sur le point de décréter contre lui-même, sous prétexte de malversation.

sauverait tôt ou tard le régent des embûches où on le
voulait prendre.

Mon père était bien informé de tout, comme on sait;
il avertissait le régent de tout ce qui se passait, et ces
avertissements tombaient à terre; enfin les choses par-
vinrent à une évidence extrême; mon père était dé-
couragé; mais il donna un furieux coup de tête qui
terrassa ses ennemis, et le cardinal de Richelieu n'a
encore rien fait de plus hardi ni de plus heureux.

Il attendit M. le duc d'Orléans au Palais-Royal jusqu'à deux heures après-minuit[1] et comme il venait de
souper quelque part; il lui annonça sa perte, lui en
démontra la certitude par les preuves de toutes ces
trames; il fit chasser tous ses ennemis et ceux du régent et de l'État, et il fut mis à la tête du ministère,
garde des sceaux et président du conseil des finances,
à la place du chancelier et du duc de Noailles.

Étant là, il fallut réparer ces brèches ouvertes à
une révolution; on coupa des têtes en Bretagne, dont
j'ai le procès original[2], et on tint le lit de justice aux
Tuileries. C'est à ces coups d'autorité que mon père a
été principalement employé pendant son ministère[3].

1. Le 28 janvier 1718. Voy. les détails que donne sur cette
entrevue le *Journal de Barbier*, t. II, p. 308.

2. Ces pièces originales existent encore à la Bibliothèque de
l'Arsenal, sous ce titre : *Procès de Talhouet*, J. F., 2 vol. in-fol.,
n° 165, avec un certain nombre d'autres manuscrits provenant de
la famille d'Argenson, du chancelier, de ses deux fils, et surtout
du marquis de Paulmy. M. de La Borderie a donné sur la *Conspiration de Pontcallec* trois articles dans la *Revue de Bretagne et de
Vendée*, livraisons de janvier 1857, février et avril 1858.

3. « M. le duc d'Orléans, dit Barbier, *ibid.*, p. 310, connut
dans cette entrevue l'esprit et la politique de d'Argenson. Il le

Le reste n'était que l'accessoire, et on ne le crut pas grand financier ni grand jurisconsulte, quoique la qualité d'homme fort sage, aimant le bien public, ferme, travailleur et bon économe vaille bien mieux pour le ministère des finances que toute cette maudite science financière qui détruit ce royaume ; et à l'égard des fonctions de chancelier, personne ne parlait mieux que lui aux conseils, y disant moins les choses en légiste que de grandes maximes, des réflexions neuves et faisant principes en chaque affaire.

Bientôt Law lui tira en finance toutes les plumes de l'aile. Mon père fut mal conseillé ; on lui fit prendre les Pâris pour ses favoris, et ces mêmes Pâris ont été depuis nos plus grands ennemis, à mon frère et à moi. Ils lui conseillèrent, pour détruire Law, d'opposer système à système ; ils en avaient un d'actions sur les fermes, qui était si plat en comparaison du beau et pernicieux clinquant des actions mississipiennes. Cela fut pitoyable et causa la ruine de la faveur de mon père, qui fût redevenu puissant en tout si, laissant Law se détruire par sa propre folie, il fût resté bien tranquille ; et ensuite mon père manqua bien son coup quand il y eut ordre d'arrêter Law ; il remit la chose au lendemain, et Law revint assez pour le perdre lui-même.

prit dès lors pour son conseil, dont il s'est bien trouvé ; car il était, de sa nature, très-bon et très-timide. C'est M. d'Argenson qui lui a appris à gouverner avec hauteur ; à être intrépide et à mener le parlement comme il l'a fait. » — « D'Argenson, dit Voltaire, homme d'une ancienne noblesse, d'un grand courage dans les difficultés, d'une expédition prompte, d'un travail infatigable, désintéressé, ferme, mais dur, despotique, et le meilleur instrument du despotisme que le régent pût trouver. »

Il souffrit la disgrâce d'abord assez tranquillement ; mais il fut tout à fait abattu quand il vit qu'on chassait mon frère de la police[1] malgré les paroles données du régent. Je parvins du moins à faire à Law une grande peur quand il passa par mon intendance en sortant du royaume[2].

Juin. — On parle quelquefois de restitution ; en voici

1. Le comte d'Argenson, lieutenant de police, fut remplacé le 30 juin 1720, par M. Baudry, qu'il remplaça à son tour dans la même charge, de 1722 à 1724.

2. Voici comment ce fait se trouve raconté dans l'édition de 1824 des *Mémoires d'Argenson*, page 179. Il est tiré du n° 652 des *Pensées sur la réformation de l'État* · « J'étais intendant de Valenciennes ; je fis grand peur à Law, comme il traversait mon intendance pour fuir à l'étranger. Je le fis arrêter, et le retins deux fois vingt-quatre heures à Valenciennes, ne le laissant partir que sur des ordres formels que je reçus de la cour.

« Ce fut alors que j'eus avec lui une conversation assez longue, dont voici ce que j'ai retenu de plus digne de remarque. Law me dit : « Monsieur, jamais je n'aurais cru ce que j'ai vu pendant que « j'ai administré les finances. Sachez que ce royaume de France « est gouverné par trente intendants. Vous n'avez ni parlements, « ni comités, ni États, ni gouverneurs. J'ajouterais presque ni « roi, ni ministres ; ce sont trente maîtres des requêtes, commis « aux provinces, de qui dépend le bonheur ou le malheur de ces « provinces, leur abondance ou leur stérilité, etc. »

On trouve un autre souvenir du fameux contrôleur général au n° 347 du même manuscrit : « J'ai ouï dire une fois à Law chez mon père qu'il avait dit le matin à un de ses compatriotes anglais, avec exclamation : « Heureux le pays où, en vingt-quatre heures, on a délibéré, résolu et exécuté, au lieu qu'en Angleterre, il nous faudrait vingt-quatre ans. » Il se louait de cela à propos de son grand système qui alla si vite qu'il nous versa. »

une assez singulière où j'ai été le restituant et j'y ai
joué le rôle honteux.

Pendant que je séjournais à Maubeuge, ma femme
ne me parlait que de l'envie d'avoir un perroquet,
lorsqu'il en descendit un du plus haut des airs dans
mon jardin. A l'instant elle s'en saisit, le caressa, le
trouva beau parleur. Mais peu de temps après, ce perroquet fut réclamé par sa maîtresse, qui s'appelait
Mme Noiret. Elle avait su, je ne sais trop comment,
par des voisins et par la sentinelle, qui l'avaient aperçu
voler, que cet oiseau vert pouvait être à l'intendance;
mais ma femme voulut le garder et se mit à nier qu'elle
l'eût; on mit l'affaire en négociation, on lui envoya
des négociateurs habiles qui proposèrent d'en donner
le prix et par delà. Mme Noiret s'y obstina et dit
qu'elle voulait ravoir son oiseau qui était fort attaché
à elle et elle à lui, surtout à cause que c'était un présent de son mari, officier dans le Piémont et actuellement absent, depuis longtemps au bout du royaume,
et qu'enfin, quand on remplirait sa cage de louis d'or,
elle ne le céderait pas. Ma femme entendait encore
moins raison, et effectivement elle n'est pas fort raisonnable, comme il y a paru depuis; de plus, elle
n'avait alors que quatorze ou quinze ans. En vain je lui
représentai que nous n'étions pas venus conduire les
affaires du roi dans cette province frontière pour y
être des tyrans; que le Décalogue défendait de désirer
ni le bœuf ni la servante de son prochain, et qu'on y
eût parlé du perroquet, si cela eût été connu alors.
Mais, voyant de quoi il s'agissait, je lui donnai raison
et je me gardai de devenir suspect.

Le lendemain, de grand matin, j'envoyai chercher

le père gardien des capucins et je le priai d'attendre
dans mon cabinet; j'allai ensuite dans la chambre de
la femme de chambre; j'y trouvai le perroquet sous
ses draps, par ordre exprès de sa maîtresse; je le pris
dans sa niche, sous la couverture, je l'emportai, je le
confiai au père gardien, lui disant que c'était un vol,
de le restituer à Mme Noiret, sans dire de quelle part.
Le pauvre père capucin s'acquitta de la commission;
il mit le perroquet dans sa manche; mais l'oiseau le
mordait au bras tout le long du chemin, et il fallait
voir les grimaces qu'il faisait. On le consulta sur un cas
au milieu de la place, il faisait les grimaces d'un fou.

1722.

Octobre. — J'ai vu avec une grande impatience, sur
la frontière de France et de Hainaut, la continuation des magistrats municipaux plus d'une année dans
leurs magistratures, passer pour une faveur dont il
fallait gratifier le public dans les belles occasions,
comme l'avénement d'un gouvernement, la naissance
d'un prince, la convalescence du roi, etc.; mais ayant
remarqué que cette faveur accordée ne faisait que maltraiter les peuples en enorgueillissant quelques coquins
de bourgeois qui faisaient bientôt une tyrannie de
leurs magistratures, j'arrêtai cela, y étant intendant,
et dans une célèbre occasion, qui fut le sacre de
Louis XV à Reims, et je me fis écrire une lettre par le
secrétaire d'État de la province, qui marquait que les
magistrats seraient renouvelés malgré cette circonstance, et que l'on se proposait de les faire renouveler
annuellement, malgré toute remontrance et nonob-

stant toute occasion quelconque, et cela par les principaux des motifs allégués ci-dessus, savoir leur négligence et abus, quand on manquait à les renouveler
annuellement, et je fis imprimer et afficher cette lettre
dans tous les carrefours de mes villes[1].

—Le duc de Saint-Simon est de nos ennemis,—
parce qu'il a voulu grand mal à mon père, le taxant
d'ingratitude, et voici quel en a été le lieu. Il prétend
qu'il a plus contribué que personne à mettre mon père
en place de ministère, et que mon père ne lui a pas
tenu les choses qu'il lui avait promises comme pot-de-
vin du marché. Or, quelles étaient ces choses? Ce petit
boudrillon voulait qu'on fît le procès à M. le duc du
Maine et qu'on lui fît couper la tête, et le duc de
Saint-Simon devait avoir la grande maîtrise de l'artil-
lerie. Voyez un peu quel caractère odieux, injuste et
anthropophage de ce petit dévot sans génie, plein
d'amour-propre et ne servant d'ailleurs aucunement
à la guerre!

Mon père voyant les choses pacifiées, les bâtards
réduits, punis, envoyés en prison ou exil, et tout leur
parti débellé, ce qui fut une des grandes opérations
de son ministère, il ne voulut pas aller plus loin ni
mêler des intérêts particuliers aux motifs des grands
coups qu'il frappa. De là le petit duc et sa séquelle en
ont voulu mal de mort à mon père et l'ont traité

1. D'Argenson a placé ce souvenir de son intendance dans ses
Pensées sur la réformation de l'État, n° 536, à l'appui de la
théorie qu'il y développe, et qu'il formule ainsi « la politique doit
augmenter chez les propriétaires des fonds leur *spiritus Domini*,
mais elle doit aliéner bien loin cet esprit chez l'officier à l'égard de
l'office public. »

d'ingrat, comme si la reconnaissance, qui est une vertu, devait se prouver par des crimes! Et cette haine d'une telle légitime rejaillit sur les pauvres enfants qui s'en f......

1723.

Février. — Pendant que j'étais intendant du Hainaut [1], il arriva qu'un homme d'Avesnes, qui avait été au sacre à Reims se faire toucher par le roi pour les écrouelles qu'il avait bel et bien, cet homme, dis-je, se trouva absolument guéri trois mois après. Dès que j'appris cela, je saisis cette occasion de faire ma cour, je fis bien vite informer par enquêtes, certificats, etc., je n'épargnai pas les courriers et les lettres au subdélégué pour être promptement servi et j'envoyai cela tout musqué au petit bonhomme La Vrillière qui me répondit sèchement que voilà qui était bien et que personne ne révoquait en doute le don qu'avaient nos rois d'opérer ces prodiges; je ne sais pas ce que cela est devenu depuis.

Juin. — Je me trouvai en un grand danger, étant à Givet : on voulut passer la Meuse pour s'aller promener au Mont-d'Or de l'autre côté; nous étions dans le bateau, M. de Boufflers, M. de Retz [2], d'Escli-

1. En se démettant de la présidence du conseil des finances, le garde des sceaux d'Argenson avait obtenu pour son fils aîné une place de conseiller d'État et d'intendant; pour le second, celle de lieutenant de police. « On n'avait jamais ouï parler, dit Saint-Simon à propos de ces nominations, d'un conseiller d'État et intendant de Hainaut de vingt-quatre ans (il en avait vingt-six), et d'un lieutenant de police encore plus jeune. »

2. Joseph Marie, duc de Boufflers, né en 1706, lieutenant gé-

mont[1] et moi. Nous prîmes donc un petit bateau
fort mauvais; la Meuse était crue; il se mit à faire
un grand vent et nous n'avions trouvé qu'un petit
batelier qui nous avoua n'avoir jamais mené que la
charrette. Au milieu du passage, il ne savait plus
que devenir, nous tournions et nous n'avancions pas,
chacun aidait; mais, au lieu de nous attrister, nous
parlâmes gaiement de notre perte et de toutes les
places dont cela donnerait à disposer, deux duchés-
pairies, le gouvernement de Flandres, celui de Lyon,
une charge de capitaine des gardes du corps, trois
régiments, la prévôté de Paris, une place au conseil,
une intendance, un cordon rouge, etc. Nous en dis-
posâmes à divers successeurs, et sur cela de rire beaucoup; sur ce propos, nous arrivâmes à l'autre bord,
mais nous revînmes le soir par le pont de bateaux
de Givet-Notre-Dame à Givet-Saint-Hilaire.

—Un joli mot, c'est ce que feu M. le duc d'Orléans répondit au duc de Brancas. Ce duc s'était
retiré à l'abbaye du Bec pour y vivre dans la grande
dévotion après avoir été toujours un grand libertin
de cœur et d'esprit, dérangé surtout par l'amour des
garçons, ayant des grâces dans l'esprit, n'étant plus
jeune, par conséquent pratiquant son péché en payant,
et cependant grand ami du régent et de toutes ses
parties. Le voilà donc subitement dévot, aventure à

néral. — Louis-François-Anne de Neuville, marquis de Villeroi, duc
de Retz, né en 1695; tous deux ducs et pairs et gouverneurs,
l'un de Flandres, l'autre de Lyon.

1. Gabriel-Jérôme de Bullion, comte d'Esclimont, colonel du
régiment de Provence, puis prévôt de Paris, de 1723 à 1755.

laquelle ses pareils sont, dit-on, plus sujets que d'autres. On montre au régent une lettre de ce saint écrite de sa retraite; le régent ne fait pas autre chose que répondre au bas de la lettre par ces deux vers :

Reviens, Philis; en faveur de tes charmes,
Je ferai grâce à ta légèreté.

Il y a là dedans de la gentillesse et de la justesse.

Décembre.—M. le duc d'Orléans mourut subitement à Versailles; je lui avais parlé la veille assez longtemps; il me fit partir la nuit suivante pour Flandres; et dès que je fus arrivé à Valenciennes, le lendemain, sur les huit heures du soir, comme je causais avec M. le prince de Tingri, au coin du feu, on lui vint dire qu'il y avait un courrier aux portes de la ville qui m'apportait un paquet; c'était pour m'apprendre la mort subite de Son Altesse Royale.

Il me semble encore le voir arriver, la veille de sa mort, de l'Étoile, petite maison que Mme la duchesse d'Orléans s'était accommodée dans le grand parc de Versailles au milieu des bois. Il faisait un vilain temps; le régent avait un commencement de rhume qui lui causa le catarrhe suffocant dont il fut étouffé; il avait un gros surtout rouge et toussait beaucoup; le col court, les yeux chargés et tout le visage bouffi; l'activité de l'esprit paraissait même se ressentir de l'embarras des organes corporels : il cherchait ce qu'il voulait dire. Il me donna ses ordres, m'ordonna de partir dès la nuit suivante, et je m'entretins une demi-heure avec lui, puis il me souhaita bon voyage; le lendemain, à pareille heure, il décéda.

— Quand le régent mourut, on a remarqué qu'en même temps qu'il expirait, on chantait à l'Opéra :

O destin, quelle puissance, etc.

On jouait l'opéra de *Thétis et Pélée*[1].

1724.

Mai.— Le roi ne m'a encore parlé qu'une fois, et moi à lui, et ce fut pour bien peu de chose ; j'excepte de cela quand il m'a fait l'honneur de me demander mon avis au conseil, lorsque j'ai été appelé au conseil des dépêches. Cela arriva donc une fois qu'il déjeunait et allait à la chasse au renard ; il parla du côté où c'était et jusqu'où cela pourrait le mener. Je voulus me mêler de la conversation, moi qui n'entends rien à la chasse, et je dis que, s'il chassait un loup, cela le mènerait bien jusqu'à Maintenon. Il me regarda et me dit : « Ah ! monsieur, il y a bien de la différence d'un renard à un loup. » Voilà tout ce que Sa Majesté m'a encore jamais dit, quoique ma personne en soit bien connue et que je me donne bien de la peine pour son service.

— Vers cette époque, j'ai beaucoup connu Mme de Nointel ; elle a voulu me rendre de bons services auprès d'une de ses amies dont elle me croyait amoureux ; j'étais absent quand elle mourut. Un de mes amis m'en a conté les particularités suivantes et qui sont exacte-

1. Voyez ci-après, fin de février 1739, un article qui se rapporte aux dernières années de la vie du régent et à son affection pour le jeune roi.

ment vraies. Il faut que je dise auparavant qu'elle s'appelait Maupeou; elle était sœur de Mme d'Angervilliers. Son mari était Nointel Turménies, garde du trésor royal, surnommé *Court collet.* Il avait été intendant de Moulins et avait quitté pour prendre la charge de finance de son père, effectivement pour jouir d'un plus gros revenu et sous prétexte d'avoir à finir des comptes embarrassants. Mme de Nointel avait été coquette étant jolie, assez p....., ne l'étant plus; elle avait de l'esprit et passait pour méchante.

M. A...., m'a donc conté qu'il alla chez elle un mardi; elle venait de dîner et s'en était bien acquittée. En sortant de table il lui avait pris un petit mal à la tête; il la trouva sur son canapé, fort triste; elle lui dit qu'elle allait mourir; elle venait de se rappeler en mémoire que dix ans auparavant, étant à Nointel, elle avait prié M. de Boulainvilliers et Colonne de travailler à son horoscope; ils l'avaient ébauché et l'avaient assurée que, tout près de l'âge de quarante ans, elle était menacée d'un grand malheur et que, si elle l'évitait, elle vivrait vieille et heureuse. Depuis cela elle n'avait pas voulu en savoir davantage, ni plus exactement ce que c'était que ce grand malheur; mais elle croyait que le plus grand malheur était de mourir, et il ne s'en fallait alors que de deux mois qu'elle eût quarante ans; elle avait en effet un peu de fièvre; par-dessus cela elle n'avait confiance qu'en Gendron; elle venait d'y envoyer et il n'était pas en ville.

M. A.... se moqua de cela; le lendemain au soir, il rencontra Gendron qu'on avait trouvé; il lui demanda des nouvelles de Mme de Nointel; Gendron lui répondit qu'il l'avait vue le matin et que c'était une femme morte; qu'il n'y comprenait rien, mais qu'il l'avait trouvée avec une fièvre de cette espèce qu'on n'arrête jamais, qu'elle avait gagné le genre nerveux, etc. En effet, elle mourut le jeudi.

Effets cruels de l'imagination vive qu'on ne secourt pas et du défaut de courage qui succombe toujours à la crédulité des mauvaises choses plutôt que des bonnes, surtout chez les femmes!

[En 1730, Mme de La Fare, fille de Paparel[1], rêva la nuit que son ancien ami, Courcillon, mort dix ans auparavant, lui apparaissait et lui disait gaiement : « Nous nous divertissons bien là-bas; nous vous y aurons. » Il est vrai qu'elle avait alors un commencement léger d'indisposition; elle en mourut au bout de dix jours[2], pénétrée de la prophétie de Courcillon.]

1725.

Août. — Je n'oublierai jamais l'horreur des calamités qu'on souffrit en France quand la reine Marie Leczinska y arriva. Une pluie continuelle y avait apporté la famine, et elle était bien augmentée par le mauvais gouvernement, sous M. le Duc. Ce gouvernement, quoi qu'on en dît, était encore plus nuisible par son malentendement que par des vues intéressées qui n'y entraient pas pour autant qu'on disait. On se don-

---

1. Claude-François Paparel, trésorier de l'extraordinaire des guerres. Sa fille Françoise avait épousé, le 6 août 1713, Philippe-Charles, marquis de La Fare, qui devint maréchal de France en 1741.

2. Le 8 mars 1730.

nait des soins très-coûteux pour faire venir des blés
étrangers; cela ne faisait qu'augmenter les alarmes, et
par conséquent la cherté.

J'étais allé cet automne chez moi, à Réveillon en
Brie; étant à quatre lieues de Sézanne, j'allai bien in-
cognito y voir passer la reine qui y coucha. Je couchai
chez M. Montier, subdélégué, dont les soins eurent
succès et furent loués. Cependant qu'on se représente la
misère inouïe des campagnes : en ce moment il s'agissait des moissons et récoltes de toutes sortes qu'on n'a-
vait pu encore ramasser par les pluies continuelles; le
pauvre laboureur guettait un moment de sec pour les
ramasser; cependant tout ce canton était battu de plusieurs verges. On avait fait marcher le paysan pour accommoder les chemins où la reine devait passer, et ils
n'en étaient que pires, au point que Sa Majesté pensa
souvent se noyer; on la retirait de son carrosse à force
de bras, comme on pouvait; dans plusieurs gîtes, elle
et sa suite nageaient dans l'eau, qui se répandait partout, et cela malgré des soins infinis qu'y avait donnés
un ministère tyrannique.

Les chevaux des équipages étant sur les dents, on
avait commandé tous les chevaux des paysans à dix
lieues à la ronde pour tirer les bagages. Les seigneurs
et dames, voyant leurs chevaux dans cet état, avaient
pris goût à se servir des misérables bêtes du pays;
on les payait comme on pouvait et on ne les nourris-
sait point. Quand les chevaux commandés n'arrivaient
pas, on faisait doubler la traite aux chevaux du pays
dont on était saisi. J'allai me promener, le soir après
souper, sur la place de Sézanne; il fit un moment
sans pluie; je parlai à de pauvres paysans; ils avaient

là leurs chevaux, attachés à la queue d'un chariot, qui passaient la nuit sans fourrage. Il y en a qui me dirent que leurs chevaux n'avaient rien mangé depuis trois jours. On en attelait dix au lieu de quatre; jugez combien il en resta. Notre subdélégué commanda dix-neuf cents chevaux au lieu de quinze cents qu'on lui demandait, et par une bonne précaution d'un officier qui craint que le service ne manque sans lui. On fut fort mécontent de M. Lescalopier, intendant de Champagne; tout avait manqué. Les gardes du roi n'eurent ni fourrages ni lits; le duc de Noailles refusa à cet intendant d'entrer chez la reine pour faire sa cour. Cependant tous les ordres qu'il donnait étaient à grand bruit, à grands frais pour les peuples de son département, et les faisaient beaucoup crier.

Par-dessus toutes ces corvées pour la campagne, il arriva des ordres de fournir à Paris une certaine quantité de blé à vingt lieues à la ronde, et le malheureux pays dont je parle se trouvait dans ce rayon. Il y avait eu à Paris des séditions dangereuses; le pain y avait monté plus cher qu'en 1709. On avait été obligé de révoquer M. d'Ombreval, quoique cousin de Mme de Prie; le peuple s'en prenait à lui. Les premiers ordres de M. Hérault, nouveau lieutenant de police, furent à ce que je viens de dire; ce qui fit bon effet. On regardait ces grains envoyés à Paris comme devant n'être jamais payés (cependant ils le furent par la suite). Cela devint donc un nouveau fléau pour ce pays.

Justement les trois paroisses dépendantes de ma terre se trouvèrent assez loin de Paris d'un côté, et de Sézanne de l'autre, pour être exemptes de ces fléaux et ne furent commandées d'aucune façon; les habitants s'imaginèrent que c'était absolument par mon crédit; il y entrait bien quelques égards, mais je n'en fus pas mieux payé.

1726.

Février[1]. — Quand M. de Chabot fit donner des coups de bâton à Voltaire, il criait à ses gens : « Ne frappez pas sur la tête, parce qu'il en peut encore sortir quelque chose de bon. » Quand on conta cette amusante tragédie à M. le prince de Conti, il dit que ces coups de bâton avaient été bien reçus et mal donnés.

1718-1727.

— *Mes affaires avec Mme de G...*[2], *Mme de Prie et M. le Duc.* — J'avais vingt-trois ans; Mme de G.... avait le même âge que moi à deux mois près. Je liai une intrigue avec elle, qui n'a duré qu'un an, et qui a fini par mon voyage et mon envoi en Hainaut pour y être intendant. En 1721 elle devint veuve; elle

1. D'Argenson date ainsi ce fait : 1725 *ou environ*.
2. Nous ne chercherons pas à percer le mystère de cette initiale, nous conformant en ceci aux principes de l'auteur, car il en mettait jusque dans ces matières, et voici à cet égard sa profession de foi : « Loin de mépriser les femmes qui ont eu des complaisances pour nous, même en passade, un honnête homme doit avoir pour elles une véritable vénération.*** (lui-même probablement) était ainsi; il les estimait, leur rendait plus d'amour qu'il n'en avait reçu, et surtout cachait éternellement envers tous cet acte de complaisance qui nous cause tant de plaisir et qui donne lieu par préjugé à un injuste mépris. » *Remarques en lisant*, n° 1087.

prit La R.... et l'a depuis épousé. Elle avait une figure
touchante, était sincère et sensible, constante, raisonnable et généreuse, extrêmement séduisante dans
le tête-à-tête avec son amant.

Comme les femmes sont toujours plus avancées que
les hommes et qu'elle avait été mariée fort jeune, elle
avait d'abord une supériorité sur moi qui me la faisait
appréhender. Tout d'un coup elle jeta les yeux sur
moi, plus que moi sur elle. Je m'aperçus bientôt que
je réussirais, et la hardiesse me vint peu à peu. Depuis
cela je l'aimai beaucoup et j'ai souvent regretté notre
rupture. Je l'ai revue ensuite comme ami; mais depuis son mariage, je ne vais plus chez elle. La dévotion a eu part à ce mariage. Elle a été extrêmement
touchée de la mort de Mme de Prie.

Mme de Prie[1] était sa cousine germaine; elle arriva
de son ambassade de Savoie l'hiver de 1719. Dans ce
temps nous ne nous quittions guère, Mme de G.... et
moi. Bientôt elle fut en tiers avec nous. C'était véritablement la fleur des pois, que Mme de Prie alors;
la plus jolie figure, et parée encore plus de grâce que
de beauté, un esprit délié et qui allait à tout, du génie
et de l'ambition, étourdie avec de la présence d'esprit.
Enfin on sait qu'elle a gouverné l'État pendant deux
ans. Dire qu'elle l'ait bien gouverné, c'est autre chose.
Au fond elle était grande libertine et si indifférente
sur le vice, qu'elle cachait sans effort le grand nombre
de ses affaires; de là il est résulté qu'elle est morte
partie de la v..... et partie de male rage de voir tout

1. Agnès Berthelot de Pléneuf, mariée en 1714 à Louis Aymar,
marquis de Prie, lieutenant général en Languedoc, ambassadeur
à Turin, de 1714 à 1719.

culbuté, et elle aussi, et cela par sa faute. Quand elle avait aimé quelqu'un, elle ne laissait pas de lui conserver beaucoup d'amitié et de faire ce qu'elle pouvait pour son avancement.

De tout cela, je ne me repens pas d'avoir si bien résisté à la tentation que j'ai fait; car si j'aime mon élévation, j'aime encore mieux ma santé et ma vie. Presque tous ses amants ont passé par le grand remède ou sont restés pourris, eux et leur famille.

Elle arriva ruinée d'ambassade; il fut question de raccommoder les affaires de sa maison, et elle y a bien réussi. Mmes de Verrue et de Saissac la livrèrent à M. le Duc; cela fut bientôt conclu. Nous fûmes, sa cousine et moi, dans la confidence de tout, et pendant un an on ne me retrancha pas le moindre détail.

Ensuite nous fûmes en partie carrée. A l'âge que j'avais, cela me flattait de figurer ainsi avec le premier prince du sang, de lui donner à souper, de lui payer le bal de l'Opéra, de le mener dans mon carrosse, de trotter toute la nuit dans son carrosse gris de bonne fortune (ce sien carrosse avait par dehors l'air d'un fiacre et par dedans était magnifique), de nous promener dans le bal bras dessus, bras dessous, d'être dans sa confidence, ce que je n'ai pourtant pas bien cultivé par la suite, je ne sais par quel hasard, car je l'ai toujours trouvé honnête homme, et surtout ayant envie de l'être; mais il est fort borné. Nous allions à Vanvres, dans sa petite maison secrète, rue Sainte-Apolline. Il fut jaloux de M. d'Alincourt; on lui donna son congé dans le bal; il y eut grande picoterie; tout cela était bien jeune et bien enfant.

Quand je fus envoyé à Lille pour me mettre en

train de l'intendance, Mme de G.... se désespérait;
elle s'alla jeter aux pieds de M. le Duc; il s'agissait
qu'il demandât au régent de me faire intendant des
finances; il le voulait et l'aurait obtenu; mais, pru-
demment, il voulait auparavant en parler avec M. le
garde des sceaux, mon père. Mme de G.... alla ensuite
à ses terres; elle eut une affaire épouvantable avec
son mari, qui avait surpris de nos lettres et qui ne les
rendit qu'à sa mort. Elle vint quelques semaines à
Paris; j'y vins aussi pour la mort de ma mère. Mme de
Prie nous prêtait son cabinet pour nous voir, car
Mme de G.... était bien observée.

A un autre voyage que je fis à Paris et où Mme de
G.... ne vint pas, Mme de Prie me fit mille avances.
Elle me faisait rester à souper seul et faisait dire qu'elle
n'y était pas. J'évitais ces occasions comme un autre
Joseph avec la Putiphar. Elle était pourtant bien jolie; mais elle maigrissait. Un jour je la trouvai à sa
toilette : je voulus me retirer, elle me dit de rester....

. . . .

et j'en restai là. Par hasard il survint une visite;
c'était la veille de mon départ. J'eusse bien différé
mon séjour, mais j'ai toujours haï l'infidélité : j'aimais
alors Mme de G.... véritablement; cela me choquait
que sa cousine me fît les avances par libertinage,
qu'elle manquât à M. le Duc qui lui faisait tant de
bien. Je ne savais si une pareille aventure ne me jette-
rait pas dans des embarras, et ajoutez à cela que je
commençais à soupçonner la v.....; en vérité, je me
suis bien conduit. M. le Duc et pas même Mme de G....
ne surent rien de tout cela. M. le Duc m'aimait et
m'estimait, et me l'a marqué en toute occasion, quoi-

qu'il s'en soit présenté peu pendant qu'il a été premier
ministre, où sa maîtresse et Duverney l'ont tenu absolument en tutelle.

Quand Mme de G.... me quitta et en prit un autre
à cause de mon absence, M. le Duc se brouilla presque
avec elle pour cela et lui fit un sabbat horrible, de quoi
je lui dus avoir obligation. Mme de Prie alla à Versailles et y fixa son séjour quand la cour y fut. Je la
vis moins; elle me faisait assez bonne mine; mais peu
à peu les grandeurs lui donnèrent moins d'attention
pour les anciens amis. Les amitiés pour moi ne venaient que par bouffées, mais violemment. Elle me
pria de lui amener mon frère, qui était alors en faveur
auprès du régent. Je le lui présentai; ils devinrent
amis; mais cela se tourna mal et promptement.

Le régent mourut; M. le Duc fut premier ministre.
La de Prie gouverna tout et gouverna mal; on ôta à
mon frère la police. On prétendait le chasser comme
un laquais. M. le duc d'Orléans tint bon et parvint à
ce qu'il devînt conseiller d'État. Mme de Prie me tira
en particulier un jour, chez elle, et me fit dix mille
plaintes de mon frère. Elle me proposa d'aller ambassadeur en Angleterre. Je quittai mon intendance de
Valenciennes, qui me ruinait et ne m'était bonne à
rien, par le peu de fermeté du gouvernement et l'incertitude où je voyais mon beau-père de quitter celle
de Lille. On prit cette abdication pour un manque
d'attachement à M. le Duc.

Ce prince m'avait toujours fait très-bonne mine
avant d'être premier ministre; il me parut collet-
monté, l'étant devenu; on ne l'approchait plus; il était
obsédé. Il se présenta pour moi une occasion. M. Bi-

gnon mourut d'apoplexie; je demandai l'intendance de Paris. La de Prie préféra d'agir pour M. de Harlay, qui eut Strasbourg, et pour d'Angervilliers, qui eut Paris. Elle crut sottement que ces gens-là lui seraient utiles, et se trompa. Pour moi, je n'étais bon à rien; j'étais un ancien ami qui avais été si honnête homme de ne vouloir pas même profiter de sa bonne volonté.

Elle donna à M. le Duc Mme d'Egmont, pour amuser son pauvre corps; le dégoût avait pris à ce prince pour celui de la de Prie, qui tombait en lambeaux, et les os lui perçaient la peau. Elle fit la reine comme je ferai demain mon laquais valet de chambre; c'est pitié que cela. Elle eut apparence de grand crédit; mais M. de Fréjus tint bon et se moqua d'elle. Le chagrin la prit; elle devint hideuse. Je la voyais toujours; j'avais alors le jugement et la connaissance des matières d'État assez formés; je lui donnai de bons conseils; elle m'écouta, m'approuva, mais elle était déjà enragée. Elle devint bégueule pour tout le monde; et moi je lui disais bien son fait depuis qu'elle n'avait rien fait qui vaille pour l'intendance de Paris. Depuis cela, je ne paraissais chez elle qu'en étranger, et souvent importun; quand je la trouvais seule, nous nous disions bien nos vérités.

Elle fut disgraciée avec M. le Duc. Son mari, M. de Prie, demandait à tout le monde, avec une affectation marquée : « Qu'a donc de commun M. le Duc et ma femme? » Elle est morte à sa terre de Courbépine de la façon qu'on verra.

Je vois M. le Duc de loin en loin, mais je ne suis plus en aucune familiarité avec lui.

Mme de La Rau...., ci-devant Mme de G..., soutient

noblement sa misère. Son mari n'a ni naissance, ni
bien, ni esprit; mais il a un régiment et possède certains avantages, ce dit-on. Je lui souhaite longue vie
et bonheur; j'ai à présent, de toutes façons, bien
mieux qu'elle[1].

Octobre.—Mme de Prie est morte empoisonnée de
sa façon; les circonstances de cette résolution sont
bien singulières. Je les ai apprises de l'abbé d'Amfreville, dont le neveu joua le rôle d'amant les derniers
jours de la vie de cette dame. J'ai dit ailleurs que je
l'ai fort connue. Son impertinence me dégoûta de
son amitié, non que je cessasse de la voir depuis
qu'elle gouverna l'État; mais je ne puis voir souvent,
librement et volontiers, des personnes que la faveur
rend différentes à l'égard de leurs anciens amis de ce
qu'elles étaient dans l'état privé.

Quelque temps avant la culbute de M. le Duc, la
disgrâce de Mme de Prie et son exil, elle se mit à maigrir si bien que ce n'était plus qu'une tête de femme
sur un corps d'araignée. On a dû attribuer cela partie
à v..... et partie à chagrin, la soif de régner, une avarice cependant difficile à expliquer par les médiocres
richesses qu'elle a paru laisser, au prix de ce que permettait son pouvoir et son avidité.

Quand elle fut disgraciée et exilée à Courbépine[2],
qui était sa terre, elle prit résolution de s'empoison-
ner tel jour, telle heure, tel mois, etc. Elle annonça
sa mort comme un prophète; on n'en crut rien; elle

1. Ce n'est pas de sa femme que d'Argenson veut parler ici.
2. Près de Bernay, dans le département de l'Eure.

parut gaie; qu'on ne dise pas qu'elle l'affecta, car cela parut dans tout son naturel. Sans doute qu'elle n'avait pas d'esprit jusqu'au point de pouvoir profiter de ses disgrâces; au contraire, elle croyait ne se pouvoir montrer sans crédit et exposée à ses ennemis, après avoir eu tant d'autorité, et, par cette sotte honte, elle voulut imiter l'exemple des Anglais.

Quoi qu'il en soit, elle ramassa à Courbépine tous les plaisirs; il y vint des gens de la cour; on y dansa, on y fit bonne chère; on y joua la comédie; elle-même y joua deux jours avant sa mort volontaire, et y récita trois cents vers par cœur avec autant de sentiment et d'esprit que si elle eût nagé dans un contentement de durée.

Elle prit pour amant le neveu de l'abbé d'Amfreville. C'est un garçon sage et d'esprit, jeune et avec de la figure, surtout un très-honnête garçon. Elle lui prédit sa mort pour le temps fixe où elle arriva; il n'en croyait rien; il l'exhorta, en la supposant, pour se détacher de ce lâche projet; jamais rien au monde n'a été plus arrêté.

Le temps venu, elle annonçait à son amant sa mort comme plus près. Il est vrai qu'on la voyait maigrir, quoiqu'on ait bien connu à sa mort que ce ne fut pas un poison lent, mais au contraire très-violent et vif. Il faut donc conclure qu'il s'y mêla des causes naturelles avec celles de l'art; mais le corps étant si altéré, l'humeur et l'esprit se tenaient gais, déliés, badins, légers comme dans les plus grandes prospérités.

La vilaine ne donna à son amant qu'un diamant qui ne valait pas cinq cents écus. Elle le chargea, deux jours avant sa mort, de porter à Rouen, à une

certaine adresse très-secrète, pour cinquante mille
écus de diamants. A son retour de Rouen, il la trouva
morte à l'heure prédite; mais ce qu'elle n'avait pas
seulement prévu, ce furent les douleurs inexprimables
dans lesquelles elle mourut, si bien que la pointe de
ses pieds était tournée derrière. Voilà, pour ceux qui
le sauront, de quoi faire songer aux pactes avec le
diable, où il vient à l'heure convenue vous tordre le
cou, et dire qu'à elle ce furent les jambes.

1730.

Janvier.—J'avais toujours eu en perspective l'intendance de Lille de M. Méliand, mon beau-père. Il
est vrai que, quand je quittai celle du Hainaut, je fus
quelques mois assez dégoûté de ce métier et résolu à
me tranquilliser à Paris; mais il faut convenir qu'il y
a trop peu d'occasions de rendre service au public
dans ce métier de juge, où on n'a guère qu'un suffrage
pour la trentième partie d'un arrêt. Feu mon père
avait cru m'assurer cette intendance de Flandre dans
les arrangements qu'il prit lors de mon mariage. Le
goût me reprit donc d'y aller, quelques mois après
m'être réduit au service du conseil.

Mme de Prie était de mes amies depuis longtemps,
comme je l'ai conté ci-devant; elle pouvait me procurer cette grâce; mais on nous jeta de la défiance
d'elle, sur le bruit qui courut que le vieux M. Berthelot de Saint-Laurent allait avoir l'intendance de
Lille. Cependant j'avais tort; je le sus depuis. Ensuite
M. Méliand y consentit, sur la vacance qui survint de
plusieurs bureaux de finance, par la mort de M. Bi-

gnon l'aîné. Si j'avais eu ces bureaux, on les aurait
fait tomber à M. Méliand ; mais d'autres gens en faveur
furent préférés par M. le Duc pour ces bureaux. Cependant M. Méliand consentait à quelque chose, pourvu
qu'il y trouvât du retour ; je lui proposais de lui donner deux mille écus sur le gros revenu qu'il m'eût
procuré par son intendance ; il en faisait des façons,
disant que des pères ne doivent pas dépendre de leur
enfant, ce qui est mal raisonné, dès que ce que je lui
donnais était dans une occasion lucrative.

J'avais arrangé une autre batterie par Mme de Coli-
gny, notre ancienne amie, laquelle avait tout pouvoir
sur le maréchal de La Feuillade, lors favori de M. le
Duc. Le maréchal m'assura d'agir quand je voudrais
et d'y réussir. D'ailleurs j'avais été ami de M. le Duc,
comme je l'ai dit ; mais il y avait bien eu quelque
nuage à tout cela depuis.

Enfin Mme Méliand arriva à Paris ; et comme il était
dit chez elle et son mari qu'il fallait absolument tirer
quelque chose de personnel pour eux par l'abandon
de cette intendance, elle me fit la belle proposition
que je lui cédasse mon rang au conseil, en sorte qu'il
aurait gagné un rang, et moi j'en aurais perdu trois,
car il y avait MM. d'Angervilliers et de Machault entre
nous deux. Il est vrai que l'envie d'avoir Lille, où je
crois que j'aurais bien fait, me fit d'abord écouter
cette proposition inconsidérément. Je fis plus : car
j'écrivis à M. Méliand une lettre ou mémoire sur les
facilités ou difficultés de la chose, et où je faisais
moins consister les difficultés dans ma résistance que
dans *l'insolite* de cette affaire, et le tort qu'elle lui
ferait dans le monde à lui-même, et je ne doutais pas

que le garde des sceaux d'Armenonville ne fît la principale résistance.

Mais je fus bien attrapé ; car, outre que M. d'Armenonville respectait peu les règles, je crois qu'il avait
encore à cela quelque vue de famille et qu'il imaginait
de faire tomber à M. de Morville, son fils, sa place de
conseiller d'État, et de lui procurer un rang avancé
d'abord. Enfin j'ignore précisément comme cela se
fit, mais je trouvai que ma belle-mère l'avait d'abord
persuadé ; il avait arrangé une déclaration des plus
bizarres à cet effet. Tout d'un coup je déclarai à
Mme Méliand que j'aimais mieux n'être jamais intendant de Lille que de cette façon-là. Grande brouille-
rie, pique horrible! On alla à mon oncle, l'archevêque
de Bordeaux, à qui on fit bien des mensonges. Il trouvait cette idée creuse, luctueuse[1] et stupide ; en quoi il
me blâmait, c'était de n'avoir pas d'abord rejeté cela
bien loin. Au bout de quelque temps, M. de Saint-
Contest renoua quelque chose avec M. Méliand, et
cela fut conduit au point qu'on me permit d'y songer
encore, pourvu que cela pût se conduire à coup sûr.

Alors M. le Duc avait été renvoyé et M. le cardinal
de Fleury était premier ministre. M. d'Angervilliers
était regardé comme devant venir certainement à la
place de M. Leblanc, secrétaire d'État de la guerre.
Ce M. Leblanc se mourait ; mon frère se trouvait fort
ami de M. d'Angervilliers et y prenait ses mesures de
loin. Il agit de même en bon frère, en très-bon frère,
pour mener mon affaire à bien ; mais quelle âme que
celle d'un robin sorti de finance et enté sur la cour!

1. Funeste, du latin *luctus*.

Ledit d'Angervilliers nous a fait en cette occasion une
des insignes friponneries que j'aie jamais connues.
Tout y est : l'ingratitude, la fourberie, le vil intérêt
personnel et la trahison. Il eut à cette occasion plusieurs obligations à mon frère, avant et même depuis
qu'il a été fait ministre de la guerre. Il est vrai que
mondit frère n'a pas le secret de s'attacher ceux qu'il
sert. Sa distraction en est la plus grande cause, car elle
le fait accuser de manquer de principes dans l'amitié.

Le d'Angervilliers assura qu'il faisait de cela son
affaire; il dut y travailler vivement et efficacement
d'abord avec M. le cardinal. Mais, loin de là, savez-
vous ce qu'il fit? Il me desservit tout de son mieux.
Tout cela a été découvert depuis, et avoué par les acteurs non coupables, mais auditeurs.

D'Angervilliers avait en vue deux choses : l'une, de
faire sa cour à M. le cardinal en avançant M. Orry,
qu'on a bien vu depuis lui être agréable; l'autre, de
faire tomber l'intendance de Perpignan (qu'avait ledit
Orry) à M. de Baüyn de Jallais, son cousin, qui assura, moyennant cela, cent mille écus à Mme de Maisons, fille de M. d'Angervilliers.

J'allai cependant à M. le cardinal et je fis agir quelques amis; je le trouvai fort bien disposé pour me
donner Lille. A ma seconde conversation avec le cardinal, on ne peut voir une chose plus avancée, à
moins que d'avoir parole par écrit. Le d'Angervilliers
avertit M. Méliand, le persuada, lui et M. de Saint-
Contest, qu'il y avait impossibilité absolue et résistance totale chez le cardinal pour ce que je demandais, etc. Au lieu de cela, il engagea M. Méliand à
avoir une conversation avec lui; il lui proposa de

faire tomber à M. Méliand les deux premiers bureaux
de finance qui vaqueraient et d'en être garant.

Voilà comme cela s'est exécuté. M. Méliand, de retour à Paris, a eu successivement les deux bureaux,
qui valent cinq mille francs. M. le cardinal, hésitant à
les donner, le d'Angervilliers allait crier à lui comme
dépositaire de cette belle parole; innovation qui devient
à la mode et qui fait grand tort au conseil, car, depuis
cela, M. Chauvelin l'a imité; il a quitté l'intendance
de Picardie en faveur de son fils, et on lui a donné
d'abord les deux bureaux de finance qui vaquaient
par la mort de M. d'Argouges. Cela aura des imitateurs;
car, que ne peut le crédit, dès qu'une fois la planche
est faite?

Février. — *Histoire de Kakouin.* — Kakouin me fut
donné par M. de Saint-Contest, n'étant que marcas-
sin; il était bon à manger, c'était l'intention; mais
madame le prit en affection; on l'éleva, on le nourrit
et on ne le mangea pas. Mes gens le nommèrent ainsi:
Kakouin. Je trouvai que ce nom était bien et lui conviendrait quand il serait sanglier, comme dans son
enfance. Il se lia d'une étroite amitié avec un mouton
qui était au logis. Leurs nœuds se sont toujours res-
serrés davantage et, jusqu'à leur séparation, on en a
vu des effets qui ont surpris.

Kakouin se fit aimer de tout le monde, grands et
petits; il passa la plus grande partie de sa vie dans la
place Royale, et devint fort connu dans le quartier.
Le mouton ne le quittait pas d'un moment, ni lui le
mouton; cependant on a remarqué que les soins du
mouton l'emportaient sur les siens.

Cependant il croissait et se fortifiait; il devint méchant; les dents voulaient venir, et sur plusieurs représentations de gens prudents et avisés, je fus obligé d'appeler le chaudronnier; les deux animaux camarades sentirent la méchanceté de cet homme dès son approche; on fit l'opération avec succès. Je reconnus là comme chacun est glorieux dans son métier et curieux dans son ouvrage. Le chaudronnier et son camarade me vantèrent leur opération en termes assez éloquents : « Voyez, dit-il, monsieur, cette petite opération, elle est simple, mais admirable. Votre animal va devenir gras, poli, doux et aimable à tout le monde. » Il prêchait ainsi et tentait presque un chacun d'en éprouver autant. En effet, que de temps et de repos on se donnerait dans la vie!

Cependant l'animal perdait tout son sang, même après que l'opérateur eut mis ce qu'il fallait pour l'étancher; à midi, l'hémorragie augmenta. Il se fit alors un vrai miracle en sa faveur; je n'aurais jamais cru l'effet de la poudre de sympathie si surprenant; madame s'avisa qu'elle en avait. Cela se fait avec du crâne humain. On prit du sang que Kakouin répandait si abondamment, on en mit sur du papier, on l'apporta en haut, on y jeta de la poudre, et à l'instant on remarqua que le sang s'arrêtait.

Effectivement il redevint plus gras et plus beau que jamais. Je fus grondé d'avoir pris ceci sur moi; mais le succès inspira de la confiance sur mes décisions et sur ma sagesse.

Kakouin allait coucher régulièrement dans la cave, y ayant frais l'été et chaud l'hiver. En mai 1729, il se brouilla avec M. le prévôt des marchands (Turgot).

On disait partout que c'étaient deux magistrats aussi
mal ensemble qu'on en eût encore vus. Alors on venait de réparer aux dépens de la ville les boulingrins
de la place Royale, qui en avaient grand besoin. M. le
prévôt des marchands se plaignit hautement que ses
belles dépenses devenaient inutiles parce que Kakouin
retournait tout avec son nez; je fis ce que je pus pour
les accommoder. Mais voici le moment funeste où ce
même Kakouin, dont les intérêts particuliers l'avaient
presque toujours emporté sur ceux du public (car je
déclare que sa castration n'arriva jamais que par rapport à lui-même), voici donc l'instant où il devait
recevoir la couronne de martyr de la sûreté publique.

Un chien enragé passa dans la place; c'était un petit
roquet presque imperceptible; il mordit tout ce qu'il
trouva; il mordit deux grands chiens à l'ambassadeur
de Sardaigne; il mordit le pauvre Kakouin à sa belle
hure qu'il houspilla, et à sang. Ce petit roquet passa
son chemin, car on n'aime pas à arrêter tels animaux.
L'ambassadeur fit tuer ses deux beaux chiens et nous
donna l'exemple; ainsi cette affaire intéressait le droit
des gens. Quelle nouvelle pour moi! Je rentrais fort
tard; je trouvai sur ma cheminée une dépêche cache-
tée de mon secrétaire, qui me donnait avis de ce qui
s'était passé, de l'état triste de Kakouin, retiré et enfermé dans sa cave; je ne dormis pas de la nuit; je
fus combattu.

Le lendemain j'allai à Versailles de grand matin, et
l'ordre fatal fut donné; voici comme on l'exécuta.
C'était en carême; on mena Kakouin sur le rempart;
il s'amassa un peuple innombrable; on tira le pauvre
sanglier à coups de pistolet; le troisième coup l'atterra.

On fit un trou; on l'y enterra avec bonne provision
de chaux, de peur que des gourmands pauvres ne le
déterrassent pour le manger.

Si le mouton, à l'opération du chaudronnier, était
sorti de son caractère de douceur pour courir sus aux
auteurs du mal sensible qu'on faisait à son ami, il ne
marqua pas moins de fureur à proportion du grief. En
cette dernière occasion, après avoir fait tout ce qui
était en lui et fait bien le méchant, il prit le parti de
maigrir pour la mort de son Patrocle; mais depuis
cela, il a pris celui d'engraisser si fort qu'il ne peut
plus se soutenir.

Cependant on cacha la mort de Kakouin avec grand
soin à Mme d'Argenson. Les femmes ne sont pas toujours aussi raisonnables qu'on le voudrait sur les conséquences dangereuses qu'on évite en prenant sur soi
et sur ses sentiments. Il est vrai que la rage de Kakouin
n'était pas encore déclarée; mais elle pouvait se tourner en rage mue dans quelques jours, et l'idée d'un
sanglier enragé est un si grand danger, qu'il faut passer par-dessus quelques apparences favorables. Mais le
mystère fut découvert; ma sœur, qui ne voit presque
jamais ma femme, s'avisa de nous venir visiter; comme
elle sortait, elle demanda des nouvelles de Kakouin,
et si le bruit de sa mort était vrai; je fus pouillé.

Mars. — Quand M. Orry fut fait contrôleur général[1],
sa belle-mère nous disait de lui : « Mais que fera-t-il à

---

1. Le 17 mars 1730, le roi donna à M. Orry, intendant de
Lille, la place de contrôleur général des finances, vacante par la
retraite de M. Le Pelletier Desforts.

la cour? Il y sera embarrassé comme un bœuf dans
une allée. » Notez que cela est au propre et au figuré.

Novembre.— Le roi de Prusse, à une revue, a donné
des coups de canne à un officier; celui-ci est venu à
Sa Majesté, l'a couchée en joue avec son pistolet, et
ayant dit : « Il ne tient qu'à moi de me venger, » il a
tourné son arme contre lui et s'est fait sauter la cer-
velle, ne voulant ni tuer son roi ni survivre à son
affront. Si ce qui est romain est beau, ceci y ressemble
fort.

— Les évêques ont envoyé à Rome bon nombre
d'exemplaires de l'arrêt qui reçoit la soumission des
avocats[1]; ils crient comme des aigles; le haut clergé
devient romain. Tout est dans une furieuse fermenta-
tion sur les affaires de l'Église, et Rome, dit-on, va
faire beau bruit; aussi le cardinal se trouble et ne sait
plus ce qu'il fait. Le roi devient moindre en suffisance
de plus en plus; le garde des sceaux brûle d'ambition
et, livré à sa mauvaise humeur, cherche noise à tout
ce qui peut trembler sous lui. Malheur à qui a quelque
chose à craindre ou qui ne sait pas faire ferme.

— Le chevalier de Sabran étant allé avec son ami
M. de La Trémoille aux états de Bretagne, y vient
d'être tué. Un Breton, qui a déjà tué trois hommes,

1. Quarante avocats avaient signé un *Mémoire sur les effets des
arrêts des Parlements en matière des appels comme d'abus*, qui
avait été supprimé par arrêt du conseil. Mais, sur une déclaration
explicative des sentiments de l'ordre, il intervint, le 25 novembre 1730, un nouvel arrêt qui acceptait cette déclaration.

a fait le coup. Or on avait, deux jours devant, raconté
de ce Breton qu'ayant tué un homme, le mourant lui
avait dit : « Vous êtes un si brave homme, que je vous
donne vingt-sept mille livres que j'ai dans ma cassette. » Le chevalier de Sabran aurait dit à ce propos :
« Pour cela il ne me tuera pas, car je n'ai pas cet argent à lui donner. » Cependant il l'a tué deux jours
après pour un petit mot dit au jeu et sur quoi on aurait bien pu les accommoder.

Décembre.— Je me trouvai alors fort en train d'arranger parfaitement mes affaires par la vente de Re-
veillon, qui payait mes dettes à peu de chose près ;
mon domestique bien réglé, tout fort en ordre, il me
restait un avenir qui ne pouvait aller qu'en s'amé-
liorant.

Fin de 1730. — Pour définir le garde des sceaux
Chauvelin, vous saurez qu'il n'y a jamais eu au monde
plus habile homme pour ses propres affaires, pour
les travailler en grand, pour faire une grande et belle
fortune, pour y aller par des chemins plus sûrs ; mais
il est en toutes choses le centre de son cercle, la fin
dernière, l'objet final de toutes ses méditations. S'il
lui en restait un peu de volonté pour ses charges,
cela irait ; mais jamais cela ne sera ; il faut que son
esprit soit fort juste, mais peu élevé, vu la fin à laquelle il s'est borné pour faire usage de tant de
moyens. Il me prend envie de parler plus à fond de
lui et de sa fortune.

Il haïssait beaucoup son frère aîné, qui avait un
mérite si brillant qu'on en était ébloui ; partie de cette

haine, partie d'une saine politique, il embrassa le
parti contraire aux jésuites pour se trouver sur ses
pieds si malheur arrivait aux intrigues de son frère.
Ce frère mourut; notre cadet se rendit grand travailleur, quitta les belles-lettres, les bons airs, les chevaux, car il prétendait à bonnes fortunes et dansait
bien; il était le beau Grisenoire[1]. Il est vrai que ses
voluptés se concentraient dans la fortune. Il eut bra-
vement les bonnes grâces de Mme de Bercy, parce
qu'elle était fille de M. Desmarets. Il fit sa charge
d'avocat général plus en homme qui veut cheminer
qu'en homme qui veut passer pour un grand avocat
général, et ainsi a-t-il suivi dans ses charges.

Corneille dit :

> Mais quand le potentat se laisse gouverner
> Et que de son pouvoir les grands dépositaires
> N'ont pour raison d'État que leurs propres affaires, etc.

Il épousa une héritière. Mlle Desmontées, grande
et bien faite, avait eu des affaires; elle s'était entêtée
d'un officier sans bien, voulait l'épouser légitimement;
elle était galante; son père était négociant d'Orléans;
il y faisait bon; ce Grisenoire intrigue obscurément,
l'épouse; il l'a rendue extérieurement si exemplaire
qu'elle est aimée et admirée de la cour; il s'est appliqué à la former, y a mis tout son temps; il ne la quit-

---

1. Chauvelin porta dans sa jeunesse le nom de *Grisenoy*, qui
était celui d'une terre dans la Brie, appartenant à sa famille. Mais
comme Saint-Simon l'appelle aussi *le beau Grisenoire*, il est évident qu'on avait fait du nom de terre corrompu une espèce de
sobriquet.

tait d'un pas, étant chargé d'affaires, la veillait dans
les maisons où elle soupait; il la suit encore, lui
a ôté le rouge, de sorte qu'elle n'en a plus qu'au bout
du nez; il change ses femmes, ses valets de chambre;
se fait rendre compte un beau matin des hardes de
madame par sa femme de chambre; elle est chassée
avant le réveil de madame; il interrompt une affaire
d'État pour cela; c'est merveille.

Or le garde des sceaux doit être ou un très-mé-
diocre génie, ou un très-grand, mais qui embrasse
des choses bien petites, puisque cela le jette dans de
telles pauvretés; et ne doutez pas qu'il ne soit petit
dans cette détermination, car n'en vouloir qu'à son
propre bien si grossièrement, c'est aller contre son
propre bien; il ne se fera grand qu'à la financière. Un
financier a le train du prince, et n'a l'état, l'esprit et
les manières que d'un poilou[1].

Il devint président à mortier par les plus belles
intrigues de blanchisseuse et du Pont-aux-Choux qu'on
ait jamais suivies. M. de Bailleul s'ennuyait autant de
sa charge qu'elle s'ennuyait de lui; il fallait pourtant le déterminer à vendre. Ce président-là était
tombé dans une telle crapule et obscénité, qu'il ne
vivait que parmi des blanchisseuses et des joueurs de
boule. M. Chauvelin y gagna ces puissances et eut
la charge à bon marché.

Tirons le rideau, faute de le savoir, sur les moyens
dont se servent ces messieurs du Parlement pour se
rendre si utiles à la cour; celui qui s'y rend le plus
agréable ne peut éviter de vendre sa compagnie, de

1. C'est un terme de mépris dont l'auteur se sert quelquefois

l'espionner, etc. Il est sûr que notre héros tira grand
parti de sa charge pour avoir bien du crédit à la
cour.

Il fit les affaires des grands seigneurs; il se donna
à MM. de Beringhen, à M. le duc d'Aumont, dont
il était un peu parent par les Louvois. Il fut tuteur
du petit duc d'Aumont. Il arrangea à merveille ses
affaires délabrées; il est habile économe. Par les
Beringhen, il eut le maréchal d'Uxelles qui aimait
les beaux garçons.

Il voulait parvenir sous le régent; ce prince disait
que tout lui parlait *Chauvelin;* les pierres même lui
rappelaient ce nom ennuyeux pour lui; il apportait
tous ces grands seigneurs et leur créature pour lui
en dire du bien et le demander pour ministre.

Il lui fallait encore plus de bien qu'il n'en avait,
il agiota. Son garçon agioteur fut Desbonnelles,
maître des requêtes et depuis à la Bastille, et il a renié
ce pauvre fripon dès qu'il a pu le servir. Il a paru
dans ses places crasseux et honorable, plaçant encore
bien sa dépense pour être comme tout le monde et
faisant passer pour modération ce que la lésine le
portait à refuser. Il affecte un air de bon et ancien
magistrat de race, surtout ne découchant jamais d'a-
vec sa femme; il trouve que cela sied bien; il se vante
sans doute beaucoup à ses maîtres de n'avoir pas de
maîtresses, quoique toujours plus vigoureux qu'un
autre, car personne n'est plus adroit que lui à tout
exercice : à faire des armes, à la chasse, à monter
à cheval, à jouer à l'hombre, à chanter, à plaire aux
dames, à les servir : c'est un Candale et un Soyecourt,
et, à son dire, tant de talents, il les enfouit pour ne

servir que l'État et reconnaître les bienfaits de son maître, M. le cardinal de Fleury.

Le régent mourut sans qu'il y en eût rien pour lui. Le temps de M. le Duc lui parut un feu de paille; il s'attacha avec raison à M. de Fréjus, depuis cardinal de Fleury, et voyant qu'il fallait s'y attacher, il ne s'y adonna pas médiocrement. Ce cardinal, vieux et rempli de l'esprit des femmes, est jaloux au scrupule des attachements qu'on lui marque, une bagatelle peut faire tout échouer. Le maréchal d'Uxelles le produisit beaucoup, et le produit fit le reste à merveille. Ce vieux maréchal obtint du cardinal permission d'en faire un homme d'État et un personnage; il lui apprit les secrets de l'État, le mit au fait de la situation présente des affaires étrangères.

M. Chauvelin avait un avantage dont on tira en cette occasion un parti extrême. Feu M. de Harlay lui avait légué ses nombreux et précieux manuscrits sur le droit public[1]; le Chauvelin en fit des tables en les mettant en ordre, cela s'arrangeait sur de petites cartes de la plus jolie façon du monde; il y employait tous ses amis; l'abbé de Laubrière y travailla beaucoup et en a eu l'évêché de Soissons. M. Chauvelin est effectivement grand travailleur par goût et d'une assiduité surprenante; il travaillait autant avant d'être en place que depuis qu'il y est; dès qu'il avait dîné, il regagnait le cabinet et y res-

---

1. Achille III de Harlay, premier président au parlement de Paris. Saint-Simon parle aussi de ces manuscrits légués à M. de Chauvelin, « qui en sut faire, dit-il, un échelon à sa fortune. » D'Argenson y reviendra plus d'une fois, notamment à la date d'août 1737.

tait jusqu'à ce qu'on l'avertît qu'on eût servi le des-
sert chez sa femme, et il ne soupe pas depuis longtemps, ce qui est encore une petite chose qui sent
le grand homme. Remarquez ce que c'est que de
ressembler aux grands hommes par les petites choses.

Il résulta de toutes ces cartes écrites au dos un
gros livre de table universelle du droit public. On
publiait que le président Chauvelin ne travaillait
qu'au droit public. Il n'était pas à sa chaise percée
qu'on ne dît d'abord qu'il travaillait à ce droit ; cela
faisait frémir sur l'engagement de se faire président
à mortier, d'être de ces gens qui veillent pour nous,
tandis que nous dormons. On fit accroire au vieux
cardinal que M. Chauvelin avait tout appris dans
ces cartes, et, en effet, il avait appris dans ce
bureau typographique *summa rerum capita*, et
assez pour ne paraître pas neuf à un ignorant, ca-
chant avec adresse ce qu'il ne savait pas. Le cardinal
conçut une forte résolution de mettre un tel homme
en place, et de signaler son ministère en donnant au
roi un bras droit si nerveux.

On arrangea cette affaire-là, on déposséda les
Fleuriau [1], dans le temps que le ministère de M. de
Morville commençait à aller un peu passablement ;
on fit revenir M. le chancelier pour lui faire l'affront de morceler sa charge ; ce n'est pas là le cas
où *volenti non fit injuria*. Le prétexte de forme pour
ôter la charge de garde des sceaux à M. d'Armenon-

_____

1. Joseph-Jean-Baptiste Fleuriau d'Armenonville, garde des
sceaux, et Jean-Baptiste Fleuriau de Morville, son fils, secrétaire
d'État des affaires étrangères. Ces deux places furent données à
M. de Chauvelin, en août 1727.

ville sans sa démission, quoique cette charge fût
créée par édit, ce prétexte fut beau et heureux pour
l'autorité royale; il consista en ce que cette charge
n'avait été créée pour mon père que par édit enregistré à un lit de justice, au lieu que la nouvelle
charge qu'on créa pour le chancelier le fut par édit
enregistré volontairement au parlement. Le parlement fit une députation au chancelier pour savoir
s'il permettait cette création, il dit qu'oui, le bon
homme, et le parlement surpris enregistra. M. Chauvelin y avait conservé du crédit, il leur fit accroire
qu'il leur rendrait de gros services près du trône,
et on a pu juger s'il a tenu sa parole.

En place, il ne s'est mêlé de rien en apparence, et
de tout au monde en réalité : il s'est fait haïr des étrangers et du public; il a fait le misérable traité de Séville;
misérable, parce que nous ne voulions pas l'exécuter,
et que c'est un embarquement violent pour ne faire
que cacade, paroles de pistolets et actions de neige. Il
a rejeté tous les actes de couardise sur la bénignité
du cardinal. Eh quoi! il n'a jamais pu persuader la
moindre action virile! Cela est incroyable. Il a fait
l'inouïe action de trahir le marquis de Brancas, en
montrant à l'ambassadeur d'Espagne les lettres que
lui écrivait cet ambassadeur. On n'a rien vu de bien
de lui, pas même dans la conduite de la librairie; tout
ce qu'on a vu *de sa façon*[1] a été misérable, dur, sour-
nois, faisant tout craindre quand il sera en place. Il se
vante d'écrire tout de sa main, et il se rompt l'estomac
assis à son bureau; petitesse de génie, étendue d'avi-

---

1. Le manuscrit porte *ex marte suâ*, ce qui n'offre pas de sens.

dité. Ce qu'il a fait de bien a été de s'enrichir magnifiquement. Il y a un secret d'État qui est que les Anglais
donnent gros à nos ministres; peut-être le trône en
tolère-t-il une partie. Quelles maximes !

Il a acheté Grosbois de M. Bernard, et quand ç'a
été à payer, il a montré des billets de Bernard fils,
qu'il ne pouvait avoir acquis que sur la place, car il
agiote mieux que jamais, ce grand magistrat. Il s'est
vanté à moi d'avoir donné de cette terre un prix extravagant pour satisfaire un certain amour local qu'il
avait conçu pour cette maison, y allant de jeunesse
chez M. de Harlay. Il faut bien souffrir de telles in-
sultes qu'on vous fait en face par ces mensonges dont
on sait évidemment le contraire, mais on est appelé à
cette vocation-là.

C'est lui qui soutient sous main les avocats dans leur
rébellion et les jansénistes, car il embarque des entreprises pour les voir échouer, et par là les partis qu'on
voudrait abattre se fortifient étrangement. Il se moque
de son allié le cardinal de Bissy, quoique des sots
aient cru qu'il cheminait par lui; jusqu'ici il n'a pas
fait une faute contre sa fortune, et j'attends le dénoû-
ment d'une si monstrueuse habileté, comme d'une
pièce difficile à terminer. Il chemine sous terre comme
taupe; il paraît séparé de toute la cour, et il a des sou-
teneurs tout prêts à le porter au pinacle dès que ce
cardinal sera retiré. On dit que c'est la maison de
Condé qu'il s'est attachée, et que les actions de la Compagnie des Indes en sont l'instrument. Pauvre royaume,
qu'as-tu fait à Dieu pour être ainsi foulé aux pieds !
En un mot, si vous le considérez par rapport au devoir de sa charge, vous trouverez qu'on n'a encore

rien vu de bien de lui, et ce qu'on en a vu a été pitoyable.

[Depuis ceci, j'ai connu davantage M. le garde des sceaux, et j'ai trouvé qu'une partie de tout ceci était faux, et qu'il méritait de vrais éloges sur son génie, sa vertu et son amour pour le bien de l'État.]

1731.

—L'intendant d'Aube vient d'être révoqué, ou plutôt s'est fait révoquer lui-même, et exprès. C'est un homme intraitable et entier, d'une probité solide et autres vertus de tempérament. Fier desdites vertus qui sont rares, il est grand travailleur, habile à se faire servir, et esprit systématique; il ne lui faudrait proprement ni supérieurs, ni inférieurs; dès qu'il a affaire avec des hommes, le voilà devenu insociable en affaires; il ne se prête à aucune des misères du temps. Cependant une besogne lui étant une fois taillée, et lui s'y étant soumis, il l'exécute mieux qu'un autre. C'est en bon français un vrai moulin à justice et un torrent mécanique, en cela qu'il est nécessité à aller comme il est monté.

On n'en put faire aucun usage dans l'intendance de Caen, parce qu'il s'y fit lapider d'abord. Il ne voulut pas prendre garde qu'il est d'usage, jusqu'à des temps meilleurs, que tout ce qui approche du trône participe aux faveurs injustes. Il voulut faire le prompt réformateur en détails particuliers, sans considérer qu'un intendant n'était pas assez grand seigneur pour cela. Il voulut changer toute la répartition accoutumée des impositions arbitraires, et surtout de la capitation.

Ceux qu'il soulagea ne l'en remercièrent point, trouvant que c'était justice, comme il arrive toujours, et
ceux qu'il augmenta crièrent si hauts cris, voulant le
manger, que tout retentit de reproches qui assiégèrent
le trône et la cour. On le crut mauvais intendant,
parce qu'il était trop bon. A Soissons il fit presque
même chose en son département où il s'indigna des
inconvénients du canal de Picardie et des injustices
qu'attire cette petite entreprise de bien public, qui n'a
pour motif, dit-on, que l'intérêt particulier d'un grand
seigneur. Et le voilà brouillé sans ressource avec la
cour [1].

Et cependant, si j'étais premier ministre, je voudrais
avoir une trentaine d'intendants de ce moule, je ferais
faire de bonne besogne par de tels agents désinté-
ressés et actifs. La justesse de mes systèmes se ferait,
s'il plaisait à Dieu, goûter de tels esprits; et, si leur
persuasion n'y concourait pas d'abord, je l'y réduirais
bien par plusieurs voies, sans les dégoûter pour cela,
ni les contraindre à quitter, car on prend mieux les

---

1. D'Argenson, tout réformateur qu'il était, sentait bien l'in-
convénient pour un administrateur de contrarier trop brusquement
les idées reçues. On lit dans ses *Pensées sur la réformation de
l'État*, n° 533 :

« Moi qui écris ceci, j'ai pensé être détrôné en intendance, ou
du moins j'ai été dégoûté de gouverner davantage par un hôtel
de ville d'une grande ville où je voulais leur plus grand bien ;
mais j'y allais, étant jeune alors, sans flegme ni expérience, avec
brutalité et offense contre le torrent ; je respectais mal leurs usages ; je ne regardais pas leur bien patrimonial comme étant à eux ;
je maltraitais le prévôt qui était l'homme du peuple, quoiqu'un
coquin. Je reconnais mon tort. »

gens d'honneur par leurs bons faibles, que les vilains par leurs vices multipliés et inextricables.

Septembre. — Les affaires de la Constitution, du parlement, des deux puissances et des avocats firent alors grand bruit, et certes l'autorité du roi fut mal soutenue : elle périclitait beaucoup, n'étant obéie en rien, et au lieu de parvenir à calmer les esprits sur certains articles, on voyait à tous moments s'élever de nouveaux sujets de querelles. Je fis un mémoire sur tout cela, dont je garde minute dans mes compositions [1], je l'envoyai au cardinal de Fleury lors à Issy, et allant à Versailles le dimanche suivant, je fus chez Son Éminence. D'abord sortit M. le garde des sceaux qui me fit grand accueil, me demanda pourquoi il y avait si longtemps que je ne l'avais vu, lui et Mme Chauvelin, qu'il me priait à dîner, qu'il

1. Il se trouve en effet dans les *Papiers d'Argenson*, à la Bibliothèque du Louvre, n° 43, *Mémoires d'État*, t. I, fol. 3. Nous y puisons quelques détails sur les circonstances de ce fait qui paraît avoir pour la première fois attiré sur d'Argenson l'attention du gouvernement d'alors.

Le mémoire est précédé d'un *avant-propos*, où nous lisons ce qui suit : « En ce temps-là (août 1731) je commençai à être plus connu de M. le cardinal de Fleury et de M. le garde des sceaux. Pensant bien des choses sur les affaires du temps, j'eus occasion d'augmenter mes idées par plusieurs conversations que j'eus à Versailles avec quelques personnes éclairées dans les matières de l'État et de l'Église; de sorte que je hasardai d'en discourir avec les ministres, et ensuite de leur donner mes avis qui plurent et furent assurément plus loués qu'ils ne valaient. »

Vient ensuite une lettre au cardinal, datée, ainsi que le mémoire, du 4 septembre 1731, et ainsi conçue : « Monseigneur, je ne sais encore comment Votre Excellence recevra ce mémoire que

avait à causer avec moi. Je me doutai qu'il avait lu
de mon mémoire, et cet accueil fut bien remarqué
de l'assistance à qui il ne parla, fors à moi. Puis sortit
Son Éminence pour aller chez le roi; elle me distingua de la foule, me tira à part et me parla en ces
termes : « Fort bien, monsieur, fort bien ! j'ai lu et relu
votre mémoire : rien n'est mieux; vous vous y mon-
trez nourri dans tous les grands et bons principes,
instruit à fond, et ayant été jusqu'aux maximes, et
en état d'en faire usage, dans quelques postes qu'il
plaise au roi de vous placer pour le servir. » Je répondis que j'avais voulu essayer de prouver en cette circonstance que je cherchais à être utile, et que j'avais
si peu d'occasions de me montrer que je me fourrais
où je n'étais pas appelé. Il continua ses propos d'approbation en me conduisant avec lui une partie du
chemin. Tout cela ne laissa pas de me donner un cer-

je n'avais pas achevé hier quand j'eus l'honneur de dîner chez
elle. J'ai osé vous présenter mon sentiment sur les affaires présentes; la mémoire de feu mon père n'est pas oubliée ; pour tout
ce qui touche à l'autorité du roi, je puis vous assurer, Monseigneur, qu'il a laissé à ses enfants le même zèle pour en donner
des preuves dans toutes les occasions. Je suis, etc. »

Ce mémoire a onze pages. En voici le début : « Le parlement
et le peuple de Paris sont aujourd'hui dans une situation qui exige
de grands coups d'autorité. » Nous y remarquons aussi ce passage : « Avec des forces suffisantes, on surmonte tout. On peut
commander quatre compagnies de gardes suisses pour s'emparer
pendant la nuit du cimetière de Saint-Médard, sans toucher aucunement au tombeau de M. Pâris. Il est aisé d'arranger cette disposition, et d'y ajouter les autres précautions que suggéreront les
gens de guerre pour être assuré, non-seulement du cimetière,
mais de l'église et de tout le quartier, prévenir les assemblées des
bourgeois et jusqu'au moindre désordre. »

tain air de faveur. Plusieurs me dirent : « Vous êtes bien fêté en ce pays-ci. »

Le lendemain je reçus à Paris une lettre de Son Éminence, qui était sans doute signée avant qu'il n'eût parlé : elle contenait des choses flatteuses; je la garde avec la minute de ce mémoire[1].

Or, quelques jours après parut la déclaration du roi, qui ordonne silence absolu sur la Constitution, et le garde des sceaux m'a assuré qu'on ferait observer cette ordonnance à la rigueur et constamment. Je sais, à n'en pouvoir douter, que l'on a suivi en cela mon mémoire, dont cette injonction faisait un article, avec les raisons dont je l'appuyais[2].

---

1. Voici cette lettre qui se trouve à la feuille 12 du manuscrit déjà cité :

« J'ai reçu, Monsieur, avec la lettre dont vous m'avez honoré du 4, le mémoire qui y était joint. Je l'ai lu avec toute l'attention que demande l'importance de la matière qu'il traite. Vos réflexions sont très-justes et très-solides, et je ne puis trop louer le zèle qui vous anime à cette occasion. Il y a longtemps que je suis persuadé de vos bonnes intentions et de votre attachement au bien du service du roi, et je vous supplie de croire que je recevrai toujours bien volontiers tout ce qui me viendra de votre part.

« Je vous honore, Monsieur, très-parfaitement,

« Le cardinal DE FLEURY. »

2. Cette naïve satisfaction d'un théoricien politique qui croit voir pour la première fois ses conseils goûtés par les ministres, et en plus haut lieu peut-être, respire dans tout ce que d'Argenson a écrit vers cette époque. Nous lisons dans l'*Avant-Propos*, déjà cité, du mémoire en question : « M. le garde des sceaux m'a instruit de mille choses qui paraissent tendre à m'employer autrement que je ne le suis. Il a encore fait valoir mon travail au

Le 23 septembre au soir, M. le cardinal m'arrêta
à son coucher comme je sortais, et, devant un de ses
amis, reparla en général de mon mémoire, et dit de
moi des louanges que je n'aime pas à répéter, mais
qui peuvent laisser bien augurer, et cette personne
me reconduisant dans la galerie, ajouta qu'elle ne
connaissait pas d'homme plus sobre d'éloges que
Son Éminence, et qu'en m'en donnant ainsi, cela
pourrait signifier beaucoup pour la suite. Son Éminence me pria encore à dîner pour le lendemain : il
y fut fort gai et m'adressa souvent la parole, à quoi
je répondis d'une façon qu'il dut être satisfait de moi,
car il me semble que je fus d'assez bonne compagnie. Après le dîner, M. le cardinal tint cercle si longtemps, qu'il fallut le quitter; moi, pour aller au conseil, et les autres, pour autres choses. J'allai après le
conseil chez M. le garde des sceaux, qui m'invita à
aller le voir à Grosbois.

La veille, j'avais travaillé chez M. le chancelier à
une affaire délicate, où il s'agissait de rompre un mariage entre de faux convertis et vraiment religion-
naires de Sédan. Nous n'étions que deux commissaires; M. de Fortia était d'un avis et moi d'un autre :
je soutins longuement mon avis; j'étais pour la règle

roi lui-même, à qui on a donné plusieurs de mes mémoires à lire
d'un bout à l'autre. Je regarde tout ceci comme une opération
de la Providence, qui avance les citoyens qui aimeraient à faire
du bien à leur patrie, car je jure que mon goût est naturel pour
ces sortes de choses, et que je n'ai pas la moindre ambition pour
moi-même, si ce n'est de procurer de bonnes choses à mon pays,
et surtout pour la gloire de mon roi, dont l'amour est inné et
héréditaire dans notre race sans aucune tache. »

et pour juger cela comme on aurait fait au parlement, ce qui serait une bonne règle de conduite au conseil, en laissant là toutes les petites vues de prétendue administration, qui font juger les particuliers par le droit public, ce qui m'a déplu et me déplaira toujours. M. le chancelier convint avec éloge de la force et bonté de mes raisons, il les répéta bien et ne les réfuta pas, mais il se détermina par des vues de direction, croyant avoir assez de prétextes dans de petites fins de non-recevoir que j'avais cependant trouvées insuffisantes et peu heureuses. J'influai ensuite beaucoup sur plusieurs autres articles du même arrêt que nous fîmes et rédigeâmes.

17 *Octobre*. — Le petit Houel, officier aux gardes, frère d'une Mlle Houel qui a été la dernière maîtresse de M. le duc d'Orléans, ce petit officier a gagné cent mille écus avec une orange, voici comment : Il était au jeu de Mme la Duchesse, et n'avait rien; il tenait une orange, Mlle de Charolais[1] la lui demanda, il dit qu'il n'était pas en état de rien donner à une si grande princesse qu'elle. Elle lui bailla un écu, et avec cet écu il gagna beaucoup cette soirée, et, de là, il a continué à jouer et gagné ce que je vous dis là.

— Il y eut une grande tracasserie entre la maréchale de Villars et Mme de Gontaud; j'en avais su quelque chose de particulier dès le voyage de Fon-

1. Louise-Anne, fille de Louis III, duc de Bourbon, née le 23 juin 1695. C'est la même qu'on verra souvent désignée par le titre de *Mademoiselle*, réservé à la fille aînée des frères ou oncles du roi.

tainebleau de cet été. M. d'Angervilliers est semblable
au cerf des fables de La Fontaine, qui admire chez lui
ce qui n'en est pas digne et méprise ce qu'il y a de
mieux. Il serait un ministre solide, et, au lieu de s'appliquer à rien, il préfère d'être un petit maître très-
plat et très-bourgeois ; il fait l'amoureux, on se moque
de lui, il poursuit violemment la duchesse de Gontaud qui est une coquette déliée, spirituelle, charmante, figure noble et l'ornement de la cour, pas
trop saine d'ailleurs[1]. Elle a pour amants Pézé, qui
est le tenant, Martin des gardes qui la paye, quelque
goût pour mon frère et surtout grande confidence.
Ce pauvre ministre est bafoué et ne sent pas sa duperie, il lui écrit des lettres et en fait un brouillon
comme un écolier ; une fois il avait cacheté la lettre
avec le brouillon, Mme de Gontaud montra cela à
mon frère ; par cette lettre, on voyait clairement que
M. d'Angervilliers n'en avait pas eu les dernières faveurs ; on en a fait bien d'autres mauvais contes.

Il y a alliance et ancienne amitié entre la maréchale de Villars et M. d'Angervilliers ; les tracasseries
ont commencé à altérer l'amitié ou fréquentation qu'il
pouvait y avoir entre la Gontaud et l'hôtel de Villars ;

1. Marie-Anne de Castin, duchesse de Gontaut-Biron, l'une
des dames d'honneur de la reine. D'Argenson reparle d'elle
ailleurs. On peut lire dans le *Journal de Barbier*, II, 152, la
dispute qu'elle eut au mois de juin de cette année avec Mme de
Rupelmonde. Le président Hénault en parle aussi dans ses *Mémoires*, disant « qu'elle ressemblait à la Cléopâtre blessée par
l'aspic, et qu'elle n'était pas aussi sauvage que Mme de Flamarens. » C'est pour elle qu'il fit sa jolie chanson :

« Quoi, vous partez sans que rien vous arrête, etc. »

on y a pris le parti de M. d'Angervilliers, on en a
voulu du mal à la Gontaud; on s'est aigri, les intérêts
de ce ministre sont ceux des Villars, on parle de le
déplacer, les tracasseries y peuvent contribuer, parce
que les ridicules nuisent plus encore que les méchantes
actions à un homme en place.

Mme de Gontaud a bien gagné à elle les amis; il
faut prendre parti contre l'hôtel de Villars et contre
le d'Angervilliers. Enfin, cette grande dame a
jugé à propos d'éclater par une chanson; elle a fait
paraître celle qui court contre la maréchale de Villars, on la dit de Roy; elle est affreuse[1]. Elle la

---

1. Voici cette chanson telle que nous la trouvons dans un recueil du temps. Il est probable que cette copie ne renferme pas
« les deux couplets à faire rouer, » dont parle d'Argenson.

AIR : *En vérité, vous avez bien de la bonté.*

Si Villars avait les attraits
          De cette tante* aimable,
Je dirais : Ne quittez jamais,
          La chaîne est adorable ;
Mais pour un vieux visage usé,
Un esprit plein de rabâchage,
          Quel radotage !
          Abbé**, en vérité
Vous avez bien de la bonté.

Nul esprit, pas même un bon cœur,
          Sans beauté, sans jeunesse,
Jalouse jusqu'à la fureur
          Et fausse sans finesse.
Fourbe et basse avec vanité,
Envieuse, avare et volage,
          Quel assemblage !
          Messieurs, en vérité !
De l'aimer qui serait tenté ?

* La maréchale d'Estrées. — ** De Vauréal, évêque de Rennes.

prend par son caractère et par ses galanteries, le tout
revêtu aujourd'hui de pruderie. On dit qu'il y a deux
couplets à faire rouer. Le nouveau de l'aventure c'est
que Mme de Gontaud avoue la chanson; c'est là le
comble du mépris pour une ennemie qu'on chan-
sonne. Postérité, le croirez-vous? *Quoi des forfaits
oser avouer le plus noir!* Il y a eu assemblée de famille, Mme de Gontaud présente; le duc de Noailles
lui a secoué la coiffe, il n'y manquait rien. Sa mère,
la maréchale de Gramont, a dit que sa religion ne
lui permettait pas de se mêler de ces choses-là.
M. d'Angervilliers a eu les yeux dessillés tout d'un
coup et s'est déclaré ennemi de la Gontaud, d'esclave qu'il était; le devoir a aidé à la raison à se
détacher de qui le méprisait. La maréchale de Villars
s'est plainte à la reine. M. d'Angervilliers a dit qu'il
laissait Mme de Gontaud à mon frère, que c'en était
assez pour elle, mépris affecté, qui le fait mépriser lui-
même. Il s'agit de punir; comment punira-t-on? l'o-
rage tombera sur le poëte Roy. M. de Pézé est au pays
du Maine, tiré bien à propos de cette tracasserie, où
un courtisan aurait beaucoup à pâtir. Petites niaiseries
et noirceurs. Cependant voilà qui nous gouverne, des
grands seigneurs, des bourgeois-gentilshommes, ridicules et vicieux! Quand détruira-t-on dans le gouvernement cette race de seigneurs héréditaires et leurs singes?

— Ce sera quelque jour un beau sujet de tragédie
que ce qui arrive au roi de Sardaigne Victor présentement[1]. Quelle catastrophe sans mourir! Un grand

1. Le 8 de ce mois, le roi de Sardaigne fit arrêter au château
de Pontarlier, où il mourut un an plus tard, son père Victor-

roi qui a tourmenté l'Europe par ses vertus et ses
vices, par son courage, ses artifices et ses perfidies,
qui s'était formé une cour d'esclaves, qui avait rendu
son État redoutable par son industrie et ses travaux
sans relâche; infatigable dans ses desseins, inquiet
en chaque branche du gouvernement, ne nourrissant
que de grands projets, deviné en chaque chose pour
de plus grands desseins qu'on ne lui en avait encore vu exécuter; ce roi abdique en un moment im-
prévu; on dit que cela vient de dévotion, on dit que
cela vient d'amour, d'autres de folie, d'autres de
malice, d'autres du dessein extravagant de se faire
pape, ou de s'introduire en France, d'y régenter, de
se venger, de faire notre malheur ou notre extrême
bonheur.

Ce même roi se trouve aujourd'hui arrêté par son
fils, dont il était le bienfaiteur si récemment et si
extraordinairement. Ce fils est un jeune prince sans
mérite, sans courage et sans caprices, doux et gouverné. Ses ministres lui ont persuadé d'être ingrat,
il exécute le comble de l'ingratitude sans être né
pour le crime; ces ministres n'ont pu lui représenter
que la crainte de leur propre disgrâce; car, quelle
eût pu être la sienne? Il est fils unique, il a des enfants, il n'eût pu que redevenir ce qu'il était, et un tel
prince se soucie-t-il de la volupté de gouverner?

Ce pauvre roi Victor finira donc ses jours enfermé

Amédée, qui, après avoir abdiqué en faveur de son fils, conspi-
rait, dit-on, pour remonter sur le trône.

Il existe un récit de cette révolution de cour, écrit par M. Blon-
del, alors ministre de France à Turin; il est imprimé, mais peu
connu et rare.

comme un ours dans une prison, gardé à vue comme
un furieux, maltraité par d'indignes geôliers, ministres du ressentiment des nouveaux ministres, séparé de la femme qu'il avait choisie pour consolation
dans sa retraite. Que dit-il, que fait-il? en supposant
son esprit dérangé, son trouble et sa fureur ne font
qu'aggraver son supplice, qu'il ressent d'autant plus
vivement qu'il est sans ressources, et pour jusqu'à la
fin de sa malheureuse vie.

Novembre. M. le cardinal de Fleury entretenant
M. le duc d'Orléans du dessein qu'il avait d'adjoindre
le garde des sceaux au premier ministère, lui dit :
« Monsieur, il faut que ce soit lui ou M. de Maurepas
qui me succède. Le roi n'en est pas assurément là de
pouvoir gouverner par lui-même; qui est-ce qui peut
soutenir cela? Il a beaucoup de goût pour M. de Maurepas, lequel est bien jeune et a bien des défauts que
vous connaissez. Si ce n'est pas celui que je propose,
et qui a beaucoup de maturité, ce sera M. de Maurepas; voyez à quoi vous exposez le roi et l'État. »

10 *décembre*[1]. — Il y a bien cinq ans que je fus mis

---

1. Les détails si curieux donnés ici par d'Argenson sur la
conférence de l'Entresol avaient été communiqués au général de
Grimoard, éditeur des *Lettres de Bolingbroke*, qui leur a donné
place au t. III, p. 458 de cet ouvrage publié en 1808. Bolingbroke, alors réfugié en France, bien que son nom ne figure pas
ici dans la liste des membres de l'*Entresol*, prenait une part active
à ses travaux. Voy. ses *Lettres*, notamment celles des 13 juillet et
6 octobre 1724, adressées à l'abbé Alary.
Ce fut à la fois, comme l'a dit M. Sainte-Beuve, un essai de

d'une conférence sur la politique qui était·excellente;
cela se nommait *Entresol*, parce que les premières

club à l'anglaise et un berceau d'Académie des sciences morales
et politiques.

Et néanmoins cet essai, comme l'auteur va l'indiquer plus
loin, n'était pas lui-même sans précédent. On voit dans les papiers de l'abbé de Choisy, en 3 vol. in-4, lesquels ont passé des
mains du marquis d'Argenson dans celles de son fils, puis à la
Bibliothèque de l'Arsenal, qu'en 1692 il s'était formé une petite
académie dans le but de s'occuper de toutes les matières qui ne
faisaient point l'objet du travail des trois Académies déjà existantes : française, des belles-lettres et des sciences. « On était
persuadé alors, dit à ce sujet le marquis de Paulmy, dans les
Loisirs d'un ministre d'État, que le droit public, la politique, la
jurisprudence et même la théologie morale n'étaient du ressort
d'aucune de ces Académies. » Celle-ci devait s'assembler tous les
mardis au Luxembourg chez l'abbé de Choisy, et se composer, y
compris le maître de la maison, qui en était comme le président,
de treize membres, parmi lesquels on distinguait les abbés de
Dangeau, Testu, Renaudot, de Caumartin, MM. d'Herbelot,
Perrault, Fontenelle et le président Cousin.

Le *Journal de l'Assemblée du Luxembourg* pour l'année 1692
(peut-être ne dura-t-elle pas plus longtemps) se trouve au t. I
des manuscrits que nous avons indiqués. On y voit qu'elle s'occupait, outre la théologie, la morale et la politique, de matières
fort diverses, et dont le goût, pour quelques-unes du moins,
semble tout moderne; telles sont l'anthropologie, la bibliographie,
et même les autographes. On faisait promettre aux académiciens
le secret sur ce qui se disait dans ces conférences, « parce que,
(nous empruntons encore les paroles du marquis de Paulmy),
comme on devait y parler politique, on pouvait y faire des réflexions qui n'auraient pas été bonnes à divulguer. Il en était de
même des observations philosophiques et morales. Ces précautions
étaient très-sages; et il y a tout à parier que c'est pour ne les
avoir pas scrupuleusement observées, que cette tentative n'a point
eu de succès.... Il paraît que l'Académie du Luxembourg finit,

assemblées se tenaient chez l'abbé Alary, de l'Académie française, et aujourd'hui instituteur des Enfants de France; il logeait alors place Vendôme, chez le président Hénault, où il louait l'appartement en entresol sur la place.

Voici qui la composèrent successivement :

L'abbé Alary, président[1];
M. de Balleroy, mon cousin[2];
M. de Coigny[3];
Le marquis de Matignon[4];
Moi;

parce qu'on y proposa des questions trop délicates, et que les académiciens s'étant partagés, et ayant vivement disputé sur ces objets, s'aigrirent les uns contre les autres, et enfin se séparèrent. »

1. Pierre-Joseph Alary, né à Paris, en 1689, mort le 15 décembre 1770, membre de l'Académie française. Il paraît qu'il existe une correspondance manuscrite entre lui et le duc de Brissac, gouverneur de Paris, qui lui écrivait jour par jour tout ce qui se passait. « Il serait difficile de rien lire de plus amusant que cette correspondance, dit M. H. de La Porte, dans une brochure intitulée : *Le dernier des maréchaux de Brissac*. Paris, 1850, in-8. Malheureusement il n'indique pas où elle se trouve.

2. Claude-Augustin de La Tour, marquis de Balleroy, premier écuyer du duc d'Orléans. Nous le verrons devenir gouverneur du duc de Chartres en mai 1735, maréchal de camp en 1738, lieutenant général en 1744, puis disgracié au mois de novembre de la même année. Le château de Balleroy, bâti par Mansart, est dans le département du Calvados.

3. François de Franquetot, maréchal, duc de Coigny.

4. Marie-Thomas-Auguste Goyon de Matignon, fils du dernier maréchal de ce nom, ami et correspondant de Bolingbroke.

M. de Champeaux, commissaire du commerce de France à Cadix[1];

M. de Vertillac[2];

Le C. d'Autry[3];

M. de Plélo, aujourd'hui notre ambassadeur à Copenhague[4];

Le petit Pallu[5];

M. de Caraman, gendre du premier président (Portail), et à qui on ne put refuser de l'admettre;

M. de Ramsay, Écossais, auteur du *Cyrus;*

1. Levesque de Champeaux, frère de Levesque de Pouilly, lieutenant élu de la ville de Reims, et de Levesque de Burigny, de l'Académie des inscriptions. Il remplit divers emplois consulaires et diplomatiques; et d'Argenson, lors de son ministère, se servit de lui pour certaines négociations en Italie.

2. Thibault Labrousse de Vertillac, sénéchal héréditaire de Périgord, gouverneur de Dourdan. Voici le souvenir honorable que d'Argenson lui consacrait en 1754 dans ses *Remarques en lisant*, n° 2271 : « Je ne connais aujourd'hui qu'un bon roi en Europe et un bon gouverneur en France, c'est le roi Stanislas comme souverain de la Lorraine, et mon ami et voisin, M. de Vertillac, gouverneur de la petite ville de Dourdan. Tous deux ont les plus petits districts qu'on puisse avoir à gouverner, chacun suivant leurs titres; tous deux sont bienfaisants; ils donnent aux pauvres tout ce qu'ils peuvent donner, avec grande intelligence; ils inspirent à leurs peuples la vertu par l'exemple, encouragent le travail, maintiennent la police, et avec cela sont très-honorables quand il le faut. »

3. Louis-Joseph de Goujon de Thuisy, comte d'Autry.

4. Louis-Robert-Hippolyte de Bréhan, comte de Plélo, né à Rennes, en 1699. Il avait épousé Louise-Phelippeaux, sœur du comte de Saint-Florentin, duc de La Vrillière; il en eut une fille mariée en 1740 au duc d'Aiguillon. Il en sera reparlé plus loin.

5. Intendant de Lyon.

Feu M. de Saint-Contest le père qui avait été notre plénipotentiaire à Bade et à Cambrai;

M. son fils, maître des requêtes[1];

L'abbé de Bragelonne, doyen de Brioude et de l'Académie des sciences;

M. de Lassay le père[2];

Le duc de Noirmoutiers;

Le chevalier de Camilly, ci-devant notre ambassadeur à Copenhague;

M. Perelle, conseiller au grand conseil;

L'abbé de Pomponne, ci-devant notre ambassadeur à Venise[3];

L'abbé de Saint-Pierre, de l'Académie française, bon citoyen, auteur du *Projet de paix perpétuelle*, de plusieurs autres ouvrages pour la gloire de la nation et le bonheur des peuples;

M. de La Fautrière, conseiller au parlement;

Il y a encore eu feu M. d'Oby, avocat général au grand conseil.

---

1. Depuis ambassadeur en Hollande et secrétaire d'État des affaires étrangères (1751-1754).

2. Armand de Madaillan de Lesparre, marquis de Lassay, né en 1652, mort en 1738, auteur du *Recueil de différentes choses*, 1727, 2 vol. in-4, et 1756, 4 vol. in-8,

.3. Charles-Henri Arnauld de Pomponne, fils du ministre des affaires étrangères sous Louis XIV, conseiller d'État, membre de l'Académie des inscriptions. Ce dernier des Arnauld ne démentait pas, par l'originalité et l'indépendance de son caractère, le sang dont il était sorti. Dans ses *Remarques en lisant*, nᵒˢ 1251 et 2145, d'Argenson donne d'assez curieux détails sur le ministère du marquis de Pomponne et sur les manuscrits de ses négociations, dont

Quand M. le Duc fut chassé du ministère, et que la face de la cour changea aussi fort[1], Horace Walpole, alors ambassadeur d'Angleterre, demanda à être entendu à l'*Entresol*, on le lui accorda; il s'assit et harangua plus de deux heures pour persuader la nécessité qu'il y avait que le nouveau ministère continuât dans les mêmes liaisons avec sa nation[2].

Le Franquini[3], envoyé de Toscane, demanda à être des nôtres, mais sa qualité d'étranger nous le rendit suspect.

Nous éludâmes aussi, toujours avec politesse, de recevoir un magistrat clerc, qui est une espèce de favori de M. le garde des sceaux; nous le craignîmes comme espion, et cela nous fit vouloir quelque mal.

Voici de quoi chacun était chargé, chacun y travailla et lut de ses compositions peu ou beaucoup.

L'abbé Alary travaille à l'histoire germanique, et a plus avancé qu'il n'avancera cet excellent ouvrage aussi laborieusement recherché que magnifiquement écrit.

le gouvernement d'alors avait empêché l'impression par des raisons d'État. D'Argenson ajoute : « Je tiens tout ceci de l'abbé de Pomponne avant qu'il radotât. »

1. En juin 1726.

2. Horace Walpole ne parle pas de cette circonstance dans ses *Mémoires* publiés par Coxe. Londres, 1820, 2 vol. in-8. Voy. t. I, p. 217 et suiv.

3. Voici ce que dit de ce personnage le cardinal de Fleury dans une de ses dépêches au cardinal de Tencin, du 8 avril 1740 : « L'abbé Franchini a beaucoup d'esprit; il est très-fin, et je puis ajouter *romanescato*. Je suis très-lié avec lui, et il affecte de publier toute l'amitié qu'il a pour moi; mais il faut toujours sous-entendre, à son intérêt près, quand même il serait très-léger. »

Je fus d'abord chargé du droit public en général, sur quoi je donnai des sommaires de matières dès la seconde séance où j'assistai; puis, cela se trouvant trop étendu, on me restreignit au droit ecclésiastique de France[1], que j'ai assez avancé, et de quoi j'ai lu plusieurs fois. Je fis outre cela l'éloge de M. de Saint-Contest quand il mourut; je lus beaucoup d'autres mémoires fugitifs sur le gouvernement, comme des objections aux différents systèmes de l'abbé de Saint-Pierre.

J'étais encore chargé d'un même travail de suite, qui était d'extraire dans les gazettes de Hollande les nouvelles importantes à la politique; j'envoyais la feuille deux fois par semaine à l'abbé Alary, il y trouvait des remarques et des questions en marge, à quoi il satisfaisait à mesure extrêmement bien, et cela a déjà composé un gros volume dont j'ai fait les tables alphabétiques.

M. de Ramsay nous y lut son *Cyrus* et les corrections de la nouvelle édition; M. de Champeaux faisait l'histoire anecdote des traités depuis la paix de Ver-vins; M. de Balleroy l'histoire des traités depuis la même époque; ces deux ouvrages fort avancés.

MM. de Coigny, Matignon, Lassay, Noirmoutiers,

---

1. On sait qu'il a été publié en 1737 une *Histoire du droit pu-blic ecclésiastique français*, qui a eu plusieurs autres éditions, et à laquelle d'Argenson passe pour avoir eu part. Voici ce qu'il dit lui-même à cet égard dans ses *Remarques en lisant*, n° 1844 : « J'avais donné le plan de ce livre, le commencement et les maté-riaux au P. de La Motte, jésuite, mon ancien préfet au collège, et depuis cela réfugié en Hollande, sous le nom de M. de La Hode. Ce qu'il y a de bon est de moi; ce qu'il y a de hasardé et d'un style maussade, est de cet auteur, etc. »

1.

Saint-Contest père, Camilly, Pomponne et Perelle
étaient des espèces d'honoraires qui voulaient nous
aider de leurs lumières et expérience, et suivre ces
assemblées avec beaucoup de curiosité et d'assiduité.

M. de Vertillac était de la création; c'est un garçon
de bon sens, attaché de suite à ce qu'il fait. Il était
chargé de faire une description des gouvernements
mixtes, et avait déjà donné la Suisse, la Pologne, et a
fini par la Russie.

Le comte d'Autry faisait pareillement la description
des gouvernements d'Italie, et a commencé par la lecture de quelques morceaux de traduction d'auteurs
italiens sur cette histoire en général.

M. de Plélo nous a lu le commencement d'une belle
dissertation sur le gouvernement monarchique et sur
les autres formes de gouvernement.

M. d'Oby avait été chargé de l'histoire des états généraux et des parlements, mais il mourut peu de temps
après sa réception.

M. Pallu, maître des requêtes, a commencé l'histoire de nos finances. M. de Caraman a prétendu faire
l'histoire du commerce, à quoi il avait du penchant à
cause de son canal du Languedoc, où il est le principal
actionnaire, mais qu'il ferait mieux de réparer. Nous
avons eu de lui quelques lectures de morceaux qu'il
avait, selon les apparences, trouvés tous faits.

M. de Saint-Contest le fils[1] a été chargé de l'histoire
universelle très-moderne à commencer à la paix de
Riswick; notre dessein était qu'il pompât M. son

1. Nous le verrons plus tard intendant de Bourgogne, ambassadeur en Hollande, et enfin secrétaire d'État des affaires
étrangères.

père sur mille anecdotes qu'il sait et qu'il doit savoir.

L'abbé de Bragelonne, qui sait à fond une infinité
de choses, est particulièrement habile dans les généa-
logies; il devait nous donner plusieurs anecdotes de
l'histoire généalogique des maisons souveraines.

M. de La Fautrière nous a lu à différentes fois de
longs et magnifiques morceaux d'une histoire des
finances et du commerce, qu'il a, avec raison, enlevée
à M. de Caraman, et dont il n'est qu'à l'introduction;
essai qui vaudra bien le corps de l'ouvrage, étant rempli d'une infinité de traits et maximes sublimes sur le
droit public et la science du gouvernement.

Enfin, l'abbé de Saint-Pierre est celui qui nous fournissait le plus de lectures de son cru, tout son temps
et ses forces dans un âge très-avancé étant dévoués
aux systèmes politiques qu'il invente et découvre sur
toutes les parties du gouvernement. Il désirait que plusieurs de nous emportassent ses mémoires pour écrire
des réflexions et objections sur ses systèmes, auxquelles
il répliquait avec autant d'exactitude que de persévérance dans ses idées, quoiqu'il se pique de ne pas
abonder dans son sens.

Telles étaient donc les occupations particulières de
chacun de nos académiciens, et voici comment les
choses se passaient dans les conférences.

On s'assemblait une fois par semaine tous les samedis; on était ou on devait être en place à cinq
heures, et on y restait jusqu'à huit. L'hiver chacun
s'en retournait chez soi avec un nouveau goût pour
l'*Entresol*. L'été on allait se promener aux Tuileries
sur les terrasses ou dans quelque allée à l'écart par les

grandes chaleurs, confabulant volontiers de ce qui nous avait occupés. Nous y allions souvent à pied, l'abbé Alary ayant toujours été logé fort à portée de cette promenade, surtout pendant qu'il demeurait place Vendôme, d'où nous entrions par la porte des Feuillants. On divisait cette conférence de trois heures en trois parties assez égales :

1° La lecture de mon extrait de gazette, la réponse aux questions et la conversation curieuse et intéressante sur ces nouvelles publiques, les raisonnements, les conjectures politiques, les bons éclaircissements qu'y fournissaient principalement nos ex-ambassadeurs. Nous avions toujours un grand atlas sur la table pour suivre la position du local des événements. Le chevalier de Camilly, qui a voyagé par toute la terre ronde avec beaucoup de connaissances et d'esprit de curiosité, ainsi que feu M. de Saint-Contest qui avait manié les plus grandes affaires de négociations (et la base de celles d'aujourd'hui), aux deux congrès, ces deux messieurs brillaient assurément le plus à cette charmante conversation.

2° On suppléait par la conversation aux nouvelles de la gazette, et on débitait, sans aucune réserve et avec une entière confiance, tout ce qui se disait dans le monde sur les grandes et importantes affaires. Cette conversation de nouvelles ne languissait certainement pas, étant fort animée par le train de curiosité où venait de nous mettre l'exercice précédent; on avait de la peine à finir cette conversation pour donner place au troisième exercice.

3° On lisait à peu près tour à tour, et pendant une heure, les ouvrages des académiciens sur les matières que j'ai dites. On observera que souvent nous sortions de nos départements pour faire des petites dissertations particulières que nos académiciens avaient pris en gré d'écrire sur différentes choses; j'ai déjà dit que cela m'était arrivé plusieurs fois. Ordinairement aussi on substituait à cette lecture des ouvrages qui nous étaient propres, celle des pièces les plus nouvelles en matière de politique, et que chacun de nous s'ingéniait d'avoir des premiers. Nous lisions des lettres des pays étrangers où chacun entretenait autant de correspondances qu'il le pouvait; j'en avais d'Italie qui étaient sûres.

Après avoir donné cette idée de l'*Entresol*, il faut que je dise aussi ce qu'on nous a reproché et ce qui a plus influé sur notre rupture, qui n'est pas du tout arrivée par décadence et dégénération; car nous n'avions jamais été si en fonds et si engoués de notre assemblée que lorsqu'elle a fini.

On tourne tout en ridicule, tout le monde est petit-maître aujourd'hui, et c'est le bon air de mépriser les bonnes choses à mesure qu'elles sont meilleures. On dit que nous gouvernions l'État, que nous nous mêlions de choses dont nous n'avions que faire. Je ne me levais jamais le matin que je ne me disse : « Aujourd'hui paraîtra quelque brevet de calotte contre nous[1]. » Cependant il n'en a point paru. L'admission du petit

---

1. Vers la fin du règne de Louis XIV, on imagina un *Régiment de la calotte* dont on envoyait des brevets à ceux qu'on supposait avoir la tête légère. Cette plaisanterie qui avait pris naissance parmi les gardes du corps, dans les antichambres de Versailles, fut très en vogue sous la régence ; et bientôt tous les personnages de la cour et de la ville eurent leur brevet.

Pallu, et surtout de Caraman, nous donna un vrai
ridicule dans le monde, quoiqu'au fond cela ne nous
fît aucun mal réel.

On était embarrassé, comment refuser des sujets?
Je demandai de moi-même à admettre l'abbé de Saint-
Pierre qui est un si bon citoyen dont, comme dit
Astrée, la félicité ne peut être parfaite que le ciel n'ait
rendu tous les mortels heureux. On donne du ridicule
à ce pauvre homme pour bien des choses très-grave-
ment bonnes qu'il produit, mais dont l'innovation
est toujours mal prise par le peuple petit-maître.
L'abbé de Pomponne fut outré de l'admission de
l'abbé de Saint-Pierre; il ne l'aime pas de longue main
pour je ne sais quelles tracasseries passées entre eux
à l'hôtel de Torcy. L'abbé de Pomponne dit qu'il ne
reviendrait plus chez nous pour cette cause, et cependant il y revint.

Je m'aperçois encore de plusieurs autres choses qui
étaient des fautes réelles. Notre président l'abbé Alary
se faisait trop une espèce de trophée d'avoir été le
fondateur et le chef de cette aimable assemblée, il en
parlait partout; j'enrageais de voir que nous cachions
si peu nos plaisirs, je disais : « Contentons-nous-en
pour nous-mêmes, faisons-nous oublier. » Il est vrai
que tout le monde savait nos jours, et que le samedi
au soir, dans les bonnes maisons de Paris où la plupart de nous autres allaient souper, on demandait :
« Quelle nouvelle? car vous venez de l'*Entresol*. » Cela
me déplaisait au possible qu'on nous donnât pour un
bureau de nouvellistes. Cependant on se lâchait, on
raisonnait, et les auditeurs disaient : « Voilà donc ce
que pense l'*Entresol* de tel événement? » Une fois, M. le

chancelier me fit pareille question à Versailles, à propos de la mort de la Czarine, et je lui répondis si sec,
qu'il ne m'a plus questionné. Je me tuais de recommander la même modération et discrétion sur le nom
même de l'*Entresol*, car je leur disais : « Il arrivera
un beau matin que le gouvernement nous demandera
de quoi nous nous mêlons. »

L'abbé Alary est rentré dans son logement de la
Bibliothèque du roi l'hiver dernier, nos assemblées
s'y sont tenues, et cela nous a donné bon air; cela
avait tout à fait l'air d'une Académie royale. Je disais
toujours que je croyais être dans le temps de l'âge d'or
de l'Académie française que regrettent tant les anciens
académiciens, qu'il semblait que cette portion d'occupation à laquelle nous étions dévoués, avait été oubliée dans la création de toutes les Académies du
Louvre, et qu'il était réservé à M. le cardinal de Fleury
d'imiter et surpasser en cela M. le cardinal de Richelieu, en nous régularisant comme lorsqu'on avait tiré
l'Académie française de son âge d'or.

En effet, Son Éminence montrait un grand goût
pour l'*Entresol*. On sait qu'il y a eu une académie
politique établie au Louvre du temps de M. de Torcy,
mais cela n'a pas duré pour plusieurs inconvénients
qui s'y trouvèrent dès sa naissance, dont le principal
qui choque est toujours l'indiscrétion; mais le réellement principal était le peu de goût des académiciens
d'alors qui n'avaient en vue que leur fortune, au lieu
que nous autres nous étions tous jetés là dedans par
une vraie vocation naturelle.

Son Éminence parlait souvent de nous, ne manquait jamais une occasion de s'entretenir de nos occu-

pations, du travail d'un chacun, des sujets, etc., et
cela menaçait de faire une grande fortune. Rien ne
contribua davantage à envoyer M. de Plélo, notre
ambassadeur extraordinaire, en Danemark, que de se
trouver alors des bons *Entresolistes*. Son Éminence
avait une médiocre opinion de lui; ce qu'il nous en-
tendit dire le releva, et ses succès en ambassade ont
rejailli sur l'*Entresol*. Il avait une bien plus chétive
opinion du chevalier de Camilly, qui n'avait pas fort
réussi dans la même ambassade; il en parle et pense
tout autrement depuis. M. d'Angervilliers postulait
pour être admis chez nous, lorsqu'il fut nommé secrétaire d'État de la guerre. Mais M. le garde des sceaux
nous voulut sournoisement du mal; il dit cependant
du bien de nous, nous fit proposer des sujets, ques-
tionna tout comme à l'imitation de son maître, M. le
Cardinal, et il nous trama le coup de Jarnac.

L'abbé Alary fut cet été nommé instituteur des
Enfants de France[1]; il accepta cet emploi par des vues
éloignées d'ambition, dont il se passerait fort bien.
Il devint par là résidant à Versailles, mais il avait mis
dans son marché, et Son Éminence l'avait annoncé
d'elle-même, que ce serait sans préjudice de l'*Entresol*. Pour cet effet, il avait congé de venir régulièrement à Paris tous les samedis, de tenir l'*Entresol*
chez lui, et il s'en retournait le dimanche.

On commença à la cour par lui dresser des embûches; il eut des ennemis et des envieux de sa faveur auprès du cardinal qui le suspectèrent, par

---

1. Il avait déjà été employé, sous l'évêque de Fréjus, à l'éducation de Louis XV.

l'*Entresol* et l'*Entresol* par lui. On dit qu'il publie-
rait chez nous tout ce qu'il apprendrait à Versailles,
on nous desservit comme étant de quelque danger,
enfin cela éclata; mais avant que d'en dire les faits
tout de suite, j'en veux exposer les causes vraies ou
conjecturales.

D'abord, le garde des sceaux qui craint tout ce
qui lui fait ombrage, qui ne veut de respects et de
dépendance que de lui seul, malfaisant naturellement et rempli de petitesse, fâché peut-être d'un
refus que j'ai dit, notre indiscrétion d'inadvertance,
mais sans danger, dont j'ai parlé; mais plus que tout
cela, l'abbé de Pomponne causa tout. Il sait beaucoup, il a de l'esprit, mais il n'est pas le maître de
ses idées et n'a pas plus de tête qu'une linotte. Il
nous disait des choses d'un mystérieux singulier, à
ce qu'il prétendait, nous en recommandait un grand
secret, puis l'allait dire à tout le monde; il voit beaucoup d'étrangers, il est beau-frère de M. de Torcy,
et, par là, très-désagréable aux Chauvelin. Il nous
citait aux étrangers, il disait : « Je vais à une telle assemblée de véritables hommes d'État, ils disent ceci,
ils pensent cela. » Tantôt il nous élevait aux nues,
tantôt il nous déprimait par humeur, et cette humeur venait d'amour-propre, selon qu'il croyait avoir
brillé, ou avoir été peu en honneur à nos conférences.
Il a beaucoup d'accès auprès de Son Éminence, qui
est accessible et qui a une vieille connaissance de
cour avec lui. L'abbé de Pomponne lui parle de tout
et n'en avance pas davantage, et nous citait sans
doute ainsi à M. le cardinal, et dans des moments
de fougue, je ne doute pas que, songeant lui-même

qu'il avait trop parlé chez nous, il ne dît, de lui-même, que nous parlions trop franchement.

Il est chaud, il est contredisant, il est inconstant; véritablement nous frondions quelquefois tout notre saoul, mais rien n'est revenu de cela par trahison; la sottise et l'indiscrétion nous ont seuls trahis.

L'abbé de Pomponne se lâcha surtout bien ouvertement contre la pragmatique de l'empereur [1], contre laquelle le royaume ne prend pas des mesures assez promptes et il a débité toute sa fougue sur cela contre les étrangers. Feu M. de Saint-Contest ne voulut jamais consentir de son vivant que nous admissions ce personnage; il s'y est comme intrus par une autorité de considération à laquelle nous n'avons su qu'opposer. M. le duc de Noirmoutiers nous en a détournés également par un autre motif qui est un air de ridicule que s'est fait dans le monde le même homme par tous ces traits dont je parle, ridicule qui porte sans doute beaucoup sur une assemblée sérieuse comme la nôtre.

Il arriva encore cet automne que M. de La Fautrière qui a beaucoup d'esprit, de savoir et de courage, ayant perdu son père, a été refusé en cour sur une légère grâce qu'il demandait, il s'est extrêmement mutiné contre le ministère et il ne ménage rien dans ses avis sur les dernières affaires. Il est à côté de l'abbé Pucelle [2], de sorte que cela fait chez nous un membre bien désagréable à la cour.

1. Cette *pragmatique sanction*, dont il sera si souvent question dans la suite, était un acte par lequel l'empereur assurait l'intégrité de ses États à sa fille aînée.

2. René Pucelle, neveu du maréchal de Catinat, conseiller de

Au commencement de l'automne, l'abbé Alary,
arrivant un samedi comme nous n'étions encore que
trois d'arrivés, nous dit : « J'ai le poignard dans le
cœur. M. le cardinal m'a dit hier que l'on se mêlait
de trop de choses à l'*Entresol,* que les étrangers
même s'en étaient plaints. » Nous convînmes de tenir
ce discours extrêmement secret, et même à nos confrères qui n'étaient pas encore arrivés; je fus d'avis
de continuer en nous taisant beaucoup sur les affaires présentes. On trouva plus à propos d'inter-
rompre et de prendre le prétexte des vacances pour
voir venir le vent, de sorte qu'on signifia les vacances.

Pendant leur durée, et sitôt après, j'évitais toujours de parler de l'*Entresol* à Son Éminence et au
garde des sceaux, afin qu'on ne m'intimât pas pareil
ordre.

L'abbé Alary eut, au mois d'octobre, une célèbre
tracasserie avec Mme de Lambert, on lui fit à la cour
de nouvelles piques, et même par rapport à l'*Entresol,* de sorte qu'il résolut de rompre tout à fait à son
égard. L'abbé de Saint-Pierre proposa beaucoup pendant les vacances de renouer un *Entresol* particulier
pour y examiner les projets politiques. Pour moi,
j'avais mon plan, dont je rendrai compte après avoir
dit quelle fut sur cela la correspondance de l'abbé

---

grand-chambre au parlement de Paris, était renommé pour son
indépendance. La popularité de ce personnage est attestée par les
témoignages les plus divers, depuis les chansons du temps, jusqu'au *Gallia Christiana*, qui sort de son impassibilité habituelle, pour s'écrier, à l'article Corbigny, diocèse d'Autun, dont
Pucelle était abbé : « *Diù vivat, reipublicæ bono maximè!* »

de Saint-Pierre avec M. le cardinal par où l'ordre de notre rupture a été fort avancé.

L'abbé de Saint-Pierre est en possession d'envoyer à Son Éminence des mémoires politiques sur les affaires du temps; on croit que l'ennui et l'impatience du cardinal a rejailli sur l'*Entresol*, et on se trompe. Il est vrai que Son Éminence a dit une fois à l'abbé Alary : « Vous avez là à votre conférence un politique triste et désastreux qui est l'abbé de Saint-Pierre; » mais on outre en cela l'idée des déplaisirs du cardinal, car il est certain, comme on va voir, qu'il lui écrit et lit ses mémoires. L'abbé de Saint-Pierre prétend même que certainement on va former une commission pour réformer les impositions et cela sur ses mémoires. Tant y a que voici les lettres que reçut l'abbé de Saint-Pierre de Son Éminence; c'est-à-dire les endroits qui concernent l'*Entresol*.

« A l'égard de vos assemblées dans votre *Entresol*, je ne peux vous dissimuler qu'on en faisait un si mauvais usage, par les nouvelles qui s'y débitaient, que les étrangers eux-mêmes s'en sont plaints, et vous devez convenir que ces sortes de choses sont souvent très-pernicieuses. »

Autre. — « A Versailles, 11 avril 1731.

« Je vois, par votre lettre d'hier, que vous vous proposeriez dans vos assemblées de traiter des ouvrages de politique. Comme ces sortes de matières conduisent ordinairement plus loin que l'on ne voudrait, il ne convient pas qu'elles en fassent le sujet.

Il y en a beaucoup d'autres qui ne peuvent avoir les mêmes conséquences et qui ne sont pas moins dignes d'attention. Ainsi, supposez que vous jugiez à propos de continuer vos assemblées, je vous prie d'avoir attention à ce qu'il n'y soit point parlé de choses dont on puisse avoir sujet de se plaindre. »

L'abbé de Saint-Pierre, en me faisant part de ces lettres, me manda qu'on voyait bien que toute conférence politique nous était interdite et qu'il écrivait qu'il s'y soumettait.

Le ridicule de ceci, et que j'avais craint extrêmement, c'est qu'il arriva que toute la cour sut bientôt qu'on avait défendu l'*Entresol*, ce qui attira bien du ridicule au ministère, et donna lieu à faire des brocards sur icelui, en ne nous élevant point du tout ; on dit que l'*Entresol* avait pénétré le secret de l'État, que c'était pour cela qu'on nous défendait que nous vivions dans une vraie inquisition d'État, etc.

Le duc de Noailles, qui souhaita dans ce temps-là faire connaissance avec moi, en levait les épaules bien haut et me fit beaucoup de questions sur la cause de cette interdiction, à quoi je répondis comme je voulus.

J'avais, depuis longtemps, mon petit projet tout formé, il ne s'agissait que d'un point, qui était d'éviter, comme j'ai déjà dit, que le cardinal et son Chiaïa[1], le garde des sceaux, ne m'intimassent le même ordre et ne me marquassent la même volonté qu'à nos deux abbés Alary et Saint-Pierre, et jusque-là,

1. Son second, l'exécuteur de ses volontés.

je pouvais, moi et les autres, prétendre cause d'ignorance de cette bizarre prohibition.

Je me déclarai donc à la Saint–Martin pour rétablir l'*Entresol*, et en même temps le purger de ce qui
pouvait nuire et surtout de toute indiscrétion. Nous
convînmes, avec les autres, de garder un grand et
inviolable secret avec les exclus, dont était certainement l'abbé de Pomponne, et de ne sonner mot
dans le monde qu'il y eût un *Entresol;* nous chan-
geâmes notre jour et nous le mîmes au mercredi,
pour dépayser nos gens, qui pourraient être nos espions; nous convînmes de tenir l'assemblée à tour de
rôle chez les académiciens, les uns après les autres.

Il s'en est tenu trois dans ce goût-là, la première,
chez moi, puis chez l'abbé de Bragelonne; la troisième et dernière, chez M. de La Fautrière, où je
ne vins que pour dire qu'il ne fallait plus venir absolument, parce qu'on nous espionnait pour le sûr;
surtout étant chez M. de La Fautrière, qui venait de
faire des siennes plus que jamais au parlement, où
il s'était passé grand tumulte [1].

Étant obligé de parler au garde des sceaux d'une
affaire, il me tira en particulier sur l'*Entresol* et me
dit ses mauvaises raisons : que l'Académie politique
du Louvre s'était rompue pour bonnes considérations,
qu'il ne convenait pas qu'elle se renouvelât sous les
yeux du gouvernement, sans qu'il y prît part [2], que

---

1. M. de La Fautrière fut un des six premiers conseillers exilés
en septembre 1732, lors des querelles entre le parlement et la cour.

2. Voy. ci-après, 24 septembre 1732, l'influence que le gouvernement attribuait au club de l'*Entresol* sur les résistances parlementaires.

cela avait déplu aux étrangers, il me définit l'abbé de
Pomponne, que nous connaissions déjà assez et que
que je connus par là être l'auteur de notre disgrâce.
Il avait débuté par me dire s'être peu mêlé de cet
ordre, mais que M. le cardinal avait trouvé, etc., ce que
je ne crus aucunement et qu'il fallut cependant paraître croire dès que Dieu nous appelait à cette vocation-là ; ce qui dépite en ces occasions, c'est qu'on
vous débite mal un mensonge où il faut paraître
donner, on vous prend donc pour grue. J'avais à
l'assommer de raisons, comme, par exemple, que
cette même assemblée qu'il soutenait être une académie, puisqu'il y avait maison fixe, heure, jour et
confrères fixes, se passait indûment sans l'autorisation du gouvernement, quoique lui-même, ainsi que
Son Éminence, nous en eût entretenu vingt fois, approuvé et loué en toutes choses.

Il m'assura que, moi personnellement, n'avais aucunement déplu à M. le cardinal par cet endroit, et
qu'au contraire, tout ce qu'il avait vu et su de
moi à ce sujet, n'avait fait qu'augmenter la bonne
idée, etc. Mais il me parut d'ailleurs attentif sur ceci :
qu'il savait que nous nous rassemblions malgré la
défense, car il me dit par deux fois : « Est-il bien
certain, monsieur, que cela est fini, me le promettez-
vous ? » Cette affectation m'engagea à lui en donner
ma parole, et, dès lors, il fallut y renoncer absolument pour jusqu'à des temps meilleurs.

11 *décembre*. — Une autre fois, et quelque temps
après la rupture de l'*Entresol*, le garde des sceaux
m'accabla d'amitiés et de protestations de vouloir

m'employér et m'élever. Il m'assura que j'étais très-
bien et tout au mieux dans l'esprit de M. le cardinal,
qu'il m'avouait qu'on n'avait pas toujours pensé de
même, qu'on m'avait cru peu enclin au travail sérieux, qu'il fallait que je m'adressasse à lui pour
quelque vue que ce fût que je pusse avoir, que je
verrais, par les effets, combien il était sincère, qu'il
ne dirait pas cela si cela n'était pas. « Ah! dit-il,
si vous vouliez du nôtre! » ce qui signifie une ambassade (d'après cela, on m'a fait entendre qu'il s'a-
gissait de l'ambassade d'Angleterre, ce qui ne me
mènerait sûrement à rien). Il ajouta que je n'avais
pas été assez employé jusqu'ici, que cela était ridicule, que cela changeait, qu'on voulait faire beaucoup usage de moi, qu'on venait de me nommer à
quelques commissions du conseil, lesquelles étaient
de confiance, et, les premiers jours de l'an, il a encore
renouvelé les mêmes discours, auxquels j'ai répondu
comme il pouvait souhaiter.

Le duc de Noailles désira beaucoup de me connaître plus particulièrement dans ce temps-là; il me
donna à dîner, et souhaita que je le visse souvent.
Il lui était revenu plusieurs choses de mon genre de
travail, qui entrent, dit-on, dans ses vues, pour la
première place où il compte d'arriver.

J'ai donné un nouveau mémoire à M. le cardinal,
touchant les finances, il m'en a remercié.

Le cardinal a dit l'autre jour à quelqu'un, en propres termes, qu'il n'y avait personne qui donnât
plus de temps au travail que moi, et qui fît meilleur
usage de son temps.

18 *décembre*. Un des spectacles les plus ridicules de ce temps, c'est le petit coucher de M. le cardinal de Fleury. Je ne sais pas où ce bonhomme a pris cette prérogative de sa place et qu'elle convînt à ce poste où, ayant à la vérité toute l'autorité, il n'a extérieurement que le titre de ministre d'État, comme le maréchal de Villars. Toute la France, toute la cour, poilous ou autres, useurs de parquet ou gens affairés attendent donc à la porte; Son Éminence rentre, passe dans son cabinet, puis on ouvre, et vous voyez ce vieux prêtre qui ôte sa culotte, qu'il plie proprement; on lui passe une assez médiocre robe de chambre, on lui passe sa chemise; il peigne longtemps ses quatre cheveux blancs, il raisonne, il jase, il radote, il débite quelques mauvaises plaisanteries, entrelardées de discours mielleux et communs, quelques nouvelles de la ville. M. de Bernage[1] y tient souvent le dé. On disait l'autre jour que c'était là un mauvais spectacle, et que cela ne valait pas mieux que celui de l'abbé Bécheran[2]. L'abbé de Pomponne lui en avait fait ses remontrances, et lui a dit qu'on s'en moquait. Cela a cessé quelque temps, mais a repris peu après. Le bonhomme s'imagine que c'est là une consolation pour nous autres, et pour ce pauvre peuple qui a empressement de le voir; de sorte qu'il ne peut donner un temps plus loisible, sans faire tort aux affaires.

1. Probablement Louis Basile de Bernage, seigneur de S. Mauris, qui devint plus tard prévôt des marchands. Il était cousin de d'Argenson.

2. L'abbé Bécheran, prêtre de Montpellier, l'un des plus fameux convulsionnaires qui se donnaient en spectacle au cimetière de Saint-Médard.

1732.

J'ai de l'imagination, l'esprit vif; pour peu que quelque nouveauté ou désir sympathique l'anime, cela va extrêmement loin, et à la folie, si on n'y prenait garde. Ce que j'ai d'esprit, je l'ai juste; j'ai le cœur et le sentiment lent, mais rude et tenace pour quelque temps, c'est-à-dire opiniâtre; la mémoire prompte et habile. J'ai beaucoup de goût, et qui se porte naturellement au droit et au parfait. Je suis naturellement fort gai, aisé à gêner, timide et craintif, étant peu sanguin; mais quand la bile s'allume, j'irais dans le feu; je crains le péril de loin, mais quand j'y suis, je le supporte. J'ai toujours aimé le projet et pas mal l'exécution, mais petit à petit, vivement d'abord et sur mon projet tout chaud, et avec grande volupté; puis je ralentis, me dégoûte, mais je reprends et mets à fin quand cela est bon; j'y mets du temps, moyennant cela, mais j'ai mis ainsi beaucoup de grandes entreprises à fin.

Mme de Ch. a l'esprit lent, peu ou point d'imagination, l'esprit assez juste; mais il faut de la réflexion à cette lenteur. Il y a des choses dont elle ne se doute que par goût, quoique appartenant à l'esprit, un goût de comparaison et qui ne s'exerce pas sur les choses peu connues d'elle; le sentiment très-vif, et surtout de grande force, vigueur, et robuste ainsi que les autres organes du coffre; elle est robustement constituée; mais ce diable de sentiment, une force qui surmonte la sagesse, la facilité de l'exemple, sa vivacité pour trouver des choses flat-

teuses, tout cela a détruit ses parties nobles. Ce sentiment, la rectitude d'icelui, d'excellentes inclinations, l'émulation, l'idée du grand et du très-grand,
tout cela étant naturel chez elle, rend ses sentiments
dignes d'une véritable héroïne de roman ou d'une
Romaine ; et sur le courage seul, ou par le courage,
elle cesse d'être facile ; au contraire, elle est intrépide
follement et jusqu'à périr.

31 *janvier*. — Le roi à son souper me demanda des
nouvelles de la santé de M. de Collande[1], qu'on lui
avait dit être retombé ; je lui en rendis compte, et, à
ce propos, quelques anciens militaires, qui étaient là,
firent des éloges de mondit beau-frère et de ses services
à la guerre, de quoi je fus fort content.

Mai. — Je fus plusieurs mois sans me mêler d'affaires d'État ; je ne voulais pas me donner pour un
faiseur de mémoires. Mais les mouvements qui s'éle-
vèrent alors dans le Parlement, à l'occasion du mandement de Mgr l'archevêque de Paris, portant con-
damnation de la *Gazette ecclésiastique*[2], ramenèrent
sur moi l'attention des ministres. La résistance à obéir

1. Thomas Legendre de Collande, fils d'un riche marchand de
Rouen, fut capitaine aux gardes, colonel du régiment de Flandre,
puis maréchal de camp et brigadier général. Il avait fait dans sa
jeunesse grande figure à Paris, et l'on citait parmi ses maîtresses
plus d'une grande dame.
2. Ce mandement est du 27 avril. Le Parlement interjeta un
appel comme d'abus, malgré la défense formelle du roi. Quatre
conseillers ayant été exilés, tous donnèrent leur démission, à l'exception de la grand'chambre.

augmentant, il paraît que le cardinal de Fleury eut
quelques desseins de vivacité, suivant la lettre de sa
main qui suit, et que je reçus par un courrier à l'heure
que j'y pensais le moins.

« A Compiègne, ce 22 mai 1732.

« Je compte assez, monsieur, sur votre zèle pour
le service du roi, et en particulier sur l'honneur de
votre amitié, pour vous prier de chercher dans les
papiers de feu M. votre père tout ce qui peut avoir
rapport aux affaires présentes du Parlement, et d'y
joindre même vos avis et vos pensées, dont j'ai reconnu la solidité dans des mémoires que j'ai reçus de
vous. Je vous promets un secret inviolable, et j'y
ajoute que le plus tôt que vous le pourrez sera le
mieux. Je vous supplie de regarder cette démarche
comme une marque de ma confiance et de tous les
sentiments, monsieur, avec lesquels je vous honore,

« Le cardinal DE FLEURY. »

Je ne perdis pas un moment à exécuter ses ordres,
lui envoyant en même temps les deux mémoires sui-
vants [1]. Je crus devoir écrire en même temps à M. le

___

1. Ces deux mémoires se trouvent fol. 31 et 37 du manuscrit
intitulé : *Mémoires d'État*, t. I. Ils furent bientôt suivis d'autres
communications du même genre, non-seulement sur les affaires
du parlement, mais *sur les tailles, sur les magasins de blés, sur
les ponts et chaussées*, dont d'Argenson demande la direction générale, *sur la cavalerie française, sur les affaires étrangères*, etc.
Le tout est accompagné de notes et correspondances qui s'y rattachent, et quelquefois d'observations à l'appui, du célèbre abbé
de Saint-Pierre.

garde des sceaux pour lui en donner avis. Enfin j'allai
à Versailles aux fêtes de la Pentecôte pendant le petit
séjour que le roi y fit entre les deux voyages de Compiègne. J'y fus fort accueilli des deux premiers ministres, et principalement du garde des sceaux, qui me
renouvela ses assurances du dessein où on était véritablement de m'employer et de m'élever.

J'ai mis en ordre et fait relier, suivant les matières,
les papiers de feu mon père. J'envoyai au cardinal le
volume qui concerne toutes les affaires du Parlement
de Paris pendant qu'il a eu les sceaux, les réponses
aux remontrances, les recherches, mémoires et discours du lit de justice du 26 août 1718, etc. [1].

21 juin — 11 juillet. — Dans la conversation que j'eus
avec M. le garde des sceaux à Versailles, la veille de
la Pentecôte, il m'exhorta de continuer à donner mes
conseils sur les affaires présentes, conseils dont on se
trouvait si bien, et dont le roi était si satisfait.

Il arriva alors que le Parlement étant rentré après
les fêtes de Pentecôte, continua et consomma son dessein, comme chacun a su, d'appeler, et en même
temps recevoir appelant comme d'abus du mandement de Mgr l'archevêque de Paris, touchant la *Gazette
ecclésiastique*. J'écrivis à plusieurs reprises au garde
des sceaux sur ces affaires, et j'en reçus des lettres
écrites de sa propre main, et fort intimes, par lesquelles il me fait part de ce qui se passe de plus secret
dans le cabinet, et il m'envoie le tout par des exprès

---

1. Celui où le garde des sceaux d'Argenson avait déployé tant
de fermeté, et dont Saint-Simon a tracé un tableau si saisissant.

qui entrent secrètement chez moi par mon arrière-cabinet.

Le 22, ayant reçu une de ces lettres[1] par laquelle il me marquait que les moments étaient précieux, et que deux heures de conversation avec moi avance-raient bien les affaires, je crus que je ferais bien de me rendre à Compiègne et d'avoir secrètement avec M. le garde des sceaux la conversation qu'il souhai-tait. En effet, je partis le 23 au soir comme la nuit approchait, je méditai beaucoup en chemin; à la Chapelle, deux lieues en deçà de Senlis, je m'arrêtai et jetai sur le papier mes idées qui composaient un plan complet de conduite; je me reposai un peu, et j'arrivai à Compiègne, où je fis avertir par un billet M. le garde des sceaux de mon arrivée. Il était six heures et demie du matin, le mardi 24, jour de la Saint-Jean.

Mon valet de chambre me vint quérir avec des por-teurs; je me cachai bien fort, ne voulant voir ni M. le chancelier, ni personne, à cause que mes confrères du conseil, s'ils l'avaient su, en eussent eu à parler. Je fus donc introduit secrètement chez M. le garde des sceaux, et je fus en conférence avec lui depuis cinq heures jusqu'à neuf heures[2]. Durant cet entretien, il m'a cité deux ou trois passages d'Horace et de Perse qui m'ont bien surpris de sa mémoire et littérature, vu tout ce qu'il a dans la tête et le peu qu'il est de mode aujourd'hui de posséder de ces sortes de choses.

Dans une autre conversation que j'eus quelque temps

1. *Mémoires d'État*, I, fol. 55. Voy. aussi, fol. 97, une autre lettre confidentielle du 31 juillet suivant.

2. *Ibid.*, fol. 57.

après avec M. le garde des sceaux, sur ce que je lui
dis que je venais d'écrire à Mgr le cardinal sur la rentrée du Parlement, il approuva cette démarche, et
me donna quelques avis sur ma façon de faire ma
cour et de plaire à mondit sieur le cardinal, ce qui
m'a fait croire qu'il a envie de m'élever. Il me renouvela encore l'assurance du plaisir que je lui ferais de
me servir de ses manuscrits, comme il pourrait faire
lui-même, et il a donné ordre à son portier de m'ouvrir sa bibliothèque et de me laisser emporter des volumes toutesfois et quantes. C'est de quoi j'ai commencé
à profiter peu de jours après, et dès que M. le garde des
sceaux a été parti pour sa terre de Grosbois.

28 *juillet*. — M. le garde des sceaux est devenu mon
meilleur ami, et me met en toutes sortes de confidences; il m'instruit sur l'état présent des affaires. Il
m'a invité d'aller à Grosbois; j'y ai été dîner aujour-
d'hui et passer la journée. J'écris ailleurs ce qui concerne les affaires d'État, et principalement du Parlement. Voici ce qui me regarde.

Il me dit qu'il avait parlé au cardinal de la commission pour que j'allasse tenir les états de Bretagne; qu'il
n'en était pas question, comme on m'avait dit; qu'au
reste, s'il en était question pour moi, je n'aurais point
à m'embarrasser de la dépense, qu'on s'en rapporte-
rait bien à ma sagesse et à mon désintéressement, et
qu'on m'aiderait de tout, pourvu que l'on gardât le
secret. Que M. le cardinal avait su bien bon gré à ma
fidélité pour le service du roi, d'avertir de moi-même
que mon nom pourrait être désagréable à la province,
à cause des têtes coupées en Bretagne, en 1720. Il

me dit que ce qu'il me fallait, c'était d'autres commissions; que je ne m'embarrasse pas; qu'en attendant
seulement il fallait être utile au service de toutes manières, m'informer de tout ce qui se passait, voir la
meilleure et la plus grande compagnie, aller beaucoup
chez lui où toute la France abondait, et à Fontainebleau, regarder sa maison comme la mienne; que j'y
trouverais toutes les connaissances à faire, ce qui me
manquait pour être plus au fait du secret et de la
cour.

Il me parla beaucoup de lui, de la façon dont il
s'était conduit dans le monde. A quoi je lui répondis
que la différence entre lui et moi, c'est qu'il n'avait
pas alors un bon ami premier ministre comme j'en ai
un, et que me voilà tout accoutumé à cette qualité.
Il me dit que cependant il fallait que je fisse plus de
connaissances dans le monde, que l'on me connût
pour ce que je valais; que lui, par exemple, accommodait toutes les grandes affaires, étant président à
mortier, qu'il tenait pour ainsi dire un tribunal ouvert,
et toujours subsistant pour ces affaires. Que quand il
se présenterait des choses de cette nature, il déclare-
rait qu'il n'y connaissait personne de plus propre que
moi.

Qu'en attendant encore, il fallait que je puisasse
bien ces principes dans les manuscrits dont il m'a
déjà ouvert l'entrée, et qu'il y avait quelques traités
sur l'accord des deux puissances et maximes sur le
pouvoir du roi, sur les affaires ecclésiastiques qu'il
fallait quasi savoir par cœur, et qu'il me permettait
de les copier (ce que j'ai fait depuis).

Il descendit encore jusqu'à me donner des leçons

sur la manière de faire ma cour et de réussir près
M. le cardinal, et sur le jeu, dans quelles occasions
il fallait jouer; sur quoi je lui représentai que j'étais
si balourd au jeu, qu'il m'arrivait toujours de m'y
bien ennuyer, d'y être grondé, moqué, et d'y perdre
infailliblement mon argent, surtout au piquet.

M. de Tingri arriva là; cela me donna occasion de
lui expliquer que c'était le seul ennemi que j'eusse
au monde, et à quelle occasion je l'étais devenu, en
cherchant, en l'intendance de Hainaut, à accommoder
les affaires du roi et celles de la ville. Je jouai au
piquet avec mondit sieur de Tingri et je lui gagnai
son argent; de quoi M. le garde des sceaux me sut,
dit-il, bon gré. Il me conta qu'il avait très-mal fait
au dernier camp, qu'il avait demandé en grâce de
commander encore cette année celui de la Sambre,
qu'il lui avait auparavant demandé une conversation,
ce qu'il s'agissait d'exécuter à l'instant.

J'eus occasion de parler de M. de Breteuil, qui
m'avait accueilli seul, et soutenu pendant mes brouilleries en Flandre avec M. de Tingri; il me dit que
c'était un bon sujet.

Je pris la liberté de lui donner encore quelques
conseils sur la cour et sur les affaires du Parlement,
de quoi je parle ailleurs. Il vit bien que tout ce qui
me poussait à cela est une vraie amitié pour lui, et
un grand zèle pour le bien de l'État. Nous nous pro-
menâmes longtemps dans son beau parc, où il fait
faire des travaux sages et bien placés.

28 *Août.* — J'ai eu aujourd'hui une longue conférence avec M. le garde des sceaux qui m'avait mandé

chez lui; nous avons parlé de plusieurs choses concernant l'État et les affaires présentes; j'en rends
compte dans d'autres mémoires[1]. Voici ce qui me
regarde en particulier :

Il s'intéresse, avec beaucoup d'agrément, à ma
poursuite de mettre en règle les preuves de ma noblesse vénitienne ; il a parlé à M. Mocenigo, ambassadeur, et il doit lui en parler aujourd'hui, jour de
ministres étrangers, et lui remettre le mémoire qu'il
m'a demandé, et que je lui ai envoyé, y joignant un
billet de lui, que cette Excellence enverra à ses
maîtres, et il le pressera avec vivacité sur tout cela.
Il m'a promis de me prêter ces jours-ci d'autres manuscrits sur les libertés de l'Église gallicane, après
mon extrait fait de celui qu'il m'a confié, où il y a
beaucoup de notes de sa main.

Je lui ai dit le besoin que j'avais d'aller vaquer
à mes affaires en Touraine, à quoi j'ai trouvé beaucoup de résistance. Il m'a dit : « Pourquoi partir
ainsi, quand vous voyez que nous avons besoin de
vous? » Ce qui avait trait à d'autres choses que je
vais rapporter ci-après. Je lui avais dit que je comptais toujours passer huit jours à Fontainebleau et
deux conseils; cela a paru l'apaiser, parce que, dans
le temps où cela tombera, il y aura, dit-il, bien des
choses décidées; de sorte que, peut-être, serai-je
libre d'aller faire mes affaires en Touraine.

Voici donc de quoi il s'agit maintenant : c'est d'une

---

1. Ces mémoires sont ou les *Matériaux pour l'histoire des choses
arrivées de mon temps*, dans lesquels nous avons fondu les *Matériaux pour l'histoire de ma vie*, ou les *Mémoires d'État* auxquels
nous avons emprunté quelques fragments.

chambre des vacations qui tienne lieu de celle du
Parlement de Paris, à quoi il y a toute apparence
qu'il se refusera. On la tiendra donc composée de
conseillers d'État et de maîtres des requêtes, comme
on fit pendant la Régence, où M. d'Arménonville,
qui n'était pas encore garde des sceaux, présida. Il
me dit que ce serait M. le chancelier qui nommerait
cela, qu'il pourrait bien donner cette présidence à
M. de Machault, son ami et parent; je lui dis que tant
mieux, puisqu'en ce cas je n'en serais pas, étant l'ancien de M. de Machault, de quoi il fut surpris, et ajouta
qu'il fallait absolument que j'en fusse et que j'eusse
cette présidence, dont il répondait que je me tirerais
parfaitement; je lui ai représenté que je n'étais point
élevé à ces sortes de choses comme de prononcer,
d'être harangueur, matières de formes, procédures, etc.

Qu'au fond, il devait s'apercevoir de mes défauts,
et qu'outre plusieurs autres, j'avais celui d'être ce
qui s'appelle honteux ou timide, que j'avais été mal
élevé, que feu mon père, dans ma jeunesse, accordait toutes les préférences à mon frère, qu'il ne m'a-
vait connu que les deux dernières années de sa vie,
quand j'avais été employé; il haussa bien les épaules
de ce que je lui dis sur mon frère. Il ajouta qu'il savait pourtant que mon père avait eu bien de la confiance et de l'estime pour moi. Je répétai que ce n'a-
vait été que dans les derniers temps, et que depuis
m'avoir connu, cela avait été du blanc au noir.

Il me donna bien des démentis obligeants sur mon
humilité, et me dit qu'il me répéterait toujours la
même chose, que je devais me faire connaître davan-

tage dans le monde, qu'il m'était garant du reste,
qu'il voulait absolument que ma capacité fût connue
par des commissions d'éclat, comme un traité des
limites ou quelqu'autre chose. Qu'il était bien sûr
que personne ne serait, par exemple, plus propre
que moi à être premier président du Parlement de
Paris ; ce qui fut discuté dans la convenance et les
moyens.

Ce qu'il y a de certain, me dit-il, c'est que le roi
vous connaît bien présentement ; il voulait toujours
lire mes mémoires lui-même, et disait que personne
ne lisait mieux mon écriture que lui ; à chaque événement des affaires du Parlement en dernier lieu, il
disait : « N'y a-t-il pas sur ceci quelque mémoire de
M. d'Argenson ? » Sa Majesté savait de plus bien des
choses sur mon compte, dont je ne me doutais peut-
être pas, il savait ce que je venais de dire sur la façon
dont mon père avait varié à mon égard, que j'étais
trop timide à paraître, etc. ; M. le cardinal disait que
personne n'avait des principes plus solides pour le
gouvernement que ceux que je m'étais formés.

[*Juin* 1718 [1].] — Je n'ai été aucunement ami de

1. Cet article et le suivant sur M. Machault sont un exemple
des souvenirs rétrospectifs que d'Argenson jette quelquefois au
milieu de la série chronologique de ses impressions. Le plus souvent nous les laissons là où il les a mis, nous contentant d'en
renfermer la date entre des crochets. Il y a presque toujours un
à-propos à ces souvenirs. Ici, par exemple, il est évident que
c'est l'espèce de rivalité qui existait entre M. Machault et lui,
et dont on voit la trace dans l'article précédent, qui lui a inspiré
ces appréciations sévères sur un homme jugé d'ordinaire plus
favorablement.

M. Machault (et il n'y a pas eu grande perte), depuis qu'étant encore fort jeune et chargé de la direction de la librairie sous M. le garde des sceaux d'Argenson, je fus commis pour travailler à un nouveau règlement pour les libraires, conjointement avec ledit Machault, pour les lieutenants de police de Paris. J'y procédai donc et je ne connaissais guère encore cet homme; je vis que son humeur s'échauffait, d'abord qu'il tenait la plume, qu'il voulait ajouter ou retrancher ce qui lui plaisait selon un pur caprice, sans aucun égard pour la raison, puis, d'un air de domination, et, ce qui me révoltait le plus, avec des lumières si bornées, si peu d'expédient, tant de lourdeur et d'orgueil, que je n'avais plus rien à dire et qu'autant valait battre l'eau; le tout en présence du syndic des libraires qui haussait les épaules. Je mis là la plume, je me levai et je lui prononçai ce discours : « Monsieur, je ne vous connaissais pas encore : vous n'apportez que de l'humeur et pas plus de connaissances en cette matière que moi; j'ai cru que c'était bien assez que j'y travaillasse comme votre égal, mais que je n'y étais pas avec mon maître; ainsi, monsieur, j'en rendrai compte à mon père, et nous en resterons là. » Il me reconduisit en grommelant comme une vieille fée; je n'ai guère vu de plus sot homme. Mon père me gronda un peu, mais m'approuva fort.

[23 *avril* 1718.] — Machault[1], lieutenant de police

1. Louis-Charles Machault d'Arnouville, conseiller d'État en 1718, lieutenant général de police en 1720, mort en mai 1750. Il ne faut pas le confondre avec son fils Jean-Baptiste Machault, qui fut contrôleur général des finances et garde des sceaux.

en 1718, a été accusé d'avoir été le *Néron* du Petit-
Pont, à Paris; et, si ce n'est d'avoir tout à fait mis le
feu audit Petit-Pont, du moins de l'avoir laissé brûler
avec délices pendant sa magistrature. En effet, ces
Machault se prétendent ce qu'ils appellent gens de
condition dans la robe ; le vrai est qu'ils viennent
d'un juif. Or, il y en avait un monument bien opiniâtre sur ce pauvre Petit-Pont, où on lisait encore :
Judæus nomine Machaut, etc. Ce juif avait brisé une
sainte image, et, pour autres crimes encore, aurait été
puni et condamné à bâtir trois ou quatre maisons sur
le pont qu'on établissait alors, de quoi il y avait une
inscription [1].

Juillet-août 1732. — La situation de M. le cardinal
de Fleury et de M. le garde des sceaux, l'un par rapport à l'autre, est singulière aujourd'hui. Le cardinal,
désintéressé, compatissant, avec des vues droites, mais
de trop peu d'exécution, de trop peu de courage, ne
faisant rien que par l'excès des importunités, et mesurant ses facilités au nombre et non au poids desdites
importunités, ce ministre, dis-je, croit devoir rester
en place tant qu'il ira en ce monde. Il le croit encore
pour la maintenue du garde des sceaux; et en attendant, ses défauts s'opposent à tout bien, et par ses
conseils, et aussi par la situation où il laisse son collègue. Car, du moment où Son Éminence a placé

1. Rien de moins certain que cette histoire du Petit-Pont et de
l'origine des Machault. D'Argenson lui-même est moins affirmatif
sur ce point dans les *Mémoires de son ministère*. Il ne faut pas
croire tout le mal qu'il dit des autres familles, et même de la
sienne.

quelqu'un, il s'en défie plus qu'il ne faisait la veille;
et ayant placé depuis peu M. le garde des sceaux au
pinacle, il faut que celui-ci se conduise avec plus de
dextérité que jamais, c'est-à-dire qu'il faut qu'il ne se
fasse ni amis ni ennemis. Car des amis donneraient
ombrage au cardinal en défaisant toute l'opinion qu'on
lui a fait prendre de cette sienne créature qu'il n'a
avancée si loin que le croyant du tout à lui, bon et
aimable, et d'un solide mérite, sans le secours d'aucune intrigue. Se faisant des ennemis, il préparait sa
chute pour le moment où le cardinal l'aurait abandonné à lui-même par mort ou retraite.

De plus, il·faut que ledit garde des sceaux ne prenne
aucunement parti entre les molinistes et les jansénistes,
qu'il conserve une manière de neutralité bien difficile
avec des gens aussi habiles que les jésuites à faire
prendre couleur, qui haïssent bien plus que jansénistes ceux-là qui sont comme amphibies, ni chair,
ni poisson. Ils n'y ont encore manqué avec personne,
tôt ou tard il faut qu'on y vienne.

Que s'ensuit-il encore? qu'il ne peut arriver aucun
bien au royaume, aucune réforme, aucune ferme résolution en affaires présentes, comme on a vu dernniè-
rement, et comme on en verra encore, où l'autorité
étant totalement compromise, les coups de courage
sont quelquefois de surérogation. Mais aussi il arrive
telles circonstances où l'on vous a acculé, et là il faut
dégainer. On en est là, et il ne faut que replâtrer tant
que le gouvernement sera tel.

Cette situation est donc bien fâcheuse pour le
roi, pour l'État et pour nos deux premiers ministres.
Car de là suit que, peu à peu, tout se débande, il se

forme des factions considérables, et même des chefs
tout prêts à se mettre à la tête des factions, quoiqu'on
dise sottement qu'on en manque; quelle stupidité!
Il s'en formera toujours, avec mérite ou non, parmi
princes ou grands. Ce sont matières inflammables de
tous côtés, et dont on voit déjà des étincelles briller.

Vous avez des factions toutes formées au Parlement
où sont divers partis : le parti des légitimes, Rambouillet et Sceaux, les partisans de Sceaux, le cardinal de Polignac qui, arrivant, parle avec hauteur,
toutes manières de bravades qu'on souffre et tolère
aujourd'hui; déjà le peuple montre ses affections et
aversions tout haut.

Vous avez à Chantilly une assemblée continuelle de
noblesse qui s'y tient et des plus grands seigneurs;
M. le Duc vit noblement et comme un roi bien considéré dans ce centre où tout le monde semble s'engager
à lui. Or, cette maison de Condé est magasin de factions ou d'avarice; quand elle ne peut agir pour l'un,
elle agit pour l'autre. Ici quand le garde des sceaux
voudra s'attirer son affection, il faudra l'acheter
bien cher aux dépens du sang du peuple, comme un
fait actuellement par compagnie des Indes, confiance
en Moras[1] et horrible agiotage.

Le cardinal paraît aujourd'hui vouloir faire de
grandes choses pour M. Le Bret[2], qui est son ami particulier; il ne le quitte pas. Les jésuites et le parti moli-

1. Peirenc de Moras, fameux financier, qui devint plus tard
intendant, puis contrôleur des finances.

2. Probablement Pierre-Cardin Le Bret, seigneur de Flacourt
et de Pantin, maître des requêtes en 1676, alors premier président du parlement de Provence.

niste le croient bien acquis à eux pour l'affaire du
P. Girard, et on dit continuellement qu'il faut un
homme tel dans le conseil pour soutenir la bonne
cause; ce qui, je crois, n'aboutira à rien du tout,
mais cela traverse toujours le garde des sceaux.

Il faut qu'à la fin le cardinal installe davantage le
garde des sceaux en sa place, et qu'il s'en retire
lui-même d'autant, pour que l'autre puisse agir sans
crainte, et montrer ce qu'il sait faire. Et tout ceci qui
va mal montre de plus en plus la nécessité de cette
retraite du cardinal, qui ne doit garder de faveur auprès du roi que ce qu'il en faut pour soutenir son garde
des sceaux. Le cardinal en a déjà trop fait pour ne pas
achever cet ouvrage. Cette installation plus sérieuse
de M. Chauvelin entraînera des changements dans
les autres ministères, car alors seront dupes gens qui
n'ont pas de foi en la conservation dudit garde des
sceaux, et qui penchent d'autre côté, tels MM. Maurepas, d'Angervilliers et Saint-Florentin.

Partant, pour soutenir cet ouvrage, le premier pas
qui se fera dans l'État, un peu vigoureux, et suite de
l'état présent des choses, sera, 1° retraite plus pleine
du cardinal à Issy; 2° installation plus entière du garde
des sceaux; 3° changement des trois ministres susdits
en créatures totalement affectionnées au garde des
sceaux.

Il se prépare donc une journée des dupes : chaque
apparence de mauvaise posture du garde des sceaux a
toujours été couronnée de plus grande faveur. Il s'agit
cependant de savoir à quel point le roi a goût et estime
pour le garde des sceaux; car voici Charybde et Scylla.
D'un côté les maux que je viens de dire à remédier, et

par quels remèdes; de l'autre, la crainte que le garde
des sceaux ne soit pas assez ancré auprès du roi, et
n'ait besoin encore de la faveur et appui du cardinal,
sans quoi il serait bientôt culbuté peu après.

Juillet. — J'ai fait ailleurs[1] un recueil avec narra-
tion de ce qui m'a passé par les mains, depuis l'automne dernier, d'affaires d'État, étant sur cela en
relation fort suivie avec M. le cardinal et M. le garde
des sceaux. Ces affaires ont semblé avoir un grand
acheminement pour ma fortune, sur quoi mon indifférence étant aussi absolue pour moi que ma passion
vive pour servir avantageusement le roi et l'État, je
me suis bien gardé de parler jamais de moi ni de proposer rien pour moi, et je vois que cela réussit, et que
ce désintéressement volontaire peut me mener plus loin
que s'il était artificiel et contraint.

Cependant il m'arriva l'autre jour que M. le chancelier crut m'attacher à lui en me faisant rapporter par
M. d'Ormesson un discours dont j'ai parlé, qui était
que M. de La Tour, intendant de Bretagne[2], était d'une
trop mauvaise santé pour aller tenir les États, et qu'il
conviendrait d'y envoyer un conseiller d'État de telle
et telle disposition, et que son avis serait qu'on m'y
envoyât. Sur cela, je cherchai d'abord à en communiquer avec M. le garde des sceaux pour voir ce que
cela signifiait, et ce qu'il voudrait de moi.

Il me parut n'avoir point songé à ceci, en prit ce-

1. Dans les volumes manuscrits intitulés *Mémoires d'État*.
2. Jean-Baptiste des Galloys de La Tour, intendant de Bretagne
depuis 1721. Il fut remplacé en 1734, par Camus de Pontcarré
de Viarmes.

pendant note sur un agenda où il y avait bien d'autres articles de sa main, puis me dit que ce n'était pas cela dont il s'agissait pour moi, que ce n'était ici qu'une occasion de dépense qui ne me serait bonne à rien ; qu'il est vrai qu'il fallait dépenser en des occasions, mais que ce devait être avec vues ; qu'ici il n'avait rien à faire pour le service du roi que tout autre que moi ne fît bien ; que d'ailleurs il ne croyait pas que cette idée eût lieu, et qu'il pensait que l'intendant, qui se portait mieux, pouvait bien s'y traîner.

Que, quant à moi, il fallait absolument qu'on fît grand usage de moi, que je devais me souvenir de tout ce qu'il m'avait dit, que les temps pouvaient varier, mais qu'une volonté appuyée sur des principes était toujours la même, et que je devais entendre cela.

Qu'avant toutes choses, il fallait absolument me tirer de l'état où j'étais, d'une espèce d'obscurité, et (en s'interrompant) qu'il allait me bien dire des sottises, que je n'étais connu ni des autres, ni de moi-même, au moins assez ; qu'il est bien vrai qu'il me fallait quelque commission de l'espèce dont je venais de lui parler, quelque congrès de six mois, etc., et que cela arriverait plus tôt que je ne pensais ; qu'en attendant il me tourmenterait bien, voulant parler du travail qu'il me ferait faire. Il m'a demandé des nouvelles de ses manuscrits sur lesquels je travaille, et j'ai loué justement la beauté et la magnificence du travail de ses tables.

Enfin, M. le garde des sceaux ajouta qu'il avait beaucoup de choses à me dire, et sur les affaires et sur moi, et il m'a invité à aller le voir à Grosbois la semaine prochaine, à quoi je ne manquerai pas.

Septembre. — On hésita longtemps à tenir le lit de justice du 3 septembre; j'allai voir M. le garde des sceaux quelque temps auparavant, c'était le soir; il me tira dans le fond de sa galerie, parce que l'autre bout se remplissait de monde, à cette heure tardive, sa famille descendant pour le voir, et il me parla des affaires du Parlement avec une grande vivacité et éloquence. Il me dit donc qu'il n'y aurait pas de lit de justice, et qu'il allait me confier, *comme à un confesseur*, les motifs qui l'en détournaient : « C'est, me dit-il, l'insuffisance du roi et surtout de M. le chancelier; qu'il pourrait survenir quelque interruption, quelque objurgation ou interjection imprévue qui les embarrasserait, et qui ne serait pas immédiatement et victorieusement réprimée, comme quand au lit de justice de 1718 éclata cette réponse telle que mon père la fit : *Le roi veut être obéi.* Je l'ai interrompu pour lui dire : « Monsieur, dites qu'il manque là pour « une telle repartie, un homme tel que vous y seriez; » à quoi il a répondu avec modestie. Après quelques autres remèdes proposés par lui, je lui représentai que tout cela ne suffirait pas pour empêcher le tapage de se renouveler, et qu'il serait obligé d'en venir à tenir un lit de justice[1]; il finit par en convenir, et m'avoua que tout était prêt pour cette opération.

1. On voit que d'Argenson poussait aux mesures de rigueur. Quelques jours avant le lit de justice du 3 septembre, il envoyait à M. de Chauvelin un nouveau mémoire *sur la continuation de résistance du Parlement*, accompagné d'une lettre où nous lisons le passage suivant : « Plus j'y pense, plus je crois que le Parlement a ses esprits dérangés d'une façon qu'il faudra des punitions capitales et inhérentes au corps, comme retranchements de priviléges

3 septembre. — Je me souviendrai toujours des préparatifs du lit de justice de Versailles[1] tenu en ce temps-ci; comme quoi M. le garde des sceaux alla voir un matin la chambre préparée pour cela, qui était fort bien. C'était dans la grande salle des gardes, laquelle est commune aux appartements du roi et de la reine. On l'avait ornée de tapisseries convenables. Au-dessus de la porte, en face de l'entrée, il y avait un *Jupiter tonnant*, mais cela n'eut pas d'effet ni d'application à la façon dont se sépara cette assemblée, qui fut toute de douceur.

Dans le temps qui a précédé l'heure du lit de justice à Versailles, j'ai été voir M. le cardinal et M. le garde des sceaux. Je rendrai compte d'abord de ce qui me fut dit par ces messieurs, touchant les affaires d'État. M. le garde des sceaux entra, à l'ordinaire, le plus en détail avec moi. M. le cardinal marquait bien ressentir quelque embarras de tout ce qui se passait et allait se passer. Pendant que nous autres du conseil et

et attributions, morcellement de ressort, etc. » La même lettre renferme des avis et des conseils tels que ceux-ci : « Il est certain qu'au Parlement on remue tous les registres pour trouver des idées contre le lit de justice.... Je n'ai rien trouvé dans les mémoires de M. Talon sur celui de 1629, mais tout ce qu'il faut est dans le volume des papiers de mon père que j'ai envoyé hier.... Je remarque qu'il ne faut pas que le roi se serve du mot de *taisez-vous*, dans le lit de justice qui se prépare; que ce terme peut être changé en un équivalent, s'il y a lieu, parce que les jansénistes l'ont déjà rendu fameux à l'audience donnée au Parlement à Compiègne. »

1. Cf. pour ce lit de justice le *Procès-Verbal* imprimé à l'Imprimerie royale, 1732, in-4; et, d'autre part, les *Nouvelles ecclésiastiques* à cette date, et le *Journal de Barbier*, II, 343.

M. le chancelier étions dans le cabinet de M. le cardinal, M. le garde des sceaux le fit avertir pour quelque chose de pressé à lui dire, et ils passèrent dans un petit cabinet de derrière.

J'allai et revins de la chancellerie au château avec M. le contrôleur général et M. de Harlay dans le carrosse de M. Orry, et là M. Orry nous tint quelques discours de lieux communs sur ces choses-ci, où entre autres il dit que le roi était, quoi qu'on en die, bien fatigué intérieurement de ces tracasseries.

M. le garde des sceaux avait l'air serein et content; il me dit qu'on s'attendait que le Parlement désobéirait le lendemain en ne reprenant pas les fonctions de la justice, qu'en ce cas la punition était toute prête et sans nouveaux conseils; que l'on disperserait tout le Parlement, et quasi chambre par chambre à Provins; que l'on pourvoirait à la chambre des vacations; et cependant ce qui m'a embarrassé, c'est qu'il ne m'a pas dit bien nettement que cette chambre serait composée de nous autres du conseil, ce qui m'a fait voir un dessein secret qui s'est manifesté depuis.

Il m'a dit qu'il lisait encore hier la harangue de feu mon père au lit de justice des Tuileries, qu'elle était mâle et ferme sans s'y piquer d'éloquence; que j'allais voir la harangue de M. le chancelier, comme quoi il craignait toujours de parler trop fort, même quand il parlait trop doucement; qu'il complimentait et ménageait ceux qu'il devait gronder, l'embarras de ses pensées, l'entortillement de ses phrases, etc.; que tout cela ne sentait pas le ministre, et ferait bien mal parler le roi.

J'en viens maintenant à ce que m'ont dit à la même

époque, sur mes affaires particulières, M. le cardinal et M. le garde des sceaux. L'Éminence m'a fait
bonne chère, et m'a dit, en s'habillant, combien elle
continuait à me féliciter de mon zèle éclairé et des
lumières que je leur fournissais en ces affaires si
difficiles, qu'assurément cela ne resterait pas sans
récompense. M. le garde des sceaux me dit, entre
autres choses, qu'il était bien aise que je fusse du lit de
justice; que M. le chancelier lui ayant demandé quels
du conseil il y nommerait, Son Éminence avait dit :
« Mais plusieurs commissaires, par exemple, M. d'Argenson l'aîné; » de quoi M. le garde des sceaux riait
bien fort. M. le chancelier m'a confirmé ou répété la
même chose à dîner, où j'étais près de lui, car il m'a
dit que c'était M. le cardinal qui m'avait nommé seul,
et qu'assurément Son Éminence avait une amitié et
même une tendresse toute particulière pour moi.

Ayant demandé à M. le garde des sceaux si je pouvais faire mon voyage de Touraine, dont je lui avais
parlé, et où j'avais beaucoup d'affaires, il m'a dit que
cela n'était pas encore bien sûr, que la chambre des
vacations serait peut-être un obstacle, quoiqu'il ne
m'ait pas encore parlé bien net sur cela, où il a son
dessein caché. Je lui ai répété que si M. de Machault la
tenait, j'en étais heureusement exclus, étant son ancien. Il m'a répliqué qu'il fallait que je fusse de tout,
qu'il en savait plus que moi, qu'il se regardait comme
mon père; voilà ses propres termes. Et tout ceci, ainsi
que toutes les peines que je me donne, ne m'ont cependant encore rien produit, mais il faut que les occasions viennent et se présentent avec opportunité.

Quand nous nous acheminâmes vers chez M. le

chancelier, il était bien onze heures, et alors on voyait
en passant la place d'armes le Parlement arriver de
Paris en corps ; cela ressemblait à l'armée ennemie qui
approchait, et que nous découvrions de la hauteur.
C'était une nuée de poussière qui entourait une file à
perte de vue de carrosses et chaises bien ou mal atte-
lés, la plupart traînés par de mauvais locatis, et l'on disait en les voyant ensuite languir dans les cours : *Si leurs
maîtres n'étaient pas plus mutins que les chevaux !...*

Personne ne donna à dîner à aucun de ces messieurs,
c'était l'étiquette ; la plupart dînèrent au cabaret, et
beaucoup s'en retournèrent sur-le-champ après le lit
de justice, comme ils purent.

9 *septembre.* — Le mardi, M. le garde des sceaux
m'ayant fait venir chez lui pour discourir de plusieurs
choses, il finit par me dire que, continuant comme je
fais, il y avait une place qu'on me destinait, et à laquelle j'étais plus propre que qui que ce fût. Cette
place est celle de premier président du Parlement de
Paris, que ce ministre dit qui ne pouvait me manquer
tôt ou tard[1].

A quoi, de mon côté, je ne vois aucune apparence,

1. L'idée de mettre d'Argenson à la tête du Parlement était
d'autant plus singulière, qu'avant comme après le lit de justice,
il ne cessait de provoquer à des mesures de rigueur qui n'allaient
à rien moins qu'à la suppression de ce corps. Voici ce qu'il écrivait au cardinal de Fleury le 4 septembre, c'est-à-dire cinq jours
avant la conversation avec le garde des sceaux : « La rigueur
doit être poussée à l'extrême et paraître promptement, dès cette
nuit.... L'État ne peut être gouverné ainsi ; retranchez de parmi
nous, Monseigneur, un corps qui devient un si grand sujet de
scandale. Trois ou quatre sujets fidèles suffiront pour proposer et

et je lui représente que je ne suis pas harangueur ; que
je n'ai jamais prononcé jugement en public ; que je sais
si peu d'affaires du palais et de procédures pour avoir
été mal élevé dans cette partie ; et ensuite on ne reprend point le complet de ce savoir, quelque courage
qu'on y emploie, on laisse des articles capitaux derrière soi. Sans doute que nos deux premiers ministres
ne m'ayant encore connu principalement que touchant
les démêlés parlementaires, dont je raisonne avec application, le temps présent ne nous offrant meilleur
champ, ils s'imaginent que c'est là le fort de ma capacité, et se trompent.

Il m'a encore répété et recommencé que j'eusse à
voir davantage le monde, à me faire connaître davantage pour ce que je vaux. Je lui ai répliqué que, dans
ma façon d'être, si je cherchais à me faire valoir, je
ne vaudrais plus rien ; et ensuite, entrant davantage
en matière sur ce propos, je lui ai dit : « Mais, monsieur, pourvu que je sois connu de vous et puis du roi
et de M. le cardinal, comme je vois que je le suis de
Son Éminence, et que vous m'avez dit que je le suis
de Sa Majesté, que m'importe de l'être du reste ? Je
sens pourtant plus que je ne dis, que peut-être l'exécution de ceci irait à me faire porter davantage par le
public aux places importantes, et à justifier un choix,
si tant est que jamais vous m'employiez. Mais en vérité
je sais que je ne suis pas connu en mal, que cependant
il transpire plusieurs choses dans le public en ma fa-

concerter avec Votre Éminence les moyens de se passer pour toujours de cette compagnie qui a déjà tant de fois attaqué l'autorité
dont elle tient son être. » Le cardinal faisait à ces ouvertures une
réponse polie, et que d'Argenson trouvait fort froide.

veur, d'où il arrive que plusieurs personnes qui ne me
regardaient pas ci-devant, cherchent à faire connaissance avec moi; et il y a encore qu'étant au moins
dans cet équilibre de réputation, si vous m'employez
à quelque chose de considérable, le bon effet suivant
ce choix et moi y répondant bien, cela surprendrait;
ce qui donnerait beaucoup de grâce au succès. »

Je lui ai dit tout ceci, autant que la brièveté du temps
l'a pu permettre, car il y avait là une audience terrible qui attendait. Il m'a remis à Fontainebleau pour
converser bien tranquillement de plusieurs choses semblables qu'il a dans la tête.

*Diverses choses qui me sont advenues au voyage de
Fontainebleau, depuis le 16 jusqu'au 24 septembre 1732.*
— Étant à la Maison-Rouge chez M. et Mme Lejay,
nous allâmes, le soir 17 septembre, promener à Saint-
Pons où on bâtissait; nous étions en trois carrosses;
il y avait la jeune Mme de Brou qui a dix-huit ans,
Mme de Fieubet qui en a dix-sept, ces deux dames
assez jolies [1], surtout Mme de Brou, et autres compagnies. Là nous apprîmes, étant dans l'avenue de Pons,
que le roi revenait de chasse, et, un moment après,
il passa avec les chasseurs, il regarda fort ces dames,
et me dépêcha Montmorin, gouverneur de Fontainebleau, pour savoir le nom de celle des dames qui lui
avait paru la plus jolie; je les nommai, et lui en laissai
le choix; ce qui fit rire. Le lendemain 18, moi étant
à Fontainebleau, chacun savait que j'allais arriver là

1. C'étaient les femmes de deux conseillers d'État, collègues de
l'auteur. Paul Fieubet était seigneur de Réveillon, où d'Argenson
avait une résidence d'été.

le premier et le plus diligent du conseil. M. le duc
d'Orléans, M. le garde des sceaux et M. de Maurepas
me dirent tous que le roi m'avait rencontré avec des
dames, dont il avait beaucoup parlé.

Et au lever du roi, le 19, Sa Majesté demanda encore toutes les circonstances de cette partie de campagne et de ces deux dames, surtout de Mme de Brou
qu'il avait le plus remarquée, quoique, dit-il, il fût
bien las; qu'il ne tenait qu'à lui de nous jouer un bon
tour qui était de prendre nos équipages, lesquels
étaient sur le bord de la rivière; je dis à Sa Majesté
combien nous avions eu regret que Sa Majesté ne nous
eût joué ce tour.

Le roi ayant ensuite parlé avec l'archevêque de
Reims de diverses cures qui vaquaient en son diocèse,
je plaçai quelques mots, ce me semble, assez à propos
sur le droit des évêques pour nommer aux cures, et
comment ce droit s'accroît heureusement.

Je redis le soir à M. le garde des sceaux que le roi
m'avait parlé pour la première fois de sa vie, ou la
seconde au plus; il me dit qu'il me connaissait fort et
très-bien, comme il m'avait dit plusieurs fois, par
le travail que je faisais depuis six mois. Et le lendemain
je rencontrai le garde des sceaux qui venait de travailler avec le roi. Je l'accompagnai le long de la
galerie des Réformés[1], et il me dit qu'il avait fait savoir

1. Ou de François Ier. Le premier nom lui vient, selon les
uns, d'une requête que les réformés présentèrent à François II dans cet endroit; suivant les autres, de quelques officiers
que Louis XIV aurait réformés dans cette galerie, après la paix
des Pyrénées, et dont il composa une compagnie pour le dauphin.

au roi combien j'étais flatté des mots qu'il m'avait dits ; que ma joie avait beaucoup fait ma cour, que le roi était bien aise qu'on le remarquât ainsi, et que cela irait de mieux en mieux.

En effet, il faut convenir que ce premier ministre ne néglige aucune occasion de me produire et me faire valoir, et que, s'il ne s'agissait pas de moi, je pourrais dire qu'on doit bien penser de lui de relever ainsi le zèle qui se cache et qui cherche à valoir en ignorant l'art effronté de se faire valoir.

Le 18 au soir, j'eus avec M. le garde des sceaux une longue conversation sur les affaires présentes, dont je rends compte ailleurs. Voici ce qu'il me dit sur ce qui me concerne personnellement : il me dit que ce dont il faisait le plus de cas en moi, était une fermeté de cœur et d'esprit avec laquelle il sympathisait, qu'on le voyait en tous mes avis sur les affaires ; que, puisque feu mon père avait pendant longtemps préféré les talents de mon frère aux miens, et avait par là engourdi mon entrée dans le monde, il se chargeait, lui, de réparer cela. Je lui dis, après plusieurs propos : « Mais, monsieur, tout ce que vous me marquez de confiance et d'estime signifie quelque chose ; je ne vous ai jamais tant questionné, mais cependant fixez-moi, car je ne me fixe à rien, ne sachant à quoi vous me destinez par tout cela ; si je le savais, j'étudierais ardemment, et par préférence, pour être plus capable d'un emploi en particulier. » Il me répondit : « Ma foi, je ne sais à présent à quoi, » me faisant entendre qu'il lui avait mal succédé de plusieurs idées.

Sur cela, il m'a encore parlé de la place de premier président du Parlement de Paris, quand elle vaquera ;

de mon côté j'ai reproduit mes objections; je lui ai
dit mon histoire de magistrature, en quelles charges
et combien j'y ai servi, et comment rempli ces charges.
Il ne s'est pas tenu pour battu. : « Si l'on vous employait, m'a-t-il dit, en quelques négociations étrangères, et de peu d'années, au sortir de cela vous
seriez bien enhardi. Par exemple, je voudrais vous
envoyer en Angleterre un an, ou même deux; quelles
sont vos affaires domestiques? » Ce que je lui ai exposé
naïvement et parlé touchant ma femme, qui n'a pas
voulu se rendre propre à représenter dans le grand
monde, de quoi il m'a déjà paru instruit. Il a trouvé
qu'ayant déjà assez de meubles et de la vaisselle d'argent, il ne me fallait pas acheter d'extraordinaire pour
dix mille livres; il m'a dit quel traitement en argent
et profits le roi faisait à ses ambassadeurs, qu'on y
était exempt d'entrées publiques; qu'il était bien sûr
que je ne me conduirais pas comme quelques-uns de
mes prédécesseurs, qui s'y étaient enrichis par vilaines
voies, fraudes, commerce, etc.

Il m'a dit que j'irais bien encore en Espagne, où
on avait grand besoin d'un homme de tête, lorsque
M. de Rottembourg en sera revenu, duquel il m'a fait
un signalé éloge. Sur l'Espagne je lui ai fait une remarque dont il m'a bien loué et exalté, savoir que,
tant que Philippe V vivrait, mon nom pourrait être
désagréable à ce monarque par la mémoire qu'il pourrait conserver, que mon père avait été chargé par le
feu roi d'examiner l'accusation portée contre M. le
duc d'Orléans, qu'on accusait d'avoir voulu se faire
roi d'Espagne, épouser la reine, détrôner et enfermer
Philippe V; que mon père sauva le duc d'Orléans, de

quoi il lui a su tant de gré, mais que Philippe V,
Mme des Ursins et son fils avaient mal discouru contre
nous, et que par là ma personne pourrait déplaire en
Espagne avant qu'on m'y connût. M. le garde des
sceaux a dit qu'il examinerait cela autrement, et ne
s'est donc fixé en rien, quoique je convinsse que je
serais bien flatté de recevoir tel relief.

Il ajouta que je devais songer à tout, quoiqu'il remarquât bien que je n'eusse pas d'ambition, qu'à la
vérité ma place était belle par elle-même, étant à mon
âge le septième du conseil; qu'il ne me parlait pas de
la place de garde des sceaux, puisqu'il l'occupait, et
comptait de l'occuper longtemps; qu'il y avait toujours
celle de conseiller au conseil royal, qui ne pouvait me
manquer; qu'en attendant il me rendrait habile par
ses manuscrits, dont rien ne me serait caché en son
cabinet, et de ce qu'il saurait pour me former, surtout de me fourrer hardiment dans le monde plus que
je n'y étais. J'ai fini par lui dire que mon sort était
bien heureux comme il était, avec tant d'honneur et
de confiance de sa part; que deux ou trois ans comme
cela m'instruiraient de bien des choses, qui me man-
quaient pour le service du roi. Il me dit vouloir que,
pendant mon séjour à Fontainebleau, je n'eusse de
maison que la sienne à dîner et souper, à commencer
dès ce soir, ordre que j'ai suivi. On m'a fait jouer
gros jeu; j'ai gagné d'abord, puis reperdu plus que
je n'avais gagné.

Le 23, j'eus l'honneur d'accompagner le roi à la
revue de son régiment, dans la prairie de Thomery.
Il faisait la revue comme un véritable inspecteur, le
livret à la main, parlant à plusieurs officiers et sol-

dats; il avait peu de courtisans avec lui. Je rendis
compte de tout, le soir, à M. le garde des sceaux, qui
m'apprit plusieurs sujets d'espérance que le roi donnait de plus en plus, qu'il serait un grand et vrai roi[1].

Au dîner de la reine, j'eus l'honneur de prendre
congé d'elle, et de lui demander si elle n'avait rien à
m'ordonner pour le roi et la reine de Pologne, partant le lendemain pour Blois et Ménars. Sa Majesté
m'a chargé de ses compliments, et de les assurer de
sa bonne santé.

Le 24, je pris congé de M. le garde des sceaux avec
qui j'ai eu une longue conversation sur plusieurs affaires. Il me demanda, en me quittant, où m'adresser

---

1. Voici ce qu'on lit à ce sujet dans *les Mémoires d'État*, I,
151, à la même date : « M. le garde des sceaux a mis les secrétaires d'État sur le pied de donner chaque mois à Sa Majesté une
brève récapitulation de ce qu'ils ont signé en leurs bureaux,
comme on faisait du temps du feu roi (dont j'ai vu plusieurs de
ces extraits qu'il n'a tenu qu'à moi d'acheter). Or, le roi relit
bien tous ces extraits seul en son cabinet. M. le garde des sceaux
ajoute qu'il aime à écrire de sa main, et couche très-joliment sur
le papier. »

Il y a un petit détail comique dans les notes de d'Argenson sur
ce sujet. Il est bien aise que le garde des sceaux mette sous les
yeux du roi de bons mémoires, mais il croit remarquer que ces
mémoires sont les siens, et que M. Chauvelin s'en attribue l'honneur. « De quoi je me réjouis, dit-il, bien loin que mon amour-
propre s'en fâche. Cette aventure arrive ordinairement quand
M. le garde des sceaux se récrie médiocrement sur la bonté d'un
ouvrage, ainsi qu'il est arrivé pour le mémoire qu'il avait tout
copié d'après moi sur les cabales présentes de la cour, et il en
pourra bien arriver quelque chose de semblable à ma *Lettre d'un
Anglais*. » Ce dernier écrit, assez curieux, se trouve, ainsi que
la *Réponse d'un Français*, f°s 136 et 389 du volume cité.

les lettres qu'il m'écrirait, de quoi je suis convenu avec
lui. Je lui demandai s'il approuvait (dès qu'il voulait
bien me conduire comme un véritable père) une conférence sur le droit public dont on m'avait conseillé
d'être [1], laquelle se tenait chez le président de Nassigny
avec le président Hénault, le conseiller Beauplan,
M. Dodun, ci-devant contrôleur général, Barjeton
l'avocat, et le petit Perelle; que cela devait commencer cet hiver, quand les deux officiers du Parlement seraient revenus d'exil. Il m'a répondu à cela
avec assez de feu, qu'il ne le souhaitait pas; que cela
était au-dessous de moi; que je trouvais à m'instruire
par son cabinet de toutes choses; que c'étaient des
fanatiques et des mauvais royalistes que tous ceux que
je nommais; qu'il était nécessaire que je susse que
c'était là où s'étaient formées une partie des résolutions du Parlement, qui nous avaient donné tant de
tablature.

Le même jour, 23, veille de mon départ, M. le
cardinal de Fleury me pria à dîner; c'était un dîner
de cérémonie donné à M. le marquis Doria, qui prenait congé du roi. Son Éminence eut des attentions
infinies pour moi, me remercia avec affection sur plusieurs choses, et me fit d'ailleurs beaucoup de ques-

1. Il s'agit de cet essai de rétablissement des conférences de
l'Entresol dont il a été question ci-devant, p. 110. D'Argenson
tenait à cette idée; car, plus tard, et vers 1736, il y est revenu
dans ses *Pensées sur la réformation de l'État*, nᵒ 424 :

« Si j'étais premier ministre et le maître, certainement j'éta-
blirais une Académie politique dans le goût de celle de M. de
Torcy. » Suivent de longs développements avec réponse aux objections, etc.

tions sur la situation des terres où j'allais, sur mon voyage et autres choses personnelles.

Septembre. — A la fin de ce mois étant allé à Argenson, je passai, suivant les ordres que j'avais reçus, à Ménars, saluer le roi et la reine de Pologne, et je m'acquittai d'une commission que m'avait donnée la reine de France, leur fille. Je rendis compte de l'application que le roi donnait aux affaires, et du goût pour les troupes qu'il montre à Fontainebleau, au camp de Thomery. J'informai M. le garde des sceaux de ma visite, ainsi que de la grande vivacité du roi de Pologne contre le Parlement, dans la conversation que j'eus avec lui sur ce sujet. Je profitai de l'occasion pour lui donner quelques avis sur les magistrats exilés à Tours, et sur les dispositions très-hostiles du Parlement de Bretagne. Mais surtout j'insistai sur l'état affreux des provinces; je lui dis combien les villages fondent partout et deviennent à rien, le tout par l'excès de la taille, et parce qu'on abandonne les campagnes pour se retirer dans les villes, quoique l'agriculture soit bien à préférer aux manufactures.

15 *décembre.* — Hier au soir M. le garde des sceaux m'entretint de ce qui s'était passé au sujet des affaires du Parlement pendant mon absence, et après avoir marqué le même doute que moi sur les fausses apparences de tranquillité qui règnent, il ajouta, par rapport à moi : « Je continuerai toujours à vous faire travailler plus que jamais, et avec les vues que je vous ai dites. » Je lui dis que, quoique je songeasse peu à moi, il était vrai que je n'avais pas perdu mon temps

à ma campagne, que j'avais lu et remarqué; « ce qui est la bonne façon », me dit-il; j'ajoutai que je me souvenais bien de ce qu'il m'avait dit des affaires étrangères, du projet d'aller bientôt en Angleterre, ou choses semblables. Il me repartit : « Oui, cela, ou autres choses analogues. »

Je lui touchai quelques mots de la commission des ponts et chaussées, pour laquelle je m'étais proposé dans une de mes lettres. Il me parla de l'arrangement pris sur cela, et dont il m'avait écrit, ancien arrangement dont il n'y avait pas à revenir. Mais je crains bien qu'on ne tombe toujours dans le défaut que je reproche tant, qui est d'arranger l'état pour les hommes, et non les hommes pour l'état.

Aujourd'hui j'ai dîné chez M. le cardinal; hier, comme il sortait de chez le roi, il me distingua dans une grande foule. Mon frère et moi étions priés à dîner; il y avait bien du monde. M. Hénault a parlé de son audience de police, cela a conduit à parler de mon père, et j'ai éprouvé un grand plaisir par l'hommage sincère que M. le cardinal de Fleury a rendu à sa mémoire. Après l'avoir loué sur ses qualités supérieures, sur l'universalité de son esprit qui le rendait agréable à table, excellent convive, de saillies charmantes, ainsi qu'il était propre au gouvernement, au projet et à l'exécution, après cela Son Éminence a dit : « Et c'était un bonhomme et un très-bonhomme qui aimait plus que personne à faire plaisir, et qui a obligé le plus de gens, souvent sans qu'on le sût. »

De tout cela je vois qu'il devient aujourd'hui fort à la mode de louer ce grand homme. Le temps des ressentiments et des intrigues de cour, qui lui étaient

contraires, n'est que trop passé : les faits et sa réputation reviennent dans tout leur éclat. Aujourd'hui,
plus que jamais, dans ces troubles du Parlement, ad-
venus par trop de mollesse, on a beau jeu à se rappeler son courage ; mais c'est une admiration trop
peu active. M. le cardinal n'était pas trop de ses amis,
m'a-t-on dit, pendant la régence. Cependant le voilà qui
chérit sa mémoire sincèrement; il en rejaillit quelque
chose sur ses enfants, qui ne font pas mal, il est vrai,
pour répondre à une prévention si avantageuse.

1733.

Parallèle de Mme d'Alluye[1] *et de Mme de Fontaine-
Martel, fait et ayant lieu* en 1733. — Feu la comtesse
d'Alluye logeait au Palais-Royal, elle était pauvre,
n'ayant jamais eu de conduite. Mme de Fontaine-Martel [2] vit encore aujourd'hui, elle est de la cour du
Palais-Royal; elle a une maison sur le jardin; mais
elle est riche et avare, quoiqu'elle ne laisse pas de
dépenser en victuailles. Chez la d'Alluye on déjeunait
beaucoup de boudins, saucisses, pâtés de godiveau,

1. Elle s'appelait de Meaux du Fouilloux, avait été fille d'honneur de Madame, et avait épousé en 1667 le marquis d'Alluye, de
la maison de Sourdis. « Elle passa sa vie dans les intrigues de
galanterie, et, quand son âge l'en exclut pour elle-même, dans
celles d'autrui. » C'est ce que nous apprend Saint-Simon, qui a
tracé de cette dame un portrait curieux à comparer avec celui
qu'en fait ici d'Argenson. *Mémoires*, XXXIV, p. 809, in-12.

2. Cette dame, dont le nom revient souvent dans les chansons
du temps, passait pour être la maîtresse du financier Samuel
Bernard.

vin muscat, marrons. Chez la Fontaine-Martel on dîne
peu, on ne déjeune jamais, mais on soupe tous les
soirs; les soupers se piquent d'être mauvais, et force
drogues comme chez la d'Alluye. Elles ont été fort
vieilles toutes deux.

La Fontaine-Martel a plus d'amis, et la d'Alluye
était plus aimée; elle était si bonne femme, qu'on ne
cessait de dire qu'on l'aimait. La Fontaine-Martel a
des sorties qu'elle fait quelquefois qui dégoûtent d'elle,
quoiqu'on s'en moque; elle est haïe dans son domestique; ce qui est un grand point. L'évêque de
Luçon prétend que c'est la Fontaine-Martel qui a en-
chéri sur la d'Alluye.

Les matins, la bonne compagnie allait à midi déjeuner chez la d'Alluye, j'appelle la bonne compagnie,
car c'était des gens gais, des gens qui avaient des
affaires, des amants, des ménages, et cela devait divertir la bonne femme, qui y prenait part; au lieu que
la Fontaine-Martel rassemble des beaux-esprits, à quoi
elle n'entend rien, quoiqu'elle ait composé un conte
de *ma Mère l'oye*. Elle se pique de ne pas recevoir
chez elle des femmes et des amants qui aient des affaires; mais je crois qu'on y fait pis, selon Dieu; car
les affaires s'y commencent[1]. Toutes deux ont toujours
entretenu quelque homme nécessiteux jusque dans la

1. Le président Hénault dit quelque chose de semblable des
soupers de Mme de Lambert. « Elle se plaisait, dit-il, à recevoir
les personnes qui se convenaient; son ton ne changeait pas pour
cela, et elle prêchait la belle galanterie à des personnes qui allaient un peu au delà. »
Voilà un trait finement indiqué, qui sans doute peut convenir
à beaucoup de salons du xviiie siècle.

plus grande décrépitude; la d'Alluye entretenait un
pauvre Mérinville, vieux mousquetaire; elle lui fournissait de la soupe et lui payait le fiacre pour arriver,
de peur que ses souliers ne crottassent le sofa, mais
il s'en retournait à pied. La Fontaine-Martel en entretenait grand nombre avec une semblable économie,
et aussi bien raisonnée; mais depuis quelques années
elle a la conscience de ne plus prétendre qu'on la
serve pleinement, à cause de son érésipèle, et elle se
contente de procurer du plaisir à son imagination.

Dieu les bénira toutes deux!...

23 janvier. — J'allai voir M. le garde des sceaux,
il y avait un monde horrible à l'heure où j'y allai; dès
qu'il me vit dans la galerie, il me fit signe de l'œil, il
me mena dans un coin; il me répéta beaucoup : « Eh!
bonjour, mon cher ami! » Il me remercia de saisir ainsi
les instants où il passait à Paris; il me demanda si je
ne perdais pas de vue mes affaires, et si je ne faisais
pas la guerre à l'œil sur ce qui pourrait m'être utile
ou nuisible; que pour lui il songeait bien à moi, et
que je le verrais bientôt. Il m'a remercié des nouvelles
d'Italie que je lui fais passer, et m'a dit ses intentions
sur les dernières. Je lui ai dit que depuis huit mois
j'avais contracté l'habitude de travailler pour lui être
utile; que je me déplaisais quand je n'en trouvais
plus l'occasion; il m'a fait entrevoir sur cela énigma-
tiquement l'avenir. Tout le monde a vu les amitiés
sincères qu'il me faisait, et cela m'a donné beaucoup
de considération dans l'assemblée.

Janvier. — M. le garde des sceaux Chauvelin a eu

les bonnes grâces de Mme de Montconseil au commencement de son ministère; il ne lui est pas aisé d'avoir
des entrevues secrètes avec des femmes, car il couche
toujours dans le lit conjugal, et tout le jour il est à
son bureau à travailler. Cependant il se fait enfermer
le soir quand l'audience est retirée, et on le croit occupé à dépêcher quelque courrier pressé. Il n'a eu de
la Montconseil que quelques petites menues faveurs.
Savoir pourquoi il s'en est tenu là, c'est une question à éclaircir. On a remarqué qu'il aime les grandes
femmes sèches et allongées; il aime beaucoup sa
femme par cette raison, et, dans le même principe,
il a eu une longue passion pour la comtesse de Cha-
millard. Je sais, de femmes qui ont été à son audience,
qu'il a coutume de leur relever le gant pour baiser le
bras. Un de mes amis a vu de ses lettres d'amour à
la Montconseil; il m'a dit qu'elles n'étaient pas sur le
bon ton. Les grands ministres sont pédants en amour.
Le cardinal de Retz, dans ses Mémoires, tance beaucoup de cela le cardinal de Richelieu.

La Montconseil ne voulait pas se rendre à M. le
garde des sceaux; sa mère, Mme de Cursay, et Bros-
soré, l'amant de ladite dame de Cursay, l'ont persé-
cutée et menacée de l'envoyer en Périgord si elle ne
faisait bien les choses; à la fin, elle a obéi. Ce Bros-
soré est un méchant homme, capable de noirceurs,
donneur de grands dîners et crevailles, au fond peu
d'esprit, mais fort instruit des intrigues de la cour.

6 *février*. — Je sais un ami de mon frère qui a dernièrement eu charge de parler de lui au garde des
sceaux; celui-ci a répondu : « Eh! à qui parlez-vous

de M. d'Argenson le cadet? C'est mon enfant, pour
ainsi dire, c'est moi qui l'ai élevé, nous avons passé
notre vie ensemble, je le regarde comme un de mes
meilleurs amis, et sur qui je compte davantage. Il est
vrai qu'il est un peu frivole, un peu trop sujet à ses
plaisirs, mais il peut se corriger de cela. Mais, a-t-il
continué, connaissez-vous son aîné? Eh bien! je vous
le fais connaître : premièrement, c'est un garçon de
beaucoup d'esprit, tout le sens possible et le meilleur
esprit, le cœur aussi bon que l'esprit, très-appliqué,
fort instruit de tout, et, je puis vous l'assurer, propre
à tout, à tout ce qui concerne le gouvernement, sans
exception. » Voilà ses propres termes; jugez, mes chers
enfants, si ce discours me mène à quelque chose pour
le bien de l'État et pour celui de ma maison.

15 *et* 16 *mars.* — Le 15 au soir, M. le garde des
sceaux me demanda si la place de premier président
du grand conseil pourrait me convenir, parce que
M. de Verthamont s'en allait mourant; je le remer-
ciai de sa bonté, je lui dis que je devais être un des
héritiers de M. de Verthamont, s'il me rappelait par
son testament; mais que, si j'avais cette charge, je la
vendrais, à moins qu'ayant un fils, je ne trouvasse
quelqu'un qui en fût le *custodi-nos,* mais, qu'à cela
près, j'aimais mieux rester conseiller d'État comme
je l'étais, de quoi il me loua fort. Il me parla ensuite
d'une tracasserie qu'on m'a faite auprès de Son Éminence, à l'occasion de la commission pour juger les
affaires de Saint-Médard; sur quoi je lui montrai que
je n'avais aucun tort, mais combien le roi était mal
servi par ces faiseurs de tracasseries eux-mêmes qui

n'avaient qu'un zèle faux et stupide. Je rends compte
de cette affaire dans mes Mémoires d'affaires d'État[1].

Le lendemain je le revis; il avait mis sur son agenda
ma justification pour en parler au cardinal, et il me
dit d'abord qu'il s'en était si bien acquitté, que Son
Éminence s'était avisée la première de m'offrir la
place de M. de Verthamont; sur quoi je ferais mes
réflexions. Il avait été aussi question la veille des bureaux de M. de Machault qui se mourait; mais il est
mieux aujourd'hui. J'aurai bonne part à la distribution, s'il en arrive malheur. Il est vrai que, sur le conseil
de commerce, il m'a dit qu'il y avait une espèce d'engagement pour mon frère; je me suis retiré à cause
de cela de m'y présenter, mais il veut me l'obtenir
malgré moi.

Mon frère souhaite depuis longtemps que, le décès
de M. de Machault arrivant (lequel Machault menace
ruine), j'aie la place de chef du conseil de S. A. R.
Mme la duchesse d'Orléans.

Je n'ai point voulu m'arrêter à cette idée que je
n'en aie communiqué avec le garde des sceaux. Quand
je lui en ai parlé ce soir, cela m'a donné occasion de
découvrir davantage ses intentions pour m'employer.
Il m'a dit : « Gardez-vous-en bien; votre frère enrage
des entraves qu'il a, étant attaché à M. le duc d'Orléans; il a de l'esprit, et, entre nous, beaucoup d'ambition; il vous mettrait par là dans les mêmes entraves
que lui, et encore y a-t-il une subsistance, au lieu
que cela ne vous vaudrait rien. Une cour de vieilles,
une princesse qui ne vient plus à Versailles, qui peut

1. T. I, f°s 199 et suiv.

se brouiller avec le roi, que ferez-vous de cela? Gardez-vous-en bien, je vous le recommande.

« Car, a-t-il poursuivi, le roi vous peut envoyer incessamment ambassadeur en Espagne, et cette affaire-là pourrait vous commettre et vous embarrasser ; mais pour moi je compte vous envoyer d'abord en Angleterre une couple d'années. » Je lui ai demandé si je pourrais savoir du positif incessamment sur cela, afin de m'y mieux disposer, de quitter toute autre étude, n'ayant pas trop le temps d'avoir quelque avance pour être moins incapable quand je serai mis en besogne. Il m'a dit de quitter tout pour songer aux affaires d'Angleterre, et m'a conseillé sur cela les livres à lire. Il m'a dit qu'ayant bien d'autres choses à faire, il avait cependant, dès sa jeunesse, fait un extrait de tous les traités, et il l'a tiré de ses tablettes pour me le montrer ; par là il trouve sur les notes marginales de quoi se mettre d'abord au fait de chaque traité qu'on lui cite.

[*Traité de Vienne, de mars* 1731.] — On voit combien la politique établie aujourd'hui est fautive, et que de plus en plus les grands absorbent les petits. Il n'y a que l'augmentation du tiers parti en Europe qui puisse arrêter le progrès journalier de cet abus. On entend par tiers parti ce qui n'est ni maison d'Autriche, ni maison de Bourbon ; et j'entends aussi par maison d'Autriche celle qui la remplace, comme pourra être celle de Lorraine.

Vous voyez à présent qu'il n'arrive pas vacance du moindre petit État en Europe, que les grandes puissances n'en disposent, et comment le font-elles ? C'est

en se l'appliquant, ou à 'quelqu'un de leur maison;
c'est ainsi qu'on dispose de la Toscane.

Voici l'abrégé de ce qui s'est passé depuis 1727 en
politique :

Le roi de France renvoie l'Infante; grande colère
en Espagne.

En ce pays la reine a un furieux ascendant, et elle
songe à ses intérêts personnels, en digne marâtre, à
ceux des enfants du second lit. L'Espagne se jette dans
les bras de l'empereur, et lui accorde tout ce qu'il veut.

Nous redoutons mal à propos la colère de ces deux
puissances; pour la prévenir, nous nous liguons avec
l'Angleterre, la Hollande et quelques puissances du
Nord.

Traité d'Hanovre. Par là nous épousons les querelles de ces puissances. Cela était toujours bon, en
ce que cela conduisait à abaisser le pouvoir de la
maison d'Autriche; ce qui est toujours notre but. On
avait beau dire à Utrecht et à Bade : l'empereur devient
encore trop puissant, quoiqu'il renonce à l'Espagne et
aux Indes; on ripostait avec justice : mais vous-mêmes,
vous êtes trop puissant; deux couronnes voisines
unies comme sont les vôtres dans la même maison, cette
raison excuse tout l'agrandissement de l'empereur.

Nos deux émules, maison de France et maison
d'Autriche, causent la ruine et les troubles d'Europe;
elles absorbent et absorberont tout. Les autres puissances du tiers parti ne font que glaner. Elles escro-
quent du commerce et non des États, et des articles
de puissance solides; elles font comme les marchands
qui ont bien l'argent des grands seigneurs, mais ceux-ci

ont les possessions et le grand crédit, et, quand ils
veulent, ils envoient promener les marchands. C'est
encore ainsi que les chrétiens traitent les juifs.

Il est arrivé que, dans un de ces accords entre les
deux grandes puissances, la France a promis à l'Espagne une grande augmentation de pouvoir, en procurant deux souverainetés fort considérables en Italie,
Toscane et Parme, sources de querelles, et qui ont
déjà bien coûté de l'argent aux puissances du tiers
parti. Ces puissances, à cause des conjonctures, ont
souscrit mal à propos à cette augmentation du pouvoir d'Espagne en faveur de don Carlos.

Tout ce que ces puissances du tiers parti peuvent
faire de mieux, c'est de prévenir bien vite les guerres
qui sont prêtes à s'allumer à tous moments entre les
deux grandes maisons.

Le traité d'Hanovre faillit attirer une grosse guerre.
L'empereur sentit sa faiblesse, il suspendit le commerce d'Ostende pour sept ans, et par là les puissances maritimes furent contentes. Nous y gagnâmes
beaucoup par l'humiliation que souffrit l'empereur,
et aussi que les menaces de vengeance d'Espagne se
tournèrent en eau claire.

Les préliminaires font la paix; cette réconciliation
conduit au congrès de Soissons; là on ne s'accorde
pas, d'abord parce que ces congrès de paix ont mul-
tiplié les difficultés sur des minuties, sans jamais obtenir aucune décision, et ensuite parce que la France
avait tout autre dessein; elle voulait gagner l'Espagne.
La France la gagna en lui disant : « Nous allons faire
faire une fortune bien plus solide et plus prompte à
votre don Carlos; il n'a que l'éventualité des deux

États d'Italie, nous allons le nantir de cela dès à présent, l'y envoyer avec garnisons espagnoles au lieu de garnisons neutres suisses. »

L'Espagne tope. Traité de Séville, dans lequel entrent l'Angleterre et la Hollande. Mal à propos entrent-ils là dedans, ce fut par cajoleries sans doute. L'Angleterre subjugue à son ordinaire les suffrages de Hollande, et l'Angleterre fut séduite par l'appât de gagner l'Espagne à elle, de se bien réconcilier et faire taire les griefs de ses commerçants en Espagne.

Cette nouvelle levée d'avantages pour l'Espagne a de nouveau troublé l'Europe. L'empereur a tout rompu, et s'est fort scandalisé ; il a envoyé beaucoup de troupes en Italie pour y empêcher cette introduction forcée de don Carlos et des six mille Espagnols. Par ce traité de Séville, la France promettait à l'Espagne, dans un court délai, de se charger, conjointement avec elle, de cette besogne forcée. La France a tergiversé, le délai s'est écoulé. La France craignait que les Anglais ne lui manquassent, comme il est arrivé en effet. L'Espagne en colère contre la France, a fait déclarer par feu M. de Castelar qu'elle se tenait libre de tous engagements précédents. L'Espagne s'est livrée aux Anglais. Les Anglais se sont chargés de la besogne de don Carlos.

Mais quel a été le moyen de succès ? ç'a été de garantir, par les deux derniers traités de Vienne de 1731, la pragmatique sanction de l'empereur qui assure l'indivisibilité et le droit d'aînesse à la ligne féminine de l'empereur. La France n'a pas été curieuse d'adopter jamais cette condition. Au fond, le royaume de France a de grands droits de naissance sur la succession de l'empereur, par femmes, mais il ne conviendra jamais à la France de s'agrandir davantage.

Quelles peuvent donc être ses véritables vues, ses vues patentes ou ses prétextes pour rejeter la pragmatique? c'est une grande question. Elle ne peut avoir de motifs vraisemblables que le besoin de réformer le trop de pouvoir de l'empereur. Mais on lui objectera toujours le besoin de contre-poids aux deux branches de Bourbon.

Il semblerait cependant qu'il y aurait eu un concert entre la France et l'Angleterre, en se disant : « Vous, Anglais, recevez la condition que propose l'empereur. L'Espagne aura ce qu'elle veut, et peu après, moi, France, qui n'ai pas adhéré à la pragmatique, je vous en relèverai comme le mineur relève le majeur. »

Moyennant cette garantie de la pragmatique, l'empereur a topé à tout. Don Carlos a été introduit dans les nouveaux États, partie à lui depuis par la mort, alors intervenue, du duc de Parme, et partie en éventualité, et de plus les Hollandais ont gagné l'entière abolition d'Ostende.

Je ne vois pas par quel traité ou par quel article secret l'Espagne a garanti la pragmatique de l'empereur.

Alors l'empereur se préparait à avancer l'effet de la pragmatique par le mariage du duc de Lorraine, et en apaisant l'empire ou les deux électeurs qui peuvent disputer l'indivisibilité de ses États héréditaires.

Le roi Auguste de Pologne est mort. La France s'est servie de cette occurrence, autant par profit tendant ailleurs, que par amour pour la reine de France, et pour soutenir notre ministère, elle s'en est servie, dis-je, pour favoriser l'opération. Le ministère de France est parvenu à faire élire avec une unanimité rare, quoique ayant ses défauts, le roi Stanislas pour roi de Pologne. L'empereur, ou ses alliés, de concert visiblement avec lui, a commis une injustice criante en faisant entrer les Moscovites en Pologne, puis en soufflant une élection indigne de l'électeur de Saxe qui prend cependant la balle au bond, et qui en sera sottement la dupe.

Prétexte à la France pour rompre. Prétexte pour pulvériser la pragmatique et pour faire bien davantage, qui est d'arranger, dès à présent, la succession de l'empereur telle qu'elle doit être, en sorte que, 1° l'Europe; 2° l'empire; 3° l'Italie soient en repos desormais de ce côté-là.

Par là on va poursuivre deux fins également raisonnables : 1° d'arranger d'avance cette succession, et prévenir les guerres qu'elle entraînerait; 2° de revenir contre tout ce qu'une injuste passion a fait accorder de trop à l'empereur depuis vingt ans. Comment l'empereur s'est-il aveuglé au point de donner cette prise sur lui? c'est un grand sujet d'étonnement. Quelque chose qu'on dise, je ne puis douter que les trois puissances, sages et contentes de ce qu'elles ont, exemptes de passions particulières, comme sont aujourd'hui Français, Anglais et Hollandais, ne soient d'avance d'accord sur tout ceci, pour rectifier l'équilibre de l'Europe, tel qu'Henri IV y songeait.

Si l'Angleterre a garanti la pragmatique, la France l'en relèvera. Si la France, pour gagner l'Espagne au

traité offensif présent, a été obligée de promettre à
l'Espagne, l'Angleterre la relèvera en cette occa-
sion-ci.

Ce sera beaucoup pour don Carlos de le délivrer de
l'empereur en Italie, de lui procurer le franc alleu;
mais qu'on en reste là. Plût à Dieu qu'on pût lui ôter
ses États d'Italie, restes et traces de l'influence des
intérêts particuliers qui ont gouverné en France sous
la régence.

Augmentons le tiers parti, voilà le bonheur de la
France et du monde. Vous l'augmenterez en donnant
le Milanais au roi de Sardaigne. Aussi lui serons-nous
bien fidèles, comme il nous le sera certainement. On
donnera Naples et Sicile à la Bavière.

Tout ceci m'a l'air certainement d'être un complot
des puissances sages d'Europe pour mettre à la raison
les puissances ambitieuses. Il serait bien aisé de prouver les deux points de la mineure : 1° que l'empereur
et l'Espagne sont les puissances ambitieuses et inquiètes. Car, voyez ce que demande continuellement
l'Espagne, et pour la reine et pour la couronne d'Espagne! Voyez l'ambition de l'empereur! 2° L'Angleterre, la Hollande, la France, que demandent-elles,
qu'ont-elles à demander? Rien.

Le mardi 9 *juin.* — Le roi étant au salut dans la
chapelle de Versailles, une femme qui était dans la
tribune derrière des dames, à la seconde travée, avança
la main pour faire signe qu'on l'écoutât, et d'une voix
haute et aigre, elle cria : *Le roi a un sort sur la lan-*
gue, ce qui fait que son mariage est nul, et ses enfants
ne sont pas de lui. La duchesse de Béthune, derrière

qui était cette femme, l'entendant ainsi tout d'un coup crier et prophétiser, fit elle-même un grand cri d'effroi, et se trouva mal. Le roi l'écouta bien, et lui sourit. On l'arrêta sur-le-champ. On la conduisit en prison, et de là aux Petites-Maisons. Cependant on m'a dit depuis qu'on l'avait relâchée. Elle est à moitié folle, je crois; c'est la femme d'un tambour. On attribue ces choses au feu de fanatisme qui s'élève dans le peuple par les convulsionnaires de M. Pâris, et de ce fanatisme il arrive que, peu à peu, les rois courent risque.

Quelques jours auparavant, deux femmes qu'on m'a dit Allemandes, ont présenté au roi un mémoire pour lui exposer que, dans l'embarras qu'il avait à mettre la paix dans le clergé, entre les papes, les évêques, le second ordre et les peuples, l'expédient le plus simple était de se faire protestant de la confession d'Augsbourg, lui et ses sujets. Ces femmes sont, dit-on, de Strasbourg.

Juillet. — Il m'était force souvent d'éviter la maison le soir, qui est le temps où, après le travail du jour, on aurait besoin de joie. Il semblait que ma femme et mon secrétaire se fussent donné le mot pour m'accabler de tristesse et d'impatience. Mon dit petit secrétaire qui est à moi depuis quinze ans, et qui fait mes affaires, se nomme Milanier, et est un petit garçon naturellement fort triste, orgueilleux en général de l'humanité et de lui en particulier, trouvant des difficultés en tout et pour tout dans les défauts de ceux à qui il a affaire, et principalement à moi. De même que l'hermine ne peut souffrir la moindre tache sur elle-même, de même ne peut-il pas convenir qu'il ait commis aucune sorte de faute; mais d'ailleurs je le garde pour sa fidélité, qui est aussi exacte que son industrie est bornée. C'est un moulin qu'il faut monter, et dans l'horreur où l'on est de ne trouver que friponnerie dans les subalternes où il y a quelque esprit, et bêtise là où il y a probité, j'ai préféré le dernier choix pour mes affaires, quelque chose qu'il en coûte à mon repos et à ma joie.

Soupant donc entre ma femme et Milanier, il a toujours fallu que la conversation se soit tournée au ménage, et comment au ménage? En me le faisant voir en triste et en bien plus funeste que je sais qu'il n'est, en me montrant dans mes pauvres domestiques des perfides ou des négligents, en m'irritant toujours contre eux, moi qui m'en trouve bien pour ce que j'en exige, moi qui ai souvent changé par complaisance pour n'être pas mieux. Je ne vois dans ces remontrances qu'un dessein pour se rendre maître de tout, et moi un zéro en chiffre dans ma maison; d'un côté, une envie de piller mon ménage au lieu de l'améliorer; de l'autre, complaisance pour qu'il flatte sa petitesse et tristesse, toujours tristesse, un grand fond d'envie, inquiétude continuelle, difficultés à tout; maux déplorés sans présenter remèdes, silence constant sur ce qui pourrait consoler, babil sur ce qui afflige, alarmes par l'esprit et indifférence par le cœur; car, dès qu'on m'a dit avec tant d'exagération que tout va bien mal, pour peu que je mette sur les voies pour dire ce qu'on en ressent, on m'assure que cela est d'une parfaite indifférence. Et je ne souperais pas hors de chez moi!

11

14 *août*. — M. le garde des sceaux m'a traité aujourd'hui plus en ami que jamais, et il a paru avoir des vues pour me charger du ministère des finances. Il m'a détaillé quelques-unes de ses idées pour subvenir à la guerre où on va entrer, particulièrement sur la compagnie des Indes. Il m'a dit qu'il avait vu depuis peu un de mes meilleurs amis, et qu'il était bien aise de me trouver; que c'était M. Bernard[1] dont il voulait parler, qu'ils avaient parlé de moi ensemble, et qu'ils s'étaient promis de me le dire chacun.

Cela venait à l'occasion du ministère des finances. J'ai dit que Bernard lui était bien attaché, il m'a répondu qu'il se mettrait au feu pour lui. Nos deux premiers ministres ont plus que jamais recours à Bernard, et pour le commerce et pour les emprunts; de sorte que je verrai désormais plus que je n'ai fait le dit Bernard, qu'on affecte de consulter et qu'on consulte en effet.

Mon frère m'a souvent dit que M. le garde des sceaux parlait loin de sa pensée, et qu'il travaillait à feindre depuis son lever jusqu'à son coucher. Pour moi, dont il connaît l'attachement sincère à ses intérêts, je ne l'ai jamais trouvé que me confiant des vérités. Mais, comme ministre, il a pris l'habitude de ne se pas ouvrir d'abord ni entièrement, et on peut souvent en pénétrer plusieurs choses plus qu'il ne dit, par ce dont il me met sur les voies.

J'ai donc cru connaître dans sa longue conversation que M. Orry est beaucoup plus proche de sa chute ou d'une retraite volontaire que M. d'Angervilliers;

1. Le fameux Samuel Bernard.

qu'il était médiocrement question du petit Rouillé pour le remplacer, et point du tout de M. Dodun qu'il m'a nommé le premier ; qu'il a pu déjà avoir été question de moi, et que l'on résistera à M. le Duc pour Breteuil ; car on veut bien permettre à ces princes un crédit de déplacer, mais non pas de placer ; autrement les ministres qui sont leurs créatures, leur procurent trop de pouvoir et font tout pour les officiers de leurs maisons.

Août. — J'ai perdu, le mois passé, la marquise de Lambert qui, quoique âgée de quatre vingt-six ans, était mon amie depuis longtemps[1]. Les savants et les honnêtes gens se souviendront longtemps d'elle. Voyez son éloge dans le *Mercure Galant* de ce mois-ci. On a imprimé d'elle, sans sa participation, les *Conseils*

1. Anne-Thérèse de Marguenat de Courcelles, mariée le 22 février 1666 au marquis de Lambert, morte le 12 juillet 1733. Nous ajoutons à ce que l'auteur en dit ici quelques lignes extraites des *Remarques en lisant*, n° 1209, à propos de la publication, en 1748, du second volume des œuvres de la marquise.

« Mme de Lambert élevée par Bachaumont, nourrie de la lecture des anciens dans les traductions seulement, n'ayant fréquenté que des gens de mérite, ayant cultivé son esprit, son cœur, sa vertu, n'eut de passion qu'une tendresse constante et assez platonique (nous croyons qu'il s'agit du marquis de Saint-Aulaire) ; elle était riche, faisait bon et honorable usage de ses richesses, et fit du bien à ses amis et aux malheureux autant qu'elle put.

« Ses œuvres se ressentent de tant de bonnes sources ; on y trouve quelque affectation de précieux dans les termes ; ils sont cependant justes et expressifs, quoique parfois néologiques et trop figurés. Mais que de belles choses dans tout cela sur les femmes, l'amitié et la vieillesse principalement. Livre à lire continuellement. »

d'une mère à son fils et à sa fille et *Sentiments sur
les femmes*[1]. Ces ouvrages contiennent un résumé
complet de la morale du monde et du temps présent
la plus parfaite. Il y avait quinze ans que j'étais de ses
amis particuliers et qu'elle m'avait fait l'honneur de
m'attirer chez elle; sa maison faisait honneur à tous
ceux qui y étaient admis. J'allais régulièrement dîner
chez elle les mercredis qui étaient un de ses jours;
on y raisonnait sans qu'il fût question de cartes,
comme au fameux hôtel de Rambouillet, si célébré
par Voiture et Balzac.

Elle m'avait voulu persuader de me présenter pour
une place à l'Académie française, honneur qu'elle
prétendait qui me convenait et auquel je convenais;
elle m'assurait du suffrage de tous ses amis qui étaient
en grand nombre à l'Académie. On lui avait même
donné l'air ridicule d'une chose réelle, qui est qu'on
n'était guère reçu à l'Académie qu'on n'allât chez
elle se faire présenter, quand même on eût été peu
connu. Il est certain qu'elle avait bien fait la moitié
des académiciens.

J'ai appréhendé cet éclat, l'envie et la satire des
petits esprits prétendant à cette place, soit dans les
auteurs, soit dans les gens du monde, la corvée d'une
harangue en public; tant de fadaises m'ont rebuté; et

---

1. *Avis d'une mère à son fils, à sa fille.* — *Réflexions sur les
femmes.* — Au sujet de ce dernier ouvrage et à l'appui de ce qui
est dit ici de la répugnance de Mme de Lambert à le laisser publier, voici ce que nous lisons dans une lettre inédite de la marquise au président Bouhier : « Pour dérober au monde la connaissance de l'écrit que vous me demandez, monsieur, il m'en a
coûté bien de la peine et bien de l'argent. »

probablement, ayant perdu Mme de Lambert sans
avoir accepté son offre pour l'Académie, l'occasion si
belle ne se présentant plus, tout, jusqu'à la tentation,
m'en est ôtée, Dieu merci, pour longtemps. Peut-être,
cependant, que quelque jour, une réputation plus
faite, etc....

Septembre.— Je vais présentement arranger tout
de suite ce qui regarde mon élection à l'Académie des
Belles-lettres jusqu'à la consommation de cette affaire.

Ayant appris, lundi dernier, la mort subite de mon
oncle l'évêque de Blois[1], par M. le Cardinal qui avait
reçu le matin un courrier de la reine de Pologne, je
m'avisai de lui demander sur-le-champ la place d'honoraire que mon dit oncle avait à l'Académie des
belles-lettres[2], et Son Eminence me l'accorda gracieu-
sement.

Je comptais sur cela avec raison; j'en fis part à
M. le garde des sceaux qui me dit qu'il en fallait toucher un mot à M. de Maurepas, ce que je fis; mais il
se trouve que cette académie n'est pas dans le département du secrétaire d'État de la maison du roi,
comme les autres, mais qu'elle est encore en celle de
M. d'Antin, à qui il est resté plusieurs choses de la
dépouille de ce ministère[3]. J'écrivis donc à M. d'An-

1. Jean-François-Paul Lefèvre de Caumartin.
2. Cette Académie se composait alors de membres *honoraires*,
de *pensionnaires*, *d'associés* et *d'élèves*. Les honoraires formaient
en quelque sorte le banc de la noblesse, et c'était parmi eux que
le roi nommait chaque année le président et le vice-président.
3. Louis-Antoine de Pardaillan de Gondrin, duc d'Antin, fut
surintendant des bâtiments, arts et manufactures de France jus-

tin, suivant le conseil de l'abbé Bignon, ainsi qu'au cardinal de Polignac, lors président de l'Académie; je passai deux fois chez lui et ne l'y ayant pas trouvé, je lui écrivis comme je le dis. De plus, j'en parlai à quelques personnes, comptant la chose bien sûre.

Mais M. le garde des sceaux m'a montré aujourd'hui, 3 septembre, une lettre qu'il a reçue de M. d'Antin, et qui l'embarrasse, dit-il : il y est marqué qu'apprenant la mort de l'évêque de Blois, il compte remplir sa place à ladite Académie par M. l'abbé de Rothelin à qui il l'avait promise d'avance. Il a rendu compte de cette lettre à Son Éminence, et monseigneur le cardinal, trop circonspect, à son ordinaire, pour des seigneurs à qui il devait tenir tête tout autrement, a été touché de cette lettre de M. d'Antin, et a marqué au garde des sceaux qu'il craignait de se compromettre, et qu'on ne dît qu'il voulait tyranniser cette Académie.

Le 8 septembre, j'écrivais au garde des sceaux : « Monseigneur, vous aurez la bonté de remarquer que ce n'est point pour l'élection libre, ni pour les suffrages de l'Académie des belles-lettres que M. d'Antin réclame la disposition de cette place, mais pour lui seul qui s'est, dit-il, engagé en faveur d'un autre depuis longtemps; que, cependant, il n'a pas plus de pouvoir sur cette académie que M. de Maurepas

qu'en août 1726, époque ou cette place fut supprimée, mais il conserva le titre de directeur général des bâtiments du roi, et l'Académie des inscriptions et belles-lettres resta, comme on le voit ici, dans ses attributions, bien que les autres Académies eussent passé depuis la mort de Louvois dans le département de la maison du roi.

dans l'Académie des sciences, et que celui-ci n'opposerait pas ses engagements particuliers et antérieurs à la vacance d'une place contre l'agrément qu'on aurait obtenu de vous, monseigneur, et de monseigneur le cardinal.

« Après ces réflexions, je vous demande comme une grâce, ainsi qu'à Son Éminence de ne plus penser à moi sur ceci, pour peu que cela fasse de difficulté. Je sens tout le ridicule qu'il y a de vous parler de moi au milieu de tant d'affaires, dont vous vous occupez pour le bonheur et la gloire de l'État. »

J'avais aussi écrit à M. le cardinal de Polignac, lors président de l'Académie, pour lui demander son agrément. Ayant passé chez lui, je le trouvai parti pour son abbaye d'Anchin. Il y a longtemps qu'il m'honore de ses bontés particulières ; ce qui a commencé du temps de son exil en Flandre. Il me répondit pour me donner son agrément et me promettre son suffrage[1].

M. de Boze, secrétaire perpétuel de l'Académie des Inscriptions et belles-lettres[2], m'a conduit en tout ceci. J'avais aussi pris les conseils de l'abbé Bignon[3] et de Fontenelle.

Pendant ce temps-là, il me revint de tous côtés que tous les académiciens marquaient une véritable joie de ce que j'avais songé à être des leurs, tandis que

1. La lettre du cardinal de Polignac, ainsi que les autres lettres citées ou indiquées dans le cours de ce récit, se trouvent dans le premier volume des *Mémoires d'État*, p. 287 et suiv.

2. Gros de Boze, secrétaire perpétuel depuis 1706 jusqu'en 1742.

3. Petit-fils de l'avocat général Jérôme Bignon et neveu du chancelier de Pontchartrain.

le général de cette compagnie se souciait médiocrement de l'abbé de Rothelin qui, quoique homme de
mérite, amateur de l'antiquité et ayant un beau cabinet de médailles, a plus d'ennemis que d'amis, parce
qu'il se mêle, dit-on, de trop de choses.

On m'assura que je pouvais proposer par des tiers
que, si M. l'abbé de Rothelin, de son côté, ne se souciait que médiocrement de cette place, on tournerait
les choses de façon que j'aurais toujours la place de
feu mon oncle et que l'abbé de Rothelin n'aurait que
celle d'après. M. de Fontenelle se chargea de le faire
pressentir.

Je vis M. le duc d'Antin à Fontainebleau, qui se
chargea pour après la Saint-Martin, lors de la rentrée
de l'Académie, de négocier en ce sens avec l'abbé de
Rothelin; il me réitéra au moins sa parole, pour la
première place d'après. Il m'apprit cependant que
l'abbé de Rothelin avait marqué jusques ici un empressement extraordinaire; qu'il avait parole d'une
place d'honoraire à la précédente vacance, où on lui
avait néanmoins préféré le duc de Saint-Aignan, notre
ambassadeur à Rome. Il me réitéra ce que m'avait
déjà dit M. le garde des sceaux, savoir : qu'il avait
promis de m'écrire une lettre par laquelle il m'assurait de la première place. Je lui répondis que sa parole
valait pour moi toutes les lettres du monde.

Cependant, je ne savais ce qui en devait être, lorsque, quelques jours devant la Saint-Martin, j'appris
la mort de l'évêque de Langres[1], décédé subitement

1. Pierre de Pardaillan de Gondrin, abbé d'Antin, mort le
2 novembre 1733.

d'une hémorragie à son évêché. Il était fils de M. d'Antin, l'un des quarante de l'Académie française et honoraire à l'Académie des belles-lettres. Cela mettait tout d'accord, mais j'étais fâché que cette première vacance qui m'était promise tombât justement sur le fils de M. d'Antin.

J'allai consulter M. de Boze, qui me conseilla de passer sur-le-champ chez M. d'Antin, qui était à Paris avec la goutte, et d'y laisser une lettre; ce que je fis. Il m'apprit en même temps que j'avais un concurrent, mais que je ne devais pas redouter : ce rival était l'évêque de Luçon[1], lequel a des vues pour être précepteur du Dauphin, et, pour cet effet, il veut s'afficher de bonne heure pour homme de lettres. Ledit évêque de Luçon était venu à M. de Boze et même lui avait écrit, mais il ne résultait de tout cela que des mesures prises pour une troisième place vacante. M. le cardinal de Fleury et M. d'Antin avaient déjà témoigné à M. de Boze que l'on ne changerait rien à mon égard, et qu'on m'agréait bien volontiers. J'ai connu par là que ces sortes de places étaient beaucoup plus briguées à la cour qu'on ne croyait, et que, quand les candidats y paraissaient indifférents, ce n'était que par impuissance d'y réussir, ainsi qu'en bien d'autres postes.

J'écrivis donc, le 8 novembre, à M. d'Antin, pour lui faire mon compliment sur la perte de son fils et lui marquer en même temps combien il m'était dur d'avoir à le faire souvenir de moi, en cette triste occasion, pour la seconde place de l'Aca-

1. Augustin Roch de Menou de Charnizay.

démie qui demeurait vacante. J'y reçus la réponse
qui suit :

« Je vous rends mille très-humbles grâces, monsieur, de la part que vous voulez bien prendre à la
perte que je viens de faire : ce sont de ces malheurs
dont il y a peu de moyens de se consoler.

« M. l'abbé de Rothelin *remplit la place vacante*, et
j'ai l'honneur de vous réitérer la parole que je vous ai
donnée *pour la première qui vaquera*. Je suis très-parfaitement, monsieur, votre très-humble et très-obéis-
sant serviteur,

                              « Le duc d'Antin. »

En lisant cette réponse de M. le duc d'Antin, je fus
surpris qu'il n'eût pas compris le sens de ma lettre,
et qu'il ne se fût pas souvenu que son fils, l'évêque
de Langres, laissait une place vacante à l'Académie
des belles-lettres, que je demandais, si je ne pouvais
avoir celle de mon oncle l'évêque de Blois. Peu de
temps après, M. le garde des sceaux m'écrivit « que
M. d'Antin n'avait pas songé à la place que son fils
laissait vacante, mais qu'aux termes même de sa
lettre, elle m'appartenait, puisqu'il supposait M. l'abbé
de Rothelin rempli par l'autre. » Et vers le même
temps, il me dit à Grosbois, que c'était une affaire finie pour moi que celle de l'Académie. M. le
cardinal m'avait assuré, de lui-même, à peu près la
même chose quelque temps auparavant.

8 *Décembre.* — M. de Boze m'a montré les deux lettres de M. d'Antin pour recommander à l'Académie

d'élire M. l'abbé de Rothelin et pour m'élire. Celle
pour l'abbé de Rothelin était négligée et commune ;
la mienne contenait quelques expressions singulières :
il y marquait de quelle bizarrerie était son sort, de
vouloir qu'il songeât à partager la dépouille du plus
jeune et du dernier des fils qui lui restât ; il y disait,
du reste, qu'il croyait que l'Académie ne pouvait pas
faire de choix meilleur que de moi ni plus agréable à
Sa Majesté ; et, dans toutes les deux, que le tout devait
se faire sans gêner la liberté des suffrages.

M. de Boze dit que cette recommandation est d'une
espèce singulière et une manière d'entreprise sur la
liberté académique qui avait été jusqu'ici en possession d'élire librement ses membres ; que M. d'Antin, dont l'empire était doux et qui n'altérait en rien
leurs usages, se contentait d'une insinuation verbale
en faveur d'un sujet que la cour avait pour plus
agréable ; que c'était peut-être sa maladie, laquelle
ne lui permettait de voir personne, qui lui avait
donné lieu d'écrire ainsi ; que, peut-être aussi,
était-ce par quelque nécessité qu'on aurait remarqué
de fixer l'ordre et la primauté des deux candidats, à
cause que plusieurs académiciens étaient prévenus
contre l'abbé de Rothelin. Cependant, on va voir ce
qui arriva dans l'Académie sur cette même primauté.
M. de Boze m'a dit de ne rendre visite qu'aux officiers
de l'Académie ; ce que j'ai fait, et je n'en ai pas vu davantage.

J'ai rencontré l'abbé de Rothelin chez Mme de
Sandwich ; nous n'avons pas eu beaucoup d'explications ensemble ; il m'a fait promettre que je ne verrais
que les officiers et pas d'autres ; il m'a promis la

même chose, de peur, disait-il, de gâter le métier à l'envi l'un de l'autre; cependant, il ne m'a pas tenu parole; mais ç'a été par nécessité, *pro causa miserabili.*

11 *décembre.* — Il y a quelques jours que l'on fit à l'Académie française, l'élection des deux places qui vaquaient par les deux mêmes décès qu'à notre Académie. La première a été donnée à Montcrif tout d'une voix; la seconde a été partagée entre l'abbé Banier et M. Dupré de Saint-Maur; douze voix contre quatorze; le dernier l'a emporté de deux voix.

L'abbé de Rothelin a été accusé d'une brigue sourde pour exclure ainsi l'abbé Banier, lequel est de l'Académie des belles-lettres. On prétend qu'il s'est servi pour cela de moyens tout à fait offensants pour notre académie, disant que l'Académie française ne se remplissait que de sujets de celle des belles-lettres, que cette irrégularité était grande; que ce ne sont que des pédants.

Tous nos académiciens étaient outrés contre lui : ils ont été jusqu'à le dénigrer lui-même par d'autres endroits, et la plupart ont juré de ne le point élire. Cependant, on a négocié vivement : le cardinal de Polignac s'est trouvé plus de crédit qu'il ne croyait lui-même. L'abbé de Rothelin a été de porte en porte chez tous les électeurs; enfin, le scrutin s'étant fait aujourd'hui, il s'y est trouvé trente électeurs; ce qu'on n'avait peut-être jamais vu.

J'ai eu toutes les trente voix, sans aucune exception; l'abbé de Rothelin n'en a eu que vingt-quatre, et les six autres ont été données à M. le Chancelier.

Le procès-verbal d'élection, signé de M. de Boze et du cardinal de Polignac, président, pour plus grande sûreté, a été envoyé sur-le-champ à M. d'Antin; j'y suis nommé le premier et pour la première place, suivant les règles du scrutin de l'Académie, puisque j'ai toutes les voix sans exception, et qu'à mon collègue il en manque six, et puisque dans une partie des billets je suis nommé le premier.

La cour n'a pas encore décidé sur cette affaire, je n'ai su ce détail que comme un véritable mystère. J'ai craint que cela ne me compromît, qu'on ne s'imaginât que quelques intrigues de ma part auraient contribué à faire exagérer l'accusation de l'Académie contre l'abbé de Rothelin, afin de revenir toujours à être nommé le premier, comme je l'avais souhaité d'abord, ayant eu l'agrément de M. le cardinal de Fleury.

Je n'ai voulu ni pu songer à aucune intrigue pareille; je suis seulement dans le secret de ce qui s'est passé; avant l'élection, j'ai conjuré M. de Boze de tâcher que l'on suivît les intentions de la cour à l'égard de l'abbé de Rothelin et de moi; aujourd'hui qu'il s'agit de deux choses l'une, ou de contredire les intentions du ministre et de mortifier sensiblement l'abbé de Rothelin, ou de donner un soufflet à la liberté des suffrages, ce qui ne s'est pas encore fait, je jure que je suis inquiet et embarrassé de la mortification d'un autre.

18 *décembre*. — J'ai pris place aujourd'hui pour la première fois à l'Académie des belles-lettres.

J'avais reçu hier la lettre dont la copie suit, de la

part de M. de Boze, secrétaire perpétuel de cette académie, lequel écrit au vœu de la compagnie, et cette
lettre fait mon titre pour ladite place.

« 16 décembre 1733.

« J'ai l'honneur de vous informer, monsieur, que
nous avons reçu aujourd'hui la lettre de M. le duc
d'Antin, par laquelle le roi confirme votre élection à
la place de feu M. l'évêque de Langres, et, comme c'est
plutôt à l'Académie qu'il en faut faire compliment
qu'à vous, je me contente de vous en donner avis
sur-le-champ, en vous renouvelant les assurances du
respectueux dévouement avec lequel je suis, etc.... »

On voit par là que le vœu de l'Académie n'a pas été
suivi, comme j'ai dit ci-devant qu'il avait été pour
que j'eusse la première place et l'abbé de Rothelin la
seconde, puisque la pluralité et même la qualité des
suffrages l'avait emporté ainsi. Mais M. le duc d'Antin, et ce qu'on appelle la cour, en matière de con-
firmation d'élection, n'a pas jugé en devoir avoir le
démenti. Il est fâcheux que cette irrégularité et nouveauté vienne mal à propos décourager l'Académie.

L'abbé de Rothelin s'est, par là, aliéné l'amitié de
ses confrères, et je doute qu'ils en reviennent jamais;
car, comme je dis, l'affront est moins sensible pour
eux de recevoir, malgré la plupart, un homme de
mérite comme eux, que de voir, à son occasion,
l'honneur et la liberté de l'élection tyrannisée et maî-
trisée par la cour : c'est à quoi ils sont fort sensibles.

Pour moi, je me suis tenu, sur tout cela, dans

l'obéissance passive et dans une résignation complète.
J'ai plutôt sollicité pour l'abbé de Rothelin que pour
moi, sur cette préférence de pas que la cour ne m'a-
vait pas promise. Je n'ai point non plus été pour avoir
d'éclaircissement avec l'abbé de Rothelin, ni lui pré-
texter que tout cela se passait contre mon gré. La
seule fourberie où j'ai donné a été d'affecter, sur ce
qui se passait, plus d'ignorance que je n'en avais.
Aussi, me retrouvé-je, en cette occasion, plus ami
que je ne l'étais de l'abbé de Rothelin et du cardinal
de Polignac, son grand ami et protecteur.

Cette éminence me pria hier à dîner, et au moins
pour aujourd'hui, à quoi je n'ai point manqué, afin
de mener à l'Académie les deux nouveaux honoraires.
Grande conversation avec l'abbé de Rothelin; nous
avons suivi le cardinal de Polignac avec le carrosse
de l'abbé, qui ne cessait point de me conter ses
peines, intrigues, rancunes, etc....

Peut-être plusieurs de l'Académie n'auront-ils pas
été également contents de me voir arriver de si bonne
intelligence avec mon rival et son protecteur; mais
ce léger mécontentement passera à mon égard et tout
le monde sera content.

Voilà bien des paroles pour peu de chose!

1734.

Janvier. — Le ministère continua à travailler vivement aux négociations et aux dispositions pour la
campagne prochaine. Le public, plus frondeur que
jamais, alla jusqu'à souhaiter du mal à la patrie pour
voir échouer la fortune de M. Chauvelin avec ses en-

treprises. Cependant, à examiner l'état des affaires
avec un peu de sens et de bonne foi, on devait trouver
que tout riait à la France; une grande occasion et bien
saisie d'abaisser la maison d'Autriche ou celle qui lui
succéderait, nuls ennemis suffisants à nous opposer,
l'empereur et même l'empire étant d'une faiblesse
extrême sans le secours des puissances maritimes; de
ces deux puissances, les Hollandais entièrement portés
pour nous, et le roi d'Angleterre fort traversé chez
lui, ces deux États et les autres qui formèrent la
grande alliance de 1702 n'ayant aucun des grands
motifs d'alors pour s'acharner contre nous.

M. le garde des sceaux, encouragé à un si beau travail, y sacrifie ses forces et sa vie; il n'y a pas d'exemple
qu'un homme ait suffi encore à un travail aussi conti-
nuel. Il a pour perspective de repos de grandes améliorations dans le dedans du royaume, mais avec cela
il faut remplir heureusement les deux buts orageux
qu'il s'est proposés, l'un de placer tranquillement le
roi Stanislas sur le trône de Pologne, l'autre de réduire
l'empereur à la juste grandeur où l'équilibre et le
bonheur de l'Europe veulent qu'il soit, après quoi
nous pourrons garantir volontiers sa pragmatique.
Toutes les puissances du Nord et du Sud conviennent
déjà du premier article, moins pour l'honneur de notre
couronne que pour préserver le Nord d'une tyrannie
sensible depuis que l'empereur et la czarine se sont
unis si étroitement, qu'ils prétendent y disposer grossièrement des couronnes et des droits. Notre seconde
vue est plus combattue, et s'achemine cependant à
une persuasion universelle.

La candeur reconnue de M. le cardinal de Fleury

est une des plus grandes sources de la facilité de nos
succès; mais d'ailleurs comme son âge ne lui permet
pas de se livrer à un travail épineux, à quelles discussions continuelles son second, M. le garde des sceaux,
est obligé de se livrer! Leurs ennemis se taisent enfin
à la vue de tant de choses qui les surprennent.

Ces deux ministres m'ont continué jusqu'à présent
les mêmes bontés et la même considération. M. le
garde des sceaux m'a demandé plus qu'auparavant ce
que je pensais de chaque événement, et les instructions qu'il m'a fait prendre de M. Pecquet, m'ont mis
à portée de mieux entendre des affaires aussi élevées
que celles des négociations et de la politique exté-
rieure du royaume. Je ne nommerai ces peines in-
fructueuses que si elles ne me donnent pas l'occasion
de rendre des services effectifs à ma patrie et à mon
roi; car, quant à soi-même, que peut-on désirer de
bonheur par les places publiques? Si c'est la grandeur,
on souhaite d'entrer dans une carrière sans bornes;
si c'est le bonheur, quelle différence de travailler en
spectateur ou en acteur!

Sur la fin de décembre 1733, et pendant janvier 1734,
le roi a fait chanter plusieurs *Te Deum* coup sur coup
pour les places du Milanais que nos armes ont con-
quises sur les Allemands.

M. le garde des sceaux a droit, ainsi que M. le
chancelier, de nommer quelques conseillers d'État
pour l'accompagner à ces cérémonies où ils assistent
ensemble. Il est vrai que M. le garde des sceaux, par
usage et par modestie, en nomme un plus petit nombre que son collègue. Ils m'ont toujours nommé tous
deux à la fois; mais mon engagement étant plus an-

cien avec M. le garde des sceaux, ainsi que mon attachement connu pour lui, je suis dans l'usage, depuis
qu'il est en place, de composer toujours sa carrossée
avec M. de Harlay et M. Chauvelin, son cousin.

Le 12 janvier, M. le garde des sceaux m'invita par
un billet de l'accompagner au *Te Deum* pour quelques jours après (le 14). Au dîner que nous donna
M. le garde des sceaux, avant le *Te Deum*, il manqua
plusieurs choses, et cela se tourna en plaisanterie,
parce que, disait-on, M. Chauvelin n'y était pas,
étant resté à Marly. M. le garde des sceaux dit qu'il
voulait avoir sa revanche, et nous invita à souper
tout ce que nous étions là, à la huitaine. Il ne dîna
point et soupa ce jour-là. Le souper fut excellent, et
cela fut fort gaillard, d'autant qu'il y avait de bonnes
nouvelles sur le tapis. M. de Carignan et M. Chauvelin revinrent de Marly pour ce souper, et s'en retournèrent de nuit par une belle gelée.

—J'ai eu lieu depuis peu de remarquer davantage
quel était le caractère de ma femme, et cela à l'occasion de la séparation qu'elle a voulu absolument
faire.

La passion qui nous occupe dans des événements
aussi personnellement intéressants, plusieurs circonstances fort bizarres, m'avaient d'abord porté à penser
extrêmement mal d'elle, mais depuis j'en pense mieux,
et ce mieux explique lui seul toutes les oppositions si
contrastées dont je parle.

Je trouve donc qu'elle doit avoir la volonté extrêmement forte, et ce qu'on appelle grand entêtement,
défaut qui n'arrive qu'aux petits esprits dont les nerfs
sont robustes au cerveau, mais dont la faculté intelli-

gente est tellement bornée, qu'ils ne voient les choses
qu'en un sens, ne s'étendent pas au loin, et surtout
ne se replient pas sur eux-mêmes pour réfléchir et
juger de nouveau les opérations déjà faites. Cette fermeté de volonté ne dépend donc que des fibres et des
nerfs; elle est vertu chez les génies qui jugent bien, et
s'en tiennent à leurs décisions salutaires ou à leur
goût pour la vertu; mais quand ce tempérament est
donné à de petits génies, cela fait les têtus; on voit
beaucoup d'enfants comme cela, et cela tient à l'enfance.

Avec cela elle aura de l'esprit, beaucoup d'esprit,
si vous voulez, mais cette quantité est de la petite
espèce; c'est une armée nombreuse de pygmées qui
ont les bras si courts, les mains si petites et la vue si
basse, qu'ils n'ont que de très-petits desseins, mais
fort détaillés.

Avec cette classe d'esprit, on aime les arts mécani-
ques, on est propre à exécuter des ouvrages manuels,
à en apprendre proprement la teinture, mais on n'y
invente rien. Ma femme est comme cela; elle a bien
appris la musique, manie bien sa voix; je crois qu'elle
eût appris les langues; je lui ai vu commencer l'italien assez bien. Elle découpe, fait des vernis; elle fait
des ouvrages complets en ce genre, et s'y occupe beaucoup; elle aimerait la médecine; elle a beaucoup d'oiseaux et d'animaux, entend leurs maladies, et les gouverne elle-même.

Je crains que nos deux enfants ne se ressentent un
peu de ce raccourcissement de génie; j'ai vu à mon
fils bien des petitesses en proportion avec d'autres
opérations d'esprit qu'il embrassait dès son bas âge;

ma fille montre peu d'esprit, mais un fort bon cœur.
Il faut convenir que MM. Méliand ont tous peu d'esprit,
mais de la conduite et de la sagesse. Du côté des Le
Bret, le frère de Mme Méliand a quelques idées du grand
avec de la facilité dans le génie, mais il ne va pas à
tout. Ma belle-mère a moins d'esprit que lui ; elle est
indécise. Ce qui la fait briller, c'est qu'elle suit ardemment et avec justesse ce qu'elle embrasse. Toutes ces
deux familles sont privées absolument de l'imagination,
qui est la partie lumineuse de l'âme, qui lui porte l'élévation et qui l'étend.

Nos facultés une fois établies, elles se tournent à
bien ou à mal suivant les circonstances. Par exemple,
du caractère donné de ma femme, il est résulté de
l'avarice et de l'indépendance.

L'état de mes affaires quand je revins de l'intendance a pu y donner lieu ; elles étaient assez mauvaises, mais point incurables, puisque je les ai rétablies naturellement.

Elle aimait son pécule particulier, sa pension et ses
diamants ; et comme son caractère ne m'a pas absolument permis de lui confier mes affaires, après y avoir
essayé, elle a conçu que j'étais ruiné, et que je le deviendrais de plus en plus[1]. Une jalousie malentendue
a augmenté encore cette mauvaise opinion de mes

---

1. Mme d'Argenson n'avait peut-être pas tout à fait tort. On
sait que le marquis de Paulmy écrivait à son oncle : « J'ai trouvé
les papiers de mon père en bon ordre, au contraire de ses affaires. » Le président Hénault, dans ses *Mémoires*, déclare positivement qu'il mourut insolvable. Voyez, à la date de septembre 1742, les explications que le marquis d'Argenson donne sur
ses affaires d'argent.

affaires, elle s'est tournée à amasser, à m'engager et
à acquérir tant qu'elle a pu, mais d'une façon à être
maîtresse seule de ce qu'elle arrangeait ainsi; elle a
eu sur cela l'esprit des avares, qui est de s'imaginer
faussement travailler pour ses enfants, et au fond de
ne faire qu'exercer un goût de collection, dont la
jouissance stupide fait tout l'objet réel. De là elle est
devenue la femme la plus avare de Paris, ce qui la
mène graduellement à se refuser tout.

C'est encore ce qui l'a conduite à un goût absolu
d'indépendance. Elle a conçu avec petitesse d'esprit
tout ce qui regarde l'honnête subordination d'une
femme, et s'est indignée de tout ce qui détrône les
femmes dans le monde. Elle porte ainsi l'opinion de
la dignité d'une ménagère bien par de là le peu où il
va, et réduit à très-peu de chose celle du père de famille; elle croit que ce n'est pas être bon mari que
de n'être pas livré à des complaisances continuelles et
infatigables envers sa femme.

Mesurant ainsi toutes choses à des modèles et principes conçus par entêtement et petitesse, elle est parvenue à être de bonne foi dans ses plus grands travers;
car je n'ai jamais douté qu'elle ne fût de bonne foi,
vu la manière dont elle embrassait de certaines querelles. On ne joue point le vrai avec cette netteté de
perfection qui n'appartient qu'à la vérité.

Les petitesses dont je viens de parler l'ont conduite
à la séquestration de la bonne compagnie, même de
toute compagnie. Or, on a besoin de ces semoneurs
pour vous avertir que vous faites bien ou mal sur des
choses que vous pouvez savoir à la vérité, mais dont
vous ne vous avertissez pas, comme fait le monde et

la compagnie. De là donc elle est venue à souhaiter
ardemment un état flétrissant, et qu'elle seule a voulu
embrasser, mais avec une ardeur persévérante comme
on souhaiterait paradis. Je parle d'un divorce sur
lequel le monde m'a rendu pleine justice, pour ne
l'avoir pas mérité, pour l'avoir évité autant que j'ai pu,
et pour y avoir procédé avec vertu et générosité rare.

Février. — Il a été question ces jours-ci de faire
enfermer Mme la marquise de Ruffec, fille et unique
héritière de M. d'Angervilliers, ministre et secrétaire
d'État de la guerre. Elle avait épousé en premières
noces le président de Maisons. Elle est petite et très-
laide, mais joliment faite; et, à cause de son peu de
beauté, elle s'est adonnée à attaquer tous les hommes
qu'elle rencontre, et à n'en refuser aucun. Son mari,
surnommé *Basset*, avait compté la fixer; ces deux
magots s'aimeraient tant, disait-on, que ce serait un
ménage exemplaire. Mais depuis son mariage elle a
marché sur des pieds de gens tranquilles, elle a repris
ce fou de Courtanvaux, et elle a actuellement le grand
Prieur[1] pour jusqu'à son prochain départ pour les
galères.

Il est arrivé que d'un autre côté Mme la princesse
de Rohan[2] se pique de grande sagesse, malgré son
extrême beauté. Elle s'est vantée à son mari d'avoir
refusé jusqu'à sept amants tout de suite qui la persé-

---

1. Jean Philippe, dit le chevalier d'Orléans, fils naturel du
régent. Il était commandant des galères.

2. Ce doit être Marie-Sophie de Courcillon, née le 6 août 1713,
seconde femme en 1732, d'Hercule Mériadec, prince de Rohan.

cutaient, le tout pour les beaux yeux du prince.
Celui-ci s'est vanté de son côté; cette jactance du mari
et de la femme est parvenue aux oreilles des maîtresses de ces sept amants. On a projeté de s'inscrire
en faux contre la même jactance; on a adressé une
lettre signée de ces sept amants, comme serait une
requête d'un corps ou une nombreuse consultation
d'avocats. On a apporté ladite lettre à signer dans le
salon de Marly avant que le jeu commençât. Elle était
en termes très-spécifiques; on soutenait à la princesse
que personne de ces messieurs ne songeait à coucher
avec elle; il y avait des obscénités dans le style. La
lettre est parvenue à une princesse du sang qui s'est
trouvée assez décente pour la supprimer, en la jetant
au feu; mais on a tout su, et il court des copies de la
requête. On a été bien informé que le lieu de la rédaction a été la garde-robe de Mme de Ruffec, que le
grand Prieur tenait la plume, ce qu'il était à Mme de
Ruffec, ce que d'autres lui étaient, on a su sa maligne
volonté contre la maison de Rohan, etc.; et sur cela,
il a été grande question de l'enfermer. M. son père l'a
juré ainsi; mais il a trop d'affaires pour lui-même.
Pour le marquis de Ruffec, on ne sait ce qu'il médite;
mais depuis cela il a l'air sombre et ténébreux.

— La duchesse de Gontaud eût été la plus belle
de la cour, sans difficulté, si elle eût été grasse, et
celle à qui on aurait accordé le plus d'esprit, si elle
eût été bonne, tant il est vrai qu'il n'y a dans ce bas
monde qu'une bonne grosse femme qui réussisse
pleinement. Cette dame a donné dans l'excès contraire des deux conditions que je lui demandais; elle

est si maigre, qu'elle en fait pitié, et que cela est attribué à maladie, quoiqu'on n'en voie pas d'autres
symptômes, et elle est si méchante, qu'on l'accuse
de toutes les chansons qui se font à la cour. Il est
vrai que sur cet article elle a une fois joint l'aveu au
soupçon.

Elle tient beaucoup de la sirène, elle chante bien
et joue du clavecin; elle se montre douce et caresse
ses amis, elle joue la timide et la simple. Pour moi,
je la connais peu, mais on dit qu'elle est aussi méchante que le poivre; elle tracasse, elle ridiculise, elle
contrefait, elle intrigue, elle prétend déplacer les
ministres, et avec cela elle s'est hypocrisée en quittant le rouge qui lui faisait un joli visage; elle ne s'est
fait qu'une sainteté diabolique. Voilà comme d'ange
de lumière avec les pompes du diable, elle s'est fait
tison d'enfer en prenant la pâleur d'une anachorète.
Et que d'amants à la fois! Il ne lui manquerait plus
que de n'avoir pas de tempérament pour rendre son
incontinence inexcusable.

— Pendant cet hiver, on parlait beaucoup dans
le public de la grande vue qui pouvait éclore d'engager l'empereur à donner sa fille à don Carlos. Tout
bon citoyen doit frémir à l'idée de ce projet. Nous
devons notre sang à nos princes de France, autant qu'ils nous gouvernent et peuvent nous gouverner, mais dès qu'ils sont expatriés, dès qu'il s'agit de
leur procurer des souverainetés étrangères, je crois
que nous ne leur devons sacrifier ni une goutte de
sang, ni une obole de nos biens; il y a plus : dans la
situation de grandeur où la France est parvenue, tout

Français doit éloigner ce qui augmenterait la jalousie
contre la maison de France.

C'est sur cela que je fis un mémoire, que je remis à
M. le garde des sceaux, avec des observations de
l'abbé de Saint-Pierre[1]. On a vu que j'aimais à lui
communiquer les travaux de ce genre. On ne connaît
pas ce digne citoyen, et il ne se connaît pas lui-même.
Il a donné quantité de ses ouvrages politiques au public; il vise à un bien trop éloigné de nous; il arrive
de là qu'il se répète, roule toujours sur le même axe
et n'est point goûté. Cependant, il est bien au fait du
présent et du passé moderne, il a beaucoup d'esprit,
et s'est adonné à un genre de philosophie profonde et
abandonnée de tout le monde, qui est la vraie politique destinée à procurer le plus grand bonheur des
hommes.

C'est sur ce pied que j'aime à le consulter, quelque
réponse étendue ou bornée qu'il doive me rendre.

Mars.— Je voudrais examiner ici si j'ai ou n'ai pas
de l'amour-propre, et de quelle espèce il est; car tout
le monde en a; c'est comme la bile et le fiel, désa-
gréables liqueurs qui ne doivent pas prendre le dessus,

1. *Mémoires d'État*, t. II, p. 11. Question : *Doit-on craindre,
doit-on espérer que l'empereur prenne pour gendre un prince de la
maison de France ?*

Les *Observations* de la main de l'abbé de Saint-Pierre se termi-
nent par ce compliment à l'adresse de d'Argenson : « J'étais bien
éloigné à votre âge de penser aussi profondément que vous sur
les affaires publiques. Si, par vos observations et par les conférences vous continuez à exercer votre esprit et à vous instruire de
plus en plus des faits, où serez-vous parvenu dans quarante ans ? »

mais dont l'absence ferait périr l'individu. Il faut de l'amour-propre, ne fût-ce que pour nous empêcher de nous détruire en ne voulant prendre aucune peine pour notre conservation; il en faut pour accompagner cette source de toute émulation et, par là, de toute vertu, que le créateur a imprimée en nous, qui est l'envie d'être distingué entre pareils, l'amorce de la louange, la crainte du reproche. Les honnêtes gens, les bons citoyens l'aiment, mais en tout bien et tout honneur, comme on aime une femme qu'on honore. Mais les vicieux et les ambitieux, petitement et avec extravagance, l'aiment eux-mêmes en mal et comme on aime une p......

Qui s'aime vertueusement et qui a l'âme belle et grande a plus ou moins de place de reste, mais en a beaucoup pour aimer autre que soi, tel que la patrie, ses compatriotes, la vertu, la perfection des arts et surtout des ouvrages qu'il entreprend. C'est en cette dernière occasion où se trouve la pierre de touche de l'amour-propre. Comment traitez-vous cette besogne? est-ce en mercenaire, en homme qui rapporte tout à soi, à son avancement et bien-être, ou en homme qui aime le bien, qui veut que la charge soit très-bien faite quand même on ne le saurait pas?

Nous ne sommes ici-bas que pour nous rendre heureux, et nos compatriotes avec nous, autant qu'il est en nous; par là, nous honorons le créateur, que nous ne perdons point de vue. Nous devons donc former ainsi notre amour-propre, si notre cœur ne s'y tourne pas de lui-même. J'ai commencé cet article par dire que je parlerais de moi; il est donc vrai que le bien et le mal que j'ai dit de l'amour-propre, les cas où je l'ai

loué et blâmé, je n'ai pu tirer cela que d'après nature, et cette nature à moi dévoilée ne peut être que
la mienne.

— Les autres ministres et gens en place ont toujours revu la besogne de leurs commis pour en corriger la diction; M. le garde des sceaux Chauvelin a
une chose singulière et qui vient de son grand feu et
activité, c'est qu'il compose de sa main tous ses mémoires et dépêches, et il les donne ensuite à ses premiers commis, pour les revoir, corriger et mettre
au net.

31 *mars*. — La reine avait à cœur d'obtenir une
compagnie de cavalerie pour un officier de sa connaissance. M. d'Angervilliers lui a répondu qu'il fallait
qu'elle en dît un mot au cardinal. Celui-ci s'est ren-
frogné, a fait des difficultés, a dit que c'était un fou;
qu'il est vrai qu'il était brave homme. La reine, écon-
duite, a fait ses doléances au roi, le soir, en particulier; le roi lui a dit: « Que ne faites-vous comme
moi? jamais je ne demande rien à tous ces gens-là. »
Louis XV se regarde précisément comme un prince du
sang qui n'a aucun crédit.

[*Janvier* 1717.] — Le cardinal de Polignac m'a conté
diverses anecdotes, entre autres la raison de sa brouil-
lerie avec le régent. Il était fort de ses amis au commencement de la régence et au point qu'il le manda
pour le consulter sur l'alliance intime qu'il voulait
faire avec l'Angleterre.

D'abord, le régent avait suivi les errements du feu

roi ; puis l'abbé Dubois, depuis cardinal, voulant cul-
buter le ministère pour s'y mettre, lui fourra en tête
de s'unir étroitement avec le roi Georges. Le duc
d'Orléans dit donc au cardinal de Polignac que le roi
était d'une mauvaise santé, à tous moments malade,
qu'ils perdraient cet enfant là, qu'il en serait bien fâché, mais qu'il y voyait toute apparence et qu'il fallait
s'y précautionner ; que les renonciations consommées
en vertu de la paix d'Utrecht l'appelaient à cette belle
succession ; qu'à la vérité la loi salique, loi si sacrée
et si fondamentale qu'elle avait conservé la monarchie depuis longtemps jusqu'à présent, s'y opposait, et que lui, tout le premier, jugerait en sa
faveur s'il n'y était pas appelé personnellement, mais
que cela étant, il ne pouvait éviter de suivre cette
vocation avec tous les soins possibles ; que les renonciations n'étant exigées que par des traités im-
parfaits, il fallait renouveler ces renonciations, les
réitérer par la paix entre l'empereur et l'Espagne et
s'assurer de secours de ses voisins, le cas échéant, et
et que ces secours ne pouvaient venir que des trois
puissances, d'Angleterre, Hollande et l'Empire.

Le cardinal lui répondit : « Monseigneur, vous avez
un traité ; pourquoi en voulez-vous deux ? Mais voulez-vous que je vous parle librement de ce que je
pense de ce traité avec les puissances maritimes ? » Il
le lui permit. — « Sachez donc, Monseigneur, que,
ce malheureux cas arrivant, ce seraient les seuls alliés
de la France sur qui vous devriez compter, et non sur
des alliances particulières que vous auriez faites pour
votre seul intérêt. Pouvez-vous croire qu'en Angleterre on veuille que vous succédiez à Louis XV, et

qu'on ne voulût pas profiter de la conjoncture suppo-
sée plutôt que de vous être fidèle, tandis qu'actuellement on fait le procès à Londres aux trois ministres qui
ont conseillé la paix à la charge des renonciations
mais en souffrant que les deux couronnes restassent
dans la même maison de France? La mort du roi arrivant, ces trois puissances reprendraient certainement leur idée d'équilibre en donnant la couronne
d'Espagne à la maison de Savoie. Le roi d'Espagne
les gagnerait en un moment à son parti, ayant à
leur proposer quelque chose d'aussi considérable
que l'Espagne, s'ils voulaient bien favoriser sa
prétention sur la France. Et vous, Monseigneur,
qu'auriez-vous à leur proposer que Villers-Cot-
terets? »

M. le duc d'Orléans trouva que le cardinal avait raison et se résolut à ne point faire cette alliance. Mais, le
soir, le régent ayant dit cela à l'abbé Dubois, celui-ci
cria bien haut, lui dit que c'étaient ses ennemis qui
lui conseillaient cela, et il alla son train de s'unir avec
l'Angleterre. Par là on brouilla le cardinal de Polignac
avec le régent, et on lui persuada qu'il n'était que l'organe de ses plus grands ennemis, qui étaient à la cour
de Sceaux.

[*Mars* 1718.] — Le cardinal de Polignac m'a encore
conté cette anecdote qu'il sait du cardinal Alberoni
lui-même. Le roi d'Espagne ne songeait pas à revenir
jamais régner en France, quelque chose qui arrivât;
sa piété le détournait de contrevenir jamais à ses ser-
ments. Cependant, quelquefois, les passions étouffent
l'idée d'un premier devoir, et la persuasion achève le

reste. Il revint bientôt en Espagne, de quelle façon
M. le duc d'Orléans conduisait le royaume et lui-
même, son irréligion, sa dérision des mœurs. Les
hommes les plus saints sont sujets à l'influence des
passions, surtout de la part de la religion qui a les
siennes, par l'organe des dévôts malins et outrés.
Philippe V, par de semblables ressorts, tourna ses
vues vers le trône de France, ayant des motifs
et prochains et éloignés de vouloir du mal au régent. Une bonne intelligence continuée entre eux
n'eût pas laissé un moment libre à ces persuasions
sous lesquelles succomba la droiture de Philippe V.

Cependant Alberoni nie que le roi d'Espagne ait
songé sérieusement au trône de France en aucun
temps de la minorité. Mais, ai-je répliqué au cardinal de Polignac, si nous avions persévéré dans cette
parfaite union, ne serait-il pas arrivé que les desseins
trop vastes d'Alberoni nous eussent aussi enlevés hors
des bornes de prudence, ou bien que nous nous fussions
brouillés en y résistant? L'Éminence m'a dit savoir
encore d'Alberoni que c'était le duc de Popoli (et non
lui Alberoni) qui avait conseillé la conquête de Sardaigne et de Sicile.

Alberoni, dit-il, arrivant au ministère, avait bien
connu que cette monarchie pouvait être rétablie en
splendeur, au lieu d'un cadavre disloqué qu'elle était;
mais avant de songer aux conquêtes, il voulait tirer
un meilleur parti du dedans du royaume et des ressources d'Amérique; il travaillait à la marine; il avait
payé les dettes, il perfectionnait les autres parties du
gouvernement et il voulait attendre une occasion opportune (comme celle d'à présent, en 1734) pour atta-

quer l'empereur, lorsque celui-ci fut lui-même vivement attaqué par les Turcs. Philippe V fut donc poursuivi par les discours et démonstrations du duc de
Popoli, pour se servir de cette occasion de prendre
l'offensive envers l'empereur.

Alors Philippe V ne manquait pas de sujets de
mécontentement contre Sa Majesté impériale. La cour
de Vienne est si cruelle, si basse, si outrageuse,
si injuste, depuis que la maison d'Autriche a commencé à s'élever, que les moments de réconciliation
avec elle en sont d'outrages et d'excès. On n'ou-
bliera jamais la mauvaise foi avec laquelle l'empereur
fit l'évacuation de la Catalogne et viola la neutralité
d'Italie en faisant arrêter le grand inquisiteur Molinez.
Ces outrages faits à la monarchie de Castille suffiraient,
quand même l'occasion n'eût pas été aussi favorable,
pour attaquer l'empereur. Par deux fois, Alberoni
résista à commencer cette attaque, mais à la dernière,
Philippe V parla absolument, et il fallut obéir. Alberoni exigea du roi son maître un billet contenant ses
ordres, et alors le cardinal assura qu'il s'y prendrait
bien et allait mettre les fers au feu.

Il crut pouvoir s'assurer du duc de Savoie en lui
offrant des conquêtes en Italie. On sait aujourd'hui les
desseins d'Alberoni, à l'exception que, se défiant du
duc de Savoie, si justement décrié chez les princes de
France, Alberoni voulait commencer à frais communs les conquêtes par celles de Naples et de Sicile,
et revenir ensuite sur celle du Milanais, au lieu que
nous, nous avons commencé au rebours, mais certes
avec raison. De là vint que le duc de Savoie se méfia,
non des intentions, mais des succès, dès que la France

était fort éloignée de seconder ses vues. Voyant donc
qu'il ne profiterait de rien d'apparent, que, quand on
en serait à ce qui le regardait, l'orage serait tombé sur
leur ligue, qu'il courait risque de perdre ce qu'il avait
gagné dans la grande alliance par ses perfidies, qu'il
resterait peut-être la dupe, tandis que l'Espagne profiterait, qu'il serait attaqué par devant et par derrière
par l'empereur et par la France, il fit ce qu'ont coutume de faire les écoliers malins dans les colléges,
qu'on nomme *pestards*, il alla tout divulguer, espé-
rant d'y profiter de quelque chose du côté des alliés de
Londres, et il envoya pour cet effet, en France, M. de
Provana. Mais il y perdit au lieu d'y gagner, car ces
malins d'alliés d'Hanovre lui firent troquer la Sicile
contre le rocher de Sardaigne, et cela, par les mauvaises vues de ce vilain cardinal Dubois qui a augmenté l'empereur au lieu de l'abaisser.

Alberoni fut donc chargé de cette besogne qu'il
n'avait pas conseillée, mais, au contraire, qu'il croyait
devoir surseoir à entreprendre, et il fit de son mieux,
soit pour les intrigues, soit pour les opérations militaires. Il arrive encore plus naturellement, dans ces
entreprises qui ne sont pas de nous, qu'on les suit
souvent sans justesse, soit parce qu'on y a des dégoûts d'intervalle, soit parce qu'on se dit : « Qu'importe, nous n'en sommes pas les auteurs. » Il en arriva ainsi sans doute en cette occasion.

L'article d'avoir la France contre soi était capital.
Le traité de Londres qui suivit acharna l'Espagne à
cette poursuite sans la rendre plus facile, ains au contraire. De là chercha-t-on à faire quelque mal au régent par des intrigues semées dans l'intérieur du

royaume. Du côté de France, le régent et son abbé Dubois, irrités, portèrent leurs mesures à des excès vicieux en politique, abaissant notre maison pour élever celle d'Autriche et pour enrichir l'Angleterre.

Juin 1734. — M. de Plélo, notre ambassadeur à Copenhague, a été tué devant Dantzick[1] par une légèreté de tête soutenue de courage; il s'est engagé à ramener le faible secours que nous envoyions aux Dantzickois. Ces troupes, commandées par Lamotte, vieil officier d'infanterie, avaient trouvé la besogne impossible; elles reviennent à Copenhague pour y attendre un renfort. M. de Plélo, qui avait sans doute le plus conseillé ce secours, les gronda; on tient conseil chez lui; il veut qu'on retourne; un officier lui dit qu'il est bien aisé de proposer cela dans la sûreté de son cabinet. C'est là où la tête s'échauffe, et où l'homme ne considère pas assez la fin de ce qu'il entreprend, ce qui arrive plus volontiers à des gens de moyen âge, dans la force de leur tempérament, comme il était, et tête bretonne.

On a assuré que nos soldats l'avaient tué; il avait quinze coups sur lui[2]; il est retourné trois fois à l'attaque tout ruisselant de sang. Il est sûr que nos soldats étaient enragés d'aller à une si mauvaise besogne par son fait. Le vieux Lamotte se voyait blâmé, si cette nouvelle tentative avait réussi. Voilà bien des motifs de soupçonner les causes indignes de sa mort. Le ministère trouva ici qu'il prenait trop sur lui en quittant

1. Le 23 mai.
2. Cinq coups de feu et quatre coups de baïonnette, suivant Barbier, *Journal*, II, 466.

son poste sans ordre. Il est certain qu'il fallait ou
réussir ou mourir, car il n'y avait pas moyen de revenir. M. le cardinal de Fleury répondit assez sèchement à la reine, qui lui vantait cette action, dès qu'on
sut son départ pour Copenhague ; l'Éminence lui dit
qu'il hasardait sa vie et sa fortune. La reine répliqua
que pour ce qui était de sa fortune, elle en répondait, quelque succès qu'il eût.

Ç'a été comme un moment de situation bien intéressante dans une tragédie : on ne prévoyait pas cette
horrible catastrophe.

M. de Plélo était de mes amis ; nous avions beaucoup vécu ensemble cinq ou six ans avant son départ
pour le Danemark ; je ne m'attendais pas à lui dire
les derniers adieux quand il partit. J'ai plusieurs lettres de lui écrites de Copenhague, que je garde et qui
sont bien écrites[1].

On retrouve dans ces temps-ci tout le brillant de la

---

1. Nous avons lu des lettres inédites du comte de Plélo, qui
justifient pleinement l'opinion émise ici par d'Argenson. On a de
lui des poésies faciles et gracieuses disséminées dans plusieurs
recueils du temps. Nous l'avons vu traiter à *l'Entresol* les plus
graves questions de droit public, et il envoyait de Copenhague à
l'Académie des sciences de savants Mémoires sur les mathéma-
tiques et sur l'astronomie. En un mot, c'était à la fois un esprit
charmant, une intelligence encyclopédique, et le type accompli
du Français et du gentilhomme.

Comme le comte de Plélo était l'aîné de sa famille, la plus
grande partie de ses papiers est tombée entre les mains de la famille de Chabrillant, par le mariage de la fille unique du dernier
duc d'Aiguillon avec un membre de cette maison. M. Levot, qui
nous apprend cette particularité dans la *Biographie bretonne*,
ajoute que ces papiers renferment un grand nombre de productions littéraires et scientifiques inédites du comte de Plélo.

valeur française, et plus que jamais, comme dit Voltaire dans *la Henriade*, ils sortent du sein de la mollesse pour aller aux combats comme des lions. Nos jeunes gens sont plus petits et plus faibles que jamais par le raffinement du luxe et de la mollesse; ils en ont plus de mérite à se jeter librement dans les dangers, bien plus que nos pères demi-barbares, qui ne suivaient qu'une impétuosité brutale d'un fort tempérament. Quels qu'ils soient, voilà cependant des héros de tous côtés; car, en Allemagne et en Italie, on n'entend point dire que personne fasse mal. C'est une volonté prodigieuse dont on devrait bien profiter davantage pour aller en avant.

—Un des meilleurs amis de M. de Plélo, et qui agissait pour lui à Versailles, m'a appris depuis peu la cause du parti violent qu'il avait pris; sa tête était extrêmement échauffée d'un contre-temps qui lui arriva au mois de novembre dernier. Dans le temps qu'il donnait le plus de lieu au ministère d'être content de ses démarches, il avait sujet de s'en plaindre. Il eut occasion d'envoyer un courrier à Paris; il le chargea de plusieurs paquets pour ses meilleurs amis; cet exprès était un de ses domestiques, qui n'était qu'un idiot. Il descendit chez M. le garde des sceaux et eut l'imprudence d'ouvrir son paquet en sa présence. Il y avait une lettre pour l'abbé Alary, une pour M. de Maurepas et une pour Raymond, du Palais-Royal, surnommé *le Grec*. M. le garde des sceaux dit à ce sot de courrier que voilà qui était bien et qu'il se chargeait de faire rendre ces paquets. Le courrier voulut répliquer; il ne fut pas le maître

de reprendre ses paquets; le garde des sceaux s'en
empara.

On a vérifié depuis que toutes ces lettres avaient
été rendues tard ; qu'on remarquait au cachet qu'elles
avaient été ouvertes et que celle de Raymond avait
été perdue. Celle à l'abbé Alary ne parlait guère que
de littérature, celle de Maurepas parlait assez contre
le gouvernement, et celle de Raymond disait le diable
du ministère.

Depuis cela, le pauvre Plélo remarqua beaucoup
de froideur dans les procédés de M. le garde des
sceaux à son égard; il ne douta pas qu'il ne fût perdu,
il éprouva peu après des injustices. On lui avait promis l'ambassade de Hollande; il s'agissait de faire
M. de Fénelon conseiller d'État, si M. le comte du
Luc mourait, ou maréchal de camp; il a eu ce dernier grade, et M. de Fénelon n'est pas sorti de Hollande. M. de Plélo a compté que cela n'était manqué
que pour mieux; M. de Rottenbourg revenant absolument de l'ambassade de Madrid, il espérait lui succéder; M. de Maurepas croyait l'avoir obtenu; on y
a nommé M. de Vaulgrenant. M. de Plélo était enragé
de tout cela; il voulait périr ou faire une action
d'éclat qui forçât le ministère à l'élever malgré lui.
Par le parti qu'il a pris, et où il a péri, il commet-
tait le ministère avec la reine, si on ne lui accordait pas une grande récompense après un succès
d'éclat. Sa dernière lettre à l'ami dont je parle était
incompréhensible; il le priait d'assurer la reine qu'il
rendrait service au roi, son père, ou qu'il y péri-
rait. L'effet n'a que trop vérifié ce qu'il voulait dire
et faire.

Juillet. — Ayant reçu une lettre de M. le garde des sceaux pour m'inviter au *Te Deum* à chanter pour la bataille de Parme[1], j'ai répondu pour l'assurer que je n'y manquerais pas, et que je briguais de l'accompagner ainsi à tous les *Te Deum* qui se chanteraient, quelque loin que pût aller ce marché.

J'ai ensuite été avec lui au *Te Deum* pour la prise de Philippsbourg, et il m'a fait l'honneur de me confier diverses choses dans les conversations que nous avons eues ensemble, chez lui, à l'occasion de ces cérémonies. Je voudrais les avoir écrites sur-le-champ. Ce qui suit contient les principales choses dont je me souviens.

24 juillet. — *Conversation avec M. le garde des sceaux.* — Aujourd'hui, allant avec M. le garde des sceaux, dans son carrosse, dans les rues de Paris, il a parlé de plusieurs choses concernant les affaires présentes de l'État, que j'ai bien écoutées et bien retenues.

Il dit qu'on a été contraint de faire la guerre par l'opinion que les ennemis avaient conçue au désavantage de notre présent gouvernement, et que ce sont les Français eux-mêmes qui avaient jeté cette opinion. Il reprend les choses de plus haut; il prétend que dans ces derniers temps-ci, on a été obligé de recevoir beaucoup d'étrangers en France, de ministres et de sous-ministres, par les deux congrès de Cambrai et de Soissons et par la vivacité des négociations ; que le Français se livre volontiers à l'étranger et même encore plus cordialement qu'à son compatriote, de sorte

---

1. Gagnée le 29 juin contre les impériaux, par les troupes de France et de Sardaigne.

que ce goût frondeur qui domine principalement la
bonne compagnie, ayant porté nos Français à dire
mille maux de la faiblesse de la nation, de la non-
chalance insurmontable du ministère pour se porter
à la guerre, quelques nasardes qu'on reçût, de l'état
prétendu désespéré de nos finances, de la mollesse de
nos jeunes gens; par là, il n'était pas extraordinaire
que ces étrangers, négociateurs ou voyageurs, man-
dassent à leur cour et répandissent dans leur pays
qu'on pouvait nous mépriser impunément, de sorte
que le comte de Sinzendorff et les autres ambassadeurs n'avaient point mal servi leurs cours en leur
rapportant ce que publiait la meilleure compagnie de
Paris, où ils avaient pénétré intimement.

Qu'on le chargeait donc, lui, garde des sceaux, de
la guerre qu'on faisait; qu'il ne s'en défendait pas,
mais qu'il avait assez connu M. le cardinal pour s'assurer que, dès que la raison et l'intérêt de l'État voudraient la guerre, il s'y porterait d'aussi bonne grâce
que personne; que M. le duc d'Orléans, qui n'était
assurément pas accusé d'humeur trop sanguinaire,
avait été le premier à appuyer le plus fort au conseil
pour ce même parti, et qu'à présent elle durerait ce
qu'il plairait au dieu des armées.

Je lui ai remarqué combien c'était une chose éton-
nante et à jamais mémorable que cette valeur française qui, contre l'opinion de tout le monde, rendait
nos soldats et officiers plus braves que les vieux soldats
de M. de Turenne, et d'une constance opiniâtre inconnue au caractère attribué à notre nation, dans le
moment où l'on croyait qu'ils feraient très-mal pour
les premières campagnes.

M. le garde des sceaux dit qu'il songe, dès qu'il a
un moment à lui, à des projets d'arrangement du dedans pour le temps où nous aurons un peu de repos;

Qu'il rejette bien loin tout ce qui sent la méta-
physique de gouvernement ou de finances; que son
caractère d'esprit ne le porte à rien de tout cela;
qu'il n'entend que les choses simples et à la portée
de tout le monde;

Que, par exemple, une des choses qu'il a le plus
d'envie de corriger, c'est la publicité de tout ce qui
se passe dans les finances, surtout depuis la régence,
où tout a été divulgué. On veut, dit-il, donner crédit
aux affaires du roi, tout en dépend; eh bien, il faut
imiter ce qui se passe dans les affaires des particuliers.
On prête et on se confie à quelqu'un qu'on croit
riche, mais on ne sait pas précisément de combien il
est riche. Tout ce qui est trop connu est méprisé ou
même n'est plus en vénération, qualité cependant nécessaire pour s'attirer l'extrême confiance. C'est une
règle de l'autorité royale que de ne pas laisser voir
tout ce que le roi peut en France; bientôt on saurait
ce qu'il ne peut pas. Il en est de même des finances.
Cette maxime est bien établie dans un livre qui a pour
titre *Le Conseiller d'État*[1], composé en partie par le
cardinal de Richelieu.

J'ai objecté qu'en se donnant quelques mouvements, on saurait bientôt où allaient les parties de
recettes et de dépenses, les dettes actives et passives,
par les commis, caissiers, etc.... Il m'a répondu qu'il
avait vu cette discrétion du temps de M. Desmarets,

---

1. 1633, in-4. Ce livre est attribué à Philippe de Béthune.

et qu'on pouvait également engager au mystère les
commis des finances, comme Pecquet, du Theil et les
autres commis des affaires étrangères.

A propos des bons services qu'avait rendus Duverney, général des vivres pendant le siége de Philippsbourg, M. le garde des sceaux a raconté comment il
avait amené le retour des Pâris, en montrant et re-
marquant, en cette occasion, que les hommes détestés
dans des emplois qui ne leur convenaient pas, étaient
excellents quand ils étaient bien placés; c'est ce qu'on
a bien vu sur ces Pâris.

Comme nous étions à la descente du pont Neuf,
M. le chancelier a paru de l'autre côté, qui nous croi-
sait. M. le garde des sceaux n'a pas fait difficulté d'arrêter pour lui céder le pas, quoiqu'il soit adjoint au
premier ministère. Il a conté, en cette occasion, de
quelle manière il avait débuté avec lui, et que l'on
n'avait jamais vu un chancelier vivre aussi bien avec
un garde des sceaux;

Que, connaissant M. d'Aguesseau comme il faisait,
il avait commencé par annoncer à M. le cardinal que
tout irait bien, pourvu qu'il voulût bien faire la dépense extraordinaire de trois domestiques de plus auprès du chancelier, qui étaient un exempt avec deux
hoquetons, quoique M. le cardinal dît que cela n'é-
tait pas dû; en effet, cette différence de marques extérieures aurait mis de l'humeur en tout;

Qu'après cela, il avait été chez lui avec deux personnes de sa famille; que les articles de division
des deux charges avaient été bientôt réglées; qu'il
avait cédé aisément à tout ce qui regardait l'argent,
et que sur tout le reste, il avait établi des principes

fort clairs, dont la pratique avait été soutenue d'attentions et de condescendance, qui allaient jusqu'à les rendre même fort amis.

29 *Juillet.*—M. l'abbé Alary, instituteur des enfants de France, m'écrivit, en ce temps-là, une lettre par laquelle il m'engageait à me mettre sur les rangs pour la place à l'Académie française, qui vaquait par la mort de M. le maréchal de Villars.

Je lui répondis que je n'oserais jamais me mettre sur les rangs pour une chose aussi difficile, à mes yeux, que celle de haranguer le public à la cérémonie de la réception à cette académie, aussi peu de chose en elle-même que les fonctions d'académicien, honneur de bel esprit aussi précieux, et qui demandait autant d'orgueil pour y prétendre, et place aussi enviée, aussi chansonnée que celle-là; mais que j'étais bien flatté de la pensée de M. le cardinal en ma faveur; que je le conjurais de le bien remercier et que je prendrais langue avec lui à mon premier voyage de Versailles, pour voir si j'en remercierais Son Éminence formellement.

Mais le pauvre abbé Alary ne tarda pas beaucoup de jours à éprouver l'inconstance de la fortune et de la cour, ainsi que je vais le conter ensuite.

Dernier juillet.—La semaine dernière, j'eus avec l'abbé Alary une longue conversation, nous étant allés promener à pied à Trianon, par le plus beau temps du monde. Nous rencontrâmes dans les bosquets la reine, qui se promenait en calèche traînée par des Suisses. Je fus surpris dans mon habit un peu trop cavalier pour mon état; mais la chaleur et la promenade le voulaient ainsi.

L'abbé Alary me confia ses vues et ses espérances que je ne trouvais pas aller assez de suite. Il croyait avoir parole de M. le cardinal pour être sous-précepteur du dauphin, et il avait arrangé les choses dans son esprit de façon qu'il se croyait déshonoré, s'il n'obtenait pas ce débouché de sa place d'*Instituteur* qui est proprement maître à lire. Nous allions même jusqu'à envisager la place de précepteur; il s'agissait de quelle savonnette on se décrasserait pour être au niveau de cette place, la naissance manquant excessivement. L'abbé était assuré de Mme Dangeau, une des meilleures et des plus vieilles amies de Son Éminence; il m'en montra les lettres. Son Éminence l'avait destiné à être lecteur du dauphin, qui est la troisième place de l'éducation.

Je ne trouvais pas, pour moi, la besogne si avancée; j'entendais dire de tous côtés que la place de sous-précepteur était assurée à l'abbé Couet, grand intrigant, et fourbe dévot; on parlait du même sujet pour être précepteur en chef; en ce cas, on en nommait un autre pour sous-précepteur, et, en tout cela, nulle mention de mon ami. (Couet est le directeur de M. d'Antin, conscience proportionnée à ce conducteur d'icelle.)

Je lui donnai donc tous mes avis, et sur le vrai du présent, et sur les mesures à prendre pour la suite; il ne croyait pas grand'chose de tout cela, se confiait sur le crédit de Mme Dangeau, sur une assez grande bonne volonté de Mme de Lévis, autre favorite, mais principalement et avec raison, sur ses travaux et bons succès dans la place qu'il remplissait auprès des enfants de France.

Mais la brigue de la cour a bientôt culbuté cela. On a inspiré à M. le cardinal diverses impressions contre lui, et Son Éminence les prend volontiers en mal, ce qui le fait quelquefois changer comme une girouette. Il est vrai que l'abbé a ceci d'opposé avec le caractère du cardinal, qu'il aime quelques bons airs de cour, qu'il a la mine affairée et de la légèreté dans ses démarches. Il a eu l'air de se mêler de beaucoup de choses, tandis qu'il ne se mêlait de rien.

Quelques mois devant, M. le garde des sceaux fit à notre abbé des avances considérables pour se l'acquérir à lui; le coup de partie eût été de recourir à ce ministre pour s'expliquer sur le sous-précepteur qu'on voulait nommer au lieu de lui ; l'abbé crut devoir ne jamais dépendre d'autre que du cardinal, et a péché par cet excès de fidélité : beau trait de la morale qu'il faut pratiquer à la cour.

En ne s'attachant pas au garde des sceaux, il l'avait pour ennemi, car, par la charge des affaires étrangères, il avait prétendu que l'abbé voyait trop d'étrangers et leur disait trop de choses. Notre petite académie de l'*Entresol* où nous étudiions la politique avait été si bien en butte à M. le garde des sceaux, qu'il l'avait fait dissoudre, comme je l'ai dit ailleurs. L'abbé était fort ami de M. de Plélo et avait fait ses compliments à la reine, quand il partit pour s'aller faire tuer à Dantzick. Voilà encore de quoi faire dire : Qu'a besoin un instituteur de se mêler de tant de choses? A tout cela, imprudence, défaut de courtisanerie, fidélité à l'amitié, tandis qu'on se plaignait de lui de choses tout opposées.

Cependant, un beau matin, l'abbé Alary ayant un commencement de fièvre, monte chez M. le cardinal pour s'expliquer sur les bruits qui couraient qu'on allait nommer un précepteur autre que lui; il expose trop vivement que cela le déshonore; il met ce qu'on appelle le marché à la main; on le prend au mot et rudement.

Voilà où a abouti toute la cabale et ambition de mon pauvre ami.

Le lendemain qu'on l'a su disgracié, tout le monde s'est tourné contre lui, a dit qu'il était intrigant, impertinent, etc.; et M. le cardinal, tout honnête homme qu'il est, ne s'est pas trouvé assez de génie et de courage pour ne pas inculper avec excès celui qu'il avait disgracié. Tout ce qu'il a pu dire est que l'abbé lui avait parlé avec insolence, et puis qu'il se mêlait de trop de choses, etc....

On ne pardonne jamais à ceux qu'on a offensés, disent les Italiens. Voilà ce qui condamne mon ami à renoncer à la cour pour tout ce ministère-ci.

J'ai demandé permission à M. le garde des sceaux d'aller voir à l'ordinaire mon ami : on m'a su bon gré de ma circonspection. L'évêque de Luçon et moi l'avons persuadé de sortir de son bénéfice de Gournay où il goûtait les douceurs du repos, afin de se montrer à Paris et de faire cesser les bruits qui couraient de son exil, bruits qui, fort souvent, se réalisent, quand on se soustrait de soi-même au monde. Le pauvre abbé était encore alors bien occupé de ce qui lui était arrivé; mais quelque temps après, ses amis, comme M. de

Sully, M. de Flamarens, le comte de Brancas et le reste, l'ont mis dans le train de son ancienne société, indépendance et philosophie, où se trouve le seul bonheur. Il a recommencé à travailler à son histoire d'Allemagne.

Juillet. — Les bruits étant grands d'un futur congrès sur la paix générale, j'ai écrit à M. le garde des sceaux pour m'offrir à être un des plénipotentiaires, et il me répondit par une véritable promesse au sujet de cet emploi auquel il me destine, et sur quoi il me fait travailler depuis un an.

Je suis entré le 24 au conseil des dépêches pour une affaire qui regardait M. de Bassompierre. J'y ai représenté au roi toutes les injustices qu'on avait faites à quelques-uns de ses sujets qui y plaidaient. Le roi m'a beaucoup parlé; M. le cardinal et M. le garde des sceaux m'ont approuvé sur la manière dont j'avais opiné à ce conseil.

Août. — Les affaires politiques étrangères demandent deux choses, qui me décourageront désormais d'y donner mes soins comme par le passé : l'une est l'extrême secret envers tout le monde; l'autre est d'être exactement au fait de ce qui se passe actuellement. Il arrive de là que mes mémoires ont été à la vérité reçus avec assez d'empressement de M. de Chauvelin, mais je n'en sais pas le sort[1], si ce n'est que quelque chose

---

1. Après la disgrâce du garde des sceaux, d'Argenson parlait un jour au cardinal de ces mémoires politiques qu'il rédigeait sur les événements du jour et dont M. de Chauvelin assurait qu'il

m'en transpire par M. Pecquet, et que j'ai vu quelques idées suivies ou quelques-unes de mes phrases employées.

Ces réflexions me portent à ne plus travailler que pour moi-même ; je continue de suivre ce qui se passe, et je compte que, selon les événements, je jetterai sur le papier des matériaux propres à devenir utiles, si l'on m'interrogeait ou si l'on m'employait ; mais cela ne sort pas du portefeuille.

Fin de septembre. — Étant arrivé chez moi, à Argenson, où j'ai passé les trois derniers mois de 1734, j'écrivis à M. le cardinal et à M. le garde des sceaux des lettres de félicitation sur le succès de nos armes en Italie [1]. En même temps, sur les instances de ma famille, je recommandais à ce dernier mon beau-frère, M. de Collande, pour le grade de lieutenant général, mais il ne fut pas compris dans les deux promotions qui eurent lieu, sous prétexte qu'il était hors d'état de servir ; ce qui m'a mortifié, et m'a montré qu'on n'était agréable et accrédité à la cour qu'autant qu'on était utile : c'est un commerce.

---

rendait compte au premier ministre. — « Monsieur, répondit celui-ci, je vous assure qu'il mentait et qu'il ne m'en a jamais montré un seul. » *Journal de l'ambassade de Portugal,* f° 41. Mais il y avait peut-être plus de malice que de véracité dans cette allégation.

1. Dans ces lettres, d'Argenson, en dépit de ses belles résolutions, glissait un petit mot sur ses occupations favorites : « Je fais toujours des réflexions et des mémoires politiques, mais je ne vous en importune plus. J'ai imaginé plusieurs expédients pour la pacification générale, mais je me crois assuré que je ne vous aviserais de rien qui vous fût nouveau. »

15 *octobre*. — Je crus devoir écrire à M. le garde
des sceaux qu'il se présentait en Touraine l'acquisition
de trois magnifiques terres, dont la réunion serait digne
d'un grand seigneur, comme ses services méritaient
qu'il le devînt. Il me répondit comme il suit, et depuis il me dit sur cela, quand j'arrivai à la cour, qu'il
était pauvre, et qu'il se ferait honneur de rester tel.
Je lui parlais aussi dans ma lettre du bon état de la
récolte, et que la permission de sortir les blés avait
jeté assez d'argent en Touraine; que c'était une sage
action dans ce temps-ci d'avoir donné une telle permission.

« Je ne puis qu'être infiniment touché, monsieur,
de votre attention. Il s'en faut bien que je sois en état
de songer à des acquisitions; il y en a actuellement
d'étendues et d'utiles à faire pour arrondir entièrement Grosbois, et je ne suis pas en situation de le
faire. Je ne suis pas moins sensible aux marques de
votre souvenir. Vous me faites grand plaisir de me
mander que l'argent paraît dans la province, c'est un
grand bien. Je serais bien heureux si je pouvais travailler utilement pour l'État.

« Ce 21 octobre 1734. »

18 *novembre*. — M. Le Bret, oncle de ma femme,
étant mort subitement, cela a fait vaquer une place
de conseiller d'État. J'ai eu à regretter ce magistrat
qui réunissait tous les postes qui donnent de l'autorité
en Provence, dont il était plus le maître qu'un vice-
roi. Il réunissait encore plus de mérite de magistrature
et une sincère amitié pour moi. A tous moments on
le nommait dans le public à quelque ministère dont

on annonçait la vacance, surtout à celui de la guerre.
M. le cardinal le traitait en favori, et toutes ces espérances ont été tranchées par une mort subite.

De cette affaire-là ont aussi vaqué des bureaux de
finance au conseil; je croyais être sûr des premiers
qui vaqueraient, parce qu'on me les avait promis, et
parce que je suis depuis longtemps le plus ancien de
ceux qui y prétendent, étant présentement le sixième
des conseillers d'État de robe longue. Cependant voici
qu'il en a été tout autrement de cette attente, car on
m'a préféré un des cadets, et nommément à la place
qui m'appartenait de droit, M. Guynet, qui est tout
simplement un bonhomme, sans qu'on lui connaisse
d'autre mérite de préférence.

J'ai été assez heureux pour ne pas me plaindre trop
aigrement de cette injustice, quoique, du côté du revenu, je puisse me vanter d'être le moins riche du
conseil. J'ai laissé bien des gens se plaindre pour moi.
Mon frère, qui était resté à Fontainebleau pour les
affaires que donnait à la maison d'Orléans la retraite
subite de M. et de Mme de Modène[1] en France, m'a-
vait donné avis de cette vacance[2]. Sur cela j'avais écrit
itérativement au garde des sceaux et au contrôleur
général; j'avais affecté de mettre sur le compte de ce

1. François-Marie d'Est, prince héréditaire, et plus tard duc de
Modène, avait épousé en 1720 Charlotte-Aglaé, dite Mlle de Valois,
fille du régent. Le duché de Modène était occupé par nos troupes.

2. Les lettres du comte d'Argenson à son frère, relativement
à ces bureaux de finances, se trouvent dans les *Mémoires d'État*,
II, 78 et 81. Elles témoignent, nous devons le dire, de sentiments tout fraternels, et du zèle avec lequel il s'employa dans
cette occasion pour rendre service à son aîné.

dernier l'injustice dont j'aurais dû accuser en face le garde des sceaux; j'avais demandé au moins un troisième bureau qui vaquait, et dont on affectait de ne point parler; mais il avait bien fallu songer à la petite famille au lieu de m'apaiser, et on l'avait donné à M. Chauvelin, ancien intendant de Picardie, qui est beaucoup après moi au conseil, et qui est déjà largement pourvu.

Ainsi finit cette plate affaire des mes bureaux.

1735.

Mars. — Voici une autre affaire qui a encore manqué, et que j'ai bien cru qui m'allait faire faire un long voyage.

M. le maréchal de Noailles m'a fait l'honneur de vouloir être de mes amis, il y a environ deux ans que j'ai commencé à être connu de lui. La dernière fois que j'y dînai à Versailles avant la guerre, il me prêcha l'ambition, et il disait qu'il fallait commencer par me charger d'une intendance d'armée.

Je regardais cela comme un discours en l'air; cependant je reçus à Argenson une lettre où mon cousin Balleroy, lieutenant de la compagnie de Noailles, et très-intime avec le maréchal, me parlait de l'intendance d'Alsace. Je lui répondis combien je sentais le prix de cette faveur, voyant bien de quelle part illustre venait cet avis.

Dès que je fus de retour à la cour, je voulus examiner l'état des choses. J'avais déjà appris par lettre le moment de la disgrâce du maréchal de Noailles, accusé par M. d'Asfeld d'avoir manqué par sa faute

l'affaire d'Heilbron. Mais, à son retour, il se justifia
si bien, qu'il fit disgracier M. d'Asfeld. Cependant le
crédit du maréchal ne fut pas encore bien considérable, le public lui refusant son suffrage; enfin on le
déclara général de nos armées en Italie.

A l'égard de l'armée d'Allemagne, le maréchal de
Coigny fut nommé pour la commander; il fut toujours
question d'ôter l'intendance de cette armée à M. de
Brou; on l'y regardait comme un imbécile.

Mais dans le même bruit était compris celui de
le faire remplacer par Séchelles qui m'a succédé à
Maubeuge. Séchelles s'est fait quelque réputation par
les camps de paix dans son intendance frontière, et par
sa facilité à l'expédition que lui a donnée la fréquentation des bureaux de M. Le Blanc. Ce qu'il a eu de
plus pour lui a été l'intrigue; mais qui a versé une
fois verse bien deux. M. de Bellisle, camarade de
son ancienne disgrâce, avait pris au commencement
de l'hiver un grand ascendant dans le cabinet pour
les résolutions de guerre. Ce n'était pas le compte du
garde des sceaux qui ne veut que des gens attachés à
lui. On l'a laissé jeter étourdiment son feu, et il est
tombé de lui-même dans l'esprit du cardinal, qui n'a
qu'une estime frivole en vertu des impressions qu'il
reçoit. Séchelles est tombé avec l'éclat de la faveur
de M. de Bellisle; ce qui prouvait bien leur union, et
alors on leur a trouvé mille défauts.

Il n'était donc pas raisonnable de se jeter au travers
d'une intrigue si considérable pour profiter de l'inca-
pacité de M. de Brou. Celui-ci est retourné glorieux à
son intendance, malgré les lumières du maréchal de
Noailles, qui comptait que le bien de l'État le ferait

rappeler, comme cela aurait dû être, sans intrigue.

Mais trois semaines avant le départ dudit maréchal
pour l'Italie, voici ce qui m'arriva, et ce que personne n'a su, Dieu merci.

Il manda mon frère qui le voit plus souvent que
moi. Celui-ci me vint trouver sur le soir, dans une
maison où il me savait. Il me dit que le maréchal
s'était résolu de ne pas partir pour l'Italie qu'il n'eût
un état-major à sa dévotion, c'est-à-dire composé de
bons sujets, et qu'il ne m'eût pour intendant de son
armée; qu'il voulait savoir seulement si cela me conviendrait avant de me proposer, et qu'après cela c'était
affaire faite.

Qu'il avait déjà préparé les voies dans les premières
conversations avec M. le garde des sceaux; qu'il lui
avait dit qu'on ne réussirait pas avec un intendant
aussi suspect, aussi haï et aussi mal en succès que de
Fontanieu; que ce serait un désagrément d'avoir à le
révoquer au milieu de la campagne; que, par rapport
à moi, il savait déjà par M. Rouillé combien j'étais
agréable à M. le garde des sceaux;

Que cependant il s'y prendrait comme s'il ne me
connaissait que de réputation; que cherchant un sujet
il prendrait l'almanach dans le cabinet du garde des
sceaux, et ferait tomber l'idée sur moi, et ensuite s'y
obstinerait.

Après quelques délibérations, je souscrivis à cette
proposition.

Le maréchal avait encore ajouté qu'il avait re-
montré à M. le garde des sceaux que je lui serais nécessaire à lui-même; qu'il s'élevait à la cour un parti

qui irait loin, à savoir celui de M. de Bellisle et de
ses adhérents; que cela n'allait pas moins qu'à s'emparer de toute la confiance du roi et du cardinal pour
les affaires de la guerre; qu'ils voulaient pousser aux
emplois un valet à eux parmi les gens de robe; que
ce valet était le Séchelles; que vantant beaucoup les
succès qu'on supposait qu'aurait Séchelles dans l'intendance d'Allemagne, on le pousserait bientôt à la
place de M. d'Angervilliers; au lieu que lui opposant
en Italie un homme de condition qui ferait bien, on
rendrait inutile toute cette cabale.

On me demandait encore si je voulais de l'intendance du Dauphiné pour joindre à celle d'Italie,
comme les possédait de Fontanieu, afin de fortifier
les appointements.

On fut fort content sur cela de ce que je me portai
de moi-même à la seule intendance de l'armée, regardant celle du Dauphiné comme au-dessous de moi, et
cela facilitait d'autant la chose, parce qu'il ne fallait
point trouver une autre place pour Fontanieu.

Mon frère alla le lendemain rendre compte de mon
consentement au maréchal. On attendit la réponse
huit jours. Elle fut que les dispositions avaient changé,
non pas sur moi, mais sur la faveur qui mettait le
maréchal à portée de faire ses conditions, et mon nom
n'avait seulement pas été prononcé au ministère, de
sorte qu'il n'y a rien eu au monde de si secret que
cette petite intrigue.

Le maréchal ayant reparlé à M. Chauvelin de l'intendance de son armée, c'est-à-dire d'en ôter Fontanieu, il lui avait dit : « Monsieur le maréchal, vous ne
réussirez jamais à porter notre cardinal à déplacer son

Fontanieu. Je connais toute son insuffisance et même ses basses actions, mais c'est un faiseur de mémoires qui persuade M. le cardinal. Il s'est rendu blanc comme neige sur tout ce dont on l'a accusé; encore depuis peu sa famille et ses amis l'ont fait voir le plus grand intendant du siècle. Mais encore avez-vous quelque bon sujet à nous proposer? »

Que sur cela le maréchal n'avait pas voulu prononcer mon nom ni étaler ses idées sur moi, de peur de me rendre d'ailleurs suspect d'intrigue. J'ai donc rengainé mes projets de voyage et de mouvement.

Quoique mon frère eût charge de me bien recommander le secret, et même de le pousser jusqu'à ne pas voir M. le maréchal de Noailles, cependant je n'avais pu captiver ma reconnaissance jusqu'à ne pas l'aller chercher chez lui à Paris (on était alors à Marly), sous prétexte de lui souhaiter le bon voyage.

Après que l'affaire fut manquée, j'allai huit fois de suite à sa porte et aux heures que m'indiqua son suisse pour le trouver, mais je n'y pus jamais réussir, car on ne le voit pas qu'on ne lui demande audience par lettres. Il s'occupait entièrement alors à étudier continuellement les cartes d'Italie.

La dernière fois qu'il vit mon frère en maison tierce, il dit à mon sujet que ce qu'il avait tenté pour moi, c'était ce qu'on appelle *des arrhes* au coche pour d'autres choses, même plus grandes. Les petits-maîtres, qui connaissent le maréchal, disent que l'amour du bien public fait partie de sa folie. Il s'occupe donc continuellement de travailler sur les songes que doit avoir un homme vertueux; si cela est, nous ne lui serons pas inutiles.

Août. — M. de Verthamont, premier président du grand conseil (de qui j'attends qu'il me rappellera par testament, la mort de ma mère m'excluant de cette succession collatérale), ce président, dis-je, est un homme d'esprit mais qui n'a jamais réussi dans le monde, le défaut d'amour du monde ayant contribué à lui en enlever l'estime; car il n'aime personne, donc il n'en est point aimé.

Il doit avoir le caractère d'un honnête Turc, car il en mène la vie; il a passé la sienne et la passe plus que jamais avec des femmes fort subalternes dont il a les bonnes grâces, qu'il a eues, ou qu'il veut avoir, ou qu'il aura. Là, il prime comme un coq, on le mitonne, on lui complaît, il se vante. Puis il se reprend à l'idée du monde, revient à son tribunal, à ses clients, à quelques visites oiseuses, ou à Versailles. On peut juger des habitudes que cette espèce de vie a dû lui faire contracter.

— Il faut savoir que M. le cardinal de Fleury a aussi peu aimé mon père de son vivant qu'il a aimé et vénéré sa mémoire depuis sa mort, et depuis que cette Éminence est dans le ministère. Ce bon citoyen regarda alors mon père comme un roué de la régence qu'il n'estmait pas; il eut quelque jalousie, quelque pique avec lui, mais depuis cela il a connu quel a été son ministère, quel a été son courage et ses intentions droites pour le bien public; il a connu la différence d'un tel sujet avec ceux d'aujourd'hui, il le regrette, il donnerait beaucoup pour l'avoir, il se modèle sur lui, il n'y voit plus qu'un élève de Louis XIV qu'il propose toujours à Louis XV. On lui fait sa cour en le citant; c'est le meilleur appui de M. Hérault que d'avoir été de son goût et de devoir sa fortune à mon père. Cela rejaillit sur moi.

1736.

Janvier. — Ces jours-ci, M. le garde des sceaux a dit à M. de M*** que M. d'Angervilliers étant fort mal de la poitrine, il m'avait proposé au cardinal pour remplir sa place de secrétaire d'État de la guerre, et la réponse du cardinal n'est pas encore tout à fait concluante sur cette affaire.

Quelques jours après, j'ai été dîner à Issy, le lundi gras, chez M. le cardinal qui y était en retraite; il y avait très-peu de monde. Son Éminence m'avait mandé pour une affaire du conseil dont j'étais chargé en chef, et j'ai travaillé une demi-heure avec lui; il a paru très-content du compte que je lui en ai rendu; on a parlé à table de quelques affaires politiques du temps, où je me suis montré, à ce que je pense, assez instruit et circonspect. J'y ai fait connaissance avec M. l'abbé Couturier, supérieur du séminaire de Saint-Sulpice, en qui M. le cardinal a grande confiance.

Mme *** et Mmc ***, à deux jours l'une de l'autre, m'ont fait compliment sur ce qu'elles savaient de bonne part qu'on avait de grands desseins sur moi pour la place de M. d'Angervilliers. Elles m'ont redit les propres termes où cela leur avait été dit en secret, et ont ajouté qu'on savait que je n'y pensais nulle-ment, et que c'est ce qui m'y portait davantage en ce temps-ci et selon le goût du cardinal.

Mai. — M. Portail, premier président du parlement

de Paris, étant mort[1], on fut longtemps à se décider
pour M. Le Pelletier[2], l'ancien des présidents à mortier. Son mérite, ses études dans le droit public, sa
facilité à bien parler, les preuves qu'il en avait données
en remplaçant M. Portail pendant ses maladies et
même *in difficillimis temporibus*, ses qualités aima-
bles, tout cela, joint à sa place d'ancien, le portait à
cette place. Le palais et la cour le demandaient au
point que personne n'osait faire de démarches ouvertes
pour cette place. Après lui, M. de Maupeou[3], le plus
ancien, y eût prétendu. M. de Blancmesnil[4], dépositaire de la charge de président à mortier du jeune No-
vion[5], et prêt à la rendre au titulaire, demandaient
fort secrètement, de même que le procureur général.

Ce qui retarda la nomination de M. Pelletier fut sa
prétention de garder sa charge de président à mortier
pour son fils, qui n'a que dix-neuf ans. M. de Maupeou
avait été dans le même cas. On a senti par expérience
ce qui se sent assez par théorie, le danger de ces sur-
vivances, et combien le roi perd à n'avoir que des
morveux assis sur le grand banc. On le connut et on
le dit bien aux dernières dissensions du parlement

1. Le 3 mai, Antoine Portail avait été nommé premier président
le 24 septembre 1724.

2. Louis Le Pelletier, seigneur de Villeneuve-le-Roi, de Ro-
sambo, donna sa démission le 1er octobre 1743.

3. René Charles, né en 1688, devint premier président en
1743, après Louis Le Pelletier.

4. Lamoignon de Blancmesnil fut premier président de la Cour
des aides et chancelier.

5. Petit-fils de celui auquel M. Portail avait succédé comme
premier président en 1723.

avec la cour en 1733. Avec cela, on considérait que les premiers présidents se prenaient aussi souvent pour le moins de tout autre lieu que du grand banc ; l'usage trop établi fait loi et cela prive l'autorité royale d'un de ses ressorts.

On cherchait donc à en nommer d'ailleurs, et il me revint par tous les endroits qu'il fut beaucoup question de moi. M. le cardinal et M. le garde des sceaux revenaient à tous moments à me proposer parmi leurs confidents. Je sais encore que le parti moliniste me servait bien, comptant sur une inclination hérédi-taire chez moi pour eux ; d'autres me desservirent, et ce ne fut point en me déprisant, au contraire, ils me servaient pour autre chose ; ils disaient qu'il fallait mettre chacun à la place pour laquelle il s'était des-tiné lui-même par son travail et son goût qui prescrit tout travail préparatoire. Pourquoi donc ne me nom-mait-on pas à l'ambassade d'Angleterre, sachant que, depuis plusieurs années, je faisais des études du côté des traités et négociations ?

— S'il était encore à la mode de parler d'augures bons ou mauvais et de pronostics du ciel, je dirais qu'il n'y a jamais eu de ministre en place qui ait été averti par autant d'accidents funestes de la colère du ciel et qu'il n'y est pas agréable à la Providence, que le bon-homme M. Orry, contrôleur général.

1° Il succède dans cette place à M. des Forts, chassé de là honteusement ; M. des Forts était son bienfaiteur et son protecteur, c'était par lui qu'on l'avait connu et avancé. Il voulait l'élever, il avait aimé sa mère ; il en parlait perpétuellement au cardi-nal comme du premier sujet du conseil. Sa conversation ne le démentit pas comme homme de bon gros sens droit, et Son Éminence le croyant ce sujet tout prêt, en avança le déplacement de M. des Forts.

2° Il avait écrasé son estomac. Le jour qu'il fut nommé ministre des finances, il avait pris l'émétique, il fut pris de douleurs hépatiques, d'obstructions, de dépérissement, d'éthisie et de jaunisse, si bien qu'il languit un an et qu'il est resté languissant depuis; son seul remède est de mourir de faim quatre jours de suite, après quoi il se crève une fois par jour. Ainsi, il est comme Tantale au milieu de l'abondance.

3° Sa belle-mère qui n'était point trop grasse, mais simplement fraîche, cette belle-mère dont il avait été l'heureux et moins chaste Hippolyte, sa conductrice, son intrigante, cette dame mourut d'apoplexie en deux jours, l'année d'après son intrusion au ministère.

4° Il avait une jolie maîtresse quand il parvint, Mme de F.... ; elle est horriblement enlaidie.

5° Son frère de Fulvy, qui doit soutenir son nom, ayant acquis une terre, s'est cassé la jambe, entraîné par de vieux chevaux; il a été un an entre la vie et la mort, et il est resté de cela boiteux et impertinent.

6° Sa belle-sœur de Fulvy, qui était jolie, épousée par amour lorsqu'elle était pauvre, étant devenue riche est devenue laide : visage long et nez disgracieux qu'elle n'avait pas auparavant. Cette dame ménageant sa grossesse et allant à la chapelle avec une litière du roi, un mulet choppa sans qu'il y eût d'assistance; elle accoucha quelques jours après d'un enfant mort. Mais elle vient de refaire un garçon, que Dieu veuille préserver de danger !

7° Son ami, M. Dumas, sortant de chez lui en hiver,

est tué par une botte de foin qui tombe du grenier; il a le cou tordu, il meurt dans le lit de Fulvy.

8° Son ami et tuteur en finance, M. Mallet [1], ministre, auteur et législateur du dixième, est mort avant-hier, 30 avril, d'une colique. Il avait joué la veille un brelan et donné à souper; il lui prend une colique à quatre heures, il sonne, il prend un lavement qui le soulage, il dort; la colique lui reprend à six heures, il expire à sept heures. Non, on ne meurt pas comme cela sans le bras de Dieu et le bras colérique qui jadis exterminait tous les premiers-nés d'Égypte, faisait exterminer vingt mille Moabites, vingt-deux mille Amalécites, etc.

25 *juin.* — Aujourd'hui, après avoir travaillé chez M. le cardinal à une grande affaire qui concerne les unions de bénéfices en Franche-Comté, après qu'on s'est levé, M. le garde des sceaux m'a fait signe pour me parler tout bas. Il m'a dit : « Vous croyez que nous nous quittons pour longtemps parce que je vais à Compiègne, mais je songe à vous, et j'ai une idée; je ne vous en dis pas aujourd'hui davantage. »

Je crois qu'il s'agit de l'ambassade de Portugal, ou d'être à la tête des affaires de Lorraine, lorsque le roi Stanislas ira en prendre possession [2].

---

1. Premier commis des finances sous le contrôleur général Desmarets. On a de lui : *Comptes rendus de l'administration des finances*, publiés après sa mort, par L. V. Thiéry. Paris, Buisson, 1789, in-4.

2. Par la convention signée à Vienne, le 11 avril précédent, la Lorraine avait été assurée au roi Stanislas pour prix de sa renonciation au trône de Pologne.

Août. — M. le duc de Nivernais disait l'autre jour qu'il avait passé par je ne sais quel chapitre de filles où, dit-il, elles sont toutes nobles comme le roi et laides comme la reine.

Septembre. — Le roi, ne pouvant plus se tenir aux seuls attraits de la reine, a pris pour maîtresse, depuis six mois, Mlle de Mailly [1], fille de M. de Nesle; elle est bien faite, jeune, mais laide, une grande bouche bien meublée, et, avec tout cela, drôle. Elle a peu d'esprit et nulles vues. Aussi M. le cardinal est entré dans cet arrangement, voyant qu'il fallait au roi une maîtresse. Il lui a fait donner vingt mille francs une fois payés, et la preuve de tout cela est que son mari, qui n'avait jamais été qu'en fiacre, a depuis quelque temps un joli équipage et de bon goût; on se décèle toujours par quelque chose. Cette affaire est menée secrètement comme toutes les galanteries le devraient être. On a amené les choses de loin; les entresols et petits cabinets du roi ont cent issues; la Muette est excellente pour cela. Les allées qui conduisent de la Muette au logement de Mlle de Charolais, à Madrid, sont étroites et coupées de barrières, on y voit toujours des traces de calèches quand le roi a couché à la Muette, car Mlle de Charolais est en pleine confiance. On assure que la reine n'en sait rien, mais qu'elle s'en doute et qu'elle se console avec M. de

---

1. Louise-Julie de Nesle, née le 16 mars 1710, fille de Louis de Mailly, marquis de Nesle et de Félice-Armande Mazarini. Elle était dame du palais, et mariée depuis 1726 à son cousin Louis-Alexandre, comte de Mailly.

Nangis[1], tout vieux qu'il est; toute laide qu'est la reine, il y trouve son bon, s'étant accoutumé à la gloire d'Ixion, du temps de Mme la Dauphine, et la reine ne pouvant faire mieux.

3 *septembre.* — M. le garde des sceaux et M. Pecquet m'ont dit aujourd'hui qu'il n'y avait rien de plus décidé que ma nomination à l'ambassade de Portugal, que je serais déclaré le mois prochain, et que cela irait à partir au printemps prochain; qu'il s'agirait de réunir tout à fait les deux nations et surtout de lier un grand commerce avec le Portugal; que tous les secours de la politique et des négociations seraient employés à cet objet; que M. le cardinal parlait souvent de moi à ce sujet dans le travail; que, pour donner à meilleur marché que les Anglais certaines marchandises, où il n'y avait que du malentendu, l'État sacrifierait deux ou trois millions s'il le fallait, en mettant dans le secret quelques gros marchands, et que bientôt on m'en communiquerait quelques papiers.

13 *novembre.* — M. Pecquet m'a dit ce soir que ma nomination à l'ambassade de Portugal était toujours plus sûre que jamais; mais que les affaires voulaient que la déclaration fût encore retardée, et que cela irait pour le commencement de l'année tout au plus tôt; que, du reste, le départ serait toujours pour le printemps; ce qui ne me donnera pas beaucoup de temps pour les arrangements de ménage.

---

1. Le marquis de Nangis, lieutenant général, était chevalier d'honneur de la reine.

Ensuite, M. le garde des sceaux m'a appelé : c'était pour me dire que j'avais parlé à mon frère de ma destination pour cet emploi. Je lui ai répondu qu'il ne m'avait rien dit de positif, qu'ainsi je n'avais rien eu à relever, mais que, comme je ne lui mentirais jamais, je convenais de lui avoir dit qu'en général j'allais être employé. M. le garde des sceaux m'a répliqué que, dans ce métier, il n'y avait ni sang, ni tendresse, ni femme qui dût faire parler, et il est vrai que ce ton m'a fait trembler, non pour les suites, mais pour mon indiscrétion en elle-même. Je lui ai dit : « Eh bien, monsieur, faites de ma faute ce qu'il vous plaira. » Il m'a dit encore qu'il en résultait seulement que le cardinal était un peu refroidi à mon égard ; que cela courait, et que cela compromettait, en ce qu'il voulait faire pour moi ce qu'il avait plusieurs fois refusé pour mon frère, mais qu'il raccommoderait tout ceci. Comme je sortais, il m'a appelé pour me dire encore : « N'allez pas révéler ce que je vous dis. » Je l'ai promis et je me suis trouvé honteux.

Depuis cela, ce ministre m'a écrit de me rassurer, et moi je lui ai dit qu'en parlant avec mon frère je lui avais montré tant de difficultés à cette affaire pour moi, qu'il ne croyait plus qu'elle eût lieu.

Le vrai est encore que ce secret ne court aucunement, la preuve en est que personne de mes amis ne m'en a encore parlé, et je vois assez de monde ; mais il faut laisser les ministres dire ce qu'ils veulent, et ne les point démentir quand ils ont tort, dès que ce n'est pas le public qui en souffre, mais seulement son petit amour-propre comme ici.

— Le lendemain (14 *novembre*), j'ai enfin trouvé

chez lui le maréchal de Noailles que je n'avais pu voir depuis son retour d'Italie. Il m'a dit, sur l'intendance des armées d'Italie, qu'il avait tant d'envie de me faire avoir, qu'il en avait toujours été fâché de plus en plus et pour moi, et pour lui, et pour le bien des affaires. Je l'ai félicité sur ses succès, tant dans la carrière militaire qu'en qualité d'excellent négociateur, ministre de guerre, ministre de paix. Il m'a dit qu'il convenait d'avoir bien servi ; j'ai ajouté mes remarques aux choses qu'il me disait, comme, par exemple, le parfait accord qui avait paru entre les trois princes alliés, surtout par comparaison aux campagnes précédentes, où les amis paraissaient des ennemis, mais qu'on n'avait entendu parler sous lui que de concorde, etc. Il s'est étendu sur cet article, mais il a ajouté un furieux mot, qui est qu'il avait été bien peu aidé du côté de ce pays-ci, sur quoi j'ai tourné court, car les bruits sont grands aujourd'hui de brigues contre le premier ministre.

Au lieu de ces affaires de cour dont j'aime autant à entendre parler les narrateurs bien instruits que j'ai d'horreur d'entendre déclamer les acteurs actuels, je l'ai rejeté sur des matières de droit public, sur les biens allodiaux de Toscane dont il est question, et j'en ai, ce me semble, raisonné assez pertinemment.

A propos de l'article précédent, je donnerai avis à mes enfants de ne se jamais fourrer dans toutes ces intrigues de cour ; les imprudents se battent, et les gens sages viennent à profiter de l'objet du combat quand on est bien sûr qu'ils ne s'en sont pas mêlés, et cette aventure du *Tertius gaudet* arrive dans les cours

les plus intrigantes, tout comme pendant les gouvernements forts et tranquilles. Heureux qui n'attend
l'emploi et la faveur que de Dieu, grâce à une sorte
de surabondance de biens dont il n'a besoin ni projet.
Dans ces intrigues, le moindre risque, selon moi,
surpasse les plus hautes espérances. Je crains extrêmement la disgrâce et la Bastille; j'aime ma liberté et
ma tranquillité et je ne les veux jamais sacrifier qu'au
bonheur de mes concitoyens. Mais quelle sottise de les
sacrifier à ces vues personnelles! Immoler soi heureux
à soi grand, quelle folie, quelle platitude!

26 *novembre.* — M. Pecquet s'est expliqué avec moi
sur l'ambassade qui m'est plus assurée que jamais,
mais le secret doit être infini et je le regarde ainsi. La
déclaration de cette affaire dépend de choses qu'il ne
me peut révéler et qui ne tiennent ni à lui, ni à personne qui soit à Versailles. On peut conjecturer que
cela tient à la consommation de notre négociation
avec Madrid pour la paix générale.

Je lui ai paru plus instruit *par la lecture* que je n'é-
tais à notre dernière conversation. Je trouve donc que
le rétablissement de notre commerce en Portugal est
un grand objet, ouvrage de paix, mais traversé par de
grandes difficultés, car il faut combattre contre la
défiance et la misère de nos commerçants, mais il faut
essuyer la défiance de l'Espagne, celle des Portugais
que nous n'avons jamais bien assistés, et chez qui notre
proche parenté avec l'Espagne répand des alarmes
continuelles contre nous depuis trente-cinq ans, et
surtout l'envie des riches marchands anglais qui se
sont emparés de tout le commerce intérieur et même

extérieur de Portugal, et qui font la fraude par le Brésil et la rivière de la Plata.

Il m'a dit qu'on me donnerait un cérémonial qui
levait toutes difficultés d'étiquette. Il m'a conseillé de
continuer la lecture de Wicquefort.

Je lui ai demandé si je ne serais point de toute cette
négociation pour la paix entre Madrid et Lisbonne,
en laquelle médiation on me mandait que Madrid
avait refusé l'Angleterre pour puissance médiatrice, à
cause de la flotte qu'elle avait envoyée et tenait encore dans le Tage, ne voulant pas, pour une telle qualité, d'une puissance belligérante et auxiliaire. Il m'a
répondu que non ; que cela était faux, qu'on avait accepté à la fois la médiation d'Angleterre, Hollande et
France ; que cette affaire avançait et qu'on en ramas-
sait toutes les pièces de la négociation pour me les
donner incessamment ; qu'il en avait encore été question ce matin, dans son travail avec M. le garde des
sceaux.

Sur d'autres questions que je lui ai faites, voici encore ce qui résulte de ses réponses. Je ne serai déclaré
qu'au commencement de janvier ; j'aurai trois mois
pour me préparer au départ, lequel devra s'effectuer
au printemps, pour éviter sûrement les grandes chaleurs en passant les plaines d'Estramadure, où on en
perd la vue ; M. l'abbé de Mornay[1], qui était un digne
ambassadeur, l'avait perdue ainsi pour s'y être exposé,
mais il est vrai qu'il avait déjà la vue mauvaise. J'irai
par terre et non par mer ; il me faudra passer par

_____

1. René de Mornay-Montchevreuil, nommé archevêque de
Besançon en octobre 1711.

Madrid et voir le roi et la reine d'Espagne , leur
tenir de certains discours qui les rassurent sur l'envoi
d'un ambassadeur de France en Portugal.

Il a ajouté que je prendrai d'abord *caractère*, quoi
qu'il eût cru ci-devant le contraire, que je pourrai donner
mes principaux ordres à Paris et laisser le surplus à m'envoyer par eau, ce qu'on envoie de Paris à Rouen, puis
par mer; qu'il me mettra aux mains avec deux hommes bien habiles dans le commerce; l'un est M. Plissé,
parent de M. le garde des sceaux, un des plus grands
commerçants français à Cadix et même profond dans
la *politique* du commerce; l'autre est M. de Montmar-
tel, pour les matières de changes étrangers.

Qu'il s'agira de persuader M. le contrôleur général
de faire fournir par le roi quelques sommes pour établir d'abord une ou deux grosses maisons de commerce
à Lisbonne, sans quoi il y avait actuellement de la
perte, et de quoi mettre en banqueroute tous ceux qui
s'en voulaient mêler, et que les petits marchands n'y
pourraient venir qu'après que les gros auraient rompu
la glace.

Qu'actuellement, les Anglais contrefaisaient toutes
nos marchandises en soierie, draperie, orfévrerie, etc.,
et les donnaient à meilleur compte, sur quoi il y avait
des moyens qu'on me dirait quand il serait temps.
Qu'un ambassadeur, dans cette occasion, devait être
un homme de société pour se lier avec tous les gens
qui se mêlaient du gouvernement du dedans, et qu'a-
lors tout allait bien pour notre nation quand on était
agréablement reçu partout.

Décembre. — M. Orry, contrôleur général, a de la

probité et du sens, mais il n'a pas assez de tout cela ;
on voit qu'il en a, parce qu'il est désintéressé pour lui
et sans avidité d'honneurs et de fortune, et parce qu'il
ne fait point de fautes, que ce qu'il fait est à propos.
Mais on doit remarquer l'insuffisance de ces deux vertus, en ce qu'il laisse piller sa famille, frère et beau-
frère, et en ce qu'il ne travaille pas assez, qu'il n'a
point de vues, qu'il ne remédie tout au plus qu'aux
maux les plus pressants. M. le cardinal, qui est la candeur même, est engoué de ce choix, il est pris par le
naturel, le bon sens et la franchise de M. Orry, il dit
que Dieu lui réservait un tel homme, et il déplore le
mauvais état de sa santé.

1737.

Janvier. —On n'a parlé à la cour et à la ville que du
déplacement prochain de M. le garde des sceaux Chauvelin. Quand même les bruits en resteraient là, voilà
un homme décrédité, car son ministère est tellement
délicat, que tout consiste en réputation ; il peut se
soutenir là où il est, mais néant sur la première place
après la mort du cardinal. On en dit de toutes les façons sur les sujets de mécontentement de Son Éminence contre cette sienne créature ; il le déteste à présent, dit-on ; il l'a surpris en friponnerie, mensonge et
mauvaise foi. Avec cela, la cour et le public applau-
dissent à l'idée de le changer. Je prononcerai sur lui
que, par des minuties, il a fait d'une bonne cause une
mauvaise. Il a du génie, il travaille infatigablement,
il a des vues, il a de l'adresse, il n'est point méchant,
il n'a point fait de grands griefs à personne. Cependant

il se trouve haï universellement et d'une façon sans
exemple, car aucun n'ose se donner pour son ami.
D'où cela vient-il? Selon moi, c'est d'avoir joint des
caresses affectées à l'indifférence qu'il ressentait, d'a-
voir gâté la vérité par la finesse, le tout par goût et
par habitude.

Nous assistons à un véritable phénomène en politique : un ministre décrédité, diffamé, ébranlé, dont la
chute paraît inévitable actuellement, un tel ministre
reste encore dans la place depuis un grand mois qu'il
dure dans cette situation, il ne dort ni jour ni nuit, il
se contraint continuellement. M. le cardinal veut le réduire à demander sa retraite, mais il y résiste, il en
mourra ou il sera disgracié.

Cependant voici de nouveaux bruits qui s'évaporent,
qui vont se répandre et les réflexions qu'on y fait : si
M. le garde des sceaux n'est pas encore disgracié, ce
n'est ni faute de résolution de la part du cardinal, ni
faute de trouver des sujets pour le remplacer, quoiqu'il ne transpire encore rien sur ce second article et
que Son Éminence soit impénétrable là-dessus; mais
il s'y trouve, dit-on, un commencement de résistance
de la part du roi, et voici la cause.

Aux premiers dégoûts du cardinal pour sa creature,
M. Chauvelin (dont il faut convenir que les humeurs
ne sont pas sympathiques et analogues avec Son Éminence), et peut-être sans attendre les premier dégoûts,
M. Chauvelin a songé à plaire et à s'impatroniser grandement près du roi; il l'a cultivé, il a relevé la fortune
de ce qu'on appelle *Marmousets;* ce sont nos jeunes
seigneurs qu'on sait être aujourd'hui de petite taille,
mais bien poudrés, et encore plus de petit mérite. Ils

chassent avec le roi, ils soupent dans ses cabinets, et cela peut avoir son crédit. Lors des affaires de la constitution, du parlement et de quelque misère d'alors, on attaqua le ministère; MM. d'Épernon et de Gesvres furent à la tête de cette conspiration, et on l'appella la conspiration des *Marmousets*[1]; mais elle échoua. Les deux chefs furent exilés; ils avaient composé un mémoire[2], que le roi transcrivit pour le posséder mieux; j'en ai copie, cela était pitoyable.

Or, M. le garde des sceaux était peu attaqué par ce mémoire, et M. le cardinal beaucoup. Des gens avisés ont prétendu que le garde des sceaux était de quelque chose en concert dans cette cabale : il s'agissait de dégoûter le cardinal et de l'engager à retraite. Or, on a accusé de la même chose plusieurs fois le garde des sceaux, soit dans les affaires suscitées au parlement, soit dans la guerre dernière : donner des affaires au cardinal pour le dégoûter et le faire retirer.

Il faut toujours remarquer que le garde des sceaux, à un certain point de vue, tient plus en place que le cardinal; car celui-ci, au premier dégoût de la part du roi, se retirerait à Issy pour y apprendre à mourir et en prolonger le moment; mais le premier essuie

---

1. C'est au mois de septembre 1730 que Soulavie (*Mémoires du maréchal de Richelieu*, V, 201) fixe la date de ce petit complot de cour sur lequel il donne des détails. Il ne faut pas le confondre avec un autre du même genre qui eut lieu, vers la fin de l'année 1737, entre la duchesse de Mailly et quelques jeunes seigneurs, tels que les ducs d'Antin, de La Trémouille, etc., dans le but de remettre en place M. Chauvelin. Celui-ci fut appelé *la Guerre des Myrmidons*. Voy. d'Angerville, *Vie privée de Louis XV*, II, 43.

2. Soulavie l'attribue au cardinal de Polignac.

tout, est souple, a bon dos, il lui faut du canon pour
l'obliger à retraite.

M. Chauvelin s'est acquis plusieurs petits roués dans
ces *Marmousets;* il s'est servi de l'occasion de la dernière guerre pour avancer leur fortune. Le C. de B....
a fait un chemin rapide par lui, etc.; ces gens-là lui
sont dévoués. Mais voici davantage : Le roi avait envie de tâter d'une autre femme que la reine, on l'a
fixé sur Mme de Mailly. Après bien des faux bruits
sur cela, ils se sont réalisés et fondés. Mlle de Charolais en a fait le premier m.... par la commodité de
sa maison de Madrid du bois de Boulogne et de la
Muette où le roi soupe souvent. Il m'est arrivé de me
promener de grand matin, à cheval, dans le bois de
Boulogne, de trouver des traces de roues fraîches de
la nuit dans certaines routes étroites et toujours fer-
mées de barrières, lesquelles vont de la Muette à Madrid. Mais depuis que la grosse affaire est consommée,
Mademoiselle n'y est plus de rien et les deux amants
font leurs affaires tout seuls.

Le garde des sceaux ayant su le progrès de cette
volonté de Sa Majesté est devenu le seul conseiller de la
Mailly; cela s'est accompli dans les entresols du roi; un
nommé Lazure en est le concierge, il a sous lui un second qui amena au roi cette dame, c'était l'hiver dernier; elle parut derrière un paravent, le roi était honteux, il la tira par sa robe, elle dit qu'elle avait grand
froid aux pieds, elle s'assit au coin du feu. Le roi
lui prit la jambe et le pied qu'elle a fort joli, de là il
lui prit la jarretière; comme elle avait ses instructions
de ne pas résister à un homme si timide, elle dit :
Eh! mon Dieu, je ne savais pas que Votre Majesté me

fît venir ici pour cela, je n'y serais pas venue. Le roi
lui sauta au cou[1], etc. Au bout de deux rendez-vous,
elle lui parla de sa misère qui est grande ; le roi lui
donna libéralement quarante louis qu'il avait sur lui ;
seconde libéralité ; mais à la troisième, il lui a représenté qu'il n'avait à sa disposition que l'argent de sa
cassette, qu'il avait dessus cela beaucoup de charges à
payer et qu'elle n'y suffisait pas ; on sait d'ailleurs que
tout ce qui s'appelle Bourbon est avare. Cela a fait du
chagrin parmi les amants.

C'est là où M. Chauvelin les attendait ; il a fait dire
au roi, par Mme de Mailly, que le garde des sceaux était
un habile homme, qu'il s'engageait à faire la fortune
de Mme de Mailly sans que cela parût ni au cardinal,
ni au reste du ministère ; qu'il en avait les moyens par
son département des affaires étrangères, puisqu'il lui
passait par les mains des mémoires et des fonds, soit
pour des présents, soit pour des affaires secrètes, et,
pour mettre à tout cela un air de règle, qu'il fourni-
rait à la dame quarante louis par chaque rendez-vous ;
ce qu'on a supputé devoir bien aller à cent mille livres
par an.

Ce qui est certain, c'est que, depuis cela, M. de
Mailly, que je n'ai jamais vu aller qu'en fiacre, est
venu chez moi avec le plus joli équipage et du meilleur goût. Mme de Mailly a une chaise à porteurs du
même vernis que les cabinets du roi. Elle cache son

1. Soulavie qui a raconté avec quelques variantes ce premier
rendez-vous du roi avec Mme de Mailly, prétend au contraire
que Lazure, qui avait des scrupules, fut renvoyé à cette occasion, et remplacé par Lebel, chargé désormais avec Bachelier de
mener ces intrigues.

aisance, mais on la voit s'échapper; elle ne paraît
guère le soir, elle mène une vie différente, elle s'é-
chappe par des portes secrètes; les cabinets du roi ont
cent issues pour éviter le scandale, la Muette, des équipages obscurs, les après-soupers, etc. Il faut savoir
que les de Mailly ont toujours été ci-devant la faim
et la soif mariées ensemble. On se dépêche d'arranger
Compiègne pour que la reine y aille, et par conséquent la petite Mailly.

Pour en revenir à M. Chauvelin, il trouve dans
cette confidence deux avantages, d'abord la confidence
du roi, et la nécessité dont il lui devient; ensuite par
cette avance de fonds secrets, il explique à Sa Majesté tout ce dont on l'accuse, de la mule ferrée sur
les présents étrangers, de vols, de prévarications, etc.,
car le roi peut dire au cardinal : « Je sais ce que
c'est. »

La question est donc de savoir comment se passent
et se peuvent passer les conversations du roi et du
cardinal sur M. le garde des sceaux, si le roi résiste
peu ou ferme, s'il aime M. Chauvelin, comme on dit,
si le cardinal lui met le marché à la main, s'il redoute
sa vertu, jusqu'à quel point il l'aime pour lui-même,
si ce même monarque qui a laissé exiler les premiers
compagnons de ses plaisirs, comme MM. de La Trémouille et d'Épernon, qui a donné si peu de crédit à
sa femme, tiendra davantage à sa maîtresse; si les
discours publics contre le garde des sceaux, si la
mésestime universelle, si la haine des étrangers
contre ce ministre ne seront pas écoutés et souffri-
ront qu'on préfère le vice à la vertu. Car, si M. le
garde des sceaux l'emporte par ce manége, il va de-

venir le *maître total*, et, en attendant, il ne faut pas
s'y jouer.

Il est arrivé une plaisante chose dans le cours de
l'inimitié que le cardinal porte au garde des sceaux.
Il envoya un matin M. Pecquet, son premier commis[1], et qu'il croit lui être le plus attaché, il l'envoya, dis-je, au cardinal, sous prétexte de lui porter
une dépêche, puis, tout de suite, Pecquet dit à Son
Éminence : « Monseigneur, je ne puis m'empêcher
d'oser dire à Votre Éminence combien les bruits qui
courent sur M. le garde des sceaux font de tort aux
affaires. Ce grand ministre qui travaille tant, qui s'im-
mole au bien de l'État, ne dort plus; il lui faut tout
son courage pour donner quelque attention encore à
son travail, les affaires languissent, l'État va périr. »
Il fut répondu et répliqué, et, dans la suite des réflexions et des faits sur le déplacement des ministres
d'État, M. Pecquet fit sentir que lors du déplacement
du maréchal d'Uxelles, lequel était président du conseil pour les affaires étrangères, M. le duc d'Orléans

---

1. M. Pecquet et M. du Theil étaient les deux principaux commis du ministère des affaires étrangères. D'Argenson avait eu des
relations avec Pecquet à l'époque de son intimité avec le garde
des sceaux Chauvelin, et l'on trouve dans ses *Mémoires d'État*,
I, folio 339, une note intéressante sur ce personnage et sur son
emploi. « Son père, dit-il, avait une grande réputation dans ce
métier; il a vanté son fils comme devant être au-dessus de lui;
en effet, il a tout l'acquis que l'on peut avoir à son âge de trente-
cinq ans, un fond de sagesse de vieillard, et à cet air de sagesse
il joint quelque force d'esprit, mais peut-être moins de génie que
de justesse. » Pecquet, soupçonné d'intelligence avec l'ancien
garde des sceaux Chauvelin, fut mis à la Bastille en septembre
1740.

pensa prendre à sa place le père de M. Pecquet qui
était un fort habile homme. Le cardinal a très-bien
remarqué cela et en a fait le conte en riant à un de
ses plus confidents en lui disant : « Voilà comme Dieu
permet que les méchants soient trahis par ceux qu'ils
regardent comme leurs meilleurs amis. »

20 *février*. — Disgrâce de M. le garde des sceaux[1].
C'est me vanter que de dire, comme font tous les
auteurs de mémoires, que j'ai prévu la disgrâce de
M. Chauvelin ; mais enfin il est vrai que je lui en avais
fait prévoir quelque chose, et que, dans les mémoires
politiques que j'ai faits pour moi, je l'annonce comme
inévitable et j'en dis les raisons qui ont été les vraies.
    Le peuple et tout le monde disent sur cela cent
choses qui n'ont pas le sens commun, des vols, des
friponneries, des histoires romanesques comme de la
cassette de M. de Vaulgrenant, la cuirasse de Mahomet
et la mule ferrée dans l'achat des pierreries[2], des ajus-
tements de Grosbois, mis sur le compte du roi, découverte faite par les papiers de M. d'Antin, sottise
que tout cela. Voici le vrai.

    1. Le 20 de ce mois, M. Chauvelin, garde des sceaux et mi-
nistre des affaires étrangères, fut exilé à Bourges. Le roi rendit les
sceaux au chancelier d'Aguesseau et nomma secrétaire d'État des
affaires étrangères M. Amelot, intendant des finances, dont la
charge fut donnée à M. de Fulvy.
    2. Il s'agissait d'une cuirasse envoyée autrefois par un sultan à
François Ier. Le roi ayant envie d'une parure de diamants, un arrêt
du conseil autorisa la vente des pierreries de la cuirasse, dont le
prix serait employé à l'acquisition de la nouvelle parure ; mais
on prétendait que M. Chauvelin avait eu un bénéfice sur le
marché.

M. le garde des sceaux est plus franc qu'on ne croit, il ne dissimule aucunement ses haines et ses mépris, et beaucoup de gens ont été connus sans nécessité pour être mal dans ses papiers.

Son adjonction au premier ministre l'a mis en butte à tous les ministres. Il a pris sur lui tous les refus et a laissé au cardinal l'honneur des bienfaits et des grâces. Il s'est porté d'imagination au temps où il gouvernerait seul, et il voulait que les affaires allassent d'avance sur le pied où il comptait les mettre. Il faut convenir sur cela qu'il pense avec trop d'élévation et de grandeur pour l'État; il aimerait à remuer l'Europe comme les grands ministres; on l'accuse de tenir de M. de Louvois dont il est parent.

Et en tout cela je ne trouve pas grand mal qu'il ne soit plus notre ministre, car je n'aime qu'une politique bourgeoise où on vit bien avec ses voisins et où on n'est que leur arbitre, afin de travailler une bonne fois et de suite à perfectionner le dedans du royaume et à rendre tous les Français heureux.

Ainsi la cour se trompe bien en haïssant M. Chauvelin; il eût été plus favorable à l'*aristocratie qu'aucun autre ministre*. Or M. le cardinal est d'un caractère tout opposé à celui de cet adjoint. M. Chauvelin l'a embarqué dans trois entreprises : le traité de Suisse, l'affaire du parlement et la dernière guerre.

A peine Son Éminence est-elle embarquée par quelque passion qu'on attise, que le froid revient, et l'envie de sortir d'affaire devient une autre passion chez lui.

Après avoir éprouvé ceci aux deux premières affaires, c'est donc une grande faute d'ourdir une troi-

sième trame plus forte que la première; mais il avait
si bien assaisonné celle-ci qu'on la croyait inextricable.

Sur cela on accuse M. Chauvelin de cette vieille politique, dont était si fort accusé le cardinal de Richelieu, de brouiller les affaires exprès pour se rendre
nécessaire et pour tuer M. le cardinal de dégoûts.

Mais je suis sûr qu'il ne suit en cela que son caractère fort et impétueux. Moyennant cela, tout le mauvais
s'est mis sur son compte, il a été à la cour comme le
bouc émissaire. Quant aux étrangers il est aisé de
comprendre quelle guerre ils lui ont faite[1], de sorte
que toute l'Europe, excepté l'Espagne, a été contre
lui, et en concluant la paix on n'a voulu la marchan-
der que sans lui.

Sans y avoir été présents, nous devons croire qu'il
a fait au cardinal des remontrances importantes sur
l'espèce de paix qu'il a bâclée et qu'on critique si fort,

1. Il est hors de doute que l'Angleterre et les frères Walpole
eurent une part considérable à la disgrâce de Chauvelin, parce
qu'il détournait le cardinal de l'alliance anglaise. Ce fait, avoué
par lord Mahon, ressort de vingt passages de la correspondance
de Robert Walpole, publiée par Coxe, t. III, p. 4, 8, 10, 26,
122, 250, etc. Il dit nettement, p. 448 : « Il faut gagner Chauvelin, ou le renverser. » Ce ministre, qui professait la maxime que
tout homme a son tarif, fit faire par deux fois à Chauvelin des
offres de sommes considérables, p. 262 et 317. On devine comment elles furent accueillies, quand on voit, au bout d'un mois à
peine, l'ambassadeur Waldegrave annoncer au duc de Newcastle
la chute de celui qu'il appelait devant Fleury « leur ennemi commun, » en ajoutant ce détail significatif : « I complimented the
cardinal yesterday upon it : he took it very well, and was obli-
ging enough to tell me *that I had a greater share in the change
than, considering circumstances, it was proper for the world to
know.* » *Ibid.*, p. 454.

mais que, pour moi, je trouve bonne intrinsèquement, puisque 1° nous avons la paix et ses fruits; 2° nous acquérons la Lorraine; 3° on éloigne Don Carlos au bout de l'Italie.

Mais je ne puis m'empêcher de regretter une aussi belle occasion perdue que celle de chasser pour toujours d'Italie les empereurs d'Allemagne. On le pouvait assurément et on aurait eu toute l'Europe pour soi, si, agissant avec candeur, on eût fortifié le tiers-parti des dépouilles de la maison d'Autriche en Italie, sans en revêtir la maison de Bourbon aucunement. Il ne fallait que bien faire entendre cette résolution à Madrid par quelqu'un de ferme, lui disant nettement : Voulez-vous tout ou rien? afin de lui donner les Deux-Siciles, comme on a fait par accommodement, ou enfin former une ligue générale contre l'Espagne et contre l'empereur. Car quelle meilleure vue que celle de rendre l'Italie florissante et d'en exclure pour toujours les guerres?

J'ai établi ceci dans mon projet de pacification de juillet 1735 [1].

1. Ce projet se trouve dans les *Mémoires d'État*, t. II, fol. 111, à la date indiquée, et sous ce titre : *Essais sur les moyens de pacification*. Il renferme un *plan de partage pour l'Italie*, dans lequel d'Argenson développe ses idées favorites à ce sujet, idées dont les succès récents de nos armes rendaient peut-être alors l'exécution plus facile qu'à aucune autre époque. La mort du dernier grand-duc, survenue peu après, était encore une circonstance favorable, et donna lieu à d'Argenson de composer un nouveau *Mémoire sur les affaires d'Italie*, ibid., fol. 180. « L'empereur, disait-il, n'y possède pas aujourd'hui un seul village, à l'exception de Mantoue. La France et ses alliés jouissent de la gloire d'avoir affranchi une si fameuse partie de l'Europe, mais veut-on rendre cette révolu-

Son Éminence même répondra à jamais devant Dieu
d'avoir manqué cette occasion dont la naissance nous
a coûté tant de sang et a peut-être épuisé notre étoile.
Voilà ce que produit la contradiction entre alliés et
dans le ministère.

Autre défaut de M. Chauvelin : M. de Morville avait
été chassé par l'influence de la cour d'Espagne;
M. Chauvelin lui a succédé par cette même influence.
On veut (secrètement et souvent sans le savoir) du
bien à ceux qui nous ont procuré élévation. Ainsi il
pouvait incliner trop pour l'Espagne.

On l'a remarqué dans les occasions et en dernier
lieu, les chicanes d'Espagne pour exécuter les préliminaires, les longueurs, etc., M. Chauvelin a répondu
de tout devant le cardinal et devant toute la France.
Bref il n'y a eu contre-temps, subtilité politique,
malheur qu'on ne lui ait imputé, même aux yeux de
Son Éminence, quoique tout se fît par ses ordres et
de concert avec lui, et jusqu'à la moindre dépêche
qu'on lui lisait.

A l'égard des affaires de la cour, il y a eu aussi faute
et malheur. M. Chauvelin a pensé que si M. le cardinal le destinait et le désignait pour lui succéder dans le
principal ministère, cela pourrait lui manquer, faute
de mesures suffisantes pour l'avenir. Il a songé à se
faire des appuis. Sans doute aux yeux d'un père un
fils est coupable de songer aux affaires de sa succession, et cette prévoyance passe pour être crime

tion immortelle, il faut y bannir toute source de guerre par l'établissement d'un *équilibre italique*, dont la première condition est
l'entière expulsion des Allemands. »

d'Absalon, ingratitude et envie d'avancer la succession, mais cela peut se renfermer dans les termes d'une juste et nécessaire prévoyance. Ces appuis ont été la maison de Condé qu'il comptait opposer à celle de M. le comte de Toulouse et des Noailles ; de chercher à plaire au roi directement ; de former une intrigue de valets et des courtisans qui soupent avec le roi à la Muette et aux cabinets ; et d'entrer dans le m.... de la petite Mailly à qui il fournissait des appointements sur des fonds secrets ; par là, il opérait deux choses auprès du roi, l'une de lui devenir secourable et agréable, l'autre d'expliquer les déficit, s'il y en avait dans les fonds de dépenses secrètes.

Mais qu'est-il arrivé ? Le roi, après avoir peu résisté en sa faveur, a tout avoué au cardinal, et cette Éminence a dit : « Voilà donc cet homme qui ne tenait, disait-il, que par moi ! Il se fait tant d'appuis de tous côtés, et de qui ? De mes ennemis, si j'en peux avoir. » Une découverte en a amené vingt autres. Dès que Son Éminence a ouvert la porte aux ennemis du garde des sceaux, tout a été à la file, et on en a accablé son esprit.

Cette disgrâce a été résolue publiquement deux mois avant que de se consommer, et rien n'a été plus nouveau en ce genre. Cependant M. Chauvelin a résolu aussi de ne se point retirer de lui-même et d'attendre le coup, ce qui lui a donné un air d'innocence et de fermeté.

Enfin, le 20 février 1737, on lui a redemandé les sceaux, la démission de ses deux ministères, et on a supprimé la charge de garde des sceaux.

Reviendra-t-il jamais en place, c'est ce qui est dif-

ficile à comprendre, car on a effacé chez Sa Majesté
toutes les impressions en bien pour n'y en substituer
que de mauvaises. Ses ennemis sont partout; où se ré-
fugiera-t-il? Il lui reste peu d'amis et ils se cachent.
Mais, dira-t-on, le bénéfice du temps, les inimitiés
s'oublient, on reviendra au vrai, à ses travaux, à sa
capacité, à son expérience qui va mûrir par la réflexion
et par l'étude, il n'a que cinquante-deux ans, les
fautes du nouveau ministère, des temps difficiles, des
conjonctures désespérées, voilà quelque lueur d'espérance. Si de telles circonstances se présentaient à la
mort de M. le chancelier, il pourrait reprendre cette
place qu'on dirait être de nulle conséquence pour
l'administration principale, et, par là, il regagnerait ce
qu'il a perdu, en se ménageant des amis, et acquérant
par la suite les mécontents qui ne manquent jamais.

M. Amelot lui a succédé dans le même jour pour
le ministère des affaires étrangères : homme de nulle
expérience, ni acquis dans l'administration, mais où
on croit de l'étoffe pour en acquérir, et de la sagesse.
Comme on parlait de lui avant sa nomination, on a
fort éclairé le cardinal sur ses défauts, mais il a été
donné et vivement demandé par tous les ministres, et
M. le cardinal l'a voulu tel.

Voilà donc un système nouveau de ministère, ce
n'est plus un premier ministre que le cardinal destine
à lui succéder, c'est un corps de six ministres, absolument égaux entre eux, bien unis et vivant tout frater-
nellement. Dans le choix de M. Amelot, il a fait comme
un particulier dans sa maison, qui, las de voir du trouble parmi ses domestiques leur dit : « Donnez-m'en
donc de votre main. »

Ceci porte l'espérance que le roi travaillera lui-même avec ces six ministres et qu'il décidera de leurs débats. Car il y en aura ; quelle folie de l'espérer autrement ! ils se désuniront, les uns voudront primer, et les autres seront rivaux des grâces et de la faveur. Leurs départements ont une incompatibilité essentielle ; la guerre et la marine sont ennemies des finances.

Voilà ce qui combat le nouveau système ; s'il faut décider, il y aura des difficultés ; si le roi ne veut pas décider, il faut recourir à quelqu'un , alors vient la brigue de la comtesse de Toulouse pour son mari, des Noailles et de tous les grands, ou de la maison de Condé.

Voilà donc des semences de troubles ; encore si ces six personnages étaient des gens capables ; mais quelles pauvres petites gens !

Et il est à craindre que leur union ne soit une tyrannie, s'ils restent unis, s'ils restent les maîtres. Voilà six familles à combler d'honneurs et de biens ; que restera-t-il pour le mérite et pour les services ? Cependant il n'existe plus aujourd'hui d'autre moyen de s'avancer à la cour que d'être de leurs amis. Nos courtisans auront peine à ne pas traverser ce système, autrement tout est perdu pour eux. Cependant un roi est un homme qui chasse, qui boit, qui s'amuse avec des courtisans et des courtisanes ; il lui faut une société d'amusement. Les ministres ne sont que la société du travail. Si un monarque préfère le travail aux amusements, le système est bon, mais s'il est contraire, qu'on juge de la suite.

Février. — M. le garde des sceaux Chauvelin déplaisait à M. le cardinal de Fleury un an devant sa

disgrâce et cela ne fit qu'aller en augmentant depuis,
car plus M. Chauvelin se vit menacé, plus il chercha
à s'accrocher auprès du roi, à la cour et par les affaires
embrouillées. Enfin, depuis Noël 1736, jusqu'au 20 février 1737, la succession fut, pour ainsi dire, ouverte.

Je ne doutai point que les sceaux ne fussent rendus
à M. le chancelier, mais les affaires étrangères demeu-
raient à postuler. Je ne postulai point, mais on pos-
tula pour moi. Ce qui m'occupa d'abord le plus, fut
de n'avoir rien à me reprocher qui tînt à quelque ap-
plaudissement de la disgrâce de mon ami. J'ai sur cela
non-seulement le témoignage de ma conscience, mais
celui de M. Chauvelin. Le pauvre homme m'écrit
qu'une de ses consolations est de ce que je suis connu
à présent pour ce que je vaux.

Je vaux peu, mais je brûle d'amour pour le bonheur de mes citoyens et, si cela était bien connu, certainement on me voudrait en place. Mes amis et même
moi crûmes beaucoup que je serais secrétaire d'État
des affaires étrangères; je ne m'y voyais point de concurrent, pour ainsi dire, quelque peu de droit que
j'eusse d'y prétendre. Il y faut un homme de robe,
suivant l'usage présent; je suis de plus homme de
condition, mon père a bien servi le roi et a été grand
officier de la couronne, j'ai étudié assidûment les affaires politiques depuis sept ans, M. le cardinal le sait,
il a vu de mes mémoires, M. le garde des sceaux Chauvelin lui en a rendu de grands témoignages en tous
les temps, Son Éminence me vante à tout le monde
et enfin il m'a destiné à une ambassade délicate.

Voilà bien des raisons, si ce n'est des droits, en
cette conjoncture. J'ajouterai de plus que, sur les

bruits qui en ont couru, le public y applaudissait de
tous côtés. Ceux dont on parlait pour cette place
avaient tous leurs raisons d'exclusion, plus fortes l'une
que l'autre, tels que M. de Chavigny par le triste rôle
qu'il a joué en sa jeunesse, M. l'archevêque d'Embrun,
par son décri, M. de Monti par sa qualité d'étranger, etc. Quand on parla de M. Amelot de Chaillou,
on se moqua de ce bruit par cent raisons, et cependant il fut.

Je vins le premier en pensée à M. le Cardinal; cela
fut longtemps décidé pour moi. Ses meilleurs amis
me faisaient dire qu'ils avaient parlé pour moi, mais
je n'en priais aucun; enfin parut M. Amelot de Chaillou, intendant des finances, ayant le département
des aides et n'ayant seulement pas lu la gazette, suivant ce qu'il m'a dit lui-même.

Le bruit général a été que le point de détermination
pour lui fut qu'il avait une place d'intendant des finances, que cela procura à M. de Fulvy, frère de M. le
contrôleur général. Aussi il fut vivement appuyé par
ce ministre, et M. de Maurepas l'y poussa encore plus
fortement, comme étant son ami et son allié, de sorte
que ces deux ministres, dont M. le cardinal a eu plus
besoin en la disgrâce de M. le garde des sceaux et dont
il a fait plus particulièrement ses confidents, ont eu le
plus de facilité à l'importuner pour l'un et pour l'autre. On lui a fait comprendre que, mettant en place
M. Amelot, cela allait procurer une fraternité entre
les ministres qui lui donneraient repos et expédition
aux affaires.

J'ai été très empressé de savoir ce qu'on aurait pu
dire contre moi; cela s'est réduit à dire que je tenais

par mon frère au parti des princes et seigneurs, car
mon frère, qui a une rage d'ambition pour lui, se faisait recommander par tous les grands, et à son défaut,
moi, de sorte que j'ai paru en cela ce que je n'étais aucunement. Car je ne vois aucun de ces messieurs-là ; il
y a quinze ans que je n'ai été chez M. le comte de Toulouse, et six mois que je n'ai vu le maréchal de Noailles. Je ne sais comment Son Éminence n'a pas résisté
à cet argument. Mais enfin, dit-on, un frère est toujours un frère, si je n'intrigue pas, je me laisserai
entamer par quelqu'un d'aussi intrigant que mon
frère.

Au lieu qu'on a dépeint M. Amelot de Chaillou en
homme tout isolé, ce qu'il n'est pas, car il travaille
sous terre comme les taupes et personne n'est plus
ardent à succéder.

Mars. — Mme D.[1] m'a envoyé chercher pour me
dire que don Louis d'Acunha, ambassadeur de Portugal,
avait voulu que ce fût elle qui m'annonçât que la réponse du roi de Portugal était arrivée, par où il approuvait fort ma destination à être ambassadeur de
France près de lui, et cela *cum elogio*, mais que la
chose ne serait déclarée qu'à la Pentecôte.

Mon frère vient d'avoir l'inspection de la librairie
sous M. le chancelier, quoique ce ministre ait trois
enfants et deux beaux-frères capables de ce détail.

1. Mme de Belloy, parente de d'Argenson, ainsi qu'on le voit
dans le *Journal de son ambassade de Portugal*, manuscrit auquel
nous ferons quelques emprunts, parce qu'il complète, sur certains
points, les *Matériaux pour l'histoire de sa vie et de son temps*.

Les moindres emplois sont brigués aujourd'hui ; celui-ci n'est objet lucratif que par les présents de livres ; mais il forme dans la république des lettres, et il donne crédit dans les affaires de religion par des refus ou admissions d'ouvrages.

Mon frère avait déjà, sous M. Chauvelin, le bureau des affaires contentieuses de la chancellerie et imprimerie. Ceci peut passer pour être une suite, du moins cela sert-il de prétexte, et tout se colore de l'amitié et bonté du chancelier pour mon frère. Mais pour peu que le chancelier se livre à ses soupçons, il soupçonnera le vrai de ceci et il trouvera mon frère assez habile pour le craindre.

Quand il revint de Fresnes, en 1727, on lui retrancha les sceaux sous prétexte qu'il était janséniste. Aujourd'hui, on lui rend les sceaux, mais on lui en retranche une partie des fonctions sous prétexte encore de ce jansénisme. Qu'il se rappelle la détermination et la conclusion, et il verra que Son Éminence y a beaucoup contribué.

Voici que mon frère s'est jeté à corps perdu dans le parti des molinistes, jésuites ou docteurs, dévotes des jésuites comme est Mme la duchesse de Gontaud et la maréchale de Gramont, sa mère. Ces gens-là crient toujours hypocritement au cardinal : « Ah ! la religion est perdue, Monseigneur, que deviendrons-nous ! » Et tout cela pour exclure les uns et servir les autres. Si le chancelier a fait ses preuves de fléchir devant le veau d'or, *id est* la Constitution, sa famille n'en a fait aucune et est maintenant élevée dans les principes jansénistes. On a donc fait appréhender à Son Éminence de laisser ces deux administrations entre les mains de cette

famille, et on lui a proposé mon frère comme seul
capable d'être par là un petit garde des sceaux.

Que je suis malheureux d'avoir un frère qui ne songe
qu'à lui [1]! qui ne veut que pour lui, qui est en tout le
centre de son cercle! Une telle passion exclut la vertu
et cet amour du bien public qu'on doit adorer après
son simple bonheur et bien avant sa propre grandeur;
car quelle sottise que la grandeur et la soif de commander! Voilà comme les conquérants veulent acquérir des provinces pour les dévaster, pour les mal gouverner, pour se tuer soi et les autres!

Voilà donc mon frère enragé de parvenir : *Ache-
ronta movebo*. Il veut que tout le monde lui serve de
marchepied, maîtresse, amis et frère, trop heureux
même si quelque élévation pour moi ne tomberait pas
dans quelqu'une de ces passions, suite de son person-
nalisme, laquelle passion est l'envie! Il va sans doute
se prostituer aux molinistes, et, par là, il se fera tym-
paniser par les jansénistes qui bientôt vous déshono-
rent dans le public par leur *Gazette ecclésiastique*, etc.

Il faut remarquer que mon frère aime mieux une
place qui lui vient par une brigue, par un parti et par
une intrigue, que par la voie simple et noble de sa capacité reconnue et placée. C'est ainsi que les joueurs
croient que l'art de jouer fait tout, et qu'ils ne veu-

---

1. Nous ne pouvons nous empêcher de faire remarquer que d'Argenson vient de dire que son frère le recommandait à défaut de lui-
même, que, dans plusieurs circonstances, notamment à l'occasion
des bureaux de finance vacants par la mort de M. de La Berchère
et des tracasseries au sujet de l'ambassade de Portugal, on voit ce
même frère intervenir activement en sa faveur.

lent rien attribuer qu'à ce qui dépend d'eux. Mais quand on arrive par ces partis, ne se doit-on pas à ceux qui nous ont élevé? Si on doit des préférences, on est donc condamné à de grandes injustices.

Dans l'arrangement pris avec le chancelier sur la librairie, M. Hérault aura la chambre syndicale, c'est-à-dire l'entrée des livres étrangers, ce qui morcelle pour toujours ce district du chancelier; nouvelle preuve que le parti moliniste a persécuté ici le chancelier et sa famille, et cette sodalité de M. Hérault avec mon frère doit rendre celui-ci fâcheux à M. le chancelier.

24 mars. Mendez, agent du roi de Portugal à Paris, s'est impatronisé auprès de M. le cardinal, de façon qu'il lui parle de tout et fort librement. Cela vient de ce que M. le cardinal aime le bien du royaume, il regarde Mendez comme gagné à lui par les soins qu'il a pris de le caresser et croit que c'est à ces caresses qu'il doit les achats et ce peu de commerce que le roi de Portugal entretient avec la France pour acheter des cloches, des grilles et des carrosses. On peut juger par là de ce que mériterait auprès de Son Éminence quelqu'un qui augmenterait beaucoup ce commerce et le rendrait universel.

Or, Don Mendez prétend avoir beaucoup contribué à la chute de M. le garde des sceaux Chauvelin, et, en effet, il l'a fort sollicitée. Quand M. Amelot fut nommé, Mendez alla chez M. le cardinal pendant que M. Amelot y était à travailler. Son Éminence lui dit : « Que dites-vous de ce nouveau ministre? Tout ce qui lui manque, c'est ce que vous avez en trop, » en montrant leur taille. M. Amelot est un nain et Mendez est

trop grand. Mendez répondit que le public n'avait
pas été trop content de ce choix, mais que, pour lui,
il l'augurait meilleur que tout autre, en ceci, que
M. Amelot ne sachant rien de la politique, il n'apprendrait rien que par M. le cardinal. Il y a dans
cette réponse quelque chose d'ingénieux, de flatteur
pour Son Éminence et de disgracieux pour M. Amelot.

Ce Mendez est un grand fou qui a de l'esprit, qui
baragouine, et qui est, dit-on, double et traître. J'ai
donné un grand dîner à M. d'Acunha, où se trouvaient
M. de La Cerda, envoyé de Portugal à la Haye, et
Mendez. Il m'a entretenu une demi-heure avant l'arrivée de la compagnie et trois heures après son départ, et tant que j'en mourais de lassitude.

Avec ces étrangers qui écorchent le français il faut
une contention d'esprit qui me tue pour les entendre.
M. de La Cerda, l'envoyé, me paraît aimable, il parle
intelligiblement et ne dit rien que de juste. Don Louis
d'Acunha a soixante-dix ans. C'est un homme con-
sommé dans les négociations où il est employé depuis
quarante-cinq ans. Il a beaucoup d'esprit; je lui crois
l'esprit juste, mais l'âge peut avoir pris sur les vues
et la perspicacité. Mais à ces vieux routiers il reste de
bons coups et impénétrables.

24 mars. — J'ai été du matin à Meudon souhaiter le
bon voyage au roi de Pologne qui part le 1er du mois
prochain. Je l'ai trouvé seul qui écrivait; il me fait
l'honneur de me nommer son ami depuis que je lui ai
fait ma cour à Blois, chez mon oncle, évêque de Blois.

Il m'a dit qu'il fallait me souhaiter aussi la même
chose et que nous allions dans des pays bien diffé--

rents, puisque je partais pour un climat aussi chaud
que le Portugal, que c'était une cour bien triste. Je
lui ai dit que j'espérais m'acquitter assez bien de cette
première commission pour que le roi son gendre m'en
honorât d'autres en des pays plus brillants et plus
amusants.

Il m'a parlé légèrement des intérêts du Portugal et
de l'Espagne.

Ce n'est point au beau-père du roi qu'il faut nier
ni faire mystères de choses qu'il sait de la première
main ou qu'il doit savoir; d'ailleurs, je ne lui ai rien
dit et je l'ai laissé dire; j'ai ajouté seulement que je
n'avais pas encore remercié le roi.

Il m'a parlé de ses nouveaux sujets les Lorrains : il
a dit que s'il y avait des circonstances favorables pour
adoucir à des peuples un changement de maître, c'é-
tait à cette occasion; qu'il ne succédait pas immédiatement au duc Léopold qui était fort aimé, mais au
duc régnant qui, étant absent de Lorraine, ne regardait la souveraineté que comme une ferme d'où il
tirait le revenu à Vienne; qu'ainsi l'argent sortant du
pays, cela le rendait malheureux; que les grâces pour
la noblesse, déjà peu nombreuses, entraient en concurrence avec les Allemands, au lieu qu'étant à la
veille de passer à la France, les grâces militaires et de
cour se ressentiraient de la différence d'un grand
royaume à une petite souveraineté, de sorte que la
noblesse qui mène les peuples croyait y avoir gagné.

J'ai ajouté que l'argent qui se dépenserait à la cour
achèverait d'enrichir le pays et que les qualités aima-
bles de Sa Majesté feraient le reste, de sorte que tous
les avantages concourraient ensemble.

Nous avons parlé de ses longs travaux depuis trente
ans et qu'enfin il était au port, qu'il n'y avait personne qui se fût plus vivement intéressé à son sort
que moi.

Il m'a dit que les affaires de Pologne se seraient
mieux passées à son égard, sans les fausses démarches
de M. Chauvelin, dont il a dit quelque chose en gros,
ajoutant cependant qu'il ne fallait point insulter aux
malheureux, sur quoi je lui ai dit l'opinion que je
m'étais faite de ce ministre, dont la politique étant
trop magnifique et trop fougueuse, les peuples n'auraient guère respiré de son temps, et il est de ce
sentiment, sans admettre les fourberies qu'on impute
à M. Chauvelin.

Je lui ai parlé encore des fortifications de Lorraine;
il dit que celles de Thionville et de Metz suffisent;
qu'on avait parlé de tirer encore Luxembourg de l'empereur, que, passant à Valenciennes, M. le comte de
La Mark lui avait dit que l'acquisition de cette place
eût dû être encore un des fruits de notre guerre, et
qu'il lui avait répondu en plaisantant que ce serait
pour son premier voyage en Pologne.

J'ai dit combien cette acquisition de la Lorraine,
qu'il nous procurait, était belle; que, par là, la reine
de France se trouverait dotée de la province la plus
désirable pour la France qu'on eût eue en vue depuis
longtemps, même plus que la Bretagne que nous avait
apportée Anne de Bretagne.

Je lui ai témoigné combien j'enviais l'emploi qu'a-
vait près de lui M. de La Galaisière, sur quoi il m'a
répondu des choses fort obligeantes pour moi. — Que
peut-être serais-je assez heureux pour exécuter quel-

que commission pour lui dans le pays où j'allais être employé.

Il m'a dit qu'il comptait venir quelquefois à Versailles voir la reine sa fille, qu'il était et serait toujours Français, puisque ses petits enfants régneraient un jour, etc.

Fin de mars. — Il était grand bruit à la ville d'abord, puis à la cour (ce qui marque les bruits fondés), que M. le duc d'Orléans allait être mis à la tête des affaires; je ne pouvais le croire, mais j'y vois de grandes apparences, quoique cet objet proposé ne soit qu'une illusion, mais les circonstances forcent les règles. Car quelle apparence qu'un roi de vingt-sept ans veuille se donner pour maître ou tuteur un prince de trente-trois qui n'a ainsi que six ans plus que lui, qui n'a pas plus d'expérience du monde et même moins, puisque, du moins, le roi a vécu avec les hommes et que M. le duc d'Orléans a vécu avec les livres ascétiques et dogmatiques; d'ailleurs, ni homme de guerre, ni politique, d'un génie médiocre et dans le petit?

Mais il est homme de bien; étant saint, il ne peut qu'avoir de bonnes intentions; on fera accroire qu'il ne s'agit que d'en faire une idole de royauté, de donner, de temps à autre, quelques coups de gouvernail, de tenir l'équilibre entre les ministres quand ils sortiraient de l'égalité, en un mot, de servir au roi de principal conseil, tel que M. le cardinal de Fleury lui en devait servir. Mais ces grands coups de gouvernail sont devenus à tous les jours et ont passé du grand au détail.

Ce raisonnement me fut fait l'autre jour par mon

frère qui le tient du cardinal Dubois. Mon frère nie
actuellement comme beau meurtre qu'il soit question
de M. le duc d'Orléans, il donne le change à ses amis
par M. le comte de Toulouse. Mais toute cette manœuvre va à M. le duc d'Orléans et travaille à faire régner
sous son nom une nombreuse cabale de dévots et de
dévotes, et, par là, de courtisans adroits et fort ambitieux, puisqu'ils y ont sacrifié plaisirs et vanités.

Mon frère s'est donc décelé par le susdit raisonnement qui montre un homme au fait et profond sur un
point de politique, tandis qu'il est peu spéculatif sur ce
qui ne l'intéresse pas au premier chef. Il me parut aussi
très-attentif hier à quelques faits que je lui contai : sur
tout ce qu'on en disait il niait, mais je voyais que son
esprit travaillait; voilà comme les gens si fins se décèlent à ceux qui n'ont pas de pratique.

Mon frère a joué le brouillé avec Balleroy, gouverneur de M. le duc de Chartres, et, par là, ils ont tiré
chacun des secrets respectifs et n'ont été aucunement
suspects à leur maître.

On fera accroire au roi que la sainteté de M. le duc
d'Orléans portera bénédiction aux affaires et accla-
mation par les peuples, que cette sainteté en fait un
homme extraordinaire hors de sa portée naturelle et
qui ne dégrade point le roi en s'y soumettant. Il est
vrai que le public et surtout le bas peuple y applau-
dira, et, en effet, on ne peut trop mettre la vertu sur
le trône. M. le cardinal a raison d'aimer de tels gens
et alors il pourra se reposer un peu, moins d'abord,
puis un peu plus et dire le *Nunc dimittis*. Cela nous
produira d'abord un gouvernement sage, mais jamais
bien heureux, faute d'habileté et d'expédient. Ou un

prince tel que M. le duc d'Orléans gouvernera par lui-
même, et alors nulle habileté, toute incertitude et hésitation, de la petitesse partout; ou il cédera à ses
courtisans, et l'esprit sera la dupe du cœur, et alors
règne d'hypocrites et d'ambitieux, petits en tout, mais
mauvais en bien des choses, inquisition, tristesse, langueur, vilaines passions d'envie et de malignité, sé-
pulcre blanchi, règle au dehors, mais corruption au
cœur.

Cependant ce duc d'Orléans-ci est un homme *qui
veut;* il décide, il a une volonté à lui, c'est ce qui dis-
tingue l'homme d'action de l'homme utile, plutôt que
l'étoffe de l'esprit et du génie, des gens de beaucoup
d'esprit et de grand acquis étant indécis, ou n'ayant
pas de volonté à eux et qui leur soit propre sont nuls
dans le monde et surtout dans les places, tandis que
celui-là règne qui *veut.* M. le duc ne *voulait* pas, le roi
veut moins et ne *voudra* jamais, M. le cardinal *veut*
souvent et a régné par là.

L'union du cardinal et de M. le duc d'Orléans formera un assez bon concert, mais les nouveaux ministres ne sont pas encore de la façon de M. le duc d'Orléans; il y voudra mettre son chancelier certainement
à la première occasion, et ce pourra être aux dépens
de M. Orry qu'on travaille actuellement à décréditer,
soit sur son frère et sa belle-sœur, soit sur son peu
d'esprit. Pour moi qui suis frère de ce chancelier, j'ai
la mine de n'être jamais de rien, car je me suis très-
prononcé, et je me prononcerai toujours pour aimer
mieux être de rien que de quelque chose en rampant
et en intriguant. J'ai assez d'idées pour aller au grand
bien pour unique objet, sans déférer nullement à l'in-

trigue, et par là je deviendrais trop dangereux à toute
cabale, soit auprès du roi, ou auprès d'un prince vertueux comme M. le duc d'Orléans. On m'éloignera
sans doute par des ambassades, et je m'y attends.

Voilà donc pourquoi on avait tant de soif de la disgrâce de M. Chauvelin, elle était barrière à tout et
surtout à ce projet; assurément M. le duc d'Orléans
mérite bien préférence sur un homme aussi équivo-
que pour le cœur et pour les desseins trop vastes.
Tout ceci est conduit par des femmes d'esprit telles
que Mme de Gontaud, Mme la duchesse de Villars,
mon frère fort habile aux affaires de la cour, les
dévots en apparence mitigés, mais au fond, très-
molinistes et qui croyent que la Constitution va triompher et revoir les temps du feu roi pour les jésuites;
mais il en faudra rabattre, du moins quelque chose.

— Une des principales causes de la disgrâce de M. le
garde des sceaux Chauvelin est de ce qu'il était né
avec trop d'élévation; il eût été un bon ministre du
temps de Louis XIV. Il avait de l'ambition pour lui,
et, de là, il en avait pour l'État, j'entends par là
de cette ambition de grandeur, *inane nomen*. Il faut
aimer le bonheur des peuples et la gloire du royaume,
mais, dans la concurrence, il faut que la gloire cède au
bonheur; au lieu qu'un ministre de cette espèce fait
toujours céder le bonheur à la gloire. M. le cardinal
(et je pense de même) a une politique plus bourgeoise
qui va à la bonne économie, à l'ordre, à la tranquillité;
reste le choix ingénieux des moyens pour ce bonheur,
l'activité et la fermeté pour y aller, et malheureusement les hommes n'ont pas tout; mais, dans ce défi-

cit, on aura toujours raison de préférer les qualités du
cœur à celles de l'esprit, et la vertu aux talents,
pourvu que la disette des talents n'aille pas à l'imbécillité.

Avril. — De ce mouvement qu'il y a eu depuis peu
pour placer M. le duc d'Orléans à la tête des affaires,
il a résulté un grand déchaînement des ministres du
roi contre les créatures de ce prince. Ainsi, ce sont là
des journées de dupes, comme du temps du cardinal
de Richelieu. Quand on songe au ministère, toutes
mesures manquent; quand on songe à s'en rendre digne, tous moyens arrivent.

— M. de Balosre vient d'être révoqué de l'intendance de Pau, et on a nommé à sa place M. de Saint-
Contest. M. de Balosre est un homme de fortune, de
quelque esprit, mais lourd dans la bonne compagnie et
admiré dans la mauvaise. Il était des petits soupers de
M. Fagon et son allié; par là on lui avait donné le
suffrage de M. le contrôleur général. Ce sujet a peu de
principes, il a travaillé et a cherché le lucre dans les
commissions. Hardi dans ses opérations, il ne redoute
pas assez les découvertes de manœuvres qui déshono-
rent, et ces hardiesses finissent toujours par le déshon-
neur. Je sais des plaideurs à son rapport, à qui il a
emprunté et point payé ses billets; on pourrait le mener loin sur cette irrégularité. Pour aller en intendance, il emprunte une grande somme au receveur
général de la province, il la doit; sa charge est saisie
réellement. Voilà un homme qui traînera sa malheureuse vie à Paris.

La cause de sa révocation est une friponnerie insigne et un faux qui mériterait qu'on en fît exemple; il prétend avoir trouvé sa généralité fort arriérée et avoir beaucoup travaillé; que, pour cela, il lui a fallu beaucoup de commis; que, pour les payer, il n'a pas trouvé les moyens ordinaires et anciens qui étaient l'excédant de la capitation, et qu'on impose pour remplacer les non valeurs dont on compte aujourd'hui au roi.

Au lieu de cela, que faisait-il? Il passait un rôle de modération pour aller en reprise à l'égard des parties qui avaient payé leur capitation en plein, et il y en a pour trente-deux mille cinq cents francs de cette espèce.

M. de Saint-Contest, qui a été nommé à sa place, ne la sollicitait point; il a travaillé de tous temps à s'instruire des affaires étrangères et il s'y est rendu habile; il sollicitait une ambassade, M. Amelot et les autres ministres ont dit : « Eh quoi ! voilà que tout le conseil va demander à aller en ambassade. » On a bâclé bien vite celui-ci à l'intendance de Pau.

M. le Duc a envoyé chercher dernièrement M. de Maurepas et lui a dit qu'il ne prétendait pas que le roi prît de premier ministre après M. le cardinal, ni M. le duc d'Orléans plus que M. le comte de Toulouse, ni tout autre; que lui, M. le Duc, prétendait avoir à assister Sa Majesté de ses conseils comme ci-devant, quand M. le cardinal serait mort et que, pour cet effet, il enjoignait à M. de Maurepas de l'avertir quand M. le cardinal commencerait à s'affaiblir et se trouverait mal.

M. de Maurepas prétend avoir balbutié quelque réponse et qu'il a dit qu'il était au roi et non à d'autres, qu'ainsi il n'avait à entrer sur cela en aucune confidence que par ordre du roi. M. le Duc lui a répliqué : « Eh bien ! Bachelier m'avertira. »

— M. le duc d'Orléans a plus d'ambition qu'on ne croit : il aimerait à gouverner et se prête aux vues que M. le cardinal pourrait avoir sur lui, et dont il ne lui a pas fait encore grande ouverture. On cache beaucoup dans la maison d'Orléans le dessein qu'on a de marier M. le duc d'Orléans avec Madame seconde[1]. On prétend qu'il y a près de ce prince des partisans cachés de M. le Duc ; que le marquis de Matignon, grand ami de M. le Duc, gouverne M. de Balleroy, gouverneur de M. le duc de Chartres et qui a part à la confiance et à l'estime de M. le duc d'Orléans ; que Balleroy détourne M. le duc d'Orléans de se mêler des affaires ; que, par gaucherie d'esprit, il croit que ce prince ne lui ferait pas une grande fortune s'il gouvernait, et que M. le Duc ferait davantage ; qu'ainsi ledit Balleroy détourne les idées du mariage de Madame seconde. Ce système me paraît d'une subtilité incompréhensible.

Nos six ministres sont encore fort unis ensemble, mais on dit que cela se démanche et que l'excès de crédit de M. Orry près M. le cardinal lui a suscité des ennemis qui commencent à travailler à sa destruction efficacement.

M. le maréchal d'Estrées n'ira pas loin et peut mou-

1. Anne-Henriette, seconde fille de France, née le 14 août 1727, morte le 19 février 1752.

rir d'un moment à l'autre [1] ; on verra alors si le ministère sortira absolument de l'ordre des seigneurs. M. de Maurepas prétend être ministre, mais M. le maréchal de Noailles sera-t-il encore oublié? Il a tout ce qu'il faut pour obtenir cette place, qui, au fond, ne donne pas grand crédit. Il y a deux places à remplir, si on y admet le même nombre, savoir celle du maréchal de Villars et celle de M. des Forts, et il y a eu de ce règne jusqu'à trois ducs à la fois, savoir : Villars, d'Antin et d'Estrées. Mais du temps du feu roi, je crois qu'il n'y en avait qu'un à la fois, qui était M. de Beauvilliers, puis après lui le maréchal de Villeroy. M. de Balleroy est fort mal avec le maréchal de Noailles qui l'accuse d'ingratitude, par là il redoute le gouvernement de M. le duc d'Orléans, craignant que le maréchal de Noailles ne gouvernât sous lui. Oh que les hommes sont sots!

Le conseil de M. le Duc est aujourd'hui madame la duchesse sa mère, c'est-à-dire M. de Lassay, son amant [2], et M. de Breteuil, qui aurait bien envie de

1. Victor-Marie, duc d'Estrées, maréchal de France, avait été nommé ministre d'État le 2 novembre 1733. Il mourut le 27 décembre 1737.

2. Le comte de Lassay, Léon de Madaillan de Lesparre, était premier écuyer de Mme la duchesse douairière. C'était le fils du marquis de Lassay que nous avons vu figurer parmi les membres de la Société de *l'Entre-sol*. M. Paulin Pâris, dans sa notice, intéressante du reste, sur *le Marquis et l'Hôtel de Lassay* (*Bulletin du bibliophile*, 1848, p. 719), nous paraît avoir confondu ces deux personnages. Né en 1683, et mort en 1750, le comte était loin d'avoir soixante-douze ans, lorsqu'il devint au palais Bourbon le commensal de la duchesse.

rentrer en place par lui et qui s'est accroché à cette branche depuis le déplacement de M. le garde des sceaux; voilà donc ce qui l'a porté depuis quelque temps à ces deux actions de vigueur, l'une de s'être opposé au bruit qui courait qu'on allait remettre les affaires à M. le comte de Toulouse; l'autre, aux mêmes bruits sur M. le duc d'Orléans.

— Mme Amelot a été voir nos princesses; elles lui ont demandé quand donc elle viendrait à Versailles, elle a répondu que cela était bien aisé à dire, mais qu'elle avait tant de choses à faire, qu'il lui fallait meubler sa maison de Versailles et puis à Fontainebleau, à Marly et à Compiègne. On s'est regardé, on a trouvé ce discours bourgeois; Mlle de Charolais a dit : « il ne faut pas s'en étonner, c'est la tapissière du Marais. »

14 *avril.* — M. le cardinal de Fleury m'a dit que, de demain en huit, qui est mardi 21, ma nomination à l'ambassade de Portugal serait déclarée, et ainsi que je me rendisse lundi soir à Versailles.

Il m'a fait l'honneur de m'assurer que j'avais tout ce qu'il fallait pour réussir en cet emploi, où on m'accorderait toute confiance; qu'il avait en vue une triple alliance entre la France, l'Espagne et le Portugal, et qu'ainsi nos postulations de commerce seraient bien fondées; que, quand M. Patinho, premier ministre d'Espagne, était mort, il commençait à voir clair sur les véritables intérêts d'Espagne, et à se détacher de cette turbulence qui inquiétait si fort les voisins; que nous aurions de longues conversations sur tout cela.

Je reconnais que Son Éminence a le coup d'œil et
la présence d'esprit nécessaires à un ministre; il s'arrête aux mots dont le sens ne va pas à son idée, et
cette idée est droite naturellement, de sorte qu'il pé-
nètre au fond des choses et va au bon parti, sans peut-
être pouvoir d'abord se le développer à lui-même.
C'est ainsi que doit être fait l'esprit de gouvernement.
Nous serions heureux s'il se connaissait en hommes
comme en affaires.

Il ne faut pas aller trop vite avec lui, ni même trop
haut d'abord : il concevrait mauvaise opinion. Il
faut aller bon sens, gros sens, puis grand sens, pied
à pied, et, quand on est à la clarté du flambeau de
vérité, on le mène où il faut. Tout cela est encore
très-bien pour gouverner les Français trop subtils et
trop frivoles naturellement. Il faut suivre son propos
en affaires, et ne point sauter sans lui, car il fera la
transition si on le laisse faire; mais, si l'on veut aller
trop vite, il vous estimera homme superficiel.

28 *avril.* — Ç'a été aujourd'hui un grand jour pour
moi : le roi m'a nommé son ambassadeur en Portugal[1].
Voici comment cela s'est passé :

Je descendis hier chez M. Amelot : on revenait de
la chapelle où s'est fait le baptême de M. le dauphin

---

1. Cette ambassade à laquelle d'Argenson *n'alla pas*, comme
autrefois le sieur de Bensserade, et dont il sera encore question
dans plus d'une page de ces Mémoires, donna lieu de sa part à
des recherches, travaux, études diplomatiques qui ne remplissent
pas moins de 4 vol. in-fol. manuscrits. En voici le détail :

T. I. *Chiffres*, *instructions*, *lettres de M. le cardinal*, *de
MM. Amelot*, *Orry*, *Maurepas et de D. Luis d'Acunha*. — *Cor-*

et de Mesdames les trois aînées. Il y avait une assemblée magnifique; tous les ministres étrangers avaient eu des places.

M. Amelot m'a prié à souper. J'ai appris la mort subite de M. de La Berchère, mon confrère et ancien au conseil; cela me fait le cinquième des conseillers d'État de robe longue. J'ai demandé et obtenu un de ses bureaux de finance, qui est de 3000 fr.

J'ai été au lever de Son Éminence M. le cardinal de Fleury; il m'a dit que le roi avait quelque chose à me dire.

Après la messe du roi et un moment avant le conseil, Sa Majesté s'est avancée vers moi et m'a fait l'honneur de me dire : *Monsieur, j'ai fait choix de vous pour être mon ambassadeur en Portugal.* J'ai fait une profonde révérence et j'ai dit : *Sire, je ferai mes efforts pour répondre à la confiance dont m'honore Votre Majesté.* M. le cardinal a ajouté que je m'étais déjà préparé par le travail que j'avais fait pour cet emploi.

Tous les courtisans m'ont fait beaucoup de compli-

---

respondance avec M. *Duvernay*, consul général de France et chargé d'affaires de France à Lisbonne.

T. II. *Journal, Mémoires, projets, minutes, remarques et recherches par M. l'ambassadeur.*

T. III. *Extraits des négociations de Portugal*, tirés des originaux du Louvre, par M. l'ambassadeur, de 1640 à 1670, de 1714 à 1715, de 1724 à 1731.

T. IV. *Copies faites sur les pièces originales déposées au Louvre.* — *Pièces les plus utiles de la négociation de Portugal*, autres que les dépêches; une de l'année 1669, le reste de 1714 à 1732.

ments. J'ai consulté ceux que je croyais au fait, sur
les visites que j'avais à rendre, et, en conséquence,
j'ai été chez les princes et chez les ministres.

La reine était seule; elle a dit qu'elle me donnerait
quelques commissions pour ce pays-là, des bagatelles
du pays qui lui plaisent.

M. le Dauphin m'a reçu très-joliment et m'a dit :
*Monsieur, je suis persuadé que le roi ne pouvait faire
un meilleur choix*, en propres termes.

J'ai été chez M. le duc d'Orléans, qui m'a surpris en
me disant que cela lui était nouveau. Mon frère m'ac-
compagnait là aussi bien que chez le roi, quand Sa
Majesté m'a fait l'honneur de me nommer. Il m'a
donné avis d'un discours que M. le cardinal avait tenu
à M. de Maurepas sur moi, que, quoique M. le garde des
sceaux m'eût fait valoir, ce n'était point à ce titre qu'on
m'employait, qu'il me connaissait d'ailleurs, et par lui-
même; qu'il est vrai que j'étais assez lié avec Pecquet,
mais qu'il croyait que mes bonnes intentions prévau-
draient toujours sur les premières préventions. Ma
conduite sur tout cela est bien aisée ; la simplicité et
la droiture me garantiront toujours de ces prétendues
liaisons, où je n'ai jamais entendu rien de mal.

Tout mon dessein, en acceptant l'emploi que le roi
vient de me conférer, a été de me rendre digne et de
me mettre à portée des places du ministère, où mon
ancienneté au conseil pourrait naturellement m'élever, dès que je ne démériterais pas, à plus forte raison
si je montrais du mérite et du courage. Et quand je
me trouve avoir été cinq ans intendant des frontières
et avec assez d'approbation, puis quatorze ans au conseil, fort assidu et en bonne réputation d'intégrité, et

que je joindrai à cela une connaissance des pays étrangers et des négociations, alors, si je mérite place dans
quelque ministère, on ne dira pas que j'y suis promu
comme tant d'autres, et je m'y soutiendrai plus aisément par la justice que par la grâce ou la faveur.

Un de mes amis me faisait remarquer l'autre jour
que, si M. le chancelier, qui a 69 ans, venait à manquer, on devait naturellement me choisir, car personne
du ministère n'est à portée de cela. M. Orry n'a point
de magistrature; M. Amelot est bègue et ne peut haranguer en public; M. d'Angervilliers devient vieux,
usé et très-paresseux de travail; M. de Maurepas n'est
pas gradué, et M. de Saint-Florentin n'y est pas propre;
M. Hérault le briguerait, mais quel sujet!

Dans le conseil, je n'en ai que quatre devant moi,
sur qui on juge aisément que le choix ne peut tomber,
excepté M. Fagon, qui est content de son état et ne
voudra jamais sortir de la finance. D'ailleurs, la différence de naissance peut être aussi écoutée; il est fils
d'un médecin et j'ai l'honneur d'être d'ancienne noblesse.

Or, qui deviendrait chancelier de France avec la
connaissance des affaires de l'État pourrait, dans l'âge
et les circonstances du règne, devenir premier ministre par la primauté que donne ce ministère. Et voilà
comme on se laisse aller à des pensées ambitieuses [1].

---

1. On trouve à la page 160 du tome II des *Mémoires d'État*,
un article daté du 6 juin 1737, et intitulé : *De la cour, du ministère et du gouvernement de l'État*. D'Argenson y passe en revue
les trois partis qui se disputaient le pouvoir après la disgrâce de
M. de Chauvelin : 1° celui des six secrétaires d'État, ou *Exumvirat*,

Juillet. — J'ai dit à M. de Maurepas que mes equipages d'ambassade étaient bien avancés, et que je n'avais pas encore reçu un sou du roi; j'ai vu alors chez lui une joie maligne et vive, quoiqu'il soit de mes amis. Le bon air aujourd'hui est de se réjouir de l'incommodité des autres et de s'attrister de leur bien-être.

On a eu nouvelle que le roi d'Angleterre a subitement donné ordre au résident de Venise de sortir de son royaume, sur ce qu'on avait appris que le fils du Prétendant, qui voyage par l'Italie, avait été reçu dans le collége à Venise avec des honneurs distingués, comme ceux de ne point ôter son épée ni son chapeau, ce qui marque, dit-on, le prince souverain. On observe que cette démarche est une étourderie de la part du gouvernement anglais, car les Vénitiens n'ont pas un sou d'effets en Angleterre, au lieu que les Anglais font un grand commerce à Venise et dans le golfe. Le consul anglais va être chassé de Venise avec tous les vice-consuls des autres États vénitiens, et on pourra saisir les effets des Anglais pour cet affront insigne et peu mérité. Que fera le gouvernement anglais sur cela? Enverra-t-il une flotte de cinquante vaisseaux dans le

---

comme il l'appelle; 2° celui de Chantilly ou de la maison de Condé; 3° celui de Rambouillet ou des bâtards légitimés.

Il conclut en déclarant qu'aucun de ces partis n'a de chances d'exercer une influence durable, et que le cardinal devrait dès lors se donner un second et un survivancier. « Où le prendra-t-il? Je n'en sais rien, mais qu'il le cherche toujours. »

Ce passage nous a paru curieux à rapprocher de celui du journal où d'Argenson se confesse si naïvement de ses velléités d'ambition.

golfe ? S'il faut qu'on entende parler en Angleterre du
mal que cela fera au commerce, d'une dépense nouvelle, et que la cause de tout cela soit le Prétendant,
alors les jacobites auront pour leur véritable passion
un beau prétexte à agir et à se couvrir des intérêts du
commerce.

— Quand on est venu annoncer au roi la naissance
d'une nouvelle fille[1], au lieu du duc d'Anjou qu'il
attendait[2], on lui a demandé si on l'appellerait Madame Septième, il a répondu : *Madame dernière.* D'où
on conclut que la reine va être bien négligée.

— Sujet de spéculation politique : le grand-duc de
Toscane vient de mourir; l'Espagne avance ses troupes vers la Catalogne; don Carlos, roi de Naples, vient
de pardonner à ses sujets rebelles; les courriers trottent
partout; l'empereur est occupé en Hongrie; les Vénitiens arment sans dire leur secret : à quelle fin? Le roi

1. Louise-Marie, née le 15 juillet 1737, entra aux carmélites
en 1770, et mourut en 1787.
2. Voici ce qu'on lit à ce sujet dans les manuscrits de Narbonne, commissaire de police à Versailles, qui sont conservés
dans la Bibliothèque publique de cette ville, t. XIV, p. 108 : « Le
roi, qui voulait se divertir, sortit de la chambre de la reine, et dit
qu'elle était accouchée d'un duc d'Anjou. La nouvelle en courut
par tout le château et la ville de Versailles. Le peuple frappa des
mains; il y eut des démonstrations de joie extraordinaires, on
tira des boîtes et fusées, et on fit des feux dans la place d'armes
devant les hôtels et dans les rues.
« Un moment après, on sut que la reine n'était accouchée que
d'une princesse. Tout d'un coup les acclamations cessèrent, et le
calme succéda à ces premières réjouissances. »

de Sardaigne n'a pas réformé un homme et a recruté
et acheté des troupes suisses. Notre contrôleur général
travaille continuellement avec S. Ém. de Fleury, et je
sais des dépenses en argent qu'il avait promis pour le
commerce et qu'il vient de supprimer, et pareilles
choses. A quoi cela va-t-il? Ligue entre l'Espagne, le
roi de Sardaigne, le Vénitien, l'électeur de Bavière,
qui vient de voyager en Italie et a promis toutes ses
troupes aux Vénitiens, le tout dans la vue de chasser
une seconde fois l'empereur d'Italie. Nous pourrions
tirer les bécassines et gagner la Savoie; en ce cas,
nous serions brouillés avec l'empereur, le Portugal et
l'Angleterre, mais sans donner prise sur nous.

Au moins va-t-on par là faire mettre fin à la guerre
de l'empereur contre le Turc et le rendre souple sur
les affaires de Berg et Juliers, et autres griefs de l'empire. Il faut saisir cette occasion, et nous serons arbitres
armés.

Eh quoi! les courages italiens sont abattus au point
qu'il n'y a personne à Florence, à Padoue, qui imagine
de se soulever pour recouvrer sa liberté et se mettre
en république! Alors l'Espagne secourrait les révoltés
sous prétexte des allodiaux. Venise, le roi de Sardaigne
et le roi de Naples se ligueraient pour chasser l'Allemand d'Italie à tout jamais. Venise et la Sardaigne
partageraient entre eux le Milanais, et par là le génie
libre italique deviendrait bien à portée de se soutenir
et de se préserver des deux grandes maisons ambitieuses.

Je suis persuadé qu'il ne tient qu'à l'Espagne de
former cette ligue et de la contenir, pourvu que toute
la bonne foi possible y soit admise. Mais, si elle veut

mettre tout le monde de son côté en chassant son
ennemi, il faut ne vouloir rien gagner pour soi-même
à sa dépouille. Et alors, ne ferions-nous pas bien de
rester neutres? L'empereur est plus occupé que jamais
en Hongrie. Que l'occasion est belle et opportune!

Août. — M. le cardinal, paraissant tout entier dans
les intérêts de l'empereur, songe cependant très-sérieusement à saper cette ligue tyrannique de S. M.
impériale avec la czarine, pouvoir énorme qui menace
l'Europe et l'Asie, mais surtout le Nord. Nous prenons
de grandes liaisons avec la Suède afin de lui opposer
cette *veuve reposée*, car depuis la mort de Charles XII
la Suède se rétablit à vue d'œil; il est vrai qu'il faut
y joindre d'autres puissances si on veut en effet attaquer la Moscovie, et je ne sais point quelles autres
mesures on a prises sur cela.

Le baron de Gedda, envoyé extraordinaire de Suède
à Paris, est nommé secrétaire d'État des affaires étrangères à la cour de Stockholm. Cependant, depuis six
mois, M. le cardinal de Fleury l'engage à rester ici
sans aller jouir de ses grandeurs dans son pays. Ces
choses-là ne se font pas pour des prunes, comme on
dit. En effet, le baron de Gedda se trouve dans l'intimité secrète de Son Éminence, et les mesures de liaisons que nous prenons avec la Suède sont tellement à
cœur à Son Éminence, qu'il y arrangera toutes les
autres affaires d'État. On a joint depuis peu ce Suédois
à un parti qui attaque le contrôleur général et qui
cherche à pourvoir en effet à un ministère plus solide
en France, pour soulager le cardinal et lui succéder.

— Le sieur Bachelier, premier valet de chambre du

roi [1], est un philosophe content de sa fortune, qui est bonne ; il a 50 000 francs de rentes, une maison de campagne et une maîtresse ; il aime son maître et en est aimé, il veut le bien de son État. Des gens de ce caractère sont difficiles à déplacer, c'est ce qui a fait précisément la force et l'élévation de notre cardinal, et, heureusement pour la France, le roi aime les gens de cette espèce. Il est vrai que Bachelier est ce qu'on appelle un m..., mais son office le comporte comme à un guerrier d'être tueur. Peut-être encore persuadera-t-il au roi de s'en tenir à une seule femme, comme il a fait jusqu'à présent pour la petite Mailly, ou de n'en guère changer, ou de ne lui faire que des biens médiocres et convenables.

M. le garde des sceaux Chauvelin avait mis dans sa faction auprès du roi ledit sieur Bachelier ; on a prétendu sur cela des choses qui n'ont pas été prouvées, savoir : que tous deux ils trahissaient Son Éminence, qu'ils le détruisaient auprès de Sa Majesté, et que Sa Majesté a depuis tout avoué à Son Éminence, et que Bachelier s'était retourné voyant M. Chauvelin perdu et qu'il avait tout déclaré au cardinal. Mais, combien de choses on dit sur les apparences, et combien on tourne tout en mal volontiers plutôt qu'en bien ! Voici donc ce que je crois.

Bachelier est aussi fidèle à son maître que ce petit Barjac l'est au sien, et peut-être que le cardinal lui-même l'est à Sa Majesté. Il joint à cela de l'esprit, des

---

1. Voy. ce qui est dit plus loin, à la date de septembre 1738, sur ce personnage dont il sera si souvent question. Voy. aussi Soulavie, *Mémoires du maréchal de Richelieu*, V, 76.

vues, de la solidité, de la philosophie et surtout l'amour
de l'État, qui, dans un homme sans naissance et sans
famille, produit la satiété de son bien-être et fixe les
idées, les concentrant toutes au bien public personni-
fié en la personne du roi. Cet homme-là aura cru ren-
contrer un bon ministre dans M. Chauvelin, il aura été
gagné par quelques gentillesses et caresses qui sédui-
sent tous les hommes, et j'entends dire que celui-ci
n'est pas insensible à quelques petites passions d'amour-
propre, et le voilà dans la faction de M. Chauvelin.
Mais il aura reconnu des mensonges dans ce ministre
et il s'en sera détaché.

D'un autre côté, M. le cardinal, dont les idées pour
le bien de l'État sont également fixées, tient une conduite que nos intrigants prennent pour grande finesse,
haute habileté et sublime politique, tandis que tout dérive de cet amour de l'État qui ne perd pas son unique
objet de vue. Son Éminence aura peut-être d'abord
craint la faveur de Bachelier, non par jalousie, mais par
les œuvres de son métier ; mais ensuite Son Éminence,
considérant qu'il faut tôt ou tard au roi une maîtresse,
et par conséquent un Mercure et quelque valet de confiance (les rois précédents ont eu les Fouquet-la-Varenne, les Beringhen, les Bontemps), Son Éminence a
mieux aimé pour cet emploi Bachelier qu'un autre, dès
qu'il l'a trouvé philosophe et honnête homme. D'ailleurs, faveur difficile à détruire, amitié du roi, familiarité, confidence, et le tout bien placé. Son Éminence
a donc approuvé ce choix et s'est elle-même attachée
à Bachelier. C'est entre eux qu'ils ont dégoûté le roi
du Chauvelin et non par les intrigues du cardinal seul,
se réservant ensuite de sacrifier Bachelier. Barjac

est devenu l'ami de Bachelier et c'est par lui qu'il
compte de se conserver quelque fortune et protection après la mort de Son Éminence. Ces intrigues
de valets ont leur succès, mais il y faut de la modération ; je crains que peut-être celle-ci, de fil en aiguille,
n'aille trop loin.

Voici comment Bachelier conduit ceci : M. le maréchal d'Estrées est ami du cardinal. Ce maréchal,
quoique beau-frère du maréchal de Noailles, n'est point
son ami, ni de toute la famille et grande tribu de
Noailles. Il abhorre toute cette cabale, ou peut-être ne
l'a-t-on pas trouvé un personnage assez profond et assez remuant, et il y est méprisé. Son Éminence a trouvé
dans le maréchal d'Estrées un confident et un ami, il
lui croit de l'amour pour l'État, il s'ouvre à lui. Il y a
eu déjà deux grandes conversations à Issy depuis la
convalescence du maréchal d'Estrées ; on y a passé en
revue les grandes maximes d'État, les besoins de ce
royaume et surtout les dangers à la mort de Son Éminence, le peu d'apparence que le roi entrât dans le détail du travail par émulation et que cependant, pour
soutenir les desseins, il fallait des ouvriers et la faiblesse des ministres.

Le baron de Gedda est entré dans les mêmes matières ; on entame absolument M. Orry ; on le représente
comme un homme borné et sans vue, qui ne mène
bien les affaires qu'en les laissant aller et en ne les
troublant pas ; brutal et malfaisant à l'égard du public,
désintéressé, si l'on veut, pour lui, mais assisté d'un
frère le plus intéressé et le plus voleur du monde, qui
prend jusqu'à un louis et a fait une très-grande fortune.

Son Éminence a dit deux choses sur cela, tant à ce

dit maréchal qu'au Suédois; il s'est récrié qu'avec ses bonnes intentions il *n'avait pas encore fait un seul bon choix*, et, sur le contrôleur général, qu'il le croyait bien fort brutal, mais qu'il avait découvert qu'il était l'homme le plus avide du royaume.

Ces représentations, ces conférences sont portées et rapportées de Gedda au maréchal d'Estrées et de là à Bachelier par M. Hogguer leur ami commun et qui se cache fort; il ne paraît solliciter que les petites affaires et il est ainsi au travers des plus grandes affaires de l'État. Ces trois personnages ne se voient, ni ne se rencontrent. Bachelier rend compte de tout au roi, l'excite et lui montre les progrès auprès du cardinal. On y déteste les intrigues des princes, celles de Rambouillet, de Chantilly, la faction des Noailles et des dévots. Le bien de l'État veut hautement qu'on éloigne du grand crédit et les princes et les seigneurs; c'est de ce crédit que vient l'anarchie, le pillage et tous les désordres; on parvient par eux, les ambitieux veulent s'en servir et ils croient ensuite régner absolument, mais ils ne s'en dépêtrent plus par le besoin qu'ils ont de soutien.

Voici donc quelles sont les vues : fortifier le ministère surtout en honnêtes gens, écarter ces hautes brigues et encourager le roi à travailler un peu plus pour le succès des affaires d'État. On a le plan aujourd'hui de fortifier le conseil d'État : 1° de M. de Bellisle, qui facilitera et éclairera sur tous les projets de guerre; 2° de M. de Monti[1], qui possède le Nord et l'Italie, dont

1. Le marquis de Monti, Romain, s'était fait naturaliser Français, et avait été successivement nommé cordon bleu, lieutenant

il est originaire, et par là serait d'un grand secours
dans le besoin qu'on a d'attaquer la ligue moscovite
et allemande; 3° de donner la place de contrôleur général à M. d'A[rgenson] l'aîné, et en même temps le
faire ministre d'État. On a écarté son frère par l'amour
naturel qu'il a pour s'appuyer de l'intrigue des grands
avec qui il a des engagements, goût sur lequel le cardinal paraît s'adoucir aujourd'hui avec lui; mais il le
trompe, et même si on s'arrête et si on balance sur
son frère, c'est qu'on craint qu'il n'y soit impliqué. On
a cru d'ailleurs trouver dans son aîné de l'étoffe, de
l'instruction préalable et surtout de bonnes intentions
à l'épreuve de tout. De sorte que tous ces instruments
de ministère s'y sont fixés et que le roi lui-même le
souhaite.

M. de Monti est étranger, mais il s'est tout francisé;
cependant il y a à critiquer sur ce choix par ladite
qualité d'étranger, à moins qu'il ne vendît tous ses
biens de Bologne et ne s'établît absolument en France.
Il a plus de bon sens que d'esprit, mais il est honnête homme et versé dans les affaires; voilà beaucoup. Il deviendrait le tuteur de M. Amelot et il ne
serait pas impossible qu'il le dépossédât au bout de
quelque temps.

M. Amelot manque par l'étoffe; il a quelque mémoire, de la clarté dans les idées, mais peu d'esprit,
nulles vues; s'il a de l'esprit, il l'a petit et né pour le
petit; il sait beaucoup d'histoire naturelle. Il manque
donc d'étoffe, et ne pourra se soutenir; peut-être que

général des armées du roi, ambassadeur en Pologne, lors des
affaires de Stanislas.

reconnu pour tel, rien ne défait plus le crédit de
M. Orry auprès de Son Éminence, que d'avoir produit M. Amelot; encore M. de Maurepas qui l'a poussé,
est-il moins coupable, car le cardinal le connaissait pour un petit-maitre, mais il avait toute confiance
en Orry. Il ne valait que par la vérité et par la candeur. Qu'est-ce qu'un Caton négatif et farouche sans
vertu? Cela n'est propre qu'à scier du marbre. Qu'est-
ce qu'un Suisse sans fidélité et sans bravoure? M. Amelot pourra être et sera certainement dépossédé au bout
de quelque temps, mais aujourd'hui son intrusion
est trop fraîche, et ce serait faire trop de tort à Son
Éminence.

Avec cela il est à craindre que ces deux cordons
bleus ne trouvent de la difficulté à être employés au
ministère; c'est changer les maximes présentes du
royaume, que de se servir dans le ministère des gens de
la cour, comme sont ces deux lieutenants généraux.
On y veut des gens de robe, aisés à déposséder,
comme des Melchisedech venant de rien et allant à
rien.

Si M. de Monti a contre lui la qualité d'étranger,
M. de Bellisle a son ambition qui paraît démesurée
pour les grandeurs, pour gouverner et pour paraître
avec éclat. Il a aussi contre lui quelques vilaines actions au préjudice de l'État, et qui causèrent sa disgrâce sous M. le Duc, comme d'avoir pris aux troupes 1700 mille livres pendant le Système, et d'avoir
acheté pour fourrer dans la caisse du trésorier de la
guerre pour autant de billets de banque, et cela pour
se bâtir un palais; d'avoir fait contre le roi un échange
de domaine trop désavantageux.

Gare que l'un de ces projets ne gâte les autres, et que Bachelier n'embrasse trop à la fois; ce serait changer la face du ministère totalement, et y mettre des gens à soi. Avec cela M. de Bellisle viserait à déposséder M. d'Angervilliers, quoique son ami aujourd'hui, il ne lui laisserait bientôt plus aucune autorité, ou il y mettrait M. de Séchelles qui est un homme de mauvaise foi; car sans doute M. de Bellisle ne voudrait pas être fait conseiller d'État, et il se contenterait de devenir maréchal-duc, afin d'avoir par la suite l'épée de connétable.

Mais il faut convenir que ce serait beaucoup gagner pour l'État d'avoir à la tête des affaires des gens forts, au lieu de gens si faibles qu'il y a. Si les choses restent comme elles sont, le cardinal y succombera bientôt, et l'État ensuite.

— M. Courchetet, agent des villes anséatiques, était la créature de M. le garde des sceaux Chauvelin; il est de Besançon, il était son homme de confiance pour faire des recherches dans les manuscrits qui viennent de M. de Harlay, qui sont si nombreux, si curieux et en si bel ordre, avec les tables immenses qu'il y a faites. C'est un homme doux et vertueux, et voilà ce qui produit toujours des faits nouveaux et surprenants pour les gens d'intrigue, c'est que de tels gens sont également bien ou de mieux en mieux sous tous les règnes. Il était ci-devant préposé à la librairie sous M. Rouillé; il a été continué, depuis la disgrâce du garde des sceaux, sous M. le chancelier et sous M. d'Argenson le cadet. Il a des conférences avec Son Éminence, et voilà ce qui surprend encore davantage. On le croit

traître à M. Chauvelin; il n'en est rien; Son Éminence
le charge toujours dans les occasions, et les occasions
viennent souvent, de faire des recherches sur le droit
public dans les dits manuscrits de M. Chauvelin. Il a la
clef de la bibliothèque du disgracié; il lui en a auparavant demandé permission. M. Chauvelin a répondu
qu'il était trop heureux que sa bibliothèque servît au
roi pendant que sa personne n'y sert plus. Voilà ce
que personne ne sait et qui ferait bien dire que
M. Chauvelin n'est peut-être pas si brouillé qu'on dit
avec le cardinal, mais ce sont sottises que cela.

— M. le cardinal de Fleury a auprès des ambassadeurs une sorte d'espionnage que les gens de la cour
trouvent d'une extrême habileté; ses ministres du second ordre sont ses espions; ces sortes de gens en ap-
prennent beaucoup et parlent volontiers. Ils fréquentent
continuellement les ambassadeurs pour les intérêts de
leurs maîtres et, par le contrôle de l'un avec l'autre, on
sait le complet. Son Éminence caresse ces petits ministres; il n'y en a aucun qui ne se croie l'ami particulier du cardinal; il les traite familièrement, leur fait
faire part de quelques morceaux du secret des grandes
cours, et même de celle-ci; par là ils se vantent chez
eux de faire ici de grands progrès. Tels sont, dit-on,
MM. Sorbo, Franquini, Saladin, et Mendez pour le
Portugal.

— Son Éminence a dit depuis peu deux choses bien
considérables à M. Gedda touchant M. Orry, contrôleur
général. 1° En propres termes, qu'il l'avait bien connu
d'abord pour un brutal, mais qu'il le connaissait à

présent pour un homme insatiable; 2° qu'il était le
plus malheureux des hommes, qu'il n'avait pas encore
fait un bon choix.

—Le pauvre M. Orry qui n'entend rien à l'intrigue
se jette à corps perdu présentement et dans celle de
Rambouillet, et dans celle de la maison de Condé par
M. de Lassay. Le cardinal prend un chagrin horrible
de tous les maux qui menacent l'État après sa mort;
il ne fait que parler de la mort après cela.

— M. Amelot, secrétaire d'État des affaires étrangères, a l'esprit petit, borné, a le caractère sec, condition
bien contraire à sa place; il pourra s'y faire goûter
par quelque intelligence d'abord, mais pourra-t-il être
jamais autrement qu'en second? L'affabilité et le
génie d'expédient et de conduite, voilà les qualités
principales.

—M. de Harlay dînant l'autre jour avec moi chez
M. B…, parla de la paix de Riswick dont il fut le courrier, se moqua de lui-même, de sa lenteur dans cette
course; on sait que, quand il apporta la nouvelle au
roi, Sa Majesté lui répondit : Monsieur, je le savais.
Je dis à cela : tout ce que ceci apprend, c'est que
M. de Harlay marchait déjà tout seul en 1697, il y a
quarante ans. Il répondit que, malgré sa vieillesse, il
me voyait devant lui au conseil quoiqu'il eût été à ma
thèse, lui étant déjà alors intendant. Je lui dis qu'il
était fils de ses œuvres. Il répondit : c'est ce qu'on
appelle des *œuvres mêlées*, connaissez-vous ce livre
là? On rit de cette réponse. — Oui, répliquai-je, je

connais les bons livres, Monsieur, je connais celui-ci.
N'est-ce pas un grand in-folio bien conditionné, court
de préface, long d'errata, et dont les épîtres dédica-
toires ont toujours bien réussi à chaque édition?

8 *Septembre*. — Mendez m'est venu voir; il m'a dit
que jeudi il avait vu M. le cardinal et M. Amelot, et
qu'on avait réglé divers détails relatifs à mon ambassade. Mais le grand article dont il avait à me parler
est de Mme de Salvador, maîtresse de don Louis
d'Acunha, et demeurant ici chez lui dans sa maison,
ce qui est un scandale selon nos mœurs, ce qui avilit
le caractère d'ambassadeur, et partant offense Sa Majesté Portugaise, qui lui donne 140 000 fr. pour briller, et, par là, cet ambassadeur n'ose donner à manger chez lui à personne, à cause de ladite dame,
laquelle en outre veut faire la maîtresse, et maltraite
son vieil amant devant tout le monde.

M. le cardinal ne voit pas cet ambassadeur qu'il ne
s'en raille et ne lui fasse sentir son ridicule. Quand il
demande quelque chose, Son Éminence lui répond :
Ah! c'est cette dame qui demande cela par vous. Bu-
vant à sa santé, il dit : On n'oserait boire aux inclinations de Votre Excellence, etc. Il dit encore que
cela doit paraître bien horrible à des Portugais d'aimer une juive.

D'un autre côté, ce pauvre ambassadeur pleure,
pour ainsi dire, quand on lui en parle; il la craint,
elle veut demeurer dans la maison et y maîtriser,
quoiqu'avec de grands dégoûts; car, quand il s'agit de
quelques fêtes, il faut que la dame aille dîner en ville.

Pour moi, depuis que j'ai vu tout ce train se re-

marquer, et ma parente, Mme de Belloy, s'en trop
mêler, je n'y vais presque plus, et, pour dire le vrai,
ma paresse et mon goût de repos trouvent leur
compte à cette abstention ; mais l'on a remarqué de
moi, comme un grand trait de prudence et de bonnes
mœurs, de ce que j'allais moins chez don Louis, à
cause de ce scandale.

On accuse Mendez d'avoir écrit toute cette aventure en Portugal, mais il m'a montré des lettres qui le
justifient bien de ce reproche, car on l'y blâme au
contraire de n'avoir pas averti sa cour du scandale
donné par l'ambassadeur. Don Louis a mandé de son
côté que la juive hollandaise vivait en bonne compagnie et était à la garde de Mme de Belloy, ma parente,
ce qui ne laisse pas de me compromettre un peu,
mais les petites choses font beaucoup d'effet de loin.
Le seul expédient est que Don Louis loue à sa maîtresse une maison dans son quartier, en un mot tout,
hormis le logement sous le même toit. Il y a un furieux entêtement à loger comme ils le font, dans la
même suite d'appartement.

Faute de cela, ils résistent ouvertement à deux
cours, à la leur et à celle de France, qui vont prendre des mesures. Il est question de faire enlever nuitam-
ment cette dame par ordre du roi et sur la réquisition
de Sa Majesté Portugaise ; ce qui ferait un grand scandale. Quand on parle de cela au pauvre Don Louis, il
pleure, il veut aller en Hollande ; il dit qu'il retournera
ministre plénipotentiaire à la Haye, et qu'il vivra
d'oignons, lui et sa maîtresse ; mais un ambassadeur
n'est pas libre d'aller où il veut, comme un particulier de retourner dans sa terre.

— Plusieurs ministres étrangers m'ont dit depuis peu que, quand on parle à M. le cardinal de Fleury de l'énorme grandeur où parvient tous les jours l'empereur, tant par son arrondissement en Italie, acquérant Parme, et depuis peu Toscane pour son gendre, que par ses conquêtes en Turquie qui vont le conduire à Andrinople tout à l'heure, Son Éminence répond deux choses ordinairement : « 1° Tout cela n'est que feu de paille; 2° Qu'est-ce que cela vous fait? Remarquez, dit-il, que ceci n'est qu'un spectacle où vous assistez, et qui finira un de ces jours, car, après la mort de l'empereur, cela ne peut durer; tout sera divisé, son adoption du duc de Lorraine est une folie, chacun se soulèvera. » Que répliquer à cette réponse? Qu'est-ce que ceci? est-ce excès de stupidité, ou excès d'habileté?

— L'année 1737 a été fort singulière pour les saisons; la fin de l'hiver et le commencement du printemps ont été singulièrement beaux et très-chauds, puis sont venues des grêles qui ont ruiné les meilleurs vignobles sur la Loire. Cependant, ailleurs, la récolte et surtout la vendange promettaient une abondance inouïe; enfin la canicule est venue qui a été un véritable hiver, on y a toujours fait du feu continuellement, pluie, froid, mauvais chemins, et cela a duré jusqu'en septembre; et cette belle vendange montrée aux hommes n'était qu'une attrape, tout sera verjus. Cependant voilà la quatrième vendange qui manque en France.

—On prend à présent les ambassadeurs à la mine, et selon l'analogie de figure avec les nations, où on

les envoie. Cet été, on a nommé en même temps,
moi pour ambassadeur à Lisbonne parce qu'on me
trouve l'air portugais, M. de Saint-Séverin en Suède,
il a l'air sévère et blême comme un Suédois, et Cour-
teille, ambassadeur en Suisse; il est vrai qu'il a l'air
Suisse.

9 *Octobre*. — J'ai été à Héricy où Don Louis d'A-
cunha a loué une maison de campagne; c'est à une
lieue de Fontainebleau; il est indisposé maintenant.
Nous avons parlé du traité d'amitié et de commerce
projeté depuis deux ans entre la France et le Portugal. Il persiste toujours à dire que, si le Portugal nous
admet dans son commerce et dans ses faveurs, il faut
lui donner quelque chose; que les Anglais leur prennent leurs vins, que la seule province de Tras-os-
Montes reçoit plus d'argent de l'Angleterre qu'elle n'y
en envoie, que d'un trait de plume l'Angleterre peut
les ruiner en mettant égalité de droits pour les vins
de France avec ceux de Portugal, et qu'alors tout le
revenu de leurs terres tomberait, etc.

Je lui ai répondu que le Portugal était donc bien
malheureux avec toutes ses richesses et sa fierté, s'il
n'était plus une nation libre, puisqu'il n'était pas le
maître de contracter amitié avec qui il voulait, sans que
les Anglais le mortifiassent; que le premier des biens
était la liberté.

Que, pour nous, nous avions à leur égard d'anciens
mérites, de nouveaux et de futurs, qui ne manque-
raient pas dans l'occasion de le défendre et de l'aider,
que nous ne voulions point chasser les Anglais, ni détruire leur commerce, soit en Portugal, soit en Espa-

gne, mais que nous prétendions l'égalité, et qu'encore, cette égalité, ce n'était pas en vue du commerce ni de ses profits, mais qu'il était trop choquant qu'une nation et qu'une couronne comme la nôtre, après avoir rendu, tant à l'Espagne qu'au Portugal, des services aussi essentiels, se vît traitée avec infériorité ; que cela était inouï, et qu'il valait mieux ne pas se montrer chez ces nations que sans égalité, pour le moins.

Que certainement l'Angleterre n'en viendrait jamais à effectuer les menaces, ni même à menacer de faire le tort à leurs vins dont on parlait, mais que, quand cela serait, eh bien ! cela ferait tort à quelques particuliers qui cependant remettraient, comme ci-devant, en froment, ce qu'ils avaient mis indiscrètement en vignobles, pour se mettre dans les brassières des Anglais.

Novembre. — Pendant ce Fontainebleau, on a vu un monde, une affluence inconnue, et même il n'y en avait pas eu davantage dans aucun temps du feu roi : on l'a attribué à ces causes : on a cru que Mme de Mailly allait être déclarée maîtresse du roi ; il n'est pas douteux qu'elle ne le soit de fait. Nos plus grands princes du sang s'en sont emparés, lui ont donné les premières places dans leurs calèches à la chasse, et on a prévu d'autres grandeurs pour elle, mais que le cardinal retient, et qu'on retiendra, tant que ce bon ministre durera. Les hauts courtisans ont afflué à la cour par cette raison ; gens avides de fausses grandeurs, ils ont cru que cette élévation d'une maîtresse allait influer sur le gouvernement, et procurer des changements que chacun croyait, par chimère, lui devoir être avantageux.

Beaucoup de financiers ont accouru à Fontainebleau pour le futur renouvellement des fermes générales, chacun croyant y être admis, et qu'il y aurait de grands changements ; mais il n'y en a eu aucun, si ce n'est une augmentation de 3 millions 500 mille livres demandés à l'ancienne compagnie.

— Le 23 décembre 1737, à 7 heures du matin, est mort un homme qu'on appelait le *vieux Saint-Victor ;* il avait 97 ans et on peut dire que ç'a été un homme parfait dans la profession de philosophe pratique , mais non à œuvres, car il ne restera point d'écrits de lui. Il est mort précisément comme une chandelle qui s'éteint, sans fièvre et sans douleur faute de force. Il eut une faiblesse la veille, les médecins dirent qu'il n'y avait encore rien à craindre. Il se couchait à 9 heures, il se levait à quatre heures; il prit son chocolat à cinq heures, puis à sept heures il eut une autre faiblesse où il resta, ayant conservé de l'esprit, bien de l'esprit jusqu'à la fin.

Toutes les circonstances de la vie des hommes de mérite sont précieuses, et celui-ci avait eu le mérite de se rendre fort heureux et longtemps. Il a fallu que les liqueurs soient toujours restées chez lui en grand équilibre, et qu'il se soit défait de toute humeur par l'exercice, la sobriété et l'assiette de l'esprit. Il avait servi dans sa jeunesse et était resté un grand chasseur, et sa dévotion avait été de chasser le loup parce que cela purge les pays de mauvaises bêtes; au moyen de quoi il était bien reçu partout où il allait, tant des grands que des petits. Il était ami de tous les grands, à commencer par Louis XIV et Louis XV, de M. le Duc et

surtout de M. le comte de Toulouse. Il ne leur demandait rien, et, l'an passé, je dînai avec lui à Versailles ;
le roi l'avait vu passer de la fenêtre, et avait envoyé
savoir de ses nouvelles. Il était devenu aveugle depuis
quelques années et ne chassait plus. Il avait une quin-
zaine de mille livres de rentes bien assurées, et n'avait
ni feu ni lieu, qu'une chambre garnie quand il logeait
à Paris, un bon gros habit, un grand chapeau, des cheveux blancs, et le plus propre vieillard qu'on ait vu.
Il vivait avec son équipage de chasse qui était le meilleur du monde, propre, mais rien d'apparent ; ses chevaux paraissaient des rosses, mais étaient de grand
prix pour la course, ils n'avaient pas deux onces de
graisse, ses chiens de même, et lui guère davantage.
J'ai ouï dire à M. le Duc que la première fois qu'il
chassa avec lui le loup, il lui semblait qu'il n'avançait
pas, il fallut passer une vallée et une côte, il le perdit
de vue, et étant au bas de la colline, il aperçut en
haut Saint-Victor, qui avait si bien joint le loup qu'il
le fouettait avec son fouet. Il n'avait d'autre asile que
son équipage et les lieux qu'il louait pour s'y établir ;
il vivait là comme dans un camp avec ses domestiques ; quand il lui restait du revenu à la fin de l'année,
il le partageait avec eux.

D'ailleurs grand liseur ; ou il chassait ou il lisait,
surtout dans l'hiver où les soirées sont longues. Il
avait beaucoup d'esprit et raisonnait à merveille. Il
est parlé de lui dans Saint-Évremont ; il a été cent
fois en Angleterre et ne s'en faisait pas une affaire, soit
pour voir ses amis ou acheter des chevaux ou des
chiens, mais non pour chasser le loup, car on sait
que l'Angleterre s'en est purgée après en avoir éprouvé

tant de désastres. Il était sobre avec cela et toujours
levé de grand matin pour la chasse. Depuis qu'il était
aveugle, il sortait tous les jours, il était encore sorti la
veille de sa mort. Il était homme de bonne compagnie
et n'avait rien perdu de son esprit par l'extrême vieillesse.

1738.

Janvier. — On parle beaucoup que M. de Maurepas va devenir premier ministre, ou plutôt, sans titre,
aura la plus grande part aux affaires. On croit que
M. le cardinal de Fleury touche à sa fin et qu'il tombe
dans une maladie de langueur; il s'abstient presque
de tout travail.

Cependant le roi commence à décider, il montre de
l'intelligence et de la capacité; il a mis bien des choses
dans son sac pendant qu'a duré sa timidité. Si M. de Maurepas a le dessein qu'on lui prête, il faut considérer que
rarement on arrive aux grandes places quand on y est
annoncé; il s'élève des détracteurs contre vous et on
montre bientôt les défauts d'un sujet. Il est vrai qu'il
a fait, il y a un an, un grand coup de partie pour ce
dessein : c'est en faisant chasser le garde des sceaux
Chauvelin par M. Orry, contrôleur général, car il a
fait en cela d'une pierre trois coups. Il s'est défait de
son ennemi et de son supérieur, il a démasqué
M. Orry, son compétiteur, et il a placé aux affaires
étrangères M. Amelot, sa créature.

M. Orry avait toutes obligations à M. Chauvelin;
celui-ci l'avait porté et soutenu; ils vivaient ensemble
d'une grande familiarité et, partant de là, M. Orry est

devenu son délateur et a contribué à le faire chasser,
et le fâcheux pour lui est que son but a été de faire
Fulvy, son frère [1], intendant des finances à la place
de M. Amelot, qui avait cette charge à offrir pour prix
du ministère. Peu après ce changement, le bruit a
couru que M. Orry allait devenir premier ministre, le
cardinal ayant toute estime pour lui, et alors on s'est
ameuté de nouveau pour le dénigrer, et on y est parvenu parce qu'il y avait étoffe; s'il ne pillait pas, son
frère pillait pour lui, ainsi que sa belle-sœur, et
M. Orry n'apportant pour tout talent que quelque sagesse et une négative continuelle, n'avait aussi que
des vertus négatives et n'en avait point d'absolues
pour faire du bien au royaume, après s'y être opposé
à quelques abus. En effet, un homme tel vaut mieux
qu'un ignorant fripon, mais il faudrait tâcher d'y avoir
un homme fidèle et habile tout ensemble. Mais il mé-
langeait ce bien de défauts consistant en une grande
lourdeur à entendre et en une brutalité gratuite, de
sorte qu'il condamne *nulla parte audita*. Par là la cla-
meur générale a été contre lui, et la brigue des Chau-
velinistes secrets l'a bientôt accablé d'accusations de
toute nature.

Voilà donc cet homme tombé d'estime dans l'esprit
de Son Éminence, et plus cette estime avait été haute,
plus l'indignation a été forte; du moins cette vertu
farouche et antique qui plaisait au bonhomme a dis-
paru quand on lui a fait toucher au doigt et à l'œil

---

[1] Orry de Fulvy, conseiller d'État et intendant des finances,
etait frère consanguin du contrôleur général Philibert Orry. Il
avait épousé Henriette-Louise-Hélène Pierre de Bouzies.

qu'il avait méchamment et ingratement intrigué pour
faire son fripon de frère intendant des finances.

Il est vrai qu'on a su également la part qu'avait eue
M. de Maurepas à élever M. Amelot au ministère. Son
Éminence a connu que ces deux intérêts avaient masqué
les défauts de M. Amelot et avaient poussé à lui vanter
tout son mérite. Lorsque les éloges sont ainsi motivés
d'intérêts personnels, ils ne sont plus qu'un plaidoyer
de mauvaise foi; la force d'un prôneur ne consiste
qu'à pouvoir dire qu'il ne tient à rien au prôné, qu'il
n'est que l'organe de la voix publique.

On ignorait aussi, ou on ne savait pas bien, il y a
un an, combien M. Amelot était la créature des Phe-
lypeaux, et qu'il est proprement l'homme d'affaires et
le conseil de M. Pontchartrain le borgne; qu'il y a
alliance, etc. On le voit mieux aujourd'hui que ci-devant.

Malheureusement pour M. de Maurepas, le roi est
informé de cette manœuvre et, partant, des vues trop
vastes dudit Maurepas, et cela, joint à quelques autres
défauts, l'éloigne du but désiré, car c'est trop oser et
trop paraître viser à la souveraine autorité que de vouloir en même temps avoir : 1° lui, étant l'ancien des
secrétaires d'État et ministre; 2° M. de Saint-Florentin,
son beau-frère et son protégé; 3° le ministre des affaires étrangères, sa créature; 4° et bientôt déplacer le
contrôleur général, qu'il n'a pas démasqué sans dessein, mais pour y mettre le gros Turgot, sa créature et
celle de M. Amelot; 5° et bientôt M. d'Angervilliers,
obligé de fléchir le genou, ou, mourant comme il est,
laisser la place à un autre dont le choix aurait roulé
encore sur M. de Maurepas, tel qu'aurait été M. ***.

Alors M. de Maurepas aurait obtenu l'ordre du roi
de faire travailler chez lui les autres ministres, et bientôt, pour lui en donner rang et crédit, on lui eût donné
un brevet de duc. Or, le roi gouvernera son État après
la mort du cardinal, ou il s'abandonnera toujours à la
paresse. Si ce dernier cas arrive, il nous faut une tête
plus forte que M. de Maurepas. S'il gouverne lui-
même, tout consiste à bien choisir les ministres gens
de bonne foi et à les tenir en équilibre. Ainsi il faut
bien se garder d'y souffrir jamais cette subordination
d'ordre, de création, d'existence et de procession l'un
de l'autre, telle que M. de Maurepas vise à l'établir.

— Le cardinal d'Auvergne [1] se trouvant au souper de
Mgr le dauphin, on lui fit l'honneur de l'inviter à faire
la prière, et quand ce fut à dire, il se trouva savoir
mal son *Pater*, peu de l'*Ave* et confondit toujours le
Credo avec le *Confiteor*, marque de son peu d'habitude
à dire ces prières-là, si ordinaires. On rit de cela; mais
quelle horreur qu'un prélat si richement payé ait
aussi tellement rompu avec ses devoirs de chrétien!

Février. — Nous venons d'envoyer six bataillons
dans l'île de Corse, pour secourir les Génois contre
leurs sujets mécontents dans cette île, qui ont élu pour
roi un aventurier nommé Théodore Ier. On prétend que

---

[1] Henri Oswald de La Tour, cardinal d'Auvergne, archevêque
de Vienne, premier aumônier du roi, abbé de Cluny, etc., etc. Il
était de la maison de Bouillon. Soulavie raconte comment, en re-
cevant la barrette des mains du roi, en 1737, il déclara qu'il
substituait le nom de cardinal d'Auvergne à celui de cardinal de
Bouillon qui, dit-il, « avait perdu son lustre, depuis les malheurs
du prélat qui l'avait porté en dernier lieu. »

l'Espagne soutient sous main ces révoltés. Ce roi a été faire une collecte en Hollande, où il a été mis en prison. Il a machiné avec les juifs qui sont de grands fauteurs de révolte, car ils avancent volontiers argent et munitions pour obtenir les premières branches d'un commerce exclusif.

On demande, au fond, pourquoi nous envoyons ce corps si minime en apparence, après que l'empereur, en 1731, n'apaisa cette révolte que durant le temps de la présence de 10000 hommes qu'il y envoya; que prétendons-nous? Comme on veut en tout des mystères ténébreux et contraires au devoir, pour fronder toujours le ministère, on prétend que cette marche de 4000 hommes ne couvre, par ce prétexte, que l'envie de tomber sur les Espagnols en Italie, en cas qu'ils reviennent contre l'empereur pendant la guerre de Turquie, ou même le noir dessein d'accabler l'empereur, qui se fie avec candeur à notre bonne foi.

Je sais que ce n'est point du tout cela et que voici tout le mystère : par là, nous jetons le grappin sur l'État de Gênes et d'une façon solide. Cela se rapporte au sujet d'une fable de La Fontaine, où le jardinier implore le secours de son seigneur pour prendre un lièvre qui mange ses choux. Dès lors, le seigneur vient avec sa meute, il caresse la fille, boit le vin et fait du dégât pour dix fois plus dans les légumes que le lièvre n'en eût fait en cent ans.

Nous autres ainsi allons mettre la République de Gênes dans une dépendance qui tiendra de la servitude ou d'un État tributaire; par là notre commerce sera respecté en ce pays; notre pavillon craint, obtiendra des honneurs volontaires; toute concurrence

en commerce sera évitée respectueusement par les
Génois, au lieu que nous avions à nous en plaindre à
tout moment. Ils nous prêteront de l'argent dans nos
besoins, du moins ils n'en prêteront pas à nos ennemis. Nous sommes bien plus à portée de profiter d'un
tel service que n'était l'empereur ci-devant, lequel
n'avait point d'argent, et nous profitons du temps où
l'empereur s'est donné si sottement de l'occupation
sur les bras.

Mais voici le mieux, c'est que cela nous donne un
pied en Italie, c'est-à-dire à portée de l'Italie, sans
toujours recourir au roi de Sardaigne, qui fait si bien
acheter son secours, et qui fait l'entendu en tout après
les infâmes tours qu'il nous a joués.

Les Génois sont de mauvaises gens, je le veux, ce
sont des juifs enragés de profit et de perfidie, mais nous
les tenons mieux ainsi que du temps de Louis XI, de
Charles VIII et Louis XII. Ce pied sur eux vaut mieux
que la pleine propriété si rude à garder en entier.

Nous finasserons donc, nous ne finirons ni ne recu-
lerons cette révolte, nous empêcherons certainement
son progrès en gardant bien les places dont les Génois
restent en possession, et cela avec nos bonnes troupes
qui montrent les dents autrement que les risibles mi-
lices italiennes. Nous nous garderons bien d'aller nous
avancer dans les défilés mortifères. Déjà les mécontents écrivent à M. le cardinal pour demander à venir
en composition ; cela ira donc à bien, et la France restera garante du traité de pacification.

Et nous ferons plus, nous aurons quelques places de
sûreté ou places d'armes, ce qui nous durera longtemps, nous donnera ce pied en Italie que nous disons,

étant vis-à-vis Orbitello et les garnisons qu'a l'Espagne. Cela nous servira aussi d'entrepôt pour notre
commerce du Levant, et voilà encore la France en
réputation; pourvu même qu'on n'en prenne pas ombrage par la suite, quand on verra les résultats de
toute cette conduite.

Mars. — Une dame du palais de la reine m'a
dit que quand le roi était en langueur cet hiver [1] et
qu'on ne savait ce que deviendrait sa santé et sa vie,
on hasardait devant elle des projets de régence,
dont quelques-uns revinrent au roi, ce qui ne porta
point sur la reine, mais tomba principalement sur
Mme de Mazarin, du Mesnil, son amant, et sur l'abbé
de Broglie, leur conseil. Pour la pauvre reine, elle
disait : Ah! quel malheur, si une telle perte arrivait!
— Mais le gouvernement du royaume, lui disait-on,
appartiendrait à Votre Majesté : quel ordre y donne-
rait-elle? — Ah! quel malheur! disait la reine. Et tout
de suite, d'un ton plus bas : pour la régence, je ne
l'aurais pas. Et à plusieurs reprises et sur le même
ton, avec les mêmes parenthèses, les exclamations
d'un tel désastre à voix haute, et les projets de régence
tout bas; elle voulait donc demander conseil pour savoir si, comme étrangère et isolée ici de tout appui,
elle aurait la régence, ce qui marque que les plus
grandes inquiétudes ne détournent pas des vues de
bien personnel.

1. Voy. sur cette maladie le *Journal de Barbier* qui l'attribue aux
suites d'une intrigue avec la fille d'un boucher de Poissy, t. III,
p. 123.

— Le roi travaille à présent avec les ministres, s'en acquitte à merveille et décide juste; il a une mémoire très-garnie de détails et une localité présente. Il fait plus, il montre grande humanité et justice. L'autre jour, M. Orry lui proposant le payement d'une partie due depuis quatre ans, Sa Majesté a demandé si on avait payé les intérêts à cet homme à qui on devait depuis si longtemps; M. Orry ayant répondu que non et que ce n'était pas l'usage, Sa Majesté a répondu que cela n'était pas juste et qu'elle ne voulait plus de ce désordre et de pareilles injustices. Trait qui mérite d'être rapporté aux ministres étrangers.

— On demande si le roi continuera à travailler, et si ce qu'il fait pour ses débuts depuis la maladie de M. le cardinal n'est pas ferveur de jeune prêtre. On répond qu'il faut considérer que le roi est presque sans passions, ni goût dominant; ce sont ceux qui sont emportés par les goûts de musique, de chasse, de table, de femmes, de plaisirs et même d'inutilité (ce qui est un goût), ce sont, dis-je, ceux-là qui se distraient du travail de leurs affaires et y sentent répugnance. L'apathie, au contraire, laisse un vide qu'il faut toujours remplir chez les hommes. Le soin des affaires vient trouver les rois sans épines, leurs ministres viennent à eux avec une besogne toute défrichée et où il n'y a plus que le oui et le non à prononcer. Voilà donc de quoi remplir ce vide et ce qui ne demandera point des efforts de la part de Sa Majesté. Avec cela, le roi aime l'économie, la conservation plutôt que l'acquisition, tournure que j'aime bien dans le gouvernement. Le roi est bon, il est fin, il est discret souverainement,

il est fils d'un père et d'une mère qui avaient bien de
l'esprit; son aïeul maternel n'était que trop entendu ;
il dit les choses avec finesse, à ce que je remarque; il
écoute tout jusqu'aux moindres détails. Il a l'esprit
robuste du côté de la mémoire pour la localité, la
personnalité et les faits ; ses opérations d'esprit sont
plus rapides que l'éclair; il est vrai qu'il approfondit
peu jusqu'ici, ne se prêtant pas à une longue discus-
sion. On l'a accusé de paresse et d'insensibilité ; il se
montre travailleur naturellement par les divers goûts
où il s'est promené, mais sans affection. Ainsi il travaillera de lui-même et non par effort, ce qui est bon ;
il a montré sa sensibilité extrême par rapport à la maladie dernière du Dauphin et à celle de M. le cardinal.
Il a eu depuis longtemps son système de se divertir
tant qu'il aurait M. le cardinal pour gouverner le
royaume, connaissant sa probité et ayant haute opinion de sa capacité, mais après cela de s'y adonner;
nous verrons s'il tient parole [1] ; avec cela il se connaît
en hommes et aime les honnêtes gens. Voyez son
choix dudit cardinal, et, parmi les valets, du sieur
Bachelier qui a de la fermeté, de la sagesse et de la
probité. Ses jeunes favoris sont MM. de Soubise et de
Coigny, qui sont de très-honnêtes garçons. Tout cela
nous promet un heureux règne; Dieu nous le garde !
Ce sera donc à cette âme-là qu'il faudra chercher

1. D'Argenson qui croyait la succession du premier ministre
près de s'ouvrir traçait, à cette date, le *testament politique du
cardinal de Fleury; Mémoires d'État*, II, 208. Nous le donnons à
l'*Appendice* 1 de ce volume, comme le programme d'une nouvelle
administration où l'auteur comptait bien avoir sa place.

à plaire, et non à de vilains sujets devenus rois, et
qui ont des passions d'envie, d'orgueil et de malfai-
sance.

22 *Mars*. — Je suis entré aujourd'hui au conseil
des dépêches pour une affaire qui concernait la religion, et je crois avoir opiné convenablement. Mon
rang a été honorable, car je m'y trouvais le second du
conseil après M. l'abbé Bignon, qui est le doyen, et
il n'y avait des secrétaires d'État que M. de Maurepas
devant moi ; j'avais après moi trois ministres et M. de
Saint-Florentin, et les autres conseillers d'État qui y
ont eu entrée. Après le travail, le roi a conversé avec
nous autres une demi-heure à la cheminée, il m'a
souvent fait l'honneur de m'adresser la parole sur diverses choses et je lui en dis d'autres de moi-même.
Dans la conversation, il m'a demandé mon âge, qui
était le moindre de ce qui était là, excepté MM. de
Maurepas et Saint-Florentin, qui ont quelque chose
de moins, et sur cela Sa Majesté a dit que je deviendrais doyen, si je gagnais mon procès contre M. de
Maurepas, qui prétendrait aussi au décanat.

— Le roi, à son dîner, m'a fait l'honneur de me
parler souvent aujourd'hui sur le conseil, la direction,
combien je resterais à Versailles de ce voyage, etc.
Les courtisans et surtout les domestiques particuliers
de Sa Majesté me font grand accueil et me veulent
du bien ; ils s'attendent que leur faveur succédera
bientôt à celle de Barjac et des domestiques du cardinal.

Son Éminence a dîné peu ; elle était avec M. l'ar-

chevêque de Paris, qui devisait; je suis entré un moment. Le fond du teint est meilleur, mais il y a bien de
la faiblesse et l'esprit s'en ressent.

— La reine veut jouer au lansquenet les dimanches
et il ne se présente point de coupeur ordinairement;
chose fort ridicule que le peu d'empressement et
d'honnêteté des courtisans. On devient républicain
même à la cour, on se désabuse du respect pour la
royauté et on mesure trop la considération au besoin
et au pouvoir. La reine se promenait dans cette attente,
il n'y avait que deux dames dans sa chambre, le comte
de Noailles et moi; autre désertion encore de ses dames. La reine dit : « Eh bien! on prétend que je ne
veux pas jouer au lansquenet ni commencer de bonne
heure, vous voyez qu'il fait bon de dire que *je* ne
veux pas, mais c'est qu'*on* ne veut pas. J'y songeais
tout à l'heure et même c'était pendant le sermon, je
l'avouerai. » Mme de Boufflers remarqua que c'était
cela qui avait porté malheur. J'ai dit : Peut-être cela
venait-il à propos, et le sermon était-il sur le jeu. La
reine a répondu : « Non, c'était sur la médisance.
— Justement, Madame, quand on prêche contre la
médisance, on doit exhorter les auditeurs à jouer, car
pendant qu'on joue on ne médit pas. La reine a fort
bien reparti : « Et les prédicateurs contre le jeu devraient donc exhorter à médire? » Sa Majesté m'a
proposé de couper au lansquenet, j'ai dit que j'obéi-
rais; elle a eu la bonté de me dire tout de suite : « Cependant je songe que vous ne jouez pas ordinairement, et puis en riant : « Vous avez besoin de votre
argent pour votre ambassade. »

— M. H. m'a donné rendez-vous chez M. L. pour
me parler des progrès de M. B. sur l'esprit du roi et
de ce qu'il inspirait pour m'avancer au ministère des
finances. Mes bonnes intentions et des méditations
fort sérieuses que j'ai faites sur les affaires d'État
commencent à percer dans le monde, à quoi joignant
la retraite qui me donne de la rareté, tout cela me fait
passer pour un homme singulier dans le bien, et beaucoup de gens qui ne me connaissent que d'imagination
me prônent et m'élèvent. Dans les mesures qu'on a
donc prises auprès du roi pour me pousser aux premières places, il est arrivé que M. de Bercy en a eu le
vent, et il vient de me faire offrir ses services. M. de
Bercy, jusqu'à la mort de Louis XIV, a travaillé sous
M. Desmarets, dont il était le gendre. Depuis cela,
disgracié absolument, il a cependant opposé son courage aux sujets de désespérer de la fortune. N'étant
de rien aux finances, il y a plus travaillé peut-être
que s'il en eût été chargé; il a eu des bureaux tout
montés et y a mis beaucoup de son revenu. Il n'y a
opération qu'il n'ait ressassée et méditée; il a été bien
informé de tout par des financiers qui espèrent à son
retour; en fait il a repris les anciens connaissements
et a suivi le courant constamment.

Cet homme, d'ailleurs, a de l'humeur et n'a pas de
vue fixe. M. B. l'a dépeint au roi comme un homme
dangereux à mettre en premier, mais excellent au second rang. M. de Bercy m'a fait dire que, se rendant
justice sur tout cela, il ne consentirait jamais à travailler sous les ordres de personne que sous les miens,
pour des raisons et une estime que je ne dois pas répéter. J'ai répondu à cela que ce qui faisait mal aller

les affaires c'était la vile crainte que les gens en place avaient des habiles gens, ne voulant que des petits par ombrage ; que, pour moi, heureusement, je pensais tout le contraire et que, si j'étais en place, ma bonne foi me préserverait de chute et de la préférence qui tenterait pour des gens plus habiles, qu'ainsi, pour avoir à m'assister un homme de l'habileté de M. de Bercy, j'irais à quatre pattes pour le chercher et le prier de me servir de conseil et de tuteur ; et en effet, je me sens disposé à le faire comme je le dis, s'il est si habile, car pourquoi se défier ainsi de la disgrâce quand on a de la bonne foi, et pourquoi faut-il que le service en souffre ? Quelle perfidie à son maître et à sa patrie !

Or, l'espoir de cet homme, si je parviens, me donne à la cour ses partisans, qui sont nombreux : ceux de M. le Duc, qui lui veut du bien, ceux de M. de Breteuil, etc., et ces gens-là voient bien qu'il n'y a rien à faire pour placer M. de Bercy en premier et veulent du moins le mettre en second, sous un homme qui le retiendrait. Voilà donc de l'intrigue, et il en faut ; heureusement j'y suis passivement, on vient à moi, je laisse faire, et pendant ce temps-là je travaille d'autant.

23 *Mars*. — Il a paru depuis peu des chansons (je les ai) extrêmement injurieuses contre les principaux de la cour[1] ; six jeunes gens de la cour se sont vantés d'en être auteurs. On nomme le duc d'Ayen, le jeune Maillebois, le duc de Lauzun, Tressan ; j'oublie les

---

1. On peut en voir un échantillon plus grossier que malin dans le *Journal de Barbier*, III, 132.

deux autres. On vient d'exiler Tressan et M. de Lauzun,
et le duc d'Ayen va marcher dès que son quartier de
capitaine des gardes sera fini, et ainsi du reste. On les
renvoie à leur troupe chacun; à qui cela fera plus de
tort, c'est à M. de Lauzun, qui aurait eu un régiment
de cette promotion-ci. M. le cardinal de Fleury se
donne pour ami de Mme de Gontaud, et il joue
l'amitié pour ceux qu'il craint et trouve méchants.

On a d'abord dit que M. de Maurepas était l'auteur
de ces disgrâces, d'autant plus qu'il était maltraité
dans ces chansons et sur l'article le plus fâcheux, qui
est celui de son impuissance. M. de Bouillon prend
parti, on ne sait pourquoi, parmi ces chansonniers;
il a fait une sortie épouvantable contre M. de Maurepas, et lui a dit qu'il ne mettrait jamais les pieds chez
lui. Mais le vrai est que c'est le roi qui l'a voulu lui-
même et fortement, quelque chose qu'on lui ait représenté. Cet exemple de sévérité va faire grand bien
aux mœurs, et dans ce début de gouvernement de Sa
Majesté par elle-même, cela lui fera honneur. On a
donné à Louis XIV celui d'avoir extirpé l'hérésie et
déraciné l'horreur des duels, voilà qu'on donnera
à Louis XV la gloire d'avoir dégoûté de la composition des chansons.

Avril. — Il ne faut pas croire que le rôle de M. Chauvelin soit fini comme le croit mon frère; je lui ai démontré pour son propre bien qu'il ne s'y fie pas, et je
ne lui en dois pas dire davantage.

On a cherché tout ce qu'on a pu contre lui, et rien
n'a paru pour diffamer M. Chauvelin; l'affaire de Gan-

ners[1] devient par là son plus grand éloge. On fait venir
à grands frais un banqueroutier d'Anvers; on use tout
son crédit à la cour de Vienne pour obtenir l'arresta-
tion d'un lapidaire non prévenu de crime d'État, qu'on
interroge avec grand fracas, et on ne trouve rien, mais
rien du tout, quoi qu'on dise. On a prétendu découvrir
que M. Chauvelin avait vendu à Ganners à bon marché un rubis du roi pour payer d'autres présents de
diamants, mais d'abord il le vendit beaucoup par delà
les espérances du cardinal, et ensuite il y fut tellement
trompé que Ganners et celui qui avait acheté de lui le
fut encore davantage en Hollande, ce diamant étant
sans prix. Ganners a donné à Mme Chauvelin des
étrennes en diamants; c'est là un crime bien ordinaire
pour les gens en place, en grande place, et de la part
d'un gros joaillier qui vendait par an pour plusieurs
millions de diamants au roi; et encore M. Chauvelin a
fait acheter au roi des diamants qui venaient de la
succession de M. de Mesgrigni, oncle de sa femme,
pour faire des présents. Il a bien vendu lesdits diamants et n'a point dit qu'ils étaient à lui.

J'aime effectivement autant que tout cela soit arrivé
à lui qu'à moi. Mais en vérité ce sont là de légers défauts et trop ordinaires dans les ministères; que l'innocent de tout cela, ayant été à même de le faire, lui
jette la première pierre.

J'aimerais bien qu'on trouvât pour le ministère des
gens fermes, entendus, habiles, laborieux et réguliè-

---

1. C'était un habile ouvrier en bijoux d'or qu'on avait fait venir
d'Allemagne pour témoigner contre M. Chauvelin. Voy. le *Journal de Barbier*, III, 125.

rement vertueux; mais où sont-ils? et en ce cas ne sau-
vez que les principales qualités et tolérez quelques défauts, défauts d'habitude chez M. Chauvelin d'avoir
été pauvre en jeunesse et de s'être fait accoutumance
de quelque tricherie de chiffonnage.

Il est ferme, il va au bien de l'État rudement, et c'est
ce qui lui a attiré tant d'ennemis qui l'ont épluché si
soigneusement. Ce qu'un ministre peut prendre pour
lui est peu de chose, heureux quand il est né à se contenter de vues médiocres et bourgeoises, comme est
celui-ci.

Mais venons au vrai, quel éloge qu'on recherche
tant un premier ministre qui a gouverné dix ans, à qui
on ne trouve rien ou des riens !

Le roi prenait grand goût pour M. Chauvelin quand
celui-ci a été jalousé par là du cardinal. C'était le
grand crime. Au fond, le roi sait que c'est lui qui a
fait la paix et la guerre, et ce qu'il y a eu de bon en
négociations pendant dix ans, ayant eu grande peine
à tirer du cardinal les moindres décisions un peu vi-
goureuses, et si M. Chauvelin était le bouc émissaire
sur qui le public rejetait toutes les décisions fâcheuses,
pendant que le bon cardinal recevait l'encens sur son
compte de toutes les bonnes choses, d'un autre côté
les gens éclairés ont dû raisonnablement attribuer à
M. Chauvelin tout ce qui était de travail et de force.

Et voilà certainement comme le roi a pensé et pense;
il y est fortifié par M. Bachelier, l'un de ses premiers
valets de chambre et son favori, et par Mme de Mailly,
sa maîtresse. M. Bachelier est un homme solide et fixe
dans son plan. Tout ce qui peut étonner de ce plan,
c'est qu'il est devenu le meilleur ami de M. de Bel-

lisle, mais il faut croire que celui-ci s'est retourné et
est devenu ami de M. Chauvelin, et, en effet, il en est
bien capable, car quels obstacles s'opposeraient à ce
rapatriage? dans quel parti Bellisle est-il lié que celui
de la fortune à la guerre? et le voilà fort opposé à
M. de Maurepas qui est à la tête du parti contraire, et
rien ne le prouve davantage.

Le dessein de M. Bachelier et de Mme de Mailly est
donc de continuer à se laisser conduire par M. Chauvelin, qui dirige le tout de Bourges par des correspondances fort secrètes.

On ne veut que le bien du roi et du royaume, et pour
cet effet on souhaite que le roi gouverne par lui-même
et dans la même proportion d'activité et de travail où
a gouverné Louis XIV. Louis XV gouvernera comme
Louis XIV faisait en temps de paix, c'est-à-dire qu'il
l'imitera dans ses bons temps; il éloignera les guerres,
mais les fera avec hauteur et à coups sûrs quand il
faudra. Il ne lui faut point de premier ministre et il n'en
aura point, mais un excellent corps de ministère, et
tout autre que celui qui est aujourd'hui, si on excepte
le seul M. de Maurepas pour la marine.

Le projet est donc d'abord, après la mort ou la retraite à forfait de Son Éminence, de faire revenir
M. Chauvelin comme garde des sceaux honoraire, et
par là ayant le pas sur les autres ministres, mais après
M. le chancelier, et exerçant seulement la charge de
secrétaire d'État des affaires étrangères. On l'a fait aux
étrangers plus méchant qu'il n'est, et bientôt ils l'ai-
meront au lieu de le craindre; l'Espagne ne sera pour
lui et lui pour elle qu'autant qu'il convient, et on l'a
vu ainsi quoi qu'on en dise. C'est lui qui nous avait

rapatrié au Portugal, ayant mis cette puissance dans le cas d'avoir besoin de nous; mais on n'en a pas profité depuis, et on s'est abandonné à des bagatelles qui nous rendent sa dupe. L'empereur sera avec nous dans les termes convenables, et non dans une fausse liaison qui ne peut produire que de mauvais fruits et nous duper, si elle est sincère, ou nous déshonorer, si elle est simulée. Il mènera grand train l'Angleterre et profitera de la faiblesse de son règne, et il s'appuiera sur le Nord pour débeller la czarine.

Le triomphe de M. Chauvelin et le beau jeu qui est donné à de grands changements de ministère est l'horrible faiblesse de nos ministres d'aujourd'hui. Quel petit homme que ce M. Amelot, qu'on a mis aux affaires étrangères! Nul esprit, nul génie, un petit pédant qui sait de petits faits, mais qui ne peut les combiner, et qui sait beaucoup d'histoire naturelle. Certes, M. de Maurepas, auteur de ce choix pour se faire un parti, a fait preuve de bien peu de sens en n'y plaçant pas un homme plus fort et plus convenable.

M. Orry s'est montré perfide depuis la disgrâce de M. Chauvelin, et les voleries de son frère ont ôté ce qu'il avait de bon, qui était la simplicité et la candeur, et tout le reste de son caractère l'a montré un des plus tristes ministres que nous ayons encore eus : brutal, n'écoutant pas, sans activité, sans travail et sans esprit.

On a résolu de mettre à la place M. d'A[rgenson] l'aîné, et ce choix s'est déjà fait dans l'esprit du roi.

Pour en revenir à la place de secrétaire d'État des étrangers, on aurait pu proposer à Sa Majesté M. de Torcy, et en effet il n'y a que lui et M. Chauvelin qui

soient propres à cette place, mais M. de Torcy passe
soixante-dix ans; ce ne serait que pour peu d'années
qu'on pourrait compter sur lui, et son esprit, qui n'a
jamais été d'une grande force, se trouverait encore
affaibli par l'âge.

On laisserait M. le chancelier finir tranquillement
sa carrière, en le guidant sur les opérations principales.

M. Chauvelin indiquerait au roi quelque évêque
doux et honnête homme et de nul parti, pour avoir la
feuille des bénéfices et conduire les affaires de l'É-
glise, et il y a apparence que se serait M. l'évêque de
Soissons [1].

On prierait honnêtement M. d'Angervillers de se
retirer pour aller rétablir sa poitrine, s'il le peut. Il ne
travaille plus, et le peu qu'il travaille achève de le
tuer. Pour le remplacer on a deux hommes à choisir,
dont l'un a bien la probité, le travail et le goût de
M. Chauvelin, mais je lui crois l'esprit trop petit ainsi
que la figure. L'autre est M. de Breteuil, et certainement ce sera lui qui remontera dans cette place où il
a déjà bien fait; cela satisferait la reine et le Duc.
C'est le plus honnête garçon du monde, aimé des
troupes et grand pourvoyeur.

On changerait encore le lieutenant de police et on
y mettrait quelque excellent intendant de province, et
si M. de Bellisle s'est retourné, comme je pense, il
pourra obtenir d'y mettre M. de Séchelles, quoique
les qualités de son cœur et de sa foi soient fort dou-
teuses.

1. Charles-François Le Fèvre de Laubrière.

M. d'A[rgenson] le cadet serait exclu pour toujours de toutes ces places.

M. de Bercy serait mis intendant des finances à la place, et avec le département de M. Fagon qui reste-rait conseiller au conseil royal, et dont on se défie avec raison.

Liste du nouveau ministère, le roi gouvernant entre les ministres, comme faisait Louis XIV :

M. le Chancelier, chancelier et garde des sceaux.

M. Chauvelin, garde des sceaux honoraire, futur chancelier, pour posséder les deux après la mort du chancelier, sauf à se reposer ensuite sur un garde des sceaux des affaires de justice.

M. d'A[rgenson] l'[aîné], contrôleur général, et par la suite surintendant et duc à brevet.

M. de Breteuil, ministre d'État de la guerre.

M. de Maurepas, comme il est.

M. de Saint-Florentin, comme il est.

M. l'évêque de Soissons, du Conseil de conscience, et ayant les affaires de l'Église et la feuille des béné-fices.

M. de Bercy, intendant des finances et ayant le dé-partement des fermes, et tel que M. Fagon l'a aujour-d'hui.

Lieutenant de police, M. Pajot, aujourd'hui inten-dant de Montauban; du moins c'est lui que je propose-rais comme le plus capable par une activité nette, et grand pourvoyeur, ou M. de Vatan, grand travail-leur, mais d'un esprit trop emporté, et dont les prin-cipes sont douteux.

M. Rouillé, conseiller d'État à la première place,
à la nomination de M. Chauvelin qui n'en a pas
encore nommé un pendant dix ans qu'il a eu les
sceaux.

— Le conseil du roi paraît avoir ce dessein, et l'a
peut-être, si je ne lui fais pas trop d'honneur, pour
arranger les affaires de la succession de l'empereur
d'une façon qui ôte les chaînes à l'Europe, ou du
moins qui cesse de l'en menacer :

On peut avoir dessein de faire du duc de Lorraine
un roi d'Italie, en lui donnant, outre la Toscane et
Parme, le Milanais et Mantoue. Le prince Charles qui
épousera la deuxième archiduchesse Caroline, aurait
les Pays-Bas, et les deux maris des archiduchesses Jo-
séphine de Bavière et Saxe partageraient entre eux
les États héréditaires d'Allemagne, selon qu'ils seraient
le plus à portée d'eux. Par là, on rendrait l'empire
alternatif dans ces deux maisons allemandes, et celle
de Lorraine qui est étrangère à l'Allemagne en serait
exclue.

Nous favoriserions ce dessein et ferions bien ; notre
adhésion à la pragmatique en suppose la possibilité ;
mais elle diminue tous les jours, et peut-être l'empereur
est-il coupable d'hésitation ou de mauvaises mesures
en barguignant trop à faire élire le duc de Lorraine
roi des Romains. Bientôt toutes mesures seront prises
contre, et les mauvais succès en Hongrie avec affaiblissement y contribueront autant que le reste. C'est affaire de conscience à Bavière et Saxe s'ils reviennent
contre leur renonciation avec serment sacro-saint.
Peut-être M. le comte de Terring, premier ministre

de Bavière, n'y est-il qu'à ce dessein de machiner le tout.

Certainement la reine d'Espagne aura d'autres vues; elle voudra agrandir son fils en Italie, et voilà ce qui brouillera tout. Nous ne pouvons opposer à cela que des affaires à donner à l'Espagne chez elle, en la faisant attaquer par les Anglais en Portugal, lorsque ce partage aura lieu.

Il faudra y mettre nos armes et nos finesses pour porter les choses à cet arrangement qui diminuerait la puissance impériale, la concentrerait à l'Allemagne seule (ce qui est un si louable dessein), rendrait par là la liberté à l'empire, exclurait les guerres d'Italie, en donnant pour équilibre la seule concurrence de souverains y résidant : c'est ce que Jules II appelait tant *chasser les barbares d'Italie.*

Mai. — L'Angleterre va se brouiller avec l'Espagne pour les prises que les Espagnols font continuellement en Amérique de vaisseaux anglais depuis quelques années. Les Anglais appellent cela déprédations des Espagnols, et ceux-ci le nomment juste défense des fraudes anglaises dans les colonies espagnoles.

Il est vrai que sous le prétexte du vaisseau de permission[1] à la mer du Sud, et du voisinage et ordinaire

1. En 1716, il avait été convenu, entre l'Angleterre et l'Espagne, que la première de ces puissances aurait la faculté d'envoyer en Amérique un vaisseau de marchandises jusqu'à concurrence de cinq cents tonneaux. Mais les Anglais, à mesure que cette première cargaison était débarquée, la remplaçaient par des marchandises nouvelles que de petits navires apportaient au vaisseau autorisé par l'Espagne. Voy. lord Mahon, *History of England*, II, 279.

fréquentation dans leurs colonies américaines, les Anglais font des versements continuels aux colonies espagnoles. Tantôt c'est qu'un navire a besoin d'eau, tantôt d'agrès, tantôt les vents sont contraires, et sur cela les Espagnols ont fait, de leur autorité et contre les lois connues de la mer, cette règle que tout vaisseau anglais qu'ils rencontreront au delà de dix lieues de leurs côtes, autant de prises de bonne foi.

Le ministère anglais a laissé faire cette guerre qui menace l'Espagne, devant être tellement nationale qu'il n'en peut résulter aucun orage contre le ministère; quelque dommage que le commerce en doive recevoir dans le premier choc, et le règne et le ministère jouiront de la considération où cela remettra leur nom en Europe qui l'a vu si faible depuis la mort de Georges Ier.

Et nous, nous offrons notre médiation; mais que sert-elle sans armes pour appuyer nos paroles? Il nous faudrait ici une marine pour parvenir à un arrangement de bonne foi, sans quoi l'Espagne succombera sous les grandes forces maritimes d'Angleterre, et les Anglais usurpent tout le commerce et les richesses du monde.

En les laissant s'accommoder tout seuls, rien ne s'effectuera d'heureux pour l'Europe; l'Espagne reculera, ou, si la vivacité dénuée de forces solides va en avant, la défaite n'en aura que de plus fâcheuses suites pour l'égalité du commerce.

Outre leurs forces maritimes, les Anglais sont très-bien pourvus dans leurs colonies où tout fourmille, et les Espagnols de plus en plus délabrés dans les leurs.

A tout cela je dirai toujours la même chose, il nous faut une marine. Quand on dit dans le public que M. de Maurepas prend grand crédit à la cour et qu'il y gouvernera, je voudrais au moins que le premier fruit de sa faveur fût de faire rétablir la marine, et je crois, au contraire, qu'elle diminue : cette année nous aurons deux ou trois frégates en mer, au lieu que l'année dernière nous en avions des escadres, et M. de Maurepas m'assurait que je verrais cette année une escadre de quatorze ou quinze gros vaisseaux de guerre français dans la rivière de Lisbonne [1].

1. Il y a dans les *Mémoires du président Hénault* un passage frappant sur cette décadence de notre marine, qui laissa tant de choses à réparer au règne suivant : « M. de Fréjus n'avait aucune idée du commerce ni de la marine, et c'était peut-être par là qu'il s'était montré moins suspect à l'Angleterre.... Quand il était entré dans le monde, il n'était plus question de port de mer, de colonies, etc., c'étaient des ouï-dires; on méprisait ce qui n'était plus à la mode. Aussi aurait-il voulu supprimer les dépenses de la marine et n'avoir point de vaisseaux. M. de Maurepas fatiguait en vain le ministre par des représentations trop frappantes, et importunait à force de vérité. M. de Fréjus voulait croire que c'était jalousie de ministre qui cherchait à faire valoir sa partie, et ne croyait pas un mot de l'importance ni de l'extrémité où était cette portion du gouvernement. Le cardinal est mort sans le savoir : nous sommes restés pour l'apprendre. »

L'Angleterre savait bien à quoi s'en tenir sur cet état de choses. Ainsi, en juin 1735, vingt-cinq bâtiments anglais ayant été envoyés en Portugal, il y eut un conseil des ministres à Versailles, et M. de Maurepas fut interpellé sur la question de savoir combien de vaisseaux la France pouvait équiper en un temps donné. L'ambassadeur anglais, en faisant part à sa cour de ces détails, ajoutait : « Je sais positivement qu'à Brest et à Rochefort ils ne peuvent mettre en état plus de quinze vaisseaux de guerre d'ici à

Il semble en vérité qu'on tourne le dos exactement à tout ce qui est à propos, tant nous sommes gouvernés par de petits esprits. Et quelle nation est ainsi? celle qui ne devrait avoir que des gens de premier ordre à sa tête?

D'un autre côté, cette folle Espagne, dit-on, forme aujourd'hui une triple alliance pour aller envahir l'Italie, tandis que l'empereur s'embarrasse en Turquie; et on dit que l'empereur nous demande des

six semaines, et pour cela il faut qu'ils travaillent nuit et jour. » Coxe, *Memoirs of sir Robert Walpole*, t. III.

D'Argenson avait fort à cœur le rétablissement de notre marine. Dans ses *Pensées sur la réformation de l'État*, n° 46, il en parle avec une verve qui plaît, malgré les incorrections du style et peut-être l'exagération du patriotisme :

« La jolie nation que la française! Voyez pour marine, quel courage, fierté, subtilité, adresse, vivacité! Pour ce métier ce sont des lions et des singes tout à la fois.

« Je dis qu'il n'y aura jamais une aussi jolie nation pour la piraterie. Voyez ce que nous avons fait; jugez ce que nous ferions. Tout le monde craindrait de nous mettre en guerre. Voyez tous ces intrépides, nos Duguay-Trouin, nos Forbin, nos Jean-Bart, etc. On laisse perdre tout cela; il n'y a plus de marine. On craint celle des Anglais, et quelle sottise! Nous les terrasserions en trois ans. Voyez les relations de nos combats avec eux et avec les Hollandais : quelle supériorité de force, de génie, etc.! Ce sont des polissons auprès de nous.

« Comme nous sommes situés pour le piratage entre toutes les nations commerçantes, seuls à portée du Levant plus qu'eux, ayant chez nous des mines uniques de commerce! Quelle nation! quels habitants! Quel dommage que des sots gouvernent et se transmettent de l'un à l'autre l'autorité, excluant les honnêtes gens et de sens commun, et surtout des gens qui aimassent l'État pour l'État! »

troupes pour garder son Italie, en vertu de nos traités
avec lui, et que notre secours de Corse n'est que
le prétexte de l'observation d'une si ridicule démarche.

Cette triple alliance doit être, dit-on, de Savoie,
Naples et Espagne, le père et le fils, et Sardaigne, le
fils qu'on sait être à l'aumône du père; voilà de belles
forces, et quel en sera le fruit?

L'Espagne aurait bien plus à faire à songer à elle,
à payer ses officiers, à régler ses finances délabrées et
surtout à conserver Lisbonne opulente, ses utiles terres d'Amérique, et à abaisser l'ambition tyrannique
du commerce anglais.

Il faut observer encore que, pendant ces délais, les
commerçants anglais retirent tous leurs effets des
mains espagnoles, ils en sont avertis et en ont le
temps.

Que faisons-nous à cela, je le demande, quelles mesures, quel plan? Éconduits sur notre arbitrage de Juliers, effrayés du roi de Prusse, arrêtés dans nos projets du Nord, la Suède et le Danemark trompés, que
le besoin serait grand ici d'un cardinal de Richelieu
ferme et agissant, ou au moins d'un Chauvelin, d'un
homme enfin !

11 *mai.* — J'étais au lever de M. le cardinal;
on y a parlé de l'impression des livres d'aujourd'hui,
qui est si mauvaise à Paris; on a dit que l'expédient
était d'ôter les priviléges, et de n'en donner que pour
les livres nouveaux et où le libraire avait à hasarder
ses fonds; mais que, pour livres connus et achetés de
tout le monde, il fallait ouvrir le métier, comme pour

Don Quichotte, Racine, Molière, etc., à quoi j'ai ajouté,
comme pour l'*Histoire de Henri IV*, par Péréfixe, le
Discours sur l'histoire universelle, de M. de Meaux, et le
Télémaque. M. le cardinal a dit : « M. d'Argenson me
fait remarquer que tous les précepteurs des rois et des
dauphins ont, depuis un siècle, fait des livres et de
bons livres; il n'y a que moi.... » J'ai répondu : « Monseigneur, vous mettez en exemples ce que les autres
ont mis en préceptes, et les faits persuaderont toujours
mieux que les discours. » Ma flatterie a réussi.

15-30 *mai.* — J'ai fait mon voyage d'Argenson, qui
a duré du 15 au 30 mai. J'y ai vu les pages qu'on y
avait choisis pour m'accompagner dans mon ambassade. L'un est le fils d'un gentilhomme de ma terre,
dont l'aïeul était capitaine des chasses du mien; l'autre
demeure à quatre lieues et s'appelle La Jaille, ce qui
est une des bonnes maisons de Touraine. Ils sont tous
deux assez bien tournés, l'air hardi, et sont bien contents de faire ce voyage.

J'ai mis à mes affaires tout l'ordre qu'elles demandent pendant mon absence, quoique j'aie trouvé mon
fermier malade, et que j'aie été détourné par une
quantité de monde et de visites qu'il m'y a fallu essuyer. J'ai eu terminé le tout en dix jours de séjour.
A mon retour, mon secrétaire est tombé de cheval et
s'est enfoncé deux côtes. Je l'ai laissé à Artenay avec
deux domestiques; il lui a fallu quinze jours pour se
remettre, tant à Artenay qu'à Paris.

Et moi, deux jours après mon arrivée à Paris, la
fièvre m'a pris, dont j'ai eu cinq accès.

1ᵉʳ *juin.* — Le dimanche premier juin, lendemain de mon arrivée, j'ai été voir M. d'Acunha. Mendez est descendu chez l'ambassadeur dès qu'il m'y a su, et nous avons eu une conversation de deux bonnes heures. En parlant avec lui de mes appointements, il m'a dit que j'étais bien, puisqu'ils couraient. Je lui ai répliqué qu'ils couraient si bien que je ne pouvais les attraper [1]. Mendez dit que le contrôleur général lui avait assuré que j'en étais payé régulièrement par quartier. Je lui ai répondu que je ne doutais pas que M. Orry ne fût mieux instruit des autres parties de la finance que de celle-ci. Là-dessus, il me dit en badinant : « Eh bien ! Monsieur, j'ai du crédit, que voulez-vous me donner ? je vous ferai payer. » Je lui ai répondu sérieusement : « Monsieur, tout pour le bien du service, rien pour le mien. »

9 *juin.* — J'ai été chez M. Amelot, comme j'y avais rendez-vous, ce matin à 10 heures. Il m'a dit qu'il

---

1. Le cardinal commençait à trouver que c'était beaucoup de payer deux années d'appointements à un ambassadeur qui ne s'était pas rendu à son poste. D'abord « il se fit tirer l'oreille, » comme dit d'Argenson, et enfin voulut retenir trois quartiers de l'année 1738. Celui-ci eut beau alléguer de nombreux exemples, que lui fournit M. de Torcy, d'ambassadeurs payés de leur traitement, quoiqu'ils fussent restés en France (*Journal de l'ambassade de Portugal*, fol. 185). Nous verrons que le cardinal persista dans ses lésineries, et d'Argenson dans son refus de partir à ces conditions. Il résulte du *Journal* que nous venons de citer, que, tandis qu'il croyait avoir droit à indemnité, ayant dépensé quatre-vingt-dix-sept mille francs pour son ambassade, on lui retint, au contraire, quinze mille francs sur ses pensions ; fol. 188, 190, 261, 289, etc.

avait parlé la veille à Son Éminence de mon départ,
et que je lui avais demandé quelques jours pour faire
mes réflexions, et que l'Éminence a répondu : « Il fera
bien de réfléchir. »

Je lui ai annoncé que ces réflexions m'avaient conduit de plus en plus à trouver qu'on me traitait indi-
gnement, comme je ne le méritais pas, et, puisqu'il
fallait dire des sottises, comme on ne devait pas en
user *avec un homme tel que moi;* que, sur cela, je le
priais de faire passer mon refus d'aller en ambassade,
auprès de Son Éminence, avec tous les assaisonnements
et les ménagements dont je ne me sentais pas capable ;
qu'au reste j'offrais de rendre tout ce que j'avais reçu
pour l'ambassade, et qu'il n'y avait qu'à le retenir sur
mes bureaux et pensions, quoique cela ne fût pas trop
juste, puisque, par mes fonctions ordinaires de conseiller d'État, je n'étais pas obligé de louer pour deux
ans un palais à Lisbonne, d'entretenir des pages,
écuyers, secrétaires, etc.

M. Amelot a voulu argumenter sur des chicanes, des
lettres et paroles de M. le cardinal, et il n'a dit que
des choses pitoyables. Enfin je lui ai dit en finissant :
« Monsieur, je ne fais rien en ceci que vous ne fissiez
en ma place, vous qui êtes si sage. » Il m'a répondu :
« Monsieur, ce serait selon l'état de mes affaires. — Ah !
Monsieur, ai-je répliqué avec quelque chaleur, je parie
contre tous qu'il n'y en a pas de plus médiocres que
les miennes. J'en fais gloire, après les places que mon
père a remplies et l'économie avec laquelle j'ai vécu,
et elles vont devenir bien plus misérables de ceci,
mais je saurai aller à pied au Conseil. » Il m'a paru
attendri et m'a quitté en me disant qu'il ne reviendrait

pas à Paris de tout Compiègne, et qu'il m'écrirait la décision [1].

16 *juin*. — M. B.... m'a fait dire par H....[2] qu'il songeait à moi et m'avait dans l'esprit plus que jamais, qu'il ne perdait aucune occasion de me vanter au roi comme le seul homme capable de rétablir les affaires du dedans, mais que tout ceci ne pourrait durer dans le radotage où cela était, qu'il voulait bien du mal au baron de Gedda qui, faute d'attendre quinze jours, avait manqué notre coup de cet automne.

— Il y a des intrigues à la cour, plus vives que jamais, entre M. le cardinal, ceux de son parti ou plutôt de sa garde-robe, les ministres et les domestiques de la chambre particulière du roi. Mme de Mailly a été brouillée avec le roi pendant la semaine de la Pentecôte, et personne ne sait pourquoi, mais elle est raccommodée, et bien mieux que jamais. *Amantium iræ amoris integratio est*, dit Térence. Pendant ce temps le roi a couché avec la reine deux nuits, ce qui a fait grande joie, surtout parmi les partisans du cardinal [3].

1. Quelques jours auparavant, dans une conversation avec son frère sur le même sujet, d'Argenson lui avait dit : « qu'il aimait mieux aller à pied au Conseil qu'à quatre chevaux à Lisbonne, quand sa dignité voudrait qu'il y allât à huit. » *Journal de mon ambassade*, f° 172.

2. Bachelier et Hogguer, dont les noms, désignés par des initiales, ou écrits en toutes lettres, reviennent si souvent dans ces Mémoires.

3. Ce rapprochement des deux époux fut probablement le dernier, si nous en croyons l'anecdote suivante que d'Argenson a

Ces partisans et les ministres ont joué à quitte ou double pour profiter de cette circonstance, afin de perdre Bachelier et tous les domestiques du roi qui dépendaient de lui, comme le petit Lebel et Lapeyronie[1]. Celui-ci est mal avec le cardinal, lui ayant dit pendant sa maladie qu'elle était sérieuse et n'irait pas loin, qu'il était bon de se reposer. De là on a voulu le perdre auprès du roi. Il a demandé à Sa Majesté une audience particulière et l'a eue d'une grosse heure; il a montré au roi qu'on en voulait à sa personne même, et que M. le cardinal radotant était conduit par les plus grands fous et les plus grands sots de France, lesquels étaient sots au point de devenir des scélérats. Sa Majesté a quelque impatience de la fin du cardinal, mais surtout de sa retraite. Le roi hait les sots et voit que

consignée dans ses *Remarques en lisant*, n° 2103 : « Un domestique principal de la reine m'a dit que c'était cette princesse qui avait la première fait divorce avec le roi ; que depuis deux ans il avait Mme de Mailly, quand la reine en fut informée ; elle s'imagina sottement qu'il y avait du risque pour sa santé, puisque Mme de Mailly avait eu accointance avec des libertins de la cour. Elle refusa donc les droits de mari au roi, car il allait coucher souvent avec elle. La dernière fois, il passa quatre heures dans son lit, sans qu'elle voulût se prêter à aucun de ses désirs. Il ne la quitta qu'à trois heures du matin en disant : « Ce sera la dernière fois que je tenterai l'aventure; » et ce fut la dernière fois.

On lit dans les *Mss. Narbonne* : « Le roi a été huit mois sans coucher avec la reine. Il a recommencé à y coucher les 22 et 23 décembre 1737, il n'y a plus couché depuis....

« Le bruit commun était que le roi devait coucher avec la reine le 2 juin 1739, jour de la revue des mousquetaires, mais cela n'est point arrivé. »

1. Premier chirurgien du roi.

le cardinal n'est mené que par eux ; il déteste MM. Orry
et Hérault; l'évêque de Mirepoix et l'abbé Couturier[1]
sont disgraciés pour avoir parlé à Son Éminence de
mettre un intervalle entre la vie et la mort, et de songer à l'éternité. Cela fait qu'on éloigne le cardinal de
sa maison d'Issy, et qu'on le tient à Vaucresson, chez
M. Hérault, où celui-ci l'obsède avec M. Orry et sa
sequelle.

Il est vrai que le cardinal a eu la sottise de proposer
à Sa Majesté de confier, après sa mort, le principal
poids des affaires de l'État à M. Orry, et le roi a répondu bien sec : *Oh! pour cela, non!*

Le roi se porte bien, quoique maigre et changé; il
digère bien et dort comme un enfant; il a peu dimi-
nué de ses repas.

M. de Maurepas se conduit avec assez de sagesse et
se ménage pour l'avenir dans cette crise.

Au fond, les gens sages croient que cela peut durer
ainsi au milieu de ce radotage.

Les ministres plus solides dans leurs places, comme
sont MM. de Maurepas et d'Angervilliers, ne craignent
au monde que le retour de M. Chauvelin. Ils ont fait
dire à Bachelier qu'il serait soutenu de tout le monde
dans sa faveur, s'il pouvait se détacher d'un homme
aussi odieux et aussi dangereux que le Chauvelin.

Bachelier garde le plus grand secret du monde sur
ses desseins pour le dit Chauvelin, ainsi que M. le Duc,
qui couve le même projet de le remettre en place.
Quand on interroge le premier sur ce sujet, il dit tou-

1. Supérieur du séminaire de Saint-Sulpice, était grand ami du
cardinal de Fleury.

jours que M. de Chauvelin n'est pas aimé du roi. Il
joue à merveille les personnages à qui il a donné accès
auprès de lui, lesquels croient le duper et qu'il dupe; et
ce sont un nommé Sallé, fils d'un comédien et amant
de la Desmares, qui est l'émissaire de M. de Maurepas
pour enjoler et perdre Bachelier, MM. Fagon et de
Bellisle, émissaires du cardinal; et il ne leur dit rien
que pour les tromper.

A toutes ces attaques auprès du roi contre Bachelier, Sa Majesté a toujours paru ferme comme un roc,
et plus en estime pour son fidèle Bachelier que jamais; en effet, tout l'autre parti radote ou trompe, et
celui-ci est seul ferme, solide dans les vrais intérêts
de la couronne et plein d'amour pour la personne
du roi.

M. Orry a depuis peu joué un tour de fripon audit
Bachelier; il avait eu du roi la concession d'une petite
masure inutile, ou guérite, à Marly, pour en faire une
écurie. M. de Noailles, chef du parti de Rambouillet et
des bâtards, et grand ennemi de Bachelier, s'en est
plaint, parce que l'on ne s'était pas adressé à lui; il
en a donné un mémoire au cardinal qui l'a renvoyé
à M. Orry. Celui-ci en eut une explication avec
M. Bachelier dans le cabinet du roi, il lui conseilla
en ami de parler à M. le cardinal. Bachelier dit que le
temps de l'Éminence était trop précieux pour l'importuner de pareilles bagatelles, et que d'ailleurs il avait
un *bon* du roi. M. Orry ne laissa pas d'en faire un rapport défavorable à M. le cardinal et cacha vilainement
le bon du roi, et il fut dit à M. Orry d'en parler au
roi dans le premier travail, en présence de Son Éminence, ce qui fut fait; mais le roi écoutant cela et

voyant le mémoire, le prit et y écrivit en marge : « Je
confirme le don que j'ai déjà fait à Bachelier de ce
pavillon, » et ajouta qu'on ne lui parlât plus de cette
affaire.

Juillet. — Quand un premier ministre trouve un
parti formé à côté de lui, et qui lui résiste à la cour,
quand il ne peut le détruire, bientôt il est lui-même
culbuté, et en attendant ne fait plus que languir. Voilà
comme M. le Duc dut considérer sa perte prochaine
dans le parti de M. de Fréjus d'où elle arriva, et celui-ci, devenu aujourd'hui cardinal de Fleury, voit
aussi dans le parti de Bachelier et de Mme de Mailly de
quoi lui annoncer sa disgrâce.

Ce parti du valet et de la maîtresse s'est fortifié,
s'est conduit et se conduit toujours fort habilement.
De Bourges on le dirige, il tient à M. le Duc et à toute
sa maison. Ce à quoi tient le plus cette maison, c'est
à une grande haine contre la maison d'Orléans, et
contre tout le parti des princes légitimés : cela seul
est capable de les satisfaire. M. le Duc ne se soucie
pas d'approcher le trône d'un grand degré plus près
de lui : si le Dauphin mourait, il appellerait de toutes
ses forces la branche d'Espagne, pourvu que celle
d'Orléans ne régnât pas. Il commence à être tranquille
sur les bâtards, MM. de Dombes et d'Eu ne se ma-
riant pas, étant sages, polis et peu ambitieux, et M. de
Penthièvre n'étant plus considéré que comme le neveu
des Noailles. D'ailleurs M. le Duc tient à la considération auprès du roi, veut l'avoir souvent à Chantilly, en allant et revenant de Compiègne, occuper une
place au conseil par la seule raison que M. le duc

d'Orléans en a une. Il vise encore à une chose fâcheuse, qui est de s'opposer au mariage si convenable
de Madame Seconde avec M. le duc de Chartres, et sur
cela le roi décidera seul, sans les ministres, et prendra
un parti convenable sur les honneurs qui s'ensui-
vraient pour la maison d'Orléans, sans l'élever trop
au-dessus, et ce, au mépris de la maison de Condé.

Cette trame si bien ourdie, et tenant si bien à
M. Chauvelin, quand M. le cardinal la sut et la
connut, il devint son plus grand ennemi, le dis-
gracia et lui a fait du pire. Le mal pour Son Éminence
c'est que, sortant des conseils de ces hommes d'esprit et de génie, elle ne s'est livrée qu'à des sots
ou à des fripons. Son caractère doux leur a donné
accès, et de là sont venus des conseils à l'avenant.

Le parti contraire s'est soutenu et a augmenté d'au-
dace. D'abord c'était seulement quelques escarmou-
ches pour lesquelles chaque armée sortait des retranchements, puis on y rentrait promptement; les séjours
particuliers de la cour, comme à Marly et à Compiègne,
donnant lieu à de plus grands combats.

Au voyage de Compiègne qui dure encore, le cardinal paraît méprisé et bafoué de tous les courtisans.
Dès qu'il arrive dans le cercle, on n'a rien à lui dire,
on se tait; dès qu'il a les talons tournés, on fait des
risées tout haut, et l'exemple gagne bien vite en pareille chose, les courtisans ne s'en cachent plus. On ne
vient plus lui rendre compte le matin de ce que le roi
a fait la veille, le soir et la nuit, comme ci-devant. Les
jeunes courtisans osent déjà dire tout haut à Sa Majesté : Quand vous débarrasserez-vous de votre vieux
precepteur? Quel âge n'avez-vous pas pour gouverner

vous-même? Le feu roi commença à vingt-un ans;
Votre Majesté en a vingt-huit. Il est vrai qu'il laissa
finir le cardinal Mazarin, mais il eut donc la bonté
de finir à temps, et celui-ci ne finit point et radote.

Pour moi, qui cherche toujours à juger sainement
des hommes qui prennent la peine de nous gouverner,
je dis à tous ceux qui voient tout ceci en mal pour
le cardinal que je ne puis le croire assez changé depuis
sa caducité pour être devenu fol et scélérat; il faudrait qu'il fût l'un et l'autre pour persister à gouverner malgré les occurrences, et scélérat pour affecter
ainsi la tyrannie. Il s'est montré homme tout contraire à cela jusques ici; il ne s'est mêlé des affaires
que comme à corps défendant, il n'a point eu d'impatience d'avancer sa famille. Il aime le roi et l'État;
s'il prétend gouverner encore, c'est qu'il croit que la
suite des affaires commencées demande qu'il y pré-
side encore quelque temps.

Il est vrai que ceux qui l'entourent, et ce qu'on
appelle sa garde-robe, pensent le séduire pour l'exciter
à pousser l'autorité par delà ce que demanderait la
raison.

A la tête de cette garde-robe est M. Hérault, lieutenant de police, le plus faible homme d'administration
qu'on ait encore vu en place. Il ne se contente pas
d'avoir autant augmenté sa fortune qu'il a fait par
l'amitié du cardinal; il voudrait vivre par delà les années de faveur. Il s'est mis en tête de s'impatroniser
auprès de Bachelier, dont j'ai parlé, et peut-être autant
pour perdre celui-ci que pour se soutenir lui-même.
Pour cela, il a eu recours à M. Legendre, son ami,

lequel est un fol et un espion, comme on sait. Legendre
se prétend ami de Bachelier, qui s'en moque.

Il faut savoir qu'un des principaux points de conduite de Bachelier a été de se cacher à tout le monde,
d'éviter l'accessibilité à tous les courtisans, et de ne
voir que le roi et sa maîtresse à lui, qui se nomme
Mme de la Traverse. Il s'est cependant laissé voir depuis quelques mois à M. de Bellisle et à M. Fagon, lesquels ont été la dupe de leurs liaisons avec lui.

M. Hérault alla dernièrement chez M. Legendre
et lui dit : Mon ami, le rôt brûle, il faut absolument
me gagner Bachelier. Legendre, en fol qu'il est, écrivit
deux lettres, une à Bachelier, l'autre à Hogguer, ami
de Bachelier. Legendre n'écrit pas de sa main, pour
quelque incommodité; il avait dicté ses lettres à son
secrétaire; elles furent envoyées par un exprès à Bachelier, qui était alors à sa maison de La Selle, près
de Marly. Bachelier pria Hogguer d'aller à Paris sur-le-
champ dire à Legendre qu'il ne s'avisât plus de lui
écrire sur pareille chose, sinon qu'il s'en plaindrait au
roi; qu'il n'avait personne à recommander au roi que
ceux qui lui étaient attachés, et qu'il ne voulait jamais
entendre parler d'un homme aussi *méprisable* que
M. Hérault. Hogguer s'est acquitté de la commission, et
voilà comme un valet de chambre traite un magistrat
qui se prostitue et qui brigue bassement la faveur, au
lieu de se retrancher sur le mérite et sur ses actions.

MM. Hérault et Legendre mènent si bien de telles
affaires qu'on vit le lendemain M. Legendre aller
chercher M. Hérault à l'hôtel des Fermes, où il était,
et le fit venir dans la cour de cet hôtel, où il causa
avec lui une heure, en se promenant en long et en large,

et beaucoup de gens surent de quoi il s'agissait. Tout cela n'était qu'un panneau où M. Hérault croyait s'introduire auprès de M. Bachelier pour le perdre, et on croit qu'il s'était fait fête de se bien acquitter de cette commission auprès de Son Éminence, qui ne penserait pas à de telles malices, si on ne l'en avisait. C'est ainsi que MM. Fagon et de Bellisle s'étaient attachés à lui dans la même vue et de concert avec Son Éminence, qui ne s'en souciait guère.

Dès cet automne, Bachelier songea à inspirer au roi un changement considérable dans le ministère, qui était de renvoyer M. Orry et de mettre à sa place M. d'[Argenson]. Il est à croire que M. Chauvelin avait part à cette inspiration, croyant trouver en lui élévation et vertu avec reconnaissance, pour rabattre du moins les coups qui seraient portés contre lui, s'il ne pouvait parvenir à dissiper auprès de Sa Majesté les nuages dont on peut l'avoir obscurci.

La question est de savoir jusqu'où vont ces nuages, et si le roi voudra ou pourra se passer d'un aussi bon pivot pour le gros des affaires que M. Chauvelin qui a si bien administré les affaires générales pendant dix ans.

Bachelier a servi de contre-poids à toutes les insinuations odieuses dont le cardinal a nourri Sa Majesté contre M. Chauvelin depuis deux ans, et dans différents intervalles où il lui voulait du mal. Depuis quelques mois, Sa Majesté ne se cache plus de converser des deux ou trois heures avec M. Bachelier et de parler d'affaires.

Il est à croire que le roi prendra goût au travail : il aime déjà les papiers, l'étude, la lecture et même

beaucoup à écrire de sa main dans le goût de M. Chauvelin, qui le lui avait inspiré. Il a fait faire des armoi-
res dans un cabinet séparé, et là ses papiers sont rangés
dans un ordre soigneux, le tout étiqueté de sa propre
main. Ce sont des états de tout, des produits, des ba-
lances, des expédients, des moyens, des plans. Qu'on
se persuade bien que rien n'annonce plus que ces bagatelles le grand goût pour le travail et pour s'occuper
de son affaire.

Bachelier est très-mal porté pour M. de Maurepas,
non qu'il s'agisse de le déplacer de la Marine où il
fait bien, mais cela l'éloigne à jamais de toute faveur
ultérieure, et on voit qu'en cela c'est sa défection et
son desservice contre M. Chauvelin qui en a été la
vraie cause; car, avec toute sa finesse pour faire tirer
par les autres les marrons du feu, on a bien vu que
c'était lui qui avait placé sa créature, M. Amelot, à la
tête des Affaires étrangères.

M. Amelot se fait haïr à la cour par ses seules manières et par son ton sec; d'ailleurs c'est un homme
de fort peu d'esprit et haineux jusqu'à la mort,
dans le goût de son premier protecteur, M. des
Forts, d'un caractère et d'un esprit au-dessous du
médiocre.

M. d'Angervilliers laisse plutôt faire sa charge qu'il
ne la fait : c'était un homme merveilleusement placé
au Conseil, un juge brillant, un homme de cour dans
cette qualité, à aller à la place de conseiller au conseil royal, et, comme tel, effacer tous les Pussort et les
Pommereul; c'eût été tel un dieu sur terre, mais la
moindre administration ne lui est pas propre, il néglige et mécontente tout le monde. Il n'y aurait qu'à

s'informer comment il faisait dans ses intendances. M. le cardinal fit ce choix sans raisonner.

—Il y a deux nouvelles importantes par leurs conséquences : 1° que le grand-duc de Toscane, gendre de l'empereur, a battu les Turcs; 2° que le ministère change à Madrid; que les Espagnols s'accordent absolument avec les Anglais pour leurs contestations d'Amérique, et que lesdits Anglais envoient en Méditerranée une flotte qu'ils augmentent tous les jours. Et qu'y va-t-elle faire, sinon appuyer les Espagnols dans leurs desseins et, par quelques légers services, obtenir une amnistie sur leurs fraudes passées, avec de nouveaux priviléges propres à s'enrichir par de nouvelles fraudes?

Ainsi donc, soit faiblesse de vieillard, ou par la pente naturelle et déraisonnable de contrecarrer toujours les systèmes d'un ministère à l'autre, voilà le cardinal qui abandonne une politique suivie depuis cent quarante ans, et qui prend le contre-pied de ce qu'ont fait Henri IV, le cardinal de Richelieu, Louis XIV et M. de Chauvelin lui-même, leur maxime constante ayant été de protéger l'empire contre l'empereur, afin d'empêcher les agrandissements ultérieurs de celui-ci. Nous disons que telle était la politique de M. Chauvelin. En effet, il est bien aisé de conclure que les maximes suivies par M. le cardinal depuis qu'il est seul décèlent que le précédent système pris en gros n'était pas de son goût. Sans cela, il ne l'eût pas abandonné, à moins qu'on ne l'accuse d'une versatilité et d'une inconsistance qui l'eût rendu incapable même de gouverner Fréjus.

Cependant qu'y a-t-il de changé dans la position respective des puissances européennes? rien, sinon que l'empereur est devenu plus puissant par la paix d'Utrecht, par ses conquêtes sur les Turcs, par ses possessions en Italie et aux Pays-Bas, surtout par l'augmentation de son pouvoir en Allemagne sur les vassaux de l'empire, et enfin par son étroite et ambitieuse alliance avec la czarine.

A cela deux objections : l'une que l'état de la maison d'Autriche est changé par l'anéantissement de la branche d'Espagne, à laquelle nous avons succédé; l'autre que la branche même d'Allemagne va s'éteindre, l'empereur en étant le dernier.

Réponse : la branche d'Autriche éteinte en Espagne nous donne un ennemi de moins, mais un faible ennemi, et notre maison qui règne en Espagne, au lieu de nous servir, nous nuit présentement par son inquiétude, tant que la deuxième femme de Philippe V aura la principale administration. A l'égard de ce que l'empereur est le dernier de sa maison le parti qu'il prend d'enter celle de Lorraine sur la sienne le rend fécond en mâles, et sa succession passera le plus aisément du monde du beau-père au gendre par les mesures qu'il prend, et la difficulté de cette opération une fois surmontée laissera la nouvelle maison adoptée beaucoup plus terrible que si l'empire avait passé simplement du père au fils.

Que l'on considère encore un point important et très-vrai, c'est qu'un empereur Autrichien est beaucoup plus puissant et plus à craindre pour l'équilibre de l'Europe, étant enrichi d'un tiers de la succession de Castille, comme il est, que ne l'étaient les deux

branches d'Autriche, divisées comme elles l'étaient à
la fin du siècle dernier, l'une à Vienne et l'autre à
Paris. Et, par la même raison, la puissance autrichienne est doublée en Italie depuis notre dernier
traité de paix et par le système de M. le cardinal,
ayant donné à l'empereur Parme et Toscane, et la légitime possession de Mantoue à ajouter au Milanais à
la place des Deux-Siciles, quoique Don Carlos soit
augmenté de son côté par son échange, mais l'empereur y a bien plus gagné que tout autre, par la raison
du proche en proche, et vers l'entrée de l'Italie, en
perdant vers la botte. Par là, il est devenu entièrement le maître de l'Italie, et il faudra des efforts incroyables à l'avenir, de la part des rois de Sardaigne
et de Naples, pour résister à Sa Majesté impériale,
surtout quand Don Carlos cessera d'être protégé,
comme il l'est aujourd'hui par sa mère, maîtresse
d'Espagne.

Que gagnons-nous donc à notre intimité avec Sa
Majesté impériale? Nous favorisons ses empiétements
sans qu'il nous en revienne aucun profit. Voici un
dilemme sûr : ou la France a l'ambition d'acquérir,
ou elle a celle d'empêcher les acquisitions des autres,
et, ce qui serait le plus beau rôle, de maintenir la justice et la paix en Europe.

Dans le premier cas, que la France se lie avec l'Espagne : au point de vue de l'ambition, c'est l'alliance
la plus naturelle et la plus efficace que je lui connaisse;
voilà ce que Louis XIV, de conquérante mémoire,
nous a laissé par tous ses efforts guerriers et politiques, et Dieu veuille que jamais aucun de nos rois
ne se livre à cette politique qui nous attirerait de

grands hasards, et de grandes et immanquables ruines
par la suite!

Mais, si la France aime la justice européenne, elle ne
doit être liée ni avec l'Espagne, ni avec l'empereur,
ni avec la czarine, ni même avec l'Angleterre. Pour
jouer le beau rôle, nos liaisons intimes et secrètes ne
doivent être qu'avec les puissances subalternes,
comme Portugal, Suède, Danemark, Hollande, Venise, Modène, Suisse, Bavière, Prusse, Saxe, etc. Mais
à l'égard des quatre grandes et inquiètes puissances
don j'ai parlé, nous devons être perpétuellement dans
le plus grand froid avec elles, et même en état de nous
brouiller d'un moment à l'autre sans qu'elles crient à
la perfidie.

Quatre monstres à combattre en Europe, parce
qu'ils y attaqueront perpétuellement la paix et le bon
ordre une fois mis.

1° L'Espagne, pour son inquiétude conquérante et
parce que notre parentage avec elle alarme toute l'Europe.

2° L'Angleterre, pour son ambition forcenée de
commerce qui va à faire celui des quatre parties du
monde, d'Amérique méridionale et septentrionale, du
Levant et du Nord, et ne laisser bientôt rien aux
autres, à ramasser chez elle l'argent de toute la terre.

3° L'empereur, qui va à s'assujettir tous ses vassaux,
comme les successeurs de Hugues Capet ont fait les
leurs; et quelle puissance alors ce serait! Il va aussi
à conquérir la Turquie d'Europe, en laissant la czarine conquérir le Nord par son étroite société avec la
Russie.

4° La czarine, par les mêmes raisons.

1° Il faut donc opposer à la czarine les forces du tiers parti du Nord, de la Suède et du Danemark, et travailler à la désunir d'avec l'empereur.

2° Opposer à l'empereur, la Prusse, la Saxe, la Bavière, et les désunir d'avec la czarine par diverses jalousies et négociations. J'aurais dit aussi d'opposer à l'empereur les efforts du Turc, si notre sainte religion ne s'y opposait pas, et ne nous imposait pas silence. Car enfin serait-il impossible de faire pénétrer dans le sérail, par argent et par intrigue, des disciplineurs politiques et militaires. Un Bonneval leur a déjà fait sentir les avantages de notre discipline et de notre tactique. Quelque autre frayerait bien le même chemin. Quand la raison est souveraine et opiniâtre, comment désespérera-t-on de la faire entendre? Quoi de plus aisé à conseiller au grand seigneur que les moyens de diviser les janissaires, de composer autrement les conseils de discipline, les troupes, de lui prêter pour cela des officiers, des ingénieurs et même d'autres secours dans l'administration politique, à qui on laisserait liberté de religion. Rien ne s'oppose absolument dans la leur à emprunter ainsi nos arts et nos découvertes jusqu'à un certain point. Mais, comme je dis, la religion s'y oppose, et elle nous ordonne même de souhaiter que les princes chrétiens conquièrent ces empires pour détruire dans sa base la folie mahométane et étendre l'Évangile [1]; mais ce point étant sûr, il faudrait donc rétablir le royaume de Hongrie en l'ôtant à l'empereur à sa mort, et par ce royaume réta-

1. Voy le développement des idées de d'Argenson sur l'Orient, à l'Appendice II de ce volume.

blir ensuite l'empire d'Orient, éteint il y a trois cents ans.

3° A l'inquiétude d'Espagne opposer notre froideur, pour ne jamais concourir à son agrandissement, mais de tous côtés à sa défense, et faire concentrer ses forces pour se mieux gouverner au dedans, et réprimer l'ambition commerçante et américaine des Anglais.

4° A cette ambition commerçante et avare de l'Angleterre opposer notre commerce, c'est-à-dire nos forces maritimes réunies en ce point seul à celles d'Espagne, ainsi qu'au Portugal, nos alliances dans le Nord, et dans le Levant; favoriser le commerce hollandais et des peuples du Nord, partout là, pour retrancher autant sur celui d'Angleterre, et parfois donner aux Anglais des affaires chez eux.

Voyons donc quels avantages nous avons tirés jusqu'ici de notre belle alliance avec l'empereur. Nous avons eu définitivement la Lorraine que nous tenions par nos mains, que nous avons toujours occupée, à toute occasion, par nos places et par nos postes qui l'entouraient, de sorte que, commençant cette dernière guerre, M. de Verneuil, auteur de la *Gazette*, en a fait la conquête avec un compliment à Mme la duchesse de Lorraine [1], et c'est la seule de toutes nos

---

1. Lors de la guerre déclarée à l'empereur Charles IV en octobre 1733. Voici ce que dit à ce sujet Barbier, *Journal*, II, 429: « Le 13, le comte de Bellisle s'est emparé de la ville de Nancy et de la Lorraine. Le roi en avait fait demander l'agrément à Mme la duchesse de Lorraine par M. de Verneuil, secrétaire du cabinet, et lui offrit un asyle dans ses États, sous prétexte que les ennemis du roi pourraient s'en emparer. Cela s'est fait dans toutes les guerres d'Allemagne. »

conquêtes qui nous soit restée de cette brillante guerre.
On nous l'offrait sans guerre, cette Lorraine, et cette
offre n'était pas douteuse, puisque nous avions, comme
je dis, la main dessus.

On nous a flattés platement de toutes sortes de petites médiations amusantes, comme de celle de Genève et de Corse, et surtout de la grande affaire de
Juliers et de Berg. Nous avons gobé tout cela et
nous nous sommes pavanés du titre de médiateurs
universels du monde. On nous a leurrés d'une grande
réconciliation avec le Portugal, après avoir eu tout
l'honneur de l'arrangement de ses différends avec
l'Espagne. Mais, d'un autre côté, les Anglais et peut-
être l'empereur lui-même ont traversé l'effet de cette
réconciliation par des prétextes ridicules de cérémonial, d'où il résulte un mépris affecté à notre égard de
l'honneur que nous voulions bien faire à cette petite
couronne.

A l'égard de l'affaire de Juliers et de Berg[1], qui
ne voit quel en sera le résultat? En nous en mêlant,
nous ne finirons rien, et, comme il arrive aux juges,
nous nous attirerons la haine des deux parties. Par le
parti que nous avons pris, nous mécontentons le roi
de Prusse, qui nous a le mieux servi pendant la dernière
guerre, puisqu'il a conservé le beau-père du roi au milieu de ses ennemis, et nous l'a rendu sain et sauf, malgré toutes les menaces. Mais le pire est que nous ne

1. Il y a sur cette affaire un travail étendu dans les *Mémoires
d'État*, II, f° 150 et suiv.

Il parut en 1732 une *Histoire de la succession des duchés de Juliers et de Berg*, *traduite de l'anglais*. Amsterdam, in-12.

suivons sur cette affaire que les avis dictés par le conseil de Vienne, que nous scandalisons les deux puissances maritimes par nos jugements sur cela, et que
nous nous aliénons, pour toujours peut-être, le roi de
Prusse, véritable ennemi de l'empereur, son antago-
niste naturel, chef du parti protestant en Allemagne,
grandement armé et appliqué, contre qui on voit que
les ministres impériaux lancent leurs traits les plus
envenimés, et que l'empereur a la rage de mortifier en
toute occasion.

Ce serait une sottise de vouloir empêcher l'effet en
gros de la pragmatique à la mort de Sa Majesté impériale; mais il faut tâcher à en démembrer tant qu'on
pourra, pour diminuer le danger dont cette puissance
excessive menace l'Europe. Nous devons donc, pour
notre gloire et pour le bien du monde, réserver nos
alliances dans cette prévision, au lieu de nous enchaî-
ner à la cour de Vienne, qui repousse de nous les princes d'Allemagne, et nous enfonce dans ses perfidies.

On se moque de notre médiation offerte, et si agis-
sante entre le Turc et l'empereur, par les grandes dili-
gences de notre bonhomme de cardinal; elle a servi
de prétexte à l'empereur de se montrer la partie
patiente dans la conduite de cette guerre, où son ambition marche d'un pas sûr et frappe des coups si certains. Mais de quoi on se moque encore plus hautement, c'est de nos propositions d'intervention pour
accommoder les différends entre l'Espagne et l'Angleterre. S'ils l'acceptaient, ce serait bien le comble de
l'insulte. Les Walpole sont bien fins, et l'on peut
dire que, de tous les États d'Europe, celui qui est gouverné avec une habileté plus solide, c'est l'Angleterre :

on y concentre les richesses du monde. On s'y prépare, *non encore* à des conquêtes en Europe, mais à celles de toute l'Amérique; on y accroît la marine, tandis que toutes les autres s'anéantissent : ainsi, tout ce qu'on peut faire avec de l'argent et des vaisseaux, qu'on l'essaye ici, et l'Angleterre, le fera.

Et cela, tandis que l'on laisse les autres nations s'entre-déchirer et s'appauvrir par des guerres vaines. L'Angleterre s'étant rendue maîtresse du Portugal et des richesses du Brésil, au point de n'en avoir fait qu'une de ses colonies, travaille actuellement à en faire autant de l'Espagne. Elle a commencé par des fraudes et par des mécontentements, mais bientôt elle fléchit, elle se radoucit, elle pardonne et la chose finit comme une querelle d'amoureux : c'est le plus faible qui paye les frais de la guerre. Cent fois elle a fait de ces coquetteries en Portugal.

Voici qu'elle trouve l'Espagne en fureur contre la France, et même excitée politiquement par l'envie que cause en Europe notre union avec l'empereur. L'Angleterre va se servir de cela pour gagner l'Espagne et la mettre dans les fers : c'est ainsi que l'Espagne se jeta, en 1724, entre les bras de l'empereur par le premier traité de Vienne, quand nous lui renvoyâmes l'infante. Pour cet effet, l'Angleterre s'est plainte, et on a laissé le parlement jeter son feu. Les Walpole s'en sont servis pour obtenir des vaisseaux et de l'argent; on envoie une escadre en Amérique pour se prémunir; mais la véritable escadre, la forte, celle qu'on augmente tous les jours, est celle qui va dans la Méditerranée.

Et à quel dessein? Serait-il impossible que ce fût pour favoriser quelque projet de l'Espagne sur l'Italie?

comme, par exemple, de reconquérir Parme, pour lequel la reine d'Espagne aurait tant de passion, étant
son berceau et sa légitime. Les Anglais n'auraient été
là dedans que les voituriers, et ils laisseraient la fusée
à démêler aux autres, qui s'entre-déchireraient de plus
belle, et eux poursuivraient leurs avantages en Amérique, dont ils sont en bon chemin de s'emparer ou d'en
faire tous les profits par fraude et par privilége, ce qui
revient au même : les Espagnols gardent cette vigne
dont ils ont tout le vin.

Les manifestes manqueraient-ils aux Anglais en se
déclarant ainsi? Que l'on considère que l'Espagne arme
par mer depuis longtemps, qu'elle ramasse des troupes
en Catalogne, que le roi de Sardaigne (qui entrerait en
tout ceci pour quelque chose) vient d'en user cavaliè-
rement avec l'empereur, pour certains fiefs qu'il a mis
dans sa main de haute lutte, et qu'il ne se jouerait pas
à un si grand prince, s'il n'était appuyé; que voilà
l'empereur plus occupé que jamais dans la Turquie,
et l'Italie absolument dégarnie, et que nous autres,
sentant à tout cela quelque danger, nous venons
d'ordonner des armements à Toulon.

Mais que ferions-nous à tout cela? aurions-nous
bonne grâce à mettre aux prises Bourbon contre Bourbon? D'ailleurs nos Français marcheraient toujours à
contre-cœur contre ce prince, petit-fils de Louis le
Grand, et qui nous a tant coûté à établir. On n'a pas
encore bien l'expérience de ce que serait une pareille
lutte; la petite guerre du régent contre l'Espagne fut
courte et peu sérieuse; il fallut même, pour l'animer
ici, le spectacle d'une conspiration manquée, et toutes
les inimitiés qu'on y avait jetées contre Alberoni. L'Es-

pagne a en France un parti plus fort qu'on ne croit; le fait, si malheureux pour la France, que le roi n'ait qu'un héritier, donne lieu à bien des fondements de liaisons.

Or, qu'opposera à tout cela le système suivi de M. le cardinal de resserrer les nœuds avec Sa Majesté impériale, qui bientôt l'engagera à faire entrer dans l'alliance la czarine? Déjà coquetteries sont en jeu et ambassadeurs prêts à être réunis respectivement. Eh quoi! nous allons négocier avec cette puissance qui tout présentement mettait à prix la tête du beau-père de notre roi, qui l'a obligé à s'enfuir 60 lieues par des déserts, comme un voleur, et qui a tenu dix-huit mois notre ambassadeur au cachot.

Voilà donc le fruit de cette conduite, et ce qu'il faut ici opposer aux quatre monstres à combattre dont j'ai parlé.

1° L'empereur fortifié dans ses usurpations, encouragé à les continuer au milieu d'une sûreté que nous lui procurons, tant pour ses grandes possessions d'Italie, que pour la réussite de la pragmatique.

2° Sa liaison étroite et sa société de tyrannie avec la Russie, accrue et triomphante au Nord et en Turquie.

3° L'Espagne aliénée de nous, prête à se satisfaire sur son inquiétude de conquête ou de recouvrement en Italie, et aux dépens de son commerce d'Amérique, ainsi que de son gouvernement intérieur.

4° L'Angleterre profitant de tout, envahissant tous les commerces et toutes les richesses du monde, surtout celles d'Amérique.

Certainement, du temps de M. Chauvelin, un autre

système gouvernait nos affaires politiques, quoique
tempéré par un mélange de volontés opposées.

Nous ne craignions pas, alors, d'attaquer l'empereur
et de le compromettre aux yeux de ses alliés. Nous
avions démasqué à la fois la faiblesse du conseil de
Vienne et l'incertitude du ministère de Londres : il
sera célèbre à jamais que la France et l'Espagne,
gouvernées par les princ es de la même maison, ont
attaqué et conquis sur l'empereur, sans que les
puissances maritimes s'y soient opposées que par
des discours.

Étant liés avec l'Espagne, ayant le roi de Sardaigne en tiers, nous étions maîtres de modérer son
inquiétude conquérante; à plus forte raison pou-
vions-nous modifier les effets de cette ligue pour
le plus grand bien de l'Europe. Ne conviendra-t-on
pas qu'il eût mieux valu, pour l'équilibre européen, n'a-
bandonner les conquêtes faites en Italie ni à la maison
de France ni à celle d'Autriche, mais à toute autre
puissance qui ne fût pas de ces deux maisons? On pouvait laisser tout le Milanais au roi de Sardaigne,
comme on le lui avait tant promis, donner Mantoue
aux Vénitiens et rétablir le gouvernement républicain
à Florence, ce qui ne paraîtra chimérique qu'aux esprits bornés. Une négociation ferme à Madrid eût fait
adopter à la reine d'Espagne ce système, qui avait pour
elle l'avantage de ne retrancher à don Carlos que pour
donner à des voisins non puissants, au lieu d'enrichir
son plus redoutable ennemi. On est bien fort quand
on peut dire : Eh bien! vous perdrez tout, si vous voulez tout avoir, et lorsqu'on a la force en main pour
exécuter la menace.

— Le plus grand présent que m'ait fait mon père a été de me laisser *la pauvreté*, et je voudrais laisser à mon fils le même heritage ; non, à la vérité, du dérangement qui souvent y fait tomber encore davantage, ou bien inspire l'avarice quand on s'en est tiré ; mais avec des sentiments élevés et des exemples de vertu, la pauvreté donne des talents par l'application, sans quoi on n'est que vicieux, et qui pis est, indolent.

Août. — Au commencement de ce mois, le bruit fut grand à Paris que M. le duc d'Orléans allait gouverner le royaume, par la retraite et le conseil de M. le cardinal de Fleury, ou par sa mort que l'on regardait comme prochaine, vu son grand âge et des faiblesses continuelles qui le prenaient, et que, sous ce prince, M. d'Argenson, chancelier de son apanage, aurait grande part à l'administration.

Il y a bien des choses à dire contre la réalité de ce bruit. D'abord, pour le roi, ce serait prendre des lettres d'imbécillité. Eh quoi! à son âge, à vingt-huit ans! Louis XIV laissa gouverner le cardinal Mazarin qui mourut lorsque ce monarque avait vingt-un ans[1], et alors il prit lui-même son gouvernement en main. Mais, encore une fois, Louis XV a vingt-huit ans ; à cet âge se mettra-t-il en tutelle? Et sous qui? Sous son cousin qui n'a que cinq ou six ans plus que lui, lequel est honnête homme, à la vérité, mais un dévot sauvage et misanthrope, qui n'a étudié que la théologie, qui ne

1. Louis XIV, né en 1638, avait vingt-trois ans en 1661, époque de la mort de Mazarin.

connaît point les hommes et ne s'est point appliqué aux affaires. M. le Duc fera une furieuse opposition à cet arrangement, il se mutinera, lui, sa maison et son parti.

Les raisons pour sont : que le roi est facile, qu'il se laisse tout persuader par M. le Cardinal; que celui-ci avait bien le dessein de placer ainsi à la tête des affaires M. le comte de Toulouse, et que cela se serait arrangé, puisqu'il en avait les talents et l'amitié du roi, lorsque ce bâtard est venu à mourir; que le roi se livre de plus en plus à l'indolence, et tout de nouveau aux plaisirs, promenade, et toutes les distractions au travail; qu'il cherche donc un honnête homme pour se soulager, et qu'il n'y en a pas qui le soit davantage que ce saint prince; qu'on ne lui donnera que le titre de chef des conseils, dont il est déjà, et chez qui les ministres iront débrouiller les affaires sans se mêler de tant de choses que M. le cardinal; que M. le duc d'Orléans quittera ces travaux avec joie, lorsque Sa Majesté voudra retourner peu à peu à l'application; qu'enfin ceci est d'une grande politique, tant à l'égard des partis de la cour que cela réprimera, comme celui de la maison de Condé, qu'à l'égard du dehors, le roi n'ayant pour héritier que le Dauphin, et bientôt la reine hors d'âge d'avoir des enfants, et sans qu'on puisse jamais la répudier pour mœurs ou pour stérilité, comme la reine Marguerite; et ainsi venaient là les prétentions de la branche d'Espagne qui ont leur cours plus que jamais, et comme dans l'enfance du roi. Par là tous les étrangers prennent défiance de notre alliance. Ainsi, rien de plus sage au monde qu'une adoption entière de la maison d'Orléans, en regardant

MM. les ducs d'Orléans et de Chartres comme des frères cadets du dauphin, et de bien marquer à l'Espagne, à toute l'Europe, que le roi consomme cette adoption et substitution à leur égard, autant qu'il est possible, en donnant l'une de ses filles au duc de Chartres, et les admettant à toutes les affaires du royaume.

Ce qu'il y a de sûr, c'est que nos ministres présents, et surtout M. le cardinal, travaillent en tout ceci de leur mieux, par la grande crainte qu'ils ont du retour de M. Chauvelin, sur quoi le roi ne se déclare pas, et où il y a tant d'apparence; et d'un autre côté les jésuites, et tous ces enragés constitutionnaires, vrai reste de Ligue, travaillent à la même chose, pour éloigner tout crédit à M. le Duc et le retour de M. Chauvelin, qu'ils regardent comme opposés à leur cause, et qui, au vrai, ne sont que dans un juste tolérantisme, sage et politique, ennemi de la persécution, ce qui était le sentiment de M. de Thou l'historien, sur quoi on l'a si fort accusé d'être un hérétique déguisé.

— Nos historiens à venir marqueront-ils assez bien le vrai ressort des grands événements d'Europe depuis dix ans? M. le cardinal Fleury, bon, honnête, sincère naturellement, mais aimant à être aimé, et poussant trop loin cette petite vanité qui ne mérite pas le nom d'amour-propre excessif, parce que dans l'analogie de notre langue on entend *un vice* par *amour-propre*. D'un autre côté, M. le comte de Zinzindorf, originaire de la comté de Bourgogne et de la maison de Vatteville, passant encore les Allemands dans leur caractère naturel, je parle des Allemands impérialistes, c'est-à-

dire vains, glorieux, méprisants et faibles, se ressentant
en tout de la mauvaise et ridicule idole colossale qu'ils
desservent, ce premier ministre de l'empereur, dis-je,
vient en France au congrès de Soissons, et de là à Paris ; il
arrive prévenu du dessein secret de se payer de la peine
qu'on lui donne d'apporter en France la négociation
générale que l'âge du cardinal et le respect réel dû à
la France s'y sont attirée. Zinzindorf est régalé, enfes-
tiné, caressé, respecté, et en un mot mieux traité qu'il
ne méritait au fond. Le cardinal lui parle avec confiance dans ses conversations ; il n'admet jamais la possibilité de rupture entre les deux empires, toujours de
la concorde et de l'amitié, et cependant, avec cet Allemand, il fallait dire tout le contraire, il fallait s'élever
souvent, menacer, montrer les dents et intimider :
grand avis aux négociateurs de bonne foi.

Cet Allemand superficiel et méprisant n'emporta à
Vienne que de l'ingratitude de nos égards pour lui ; il
dit à l'empereur : J'ai bien reconnu la France en ce
voyage. Il y a un cardinal bonhomme , vieux précepteur du roi, homme doux, pacifique et qui ne fera
jamais la guerre, quelque chose qu'on lui fasse ; la
nation est plongée dans la mollesse, les vieux officiers
ont quitté, les jeunes commandent, se poudrent : ce
sont des femmes auxquelles il ne manque que des
cornettes. Le plat pays est ruiné, les finances ne sont
pas rétablies depuis vingt ans de paix, le parlement de
Paris soulèvera la nation au moindre effort, le cardinal craint son ombre ; outragez donc la France, a-t-il
dit, donnez-lui des nazardes, ne craignez rien, allons
vite.

L'empereur a suivi ce conseil, et a trouvé quelle était

notre nation au milieu de notre mollesse. Mais il a
fait pis, toujours par le conseil de M. de Zinzindorf.
Il s'est raccommodé avec la France, il a pris par
son faible le bonhomme cardinal; on l'a persuadé
que l'empereur aimait fort le cardinal, et il l'a cru.
Voilà Son Éminence charmée d'avoir inspiré cet
amour et tout a été bien joué. On l'a fait renvoyer
son garde des sceaux qu'on lui a dit qui ne l'aimait
pas assez; il s'est mis à adorer et chérir l'empereur
et ses fauteurs.

Et, ce point bien gagné, Zinzindorf a dit à l'empereur : A présent ne craignez rien du reste de l'Europe, insultez l'empire, conquérez la Turquie et
tenez bon, dégarnissez l'Italie, moquez-vous de l'Espagne.

Et sur cela, l'empereur a attaqué la Turquie, mais,
dans deux campagnes, il a été défait par les Turcs, et
on croit que ceux-ci vont pousser les choses loin.
L'empereur est par là vaincu, sans réputation, sans
infanterie, affaibli de tous côtés, engagé pour longtemps, méprisé de l'Europe et surtout dans l'empire,
craint et haï dans le nord, défié et méprisé de la czarine son alliée, et l'opération tous les jours devient
plus difficile de le faire élire roi des Romains et d'exécuter la pragmatique.

— Les plus sensés de la cour croient que la mort prochaine de M. le cardinal de Fleury n'amènera d'abord
que peu de changements apparents dans le ministère.

De six ministres en place, il faut mettre à part le
chancelier et M. de Saint-Florentin qui n'auront que
peu de part aux grandes affaires, n'étant pas ministres;

mais les quatre autres gouverneront tout, savoir :
MM. de Maurepas, Amelot, Orry et Dangervilliers.

M. de Maurepas est l'ancien d'eux, il est le plus
homme de cour, le plus expérimenté; plus de naissance, plus de familiarité avec le roi, et reconnu pour
leur protecteur. Il a soutenu M. d'Angervilliers contre
M. Chauvelin. M. d'Angervilliers est sur le penchant
de sa ruine et ridiculisé à la cour; il sera toujours content de se soutenir par M. de Maurepas. M. Orry est
encore plus protégé par lui, et M. Amelot est un petit
garçon de peu d'esprit, nul ami, et véritablement créature de Maurepas, placé par lui.

M. de Maurepas étant leur ancien, il sera proposé
à Sa Majesté que ces quatre ministres s'assemblent
chez lui deux fois par semaine, comme ils s'assemblaient du vivant du cardinal, et là, tout l'État sera
réglé, et on en portera à Sa Majesté le résultat tout
mâché. Il trouvera à cela douceur et tranquillité, il ira
à la chasse, il perdra son temps en frivolités à son ordinaire; on l'endormira sous le prétexte flatteur que
tout va mieux que du temps de son bisaïeul : cette
union paraîtra si jolie de ces quatre petits ministres !

Et cependant tout ira assez sagement, si l'on veut,
mais mollement. M. de Maurepas n'a que des idées
communes, peu de tête, indiscret, parleur et rieur;
de la conception, mais peu de méditation, ou plutôt
nulle, un vrai courtisan, un petit maître, et de plus
impuissant, de quoi les affaires se ressentent.

Bientôt le Maurepas deviendra par là le maître des
affaires : il lui sera bien aisé d'abord de prendre pour
base de son maintien dans ce premier poste la complaisance pour les favoris et favorites. Flattant le roi

que tout va bien, lui donnant un peu plus d'honneur aux décisions que ci-devant, Sa Majesté croira travailler plus que jamais à gouverner par lui-même, comme le feu roi. Ce ministre excitera Sa Majesté à bâtir à Compiègne, puisque c'est son goût, à faire Mme de Mailly duchesse, à la combler de biens et de bijoux. Il favorisera également Bachelier, avec qui il s'est déjà accommodé peu à peu, dit-on, ou du moins assez pour ne le plus trouver dans son chemin, et, par tout cela, M. Chauvelin sera bientôt oublié à Bourges, et il faut convenir que l'industrie de gens qui ont du matin au soir à se soutenir contre un ennemi commun et irréconciliable est bien supérieure à celle de quelques partisans qui agissent ici pour faire rappeler leur ami, se flattant de la fortune par son retour, mais avec quelques incertitudes sur la solidité de leur caractère.

Pour le pauvre M. le duc d'Orléans, *ne verbum quidem* que la balle aille jamais à lui.

14 août. — Je devinai, il y a trois semaines, quelques changements dans les monnaies par la lettre d'un intendant de mes amis qui me mandait que le contrôleur général lui avait dit à Compiègne qu'il fît si bien qu'il se trouvât dans sa ville de résidence le quinze de ce mois. Depuis cela, j'ai ouï parler que les graveurs travaillent continuellement et assidûment à l'hôtel des monnaies.

Sur cela, il a paru ce matin une diminution sur les pièces de deux sols, laquelle est de deux liards, c'est du quart au total, ce qui est fort; et les apparences sont grandes qu'on ne s'en tiendra pas là, et qu'on

diminuera aussi l'or et l'argent d'autant. La cause,
dit-on, de cette diminution est pour égaler les sols de
Lorraine aux nôtres, et à cela je ne comprends rien,
non plus qu'à la plupart des raisonnements aussi obscurs qu'alambiqués, qu'on fait ordinairement sur les
monnaies. Je comprends que ces sols de Lorraine ont
un numéraire plus haut que les nôtres, et tout cela
n'est jamais qu'une question de nom, un baptême différent qu'on donne à la monnaie d'un pays, autre que
celle d'un autre pays. Ce baptême numéraire peut se
rapprocher, et, quand la même situation a duré longtemps, les marchandises ont pris leur niveau de proportion avec les monnaies; alors donc changez ce
baptême, et le niveau se reprendra peu à peu. Il arrive
seulement que les marchés et engagements pris ci-devant en numéraire souffrent injustice : par la hausse
du numéraire, le débiteur gagne injustement sur le
créancier; et, dans la baisse, c'est le créancier qui gagne
sur le débiteur; mais, à choses égales, il est plus dangereux pour le corps de l'État, de favoriser le créancier au préjudice du débiteur; non que l'une de ces
deux espèces soit plus chère à l'État que l'autre, mais
c'est que le malheur du créancier maltraité ne consiste
qu'en sa perte particulière, au lieu que le malheur
du débiteur insolvable le porte à la banqueroute, et
pour cela au discrédit, à chicaner, à cesser son travail, etc., et ainsi même ce créancier favorisé ne recueille pas le fruit de cette faveur, du moins il ne
le recueille qu'imparfaitement, après de grands travaux.

Le malheur de l'État, c'est que nos politiques ne
sont pas assez philosophes; ils n'ont jamais combiné

par eux-mêmes le pour et le contre de ces deux aven-
tures, et n'allant à tout que par préjugé reçu, par im-
pulsion de ce qui les entoure, ils n'ont connu l'affaire
des monnaies, ainsi que la plupart des objets de nos
lois, sinon par la raison des plus riches qui les entourent, et ceux-là sont créanciers, rentiers ou gros
marchands; ceux-ci avides avec stupidité s'imaginent
retrouver dans la diminution des monnaies deux
choses à la fois, et le meilleur marché des denrées et
la plus-value de leurs rentes. Les gros commerçants
s'imaginent aussi retrouver là le change étranger au
pair, ce qui leur sera plus commode, et ils croient
rappeler absolument les temps de M. Colbert en visant
à remettre le marc à vingt-sept livres.

Mais ils ne voient pas l'obstacle invincible qui y est,
savoir : le long temps qu'il y a que les espèces sont
hautes, les novations universelles dans tous les biens
et les engagements sur le pied d'espèces hautes. Ils ne
voient pas même que ce marc à vingt-sept livres et ce
change au pair n'est point un bien absolu et n'est que
quæstio de nomine.

Voilà donc une erreur bien grossière qui a prévalu
chez tous les gens d'autorité : favoriser les riches en apparence et leur nuire indirectement par l'état où cela
met toutes choses, et achever de ruiner les pauvres.

De cette affaire là, les recouvrements, déjà fort difficiles, le seront bien davantage.

Certainement on ne s'en tiendra pas à cette diminution sur les sols, on travaille à une refonte, et ainsi on va
voir mettre la proportion entre l'or, l'argent et le bil-
lon, et à cette occasion, diminuer encore l'or et l'argent; autrement on ne trouverait plus de monnaie. Et

en cela, le gouvernement des finances croit faire une grande œuvre et arriver à un grand but.

La monnaie va devenir introuvable; cette diminution tombe sur une infinité de pauvres gens et de taillables qui payeront plus difficilement leurs impositions.

Il s'agit de monnaies de Lorraine : pour les égaliser aux autres il était bien plus simple de changer le numéraire d'une petite province nouvellement acquise, que d'un grand royaume comme la France.

Pour moi, quand je voyais depuis six mois l'état misérable de nos provinces du dedans, la perte des fermes et des corps de paroisses, le retard des recouvrements qui ne sont pas à la moitié, en juillet 1738, de ce qu'ils étaient en juillet 1737, alors je pensai qu'un gouvernement sage allait hausser les monnaies pour que les peuples payassent moins de pondéraire à Sa Majesté, et pour que les débiteurs de la campagne s'acquittassent plus légèrement.

Au lieu de cela, je vois le ministère faire tout l'opposé, et baisser les monnaies au lieu de les hausser. Je vois ce ministère-ci en désespoir de cause, ne sachant plus que faire, s'accrochant où il peut, et se trompant partout. C'est ainsi qu'agit M. le Duc en 1725. Voyant le peuple malheureux et tout le discrédit imaginable dans les finances royales, que fit-il pour opposer à cette misère? Il établit en un lit de justice, une quantité effroyable d'impôts, à la tête de quoi était le 50°, afin, disait-il, de rétablir les finances par le crédit ou fonds d'amortissement des dettes royales, préparé par ces impôts, comme on fait en Angleterre.

Raisonnement effroyable, et qui fait honte à la

raison humaine, puisque ceux qui nous gouvernent devraient être les plus sages. Car il semble que ne pouvant payer deux, le remède à cela soit de me faire payer quatre.

Un M. Dutot, qui a écrit depuis peu sur les monnaies, avance comme une grande découverte que le baromètre ou thermomètre de notre commerce doit être le change étranger qu'il faut toujours observer.

Je réponds à cela que c'est une sottise que la découverte de ce baromètre, car il ne s'agit que d'un calcul numéraire, et je dis toujours : que me fait si un écu ne vaut pas une piastre ou une cruzade, pourvu que le poids se compare, et que la marchandise revienne au même, alors ce n'est plus que question de nom.

D'ailleurs cet auteur dit des choses sensées, mais connues, sur les monnaies. Pourquoi a-t-il fallu tant de temps pour découvrir des choses si simples que le principe de ne jamais toucher aux monnaies ? Dutot et Melon disent plusieurs vérités nouvelles à leur siècle, dans ce genre, mais ils se contredisent sur cent choses, pour n'avoir pas été à toutes les conséquences qui suivaient de leurs propres principes, et tenant toujours au vieux préjugé, comme celui de *rétablir le commerce étranger* par la réduction des monnaies à l'ancien taux : erreur que leur devait faire soupçonner l'expérience ; car on a vu le commerce, 1° mal aller quand M. Desmarets baissa les monnaies sur la fin de l'autre règne ; 2° bien aller les dernières années de la régence où le marc d'argent était à 70 livres ; 3° très-mal aller quand M. le Duc baissa ; 4° mieux aller sous M. le cardinal Fleury où on a laissé longtemps comme cela était depuis la hausse, quand M. le Duc était sur le point de partir; et 5° on va voir que cela va aller bien plus mal[1].

15 *août*. — On conjecture avec apparence de grands changements dans le ministère, à la retraite de M. le cardinal de Fleury. En effet, le royaume ne peut être gouverné de la façon que le prétend le parti des secrétaires d'État, par deux principaux ministres aussi insuffisants et aussi justement discrédités que le sont MM. Amelot et Orry. M. de Maurepas lui-même a une sorte de facilité qui ne va qu'au train des affaires aisées ordinaires; idées communes sans étendue ni approfondissement; il se rendrait bientôt le maître des autres par leur besoin d'être soutenus.

Et cependant des affaires pressantes assiégent le royaume, comme sont la misère des Provinces, les brouilleries de l'Église, l'ambition de gouverner des constitutionnaires et le fanatisme des parlements, le mécontentement d'Espagne, la ligue de l'empereur et de la Russie, la mauvaise alliance où M. le cardinal nous a jetés avec Sa Majesté impériale, l'ambitieux commerce d'Angleterre, ses richesses excessives, et le dépérissement de notre commerce, quantité de préjugés dangereux qui font, tous les jours, ressentir davantage le poids de leurs abus. Voilà à quoi il faut opposer des remèdes, et où la faiblesse de ces quatre

---

1. On trouve dans les *Mémoires d'État*, II, 279, un *Mémoire pour persuader au gouvernement d'augmenter les monnaies d'un quart en sus*. D'Argenson y rappelle que, sous le ministère de M. le Duc, il lui avait envoyé un mémoire anonyme donnant un conseil analogue qui fut suivi.

ministres n'ira jamais, sans compter les autres maux
qui peuvent survenir, dans lesquels on peut encore
compter les brouilleries des maisons d'Orléans et de
Condé, la nécessité de rapprocher celle d'Orléans du
trône, ce qui ne se peut faire sans le mécontentement
marqué de M. le Duc, et la position de la succession de
Louis XV, qui n'a qu'un dauphin maladif, tandis que
la maison d'Espagne songe sérieusement à prendre ses
mesures là-dessus.

Le roi a mis sa confiance dans le Bachelier qui l'entretient de tout : après lui être devenu nécessaire
pour ses affaires secrètes, comme ses amours avec
Mme de Mailly et, à ce qu'on croit, deux enfants qu'il
a d'elle, il l'entretient encore souvent des affaires de
son État et du délabrement dont tout menace, s'il ne
fait pas d'autres choix que ceux qui subsistent, après
la mort du cardinal, ou même de son vivant, s'il vivait plus longtemps que quelques mois encore, les affaires du temps y pressant.

Depuis peu, Mlle de Charolais avait cru gagner
Mme de Mailly par la maréchale d'Estrées, et il y avait
eu des parties fines liées avec elle, mais cela a été rompu
par l'habileté du Sr H. et par l'entremise de L. V.
Mademoiselle est dangereuse à tous égards; elle est
brouillée à outrance avec M. le Duc son frère, et elle
ne voulait être de cette partie que pour y tout brouiller. Ces tracasseries de cour gênent bien souvent tout
le travail du public, et y sont un grand impôt. Il n'y
a qu'à lire dans les *Mémoires de Sully* combien ce bon
ministre en était occupé et gêné, parmi les maîtresses
d'Henri IV. Et qu'on juge combien davantage sous un
règne plus faible et un roi moins formé, et dans un

siècle où le vrai, le grand et l'héroïsme a tant perdu de
droits sur les hommes.

Août. — Il fut question alors de nommer M. [1] pour
successeur au cardinal de Fleury, afin de donner aux
affaires le mouvement accoutumé, mais sous un homme
plus jeune et également bien intentionné; on le devait
nommer ministre d'État, puis duc à brevet, avec ordre
aux autres ministres d'aller travailler chez lui comme
chez Son Éminence. Il n'eût rien changé au logement,
table et fonctions du cardinal, mais il eût fait les changements qui suivent dans le ministère.

M. Amelot, renvoyé avec pension de ministre;
M. d'A[rgenson], le cadet en sa place, et quittant
sa charge de conseiller d'État à un ancien intendant.

Autre place de conseiller d'État à donner en rempla-
cement de celui-ci.

M. Orry, renvoyé avec pension de ministre; son
frère aurait eu sa place de conseiller d'État, la place
d'intendant des finances de celui-ci donnée à M. C.

M. de Vatan[2] contrôleur général.

La place de prévôt des marchands donnée à
M. Méliand ou à....

M. Hérault dépossédé, et réduit à ses fonctions de
conseiller d'État, à la place de M. de Séchelles, son
beau-père.

---

1. Il paraît évident que c'est de lui-même que d'Argenson
veut parler ici.

2. Maître des requêtes, intendant de Flandres, puis de Touraine, il devint prévôt des marchands en 1740.

M. d'Angervilliers engagé à la retraite, et en sa place
M. de Breteuil.

M. de Maurepas consolé de rentrer en férule et de
perdre sa créature, M. Amelot, par les progrès de la
marine et les fonds qu'on y donnerait.

M. Chauvelin garde des sceaux honoraire et désigné
pour successeur de M. le chancelier, avec entrée au
conseil d'État.

Tout cela gens d'esprit, de mérite, et presque tous
gens de condition.

21 *août*. — On ne peut donner une autre explication que celle qui suit à un phénomène aussi singulier
que la persévérance de M. le cardinal de Fleury à
rester à la tête des affaires.

Qui est-ce qui tombe dans cet excès ridicule de tyrannie? Est-ce un homme autrement ambitieux, rempli d'amour-propre et d'orgueil, amoureux de l'élévation et de l'enrichissement de sa famille? Non, c'est
un homme qui s'est toujours montré modéré, désintéressé, bien intentionné, aimant le roi et l'État, que
les places sont venues chercher graduellement, et qui
n'y est entré que comme forcé, et véritablement avec
indifférence.

Comment un tel homme, sans radoter visiblement,
paraissant toujours le même, quoique avec quelque
diminution de feu et surtout de fermeté dans la volonté, ce qui n'a jamais été son caractère; comment,
dis-je, est-il tout à coup devenu tyran, jaloux de son
pouvoir, enviant au roi son autorité?

On n'expliquera point tout ce problème par le
simple amour-propre, par cette horreur que nous

avons de nous voir mourir, ou baisser, par la chute au
tombeau, par l'entêtement des vieillards qui leur fait
croire qu'ils valent mieux que les jeunes; non, cette
rage a ses intervalles, et quand on vient à la raison,
on trouve trop de choses à dire dans les circonstances
présentes, et où est ce pauvre ministre, surtout lui qui
est naturellement modéré et raisonnable.

Expliquera-t-on encore ceci par la séduction de
quelques sots et fripons qui l'environnent, comme
M. Hérault et l'abbé Brissart? Déjà M. le cardinal s'est
brouillé avec l'abbé Couturier, supérieur de Saint-
Sulpice, son directeur et son ami, et avec l'évêque de
Mirepoix, précepteur de M. le dauphin, son ami, et
digne de l'être, à qui il avait dit à son arrivée à la cour :
Enfin je vais avoir un honnête homme avec qui m'ouvrir. Ces deux hommes de courage lui ont conseillé
cet hiver, au milieu de sa grande maladie, de se retirer
du ministère, et il s'agissait d'aller à Issy ou à Royau-
mont. Il prit bien le conseil, et puis après il ne les a
plus regardés qu'avec froideur et a changé de directeur.
A ce trait, on voit l'insinuation de ces mauvais flatteurs
dont j'ai parlé.

Voici, selon moi, la seule manière d'expliquer ce
phénomène. Le cardinal voit avec chagrin que les
mœurs du roi lui sont échappées, et qu'il ne lui reste
plus de sa confiance que ce qui regarde les affaires du
royaume. Ce changement du roi à son égard n'a pu
être attribué qu'à M. Chauvelin, et voilà sans doute la
grande cause de la disgrâce de celui-ci.

Sur ce point, le roi use avec le cardinal d'une
grande dissimulation (à laquelle celui-ci l'a si bien
élevé). Il écoute tous les traits que l'on lance contre

M. Chauvelin; il n'y répond rien, ou peu de chose; mais il y a apparence qu'il ne laisse pas de s'opposer à des augmentations de disgrâce, comme de l'enfermer au château de Saumur, dont Son Eminence fut tant requise il y a deux mois. Et on peut répondre aussi que Sa Majesté a résolu de le rappeler sitôt après la mort du cardinal, et de faire un bouleversement total au système de gouvernement introduit par Son Éminence.

Or, le cardinal a sans doute pénétré par son bon esprit les desseins secrets du roi sur ce changement dans le ministère; il ne veut pas voir de son vivant, s'il se retirait, M. Chauvelin revenir à la cour triomphant, et tous ses pauvres petits favoris tomber en disgrâce.

Voilà la seule raison de sa persistance à gouverner dans le misérable état où il est, et presque nonagénaire; cette vieille machine ne se soutenant plus que par du garus et des gouttes du général Lamothe. Cela ne peut aller loin, et cette dernière considération détermine le roi à lui laisser enterrer la synagogue avec honneur. Cela explique tout.

Je ne puis croire que Son Éminence se persuade de bonne foi ce que je sais qu'elle a dit à quelques ministres étrangers : que le roi lui avait donné sa parole que l'on ne s'apercevrait pas de sa mort, et que tous les ministres et les mesures du gouvernement resteraient comme elles auraient été prises par lui. Cela peut avoir été promis en général, mais une telle promesse renferme nécessairement bien des restrictions.

Jamais on n'a vu de changement de chefs sans que les membres aient souffert révolution, parce que les

mêmes parties analogues qui plaisent à un caractère,
déplaisent à l'autre, et le successeur n'est imbu fortement que du contre au lieu du pour, de chaque personnage en place ; ainsi pourquoi veut-on que
M. Orry plaise au roi, puisqu'il a plu à Son Éminence?

Aussi, le cardinal, quoi qu'il dise, a-t-il cherché à
prévenir ces changements par une base au ministère.
Il y a apparence qu'il y a eu cette espèce de réalité
aux bruits qui ont couru depuis peu, que M. le duc
d'Orléans aurait à peu près les mêmes fonctions que
le cardinal, après sa mort ; qu'il se trouverait à tout
travail du roi ; et en effet, comment pouvoir choisir un
plus honnête homme? Ce bruit a couru avec bien des
symptômes de réalité, et sans doute que le parti du
cardinal a cru que cela avançait. Mais, outre que ç'aurait été mettre le roi en tutelle sous un prince de son
sang, à vingt-huit ans, ce qui l'aurait rendu d'une
condition pire que les rois fainéants de la première
race, on a jugé que, sous ce nom de M. le duc d'Orléans, avançait le parti des Noailles, les Molinistes zélés
et d'autres intrigants dont personne ne veut.

— Il a été souvent question de mon frère pour
les places vacantes ou à vaquer dans le ministère, mais
je doute que cela lui succède jamais autrement que
pour une certaine considération qui, à la fin, monte en
graine et donne l'air de disgrâce, sans jamais avoir été
en grâce. Ses mérites consistent véritablement dans
beaucoup d'esprit, mais nul génie (on entend par esprit la facilité à saisir et à rendre), la hardiesse, le
courage, la tranquillité devant les grands objets, ce

que l'on prend pour force d'âme et qui ne l'est que de cœur, un goût porté au grand et à l'élevé pour soi-même ; mais voici le grand défaut, c'est cette concentration dans son propre avantage.

Chacun a de l'amour-propre : c'est la source et le premier moteur de l'émulation et même de la vertu, malheureusement pour l'humanité, mais il s'agit de s'aimer soi-même en tout bien et tout honneur, et non en vilaines vues, comme on aime une fille pour l'épouser ou pour la corrompre. Ainsi les uns s'aiment pour s'élever, d'autres pour s'enrichir, etc., cela dépend des goûts innés. Il s'agit d'avoir dans le cœur de la *bienfaisance*[1] de reste pour, après soi, aimer encore les autres, et ce second amour est ce qu'on appelle *amour pur*, espèce d'amour qu'on a tort de nier, car nous en avons presque tous ; ceux qui n'en ont point absolument sont des monstres. Pourquoi donc les théologiens l'ont-ils nié à l'égard de Dieu, à l'occasion de l'hérésie de M. de Cambrai ? Dieu est si aimable à notre égard, pourquoi donc n'y aurait-il pas chez nous quelque portion d'amour désintéressé pour Dieu, par-dessus les actes que nous lui adressons dans un intérêt d'espoir ou de crainte ? Certainement nous aimons les pauvres quand nous les assistons secrètement ; nous aimons notre maîtresse par delà les besoins de la volupté ; un bon cocher aime ses chevaux par delà la rigueur de son mercenaire devoir ; du moins, nous avons le sentiment du moment où nous sommes attendris pour un objet présent, mais dont

---

1. D'Argenson souligne ce mot, nouvellement créé par son ami l'abbé de Saint-Pierre, et dont il aimait à se servir.

l'absence fait à l'instant cesser toute émotion chez nous.

J'ai posé ces principes pour expliquer quel est mon cher frère.

Il s'aime en tout bien, il aime son élévation, et toute la plus grande élévation. Par delà lui, il aime sa maison, il a encore le sentiment du moment pour quelques objets de parents ou étrangers; voilà tous les mouvements de son amour, cela lui remplit tout le cœur, qui doit être étroit ou extrêmement occupé des mouvements que je viens de dire. Il n'est pas susceptible de haine, la bile ne s'y allumant pas, mais il s'indigne d'avoir des égaux; et il est porté naturellement à la moquerie contre ses supérieurs. De là, son âme est égale en tout temps, car il a les passions douces; son ambition n'est qu'un acheminement fin, délié et spirituel vers le grand où rien ne l'étonne, et, de jeunesse, il a eu ce sentiment. Ceux qui ne le connaissent pas le croient dévoré d'ambition; non, il n'en est qu'occupé, et la médite même gaiement, à cause de l'opinion qu'il a de sa supériorité. Il croit apercevoir les fils des marionnettes, il se moque de tout, et perpétuellement le fond de sa pensée attaque ses supérieurs, quoiqu'avec l'abord humble, honteux et embarrassé à leur égard; mais il ne se ravale pas pour cela avec les inférieurs, ce qui est la suite de ce caractère chez les gens véritablement généreux; au contraire, il y porte un air important et distrait qui en impose aux égaux et qui le fait respecter des inférieurs.

De tout cela, il lui a résulté peu de soif de la justice, et comme il ne se commande rien à lui-même, par

facilité de vivre et par habitude de suivre ses pen-
chants, il ne s'est formé aucuns principes de morale,
de justice ni de droit public; il ne voit ces règles qu'à
mesure des occurrences et de l'offre de chaque espèce,
ce qui rend nécessairement cette conduite fautive et
peu profonde, n'étant dirigée que par l'esprit. Il n'a
pas médité un moment le bien public; il y a toujours
apporté de l'indifférence; il n'en a pris que quelques
traits par ci par là, chez les uns et chez les autres,
comme je sais quelques racines grecques que j'ai
prises je ne sais où. L'indifférence a donc malheureusement causé cette ignorance, plutôt que le défaut
de capacité. Cependant il faut convenir que la faculté y manque aussi bien que l'étude et l'acquis.

Si la faculté y était, je ne lui dénierais pas comme
je le fais, le *Génie*, qui est l'*Invention* et l'Inspiration; ce
beau feu céleste fait d'un savetier un poëte, et un général d'un laboureur, comme Sforce; et, en politique,
d'un moine un Ximénès, quand la passion du bien de
la monarchie se joint au génie d'inventer. Alors le
cœur se remplit de bien d'autres choses que de soi-
même; ordinairement même, le *soi* s'oublie et s'abandonne absolument. Ainsi font les hommes à passions
ardentes, passions de goût et de curiosité, amours vio-
lents, comme celui de Moïse pour son peuple; ainsi
font les savants qui ont recherché l'objet de leurs
études en se détruisant eux-mêmes visiblement.

Cependant, sans cette faculté, il n'y a point d'hommes d'État; il n'y a que des serviteurs mercenaires,
intelligents si vous voulez; mais, n'étant jamais que le
centre de leur cercle, ils ne travaillent que pour ce
qui est vu, pour ce qui leur fait honneur, pour ce qui

leur attire récompense; tout le reste est négligé, et bientôt le maître clairvoyant se dégoûte de tels serviteurs.

Voilà ce que je crois pouvoir prononcer pour mon frère, et tel il est absolument: et pour prouver la spéculation par l'épreuve, considérons qu'il a rempli trois postes : l'intendance de Tours, la police de Paris, et l'administration de la maison de M. le duc d'Orléans.

A Tours, il se fit aimer et admirer de la cour des princesses de France et d'Espagne, qui y passèrent en 1721 pour le double mariage. Il se mit à la tête de la noblesse, et notre nom, nos anciennes distinctions et alliances parmi les nobles de la province, sa figure, sa dépense où il y avait quelque désordre, tout cela lui attira partout des distinctions. Il soulagea encore la noblesse à la capitation, mais en faisant retomber le poids sur le peuple. Il se montra homme d'exécution pour accommoder les chemins du passage des princesses; cela ruina le pauvre peuple : voilà tout ce qu'il y fit pour le bien public; il n'y fut qu'un an.

A la police de Paris, rien n'alla mal, mais rien n'alla bien; il se fit homme de cour, et montra le premier à M. Hérault, son successeur, l'art de faire une charge de cour ou un ministère de cette magistrature municipale; il se fit favori du cardinal Dubois, qui l'y rappela pour la deuxième fois; puis il travaillait à s'en faire haïr, quand il fut sur son déclin; il perdit le régent au plus fort de sa faveur près de ce prince.

Au sortir de là, on commença à dire bien du mal de lui et de son cœur, qu'il ne faut taxer que d'indiffé-

rence, mais non de perfidie, puisqu'on ne doit rien
quand on n'a rien promis.

Aux affaires de M. le duc d'Orléans, il s'est fait, non
un intendant ou chef de conseil, mais un premier ministre de cette maison : il y a eu tout l'air d'un homme
en place et dans le monde, tout le brillant et l'importance du ministère. Quant aux affaires de cette
maison, certes il y a eu un grand moyen, qui est
que son maître est dévot, chaste, sans nul goût, et
économe : il a bien fallu payer les dettes de la maison.
Mais comment le reste s'est-il passé? Partout des idées
communes, une économie aveugle et sans ordre ; nulle
dépense brillante, chez M. le duc de Chartres ou pour
l'entretien des maisons, ne venant réparer ce qu'on
pouvait y trouver de sordide; partout le désordre au
milieu de l'économie ; les charges payées seulement
par sollicitation et en temps différents, afin sans doute
d'avoir des solliciteurs à sa porte, une audience nombreuse et des gens qui aient besoin de lui, croyant
faussement gagner les hommes par leurs besoins,
tandis qu'on ne les gagne véritablement que par le
cœur et par leur estime; outrant le prix de tous les
baux, ce qui donne lieu à tant de non valeurs et à la
mauvaise réputation des affaires; mauvais moyens de
finance, idées communes et sans élévation, tout cela
faute d'avoir médité sur les véritables intérêts de la
charge qu'on remplit; partout et toujours l'officier se
préférant à l'office.

Enfin, il a aujourd'hui la commission de la librairie
qu'il a finement soustraite au chancelier et à sa famille,
en paraissant la tenir de lui; et il a su en tirer deux
avantages pour l'intrigue de cour : l'une de se placer à

la tête du parti moliniste échauffé, inquisiteur et persé-
cuteur; l'autre d'être admis dans la familiarité du cardinal, en le berçant d'amusettes littéraires. Mais encore, sur ceci, je demanderai : les livres sont-ils mieux
imprimés et à meilleur compte? Encourage-t-on mieux
les bons auteurs et rejette-t-on les médiocres? Quel
règlement, quelle loi exécutée dans cette partie? On
me répond, non; tout le monde se plaint, les libraires
et les auteurs : le prohibitif va roide, l'admissif va mollement, et, en ce cas, cet emploi n'est plus que celui de
premier commis de la tyrannie.

Cependant, c'est sur tout cela que s'est fondée une
si haute réputation d'aller bien vite au ministère, qu'il
fait taire jusqu'à ses ennemis, ou, pour mieux parler,
ils se taisent en public, mais sous main on ramasse
leurs voix, et l'arrêt conclut toujours à exclusion. En
effet, de quoi prive-t-on l'État, en ne mettant point à
la tête des affaires un homme qui y est tellement indifférent, et qui même s'y entend si médiocrement? Il
y a assez longtemps qu'on ne suit que des idées communes, et qu'on ne réforme rien, ou si fort en petit
que les nouvelles lois sont des semences de nouveaux
abus.

Qui prendra, pour des affaires sérieuses, son choix à
la figure, aux airs importants, au discours spirituel et
au bon air dans la dépense et dans le maintien, fera
toujours une mauvaise affaire; ce n'est là que la super-
ficie et c'est autant de pris sur le fonds. Il faut de la
suite, du bon sens, une méditation approfondie pour
trouver du neuf échappé aux autres, et ce fonds demande des négligences sur les choses extérieures. Cependant voilà le malheur des Français : on prend pour

médecins des gens d'imagination (Silva), et pour ministres les robins qui ont le plus fréquenté la cour,
c'est-à-dire ceux qui ont le plus perdu leur temps, et
qui ont le plus négligé les pauvres et la justice.

Une juste vanité me fera ajouter que mon père ni
mes aïeux n'étaient point faits ainsi. Où diable a-t-il
pris cela? du seul archevêque de Bordeaux, mon
oncle, lequel était un petit esprit taquin et triste;
grand économe, homme à vues bourgeoises, aimant
sa maison avec orgueil, mais sans générosité, plein de
lui et vide des autres, dur et sec, et n'échappant à la
haine publique que par son économie. Mais mon père
et mes aïeux ont toujours passé, dans leur temps, pour
gens francs, nobles, courageux et dignes de l'ancienne
Rome, surtout de nulle intrigue à la cour, aimant la
vie de province, et cependant s'y faisant d'abord distinguer par les lumières de leur esprit et la bonté de
leur cœur. Or, rien n'est si à propos que de s'attirer
dans le monde la même considération par où sa race
est connue; il y faut conserver les qualités comme le
nom et les armes.

— Mon frère est naturellement fait pour le secret,
le mystère et même la profonde dissimulation; mais
il est si esclave du bon air et du goût d'imitation que,
voyant M. de Maurepas indiscret, il s'est piqué de
l'être aujourd'hui.

— Le fondement de ma fortune a pour texte ces
deux mots que j'ai déjà déclarés à plusieurs personnes : *Il y a un métier à faire où il y a prodigieusement à gagner, c'est d'être parfaitement honnête*

homme. Joignant à cela de l'application qui amène nécessairement quelqu'intelligence, il est impossible qu'on ne soit pas recherché de degrés en degrés pour les premiers emplois, car on a besoin de vous.

FIN DU PREMIER VOLUME.

APPENDICE.

I[1].

La première grande révolution qui arrivera probablement en Europe sera la conquête de la Turquie. Cet empire devient trop faible par son mauvais gouvernement, par l'impossibilité qu'il devienne meilleur, la sûreté qu'il deviendra pire, l'entêtement des Turcs, l'inhabileté des chefs, leur ignorance, tandis que nos arts et surtout le militaire augmentent tous les jours, et ces arts étouffent ce qu'il en reste aux Turcs, tous effets du gouvernement si arbitraire et qui les constitue en barbarie ; avec cela, leurs passions bassement violentes les acharnent à s'entre-détruire ; les Turcs et les Persans sont au fond hostiles entre eux ; tout se soulève dans l'empire ottoman, tous les jours une plume de l'aile est ôtée. Le prince Eugène les bat avec une poignée de monde, et à coup sûr, tant la supériorité que donne la discipline est assurée ; voici que les Moscovites n'en sont pas moins les maîtres, et tous les Européens de même, tant par mer que par terre.

Ce n'est donc plus au fond qu'on doit songer, comme du temps de nos anciens grands politiques, à laisser l'empereur suffisamment plus fort pour défendre la chrétienté des entreprises du

1. Voy. p. 292.

Turc. Il faut, au contraire, pourvoir à ce que l'empereur ne dépouille pas un jour, dans une belle campagne, le Turc et ne s'approprie pas toute la Turquie en Europe. Quand cela arrivera, il faut que chacun en ait sa part, qu'on y établisse, si vous voulez (tel est le mieux), plusieurs États particuliers chrétiens qui fassent refleurir l'ancienne Grèce et le beau pays du Nil, ces belles îles de l'Archipel, afin que cela contrebalance l'empereur par les derrières. En un mot, être attentif de façon que, de cette aventure-là, l'équilibre de l'Europe n'en soit pas prodigieusement dérangé.

Au reste, ce serait un beau projet aujourd'hui, l'Europe étant en paix, que de conquérir à frais communs tout ce pays-là, d'y établir le christianisme, d'y arranger les lieux saints, d'y établir des puissances, des rois européens et policés, en divisant bien tout cela pour l'équilibre et le commerce européen. On dira que tout cela nous ôtera quelques profits de commerce qui se font à Marseille, et on se trompe. L'avidité stupide fait dire cela. Ces pays étant policés et fertiles nous présenteraient un commerce plus lucratif, et de meilleures choses pour augmenter le capital de notre État, le bonheur et la commodité de nos sujets; car ces pays étant rendus plus fertiles en productions de la nature et de l'art, une meilleure police y ayant rendu le commerce plus beau et plus sûr, et ôté les avanies et autres pertes, n'arrivera-t-il pas certainement qu'ils auront plus de choses à prendre de nous et plus de choses à nous donner en payement? Mais telle est la sotte malice des hommes qu'elle n'estime les profits qu'autant qu'ils se font avec plus de duperie de la part de ceux sur qui on profite. Ce serait donc là un beau projet d'entreprise, pour un grand roi comme un Henri le Grand, que de mettre cela en branle.

Ce serait une vraie croisade qui nous rendrait agréables à Dieu et aux hommes. Mais bannissons ici toute idée des anciennes croisades chimériques et pernicieuses qui ressemblaient à prendre la lune avec les dents. Autrefois le voyage d'outre-mer était l'effet de la plus folle générosité; aujourd'hui, d'aller au Levant, c'est passer un bac sur l'eau douce. Nos arts d'Europe, notre marine, notre discipline, nos finances, notre approximation (je parle au nom de toute l'Europe) de ces pays-là nous rendent cette opération aussi aisée que d'envoyer 6000 hommes s'emparer de Livourne, comme on fait. Et qui résisterait, qui secourrait les Turcs? Serait-ce le Sophi, le Grand Mogol, le prêtre Jean? Mais la difficulté

serait d'y déterminer l'empereur et le czar, car ils ont leurs petites vues pour gagner gros par la suite à ce jeu du roi dépouillé.

Auparavant il faudrait leur montrer leur véritable intérêt dans
tout cela, dont je traite ci-dessus. Quelque chose de notre intérêt
mal entendu y résiste, comme je l'ai dit, et, si nous étions contents
des réponses, ils pourraient l'être aussi. Cette affaire-ci riverait
la puissance de l'empereur du côté de Hongrie, comme nous la
rivons en Italie par l'établissement de Don Carlos; mais on a vu
qu'il y a moyen de lui faire entendre raison sur cette ambition
outrée : il a au fond son grand dessein de conserver l'intégrité
de succession au duché de Lorraine; voilà une belle occasion de
lui faire entendre raison. D'ailleurs, il est si terrien que je crois
qu'il ne veut plus s'étendre, mais perfectionner sa domination,
avoir marine et argent. Nos Anglais feraient merveille pour ceci.
Ils sont en état et en volonté, et, au reste, c'est leur vrai intérêt
de commerce que de s'ôter ces caprices barbaresques, comme
fâcheuse épine du pied, et où notre proximité nous donne avantage sur eux.

Vous entendez bien que les côtes d'Afrique font partie de cette
entreprise, comme dépendant du croissant.

L'entreprise n'est qu'un déjeuner, et ne coûterait pas beaucoup
de peines, dont on aurait encore bien lieu de s'indemniser par de
beaux pillages lucratifs, et sans que cela fît tort au projet.

Il est certain que les princes chrétiens, bien unis une fois en
une espèce de république chrétienne, suivant le projet d'Henry IV
détaillé par l'abbé de Saint-Pierre, auraient bien mieux à faire
que de se battre à s'entre-détruire comme ils font; ce serait de
conquérir les pays mahométans de l'Europe, ou très-voisins de
l'Europe, comme toutes les côtes de l'Afrique septentrionale qui
nous avoisinent si fort, tels que l'empire de Maroc, qui est si voisin d'Espagne, et toute la Turquie, en Europe, la Grèce et les
côtes de l'Asie Mineure, la Syrie et la Palestine, où sont les saints
lieux. Je parle de ce projet plus haut, n° 154.

Avantages de ce projet :

Vous établiriez l'empire d'Orient entre les mains d'un prince
chrétien comme autrefois, et par là vous vous conformez à l'ancien droit.

Vous rétabliriez aussi le christianisme et la vraie religion en
tous ces pays-là, où elle a tant fleuri et pris origine.

Vous morcelleriez davantage cet empire grec d'Orient; vous

feriez un roi de Grèce, un roi de Macédoine, un empereur de
Constantinople, qui aurait l'Asie Mineure et qui serait le plus
puissant de tous ces rois de nouvelle promotion. Mon dessein en
cela serait qu'il s'étendît peu à peu par vos derrières, pour conquérir l'Asie et y établir le christianisme, ou pour préparer les
voies à cela; vous feriez un roi de Palestine et Syrie, un roi
d'Égypte, un roi de Barbarie, un roi de Maroc, etc.

Voilà de quoi établir une grande quantité de vos princes du
sang des différents trônes chrétiens de l'Europe, avec les clauses
de loi salique et de non réunion de ces couronnes quand race
manquerait; mais alors choisi par république chrétienne, et non
par peuples électeurs.

Il ne faudrait pas que la religion de sectes fît obstacle à cela,
mais qu'il suffît que ce fussent des chrétiens.

Par là, vous faites repeupler, refleurir ces beaux pays autrefois
si abondants; vous les remettez sous des lois douces et bonnes.
Vous augmentez votre commerce, comme je le prouve n° 154,
puisque vous faites surgir de terre une infinité de productions de
nature et d'art; c'est mettre en valeur une grande quantité de
terrain de l'univers, terrain qui est beaucoup notre voisin et qui
est au fond en friche. Vous faites en cela chose bien agréable au
souverain auteur de l'univers; car vous uniformisez sa divine loi,
vous en donnez assurément une bien meilleure pour le salut à
des peuples, vous avancez l'accomplissement de ses prophéties,
pour que le christianisme doive remplir tout le monde et tout
convertir.

Ces mahométans auront passé en cinq ou six siècles, comme
nos sarrasins d'autrefois; leur empire se trouvera éteint.

Vous favorisez beaucoup la politique et l'équilibre par cette
multiplicité de puissances chrétiennes qui contrebalanceraient ce
qu'il peut y avoir de trop fort aujourd'hui dans la chrétienté.

Vous engageriez à ce projet les puissances, en donnant ainsi
des couronnes à des princes de leur sang; on voit tout ce qu'a
fait l'Espagne en dernier lieu pour placer Don Carlos du deuxième
lit. Un intérêt particulier a grande force dans une famille royale.
Voyez ce que nous avons fait pour Philippe V. Quelles dépenses,
quels efforts !

Je crois que c'est là un des plus beaux et des plus prochains
effets de l'établissement de la paix perpétuelle de l'abbé de Saint-
Pierre, il n'en parle pourtant pas, parce qu'il n'aime pas les

conquêtes naturellement, mais peut-être le sous-entend-il en parlant en général de tant et de si grands biens qu'avancerait son système une fois établi.

On me dira cette grande objection : Je suppose votre conquête faite des pays mahométans d'Europe ou voisins de l'Europe, et que cela est aussi aisé à emporter que vous le dites par une ligue des princes chrétiens. Voilà le duc de Cumberland établi roi d'Égypte, que fera-t-il ? quels seront ses sujets? Ils ne seront pas convertis. Les convertirez-vous à la dragonne? Où seraient les dragons? Ils se soulèveront, ils vous massacreront. Quelles lois leur imposerez-vous? Auparavant, il faudra en user comme avec des colonies de l'Amérique ou des Indes Orientales. Vous aurez des troupes chrétiennes bien disciplinées, des Suisses, des Allemands, des autres troupes d'Europe qui serviront aisément sous ces princes, puisqu'il n'y aura plus de guerre en Europe, par la pacification de notre système. Ces troupes, bien disciplinées et faisant partie de celles qui auront pris part à la conquête, en disciplineront bien d'autres de naturels du pays, bien plus aisés à convertir, plus affermis dans la foi et dans les mœurs que les sauvages des Indes ; tous ces pays dont je parle sont depuis longtemps inondés de chrétiens qui y commercent, qui y résident, qui y engendrent. Par exemple, l'île de Chypre, Alexandrie, en Égypte, Smyrne, etc., sont tout pleins de chrétiens. Voilà des sujets formés et en grand nombre.

La supériorité de nos arts et discipline, l'effroi de la nouvelle conquête feront qu'un homme en vaudra dix des vaincus. L'autorité du gouvernement, les armes seront confiées aux chrétiens subjugués, et les autres, désarmés, mais cependant traités avec douceur, et, pendant du temps, laissés en liberté de religion.

Il faut considérer le naturel de ces mahométans pauvres naturellement, enrichis passagèrement, et sans que leurs richesses se conservent avec solidité et mesure, accoutumés à l'esclavage, à voir vendre leurs enfants, à être donnés en tribut, aux affronts, avanies, supplices même, et principalement pour les plus qualifiés, maltraités continuellement. De tels gens prendront bientôt goût à un gouvernement doux qui les fera jouir de leurs biens mieux qu'ils n'en ont jamais joui. Bonne justice, vindicative, rémunérative. A l'égard de la religion, les Turcs ne sont pas si entêtés que d'autres; ils sont peu instruits et sifflés seulement de leur Alcoran pendant quelques moments de leur jeunesse, quel-

ques pratiques grossières et extérieures, assez libertins du côté de
l'impureté; mais cela n'afflige que les riches, et d'ailleurs notre
religion, suivant la nouvelle et actuelle pratique, ne tourmente
pas beaucoup sur cet article. Aux formes extérieures, vous gagne-
riez aisément leurs cadis et muphtis, ou vous les ferez taire.
Ajoutez enfin à cela la force prépondérante de toute l'Europe
armée, prête à châtier à l'instant chaque portion révoltée et les
châtiant de la bonne façon, en sorte que les exemples étonne-
raient ces barbares plus courageux de cœur que d'esprit.

Ainsi, nos princes envoyés là régneraient d'abord comme chefs
de colonies, qui se soutiendront bien. Ils pourraient n'occuper
d'abord que les ports et villes maritimes, où ils se fortifieraient
bien par nos secours. Ces princes, ainsi obligés à valoir, vau-
draient et se feraient du mérite. Ils attireraient chez eux des braves
et habiles gens d'Europe, pourraient avoir des sujets ennemis,
mais qu'ils feraient reculer au loin comme des sauvages, et peu à
peu disciplineraient tous sous un joug uniforme et tranquille.
Ainsi, de proche en proche, vous repeupleriez, disciplineriez,
christianiseriez, poliriez, joindriez avec vous par une étroite correspondance toute la terre habitable. Il faudrait deux bons siècles
pour cela; le ciel et la terre y gagneraient beaucoup, et c'est là
un grand et magnifique fruit de l'établissement de la république
européenne.

Il faut ajouter à ma réponse ci-devant que l'Europe jouissant
une fois d'une paix universelle, les États chrétiens seraient fort
peuplés, et trop, et que ce serait un bien de pousser au dehors
peu à peu l'excédant des habitants, et gens de mérite, qui iraient
ainsi soutenir leurs princes dans leurs nouveaux établissements
d'Asie et d'Afrique, de proche en proche, jusqu'à ce que toute la
terre ronde fût bien et suffisamment policée et christianisée.

Dans mon projet de croisade pour christianiser en peu de temps
le gouvernement des pays du reste de l'Europe et voisinage,
comptera-t-on pour rien de prodigieux avantages de commerce,
par exemple, de faire un beau canal de communication de la mer
du Levant avec la mer Rouge, et que ce canal appartînt en
commun à tout le monde chrétien? Quelle épargne pour les marchands et quel bon marché pour les marchandises en ne faisant
plus le tour d'Afrique avec tant de périls et de dépenses!

Un autre fruit de la république européenne de l'abbé de Saint-
Pierre serait de convenir bientôt du retranchement de toute douane,

de port, etc., ainsi que j'ai trouvé ailleurs que c'était l'intérêt de
la France de le supprimer chez nous, et de prendre les impôts
royaux sur les consommations, ou par une capitation bien réglée;
en sorte que les marchandises entrassent et sortissent aussi librement que l'air. De tout cela quel prodigieux avantage pour le
commerce! et je parle du vrai commerce, qui fait abonder en un
pays toutes les denrées imaginables et qui nous fait fournir tout
ce que nous pouvons aux étrangers; mais non pas ce commerce
qui enrichit outrageusement quelques particuliers avides.

On peut compter que sur tous ces projets-là, avantageux au
bien général de l'Europe, tous les étrangers par leur simple
bon sens seraient trouvés tout prêts à les concevoir et à les admettre, pourvu qu'un ministère de France se montrât aussi de
bon sens et bien intentionné pour le bien commun de la chrétienté. Telle négociation vient beaucoup plus vite qu'on ne
pense.

J'ai dit ailleurs qu'on pourrait songer à des croisades, non par
dévotion mais par une sage politique; car si jamais on a cru devoir envoyer des colonies, des essaims d'hommes hors de leur
patrie, pourquoi va-t-on si loin que les Indes Orientales? Eh oui!
Que ne va-t-on auprès?

Vous avez l'Égypte, qui sera probablement la première dépouille que l'on tirera de ce misérable empire turc aujourd'hui
si fort en décadence. Quelle différence de raison pour aller là au
lieu d'Oran (le grand cardinal Ximénès avait donné dans la même
sottise), où les Espagnols viennent de conquérir à grands frais un
terroir ingrat et où il faut tout apporter! Au lieu que l'Égypte est
le pays le plus fertile du monde; ces bords du Nil, ces gras pâtu-
rages, et d'ailleurs le pays se défend aisément. Une colonie d'Européens qui irait là en force se serait bientôt acquis ce domaine
imperturbablement. On y planterait le bonheur et l'Évangile avec
les mœurs douces, dès que la morale n'en est pas entendue par
de maudits bigots.

On sait que la faute de nos anciens croisés dans le xiie et le
xiiie siècle fut de ne pas s'assurer d'abord de l'Égypte, moyennant
quoi ils se fussent pour toujours assurés de leur Terre Sainte.

(*Pensées sur la réformation de l'État*, n°s 157, 158, 161, 369.)

II[1].

MÉMOIRES POUR LE TESTAMENT POLITIQUE DE S. ÉM. LE CARDINAL DE FLEURY.

M. le cardinal de Fleury a montré, depuis 1726, ce que peuvent, dans le gouvernement des États, la vertu, le désintéressement, l'amour du roi et de l'État, la droiture et la justesse d'esprit ; il s'est attiré la confiance des étrangers dans des occasions délicates. On se souviendra longtemps d'avoir vu la France et l'Espagne, sous deux princes de la même maison, attaquer et conquérir sur l'empereur, sans alarmer les puissances maritimes. Son Éminence a mis l'ordre en peu de temps là où il n'y avait que désordre.

Louis XV a eu toute la gloire, dans son enfance, du choix d'un tel ministre ; il a eu depuis celle de le soutenir dans toute l'autorité nécessaire à ceux qui n'en abusent pas. Toutes les autres fonctions de la royauté· sont peu en comparaison du choix, du soutien ou du rebut des ministres.

Quand le temps sera arrivé pour Sa Majesté d'entrer dans le détail de ses affaires, ce ne seront pas seulement les années, mais les vertus, qui promettent à la France son bonheur, un prince sans défauts, religieux, juste, spirituel, humain, amateur de la probité, instruit des affaires, des hommes, du passé et du présent.

Si à tant de choses connues, il n'y manque que l'usage et l'action, ce serait insulter la providence que de douter des biens attendus.

LA RELIGION.

Le choix des ministres de la religion est un des principaux soins du prince ; il ne saurait trop détester l'hypocrisie ; il doit exciter leurs travaux au bien des mœurs et au bon exemple.

1. Voy. p. 327.

Il est trop reçu dans le monde que les dignités et les biens ecclésiastiques sont un débouché pour la noblesse. Cette maxime devrait faire horreur ; elle bouleverse l'ordre et corrompt les choses
les plus saintes : on n'embrasse cet état que par ambition ; les
grands et la noblesse ne devraient y être avancés que selon leur
vocation et leur sainteté, et ce n'est point un mal d'y voir les
gens de peu de naissance arriver à la plus haute élévation.

La seule méthode pour extirper l'hérésie est par l'oubli ; c'est
ainsi que l'arianisme a été enfin éteint dans les provinces méri-
dionales de la France. La poursuite des hérétiques est prise pour
persécution. Le jansénisme eût bientôt causé des guerres, si on eût
continué à l'attaquer ouvertement et à outrance. Ceux qui conseil-
lent autrement sont des hypocrites ambitieux. Il faut priver des
grâces, des faveurs et de tout agrément aux emplois ceux qui affectent d'être de ce parti, et négliger ceux qui en sont, punir sans
passion tout infracteur à la paix de l'Église, et quelque chose
qu'on dise, noter également, dans les deux partis, ceux qui rom-
pent le silence.

La théologie est assez éclaircie par des écrits savants sur chaque
matière ; il faut refuser l'impression de tous nouveaux livres sur
le dogme, et encourager les bons écrivains sur la morale évangé-
lique ou philosophique.

Les affaires temporelles de l'Église sont dans un grand désordre
par les dettes, les emprunts et la mauvaise répartition des déci-
mes. Pour un million par an, dans les temps ordinaires, et environ
deux millions, en temps de guerre, que le clergé fournit aux besoins
de l'État, ses assemblées exigent des priviléges de juridiction qui
tirent à conséquence. On pourrait trouver ces subsides sur d'autres choses, au moins jusqu'à ce que les affaires du clergé lui fis-
sent plus d'honneur, et l'autorité du roi sur les affaires de l'Église
serait mieux employée à faire une meilleure distribution de ses
revenus. On donne souvent des pensions à des ecclésiastiques et à
des chevaliers ; pourquoi n'en donne-t-on jamais à de pauvres
curés ? Dans ce premier ordre, comme dans les deux autres ordres,
ceux qui travaillent le plus ont le moins.

MŒURS, LA COUR.

Les prix qui se donnent au mérite ou au travail décident des
mœurs d'une nation.

Dans le choix des sujets pour les emplois, il faut d'abord préférer la bonne foi à l'habileté : il n'y a point de talents sans la
probité, car ces talents deviennent dangereux. Heureux quand on
trouve les deux ensemble !

On ne doit pas souffrir dans les administrations principales ceux qui
n'aiment pas avec passion la personne du roi et le bien de son État.

Les mœurs s'y tourneraient par mode en France, si on voyait
quelques exemples indubitables d'être parvenu sans intrigues.

Mais on est encore bien loin de ce but aujourd'hui. Tous les
meilleurs sujets sont persuadés de deux principes également pernicieux : l'un, qu'on n'arrive aux places que par recommandation ; l'autre, qu'il suffit de s'instruire d'une charge au moment
où l'on y entre : de là le zèle et l'application sont méprisés.

Cette opinion a des sources ; on les prendra dans le règne du
feu roi. Pendant qu'il gouverna par lui-même, et avec deux grands
ministres dignes de sa confiance et de ses desseins, l'État eut
abondance de grands sujets en tous genres ; sur la fin de son règne
et de son âge, les recommandations et l'intrigue de cour eurent
lieu davantage ; de là il est arrivé qu'une guerre de douze ans et
des plus sanglantes n'a formé qu'un très-petit nombre de bons
officiers généraux.

La régence n'a pas réparé cet abus ; on y travaille depuis douze
ans, mais il faut redoubler d'attention. Le roi connaît les hommes
de sa cour mieux qu'ils ne se connaissent eux-mêmes.

L'économie est trop méprisée des Français ; c'est cependant une
des plus importantes vertus, en ce qu'elle fait non-seulement le
bonheur des particuliers, mais influe sur tout le capital de l'État.
Que les dissipateurs sachent qu'ils n'ont point de générosité, et
qu'ils tombent eux-mêmes dans l'avarice. Après avoir jeté leurs
biens, ils mangent celui des autres. L'économie est tranquille sur
le recouvrement, mais sage sur la dépense ; la prodigalité est folle
dans la dépense et avide à recevoir.

Tels sont nos courtisans d'aujourd'hui. Leur obscure somptuosité
éloigne d'eux l'idée de grand et de seigneur. Leur dépense en jeu
et en bagatelles, bien différente de l'ancienne représentation des
cours, est ennemie de tout secours pour la petite noblesse des
provinces, et de toute hospitalité pour les étrangers, qui ne de-
manderaient qu'à venir des deux bouts du monde pour orner la
cour, y apporter leur admiration et leur argent, et y prendre
des leçons de bon goût.

La magnificence devrait être réservée aux temples de Dieu, aux palais des princes et aux ouvrages publics. Les particuliers, qui ne sont obligés à aucune représentation, devraient se réduire à la commodité et à la propreté. C'est tout le contraire qui est en pratique aujourd'hui.

Les exemples de religion se trouvent chez les princes, mais leur suite ne les imite que par hypocrisie : une simple régularité vaut mieux que le masque du zèle. On doit chasser de la cour ceux qui se distinguent également par le faux zèle ou par le libertinage et l'irréligion.

AFFAIRES ÉTRANGÈRES.

Ce n'est plus le temps des conquêtes. La France en particulier a de quoi se contenter de sa grandeur et de son arrondissement.

Il est temps enfin de commencer à gouverner, après s'être tant occupé d'acquérir de quoi gouverner.

Quand nous parlons encore d'augmenter la France d'une place ou d'une barrière, quand nous formons une ligne pour notre défense, nous avançons une proposition injuste : nos voisins ont tout à craindre de nous, nous n'avons rien à craindre d'eux.

Les ligues que forme la France ne peuvent être que pour réprimer les ambitieux ; elle doit jouer le premier rôle ; elle méconnaît ses forces, quand elle s'abandonne trop à ces affections politiques, et qu'elle relâche pour cela le moindre de ses droits.

La France est donc en état de donner la loi à toute l'Europe ; mais une loi juste, et qui mette le comble à sa gloire par sa réputation de sagesse et d'équité. Avec cet esprit, elle peut remplir à elle seule les fonctions du tribunal européen pour la paix universelle, tel que l'abbé de Saint-Pierre le propose dans ses traités.

Notre couronne ressemblera à un citoyen heureux et puissant, dont l'opulence est estimée sans être enviée, et qui, sûr de sa défense, s'occupe du bonheur des autres après avoir perfectionné le sien.

Quand on appliquera ces principes de conduite à la position présente de l'Europe, on trouvera assez de quoi entretenir longtemps le mouvement des vertus militaires des Français.

On considérera quelles sont les puissances ambitieuses et inquiètes, où elles vont, et jusqu'où elles peuvent aller. On trouvera que c'est moins l'excès et l'inégalité de grandeur qui trouble la paix, que la moindre mutation et le passage d'une grandeur à une autre. Une ligue de plusieurs et quelques efforts arrêtent les progrès nuisibles à l'équilibre général ; mais les prétentions colorées ne font changer d'état que par violence.

Il y a en Europe quatre puissances qui songent à l'usurpation :

1° L'Empereur.

2° La Czarine, par elle-même, et par sa ligue avec l'Empereur.

3° Le commerce anglais.

4° L'Espagne, soit pour sa propre couronne, soit pour les enfants du second lit de Philippe V.

Il est à propos de maintenir l'Empereur en paix, non pour seconder ses projets, pour faire passer sa succession à son gendre; mais pour empêcher tout agrandissement, soit au dehors, soit au dedans sur ses vassaux; entretenir liaison et amitié, et fortifier les principaux de ses vassaux, qui sont les deux branches de Bavière, Saxe et Prusse, et étouffer les querelles de religion qui affaiblissent l'empire et non l'empereur.

Il faut s aper absolument ce concert dangereux entre l'empereur et la czarine, former de puissantes ligues dans le nord, n'y pas épargner les subsides, et être prêt à marcher sur le Rhin, sans même en donner de raison, au premier effet de leur association.

Au commerce ambitieux de l'Angleterre il faut opposer une bonne marine française, tant royale que marchande, par où nous puissions entrer dans tous les différends d'Amérique; autrement les fraudes des Anglais dans les colonies espagnoles et portugaises, l'envahissement, la prospérité de leur colonie et l'humiliation des Hollandais menacent l'Europe de voir bientôt l'Angleterre maîtresse de toutes les mers et de tous les commerces du monde.

Avec l'Espagne nous nous conduisons comme avec un frère qui n'est pas de notre humeur; tout est tendresse au dedans, tout va à son propre bien; mais au dehors, tout est résistance et entraves pour le gêner dans le mal, et ce mal, pour l'Espagne, est depuis longtemps la fureur des conquêtes éloignées, tandis que le dedans est négligé et misérable. Par là, nous protégerons sincèrement le Portugal, et il n'aura pas besoin d'autre appui que le nôtre. Nous établirons un équilibre en Italie, nous y entretiendrons d'étroites liaisons avec tous les princes et républiques (le secours envoyé aux Génois y concourt bien), en attendant une plus grande perfection pour l'équilibre général, qui serait sans doute, que ni la maison de France ni celle d'Autriche n'y possédassent aucuns domaines.

Les Lois, la Justice.

Nos lois ont besoin de réforme, les mœurs changent, le royaume s'est composé d'une infinité de parties qui ont conservé leurs lois locales ; l'uniformité faciliterait le commerce et abolirait une science qui devrait être plus simple pour qu'il en sortît plus de clartés.

Il a fallu d'autres lois à un peuple barbare et guerrier qu'à un peuple extrêmement policé.

La plupart de nos lois ont été dictées par l'aristocratie et par le crédit du plus fort. Il serait temps que les pères de famille fussent plus libres dans la disposition de leurs biens.

Ainsi la réforme de nos lois devrait être d'en abroger beaucoup, et non de les détailler davantage, sous le prétexte illusoire de prévenir toutes les subtilités des hommes. Les meilleures lois sont celles qui diminuent les procès davantage, et, pour cela, il faut laisser plus d'arbitraire aux particuliers, et moins aux juges.

Il faut favoriser l'usage qui s'introduit de lui-même d'être jugé par des arbitres sans appel, par des commissaires choisis des parties, sous des compromis bien entendus, et enfin par des juges dont l'intérêt soit de terminer et non d'allonger les procès par les incidents.

Finances, Commerce, Police générale.

Ce n'est pas le tout de ne pas nuire aux fortunes des particuliers par l'intérêt du fisc mal entendu ; outre le retranchement des abus, il faut des avantages réels et qui ramènent l'abondance. Ainsi ne pas toucher aux monnaies, ne pas dissiper les revenus de l'État; les distribuer avec économie, ne rien innover mal à propos, ne point rechercher le suffrage des grands, en déférant à leur avidité, tout cela ne forme que des progrès négatifs, c'est-à-dire exempts d'abus grossiers ; mais il n'en faut pas rester là, il faut profiter de la paix, il faut faire avancer le bien public à grands pas, sous le règne d'un prince digne de devenir les délices du genre humain.

Dans l'usage actuel du gouvernement intérieur, le public n'est pas assez admis dans le gouvernement du public. Il n'y a point de monarchie qui ne soit mêlée de plus ou moins de démocratie ou gouvernement populaire. Quand la démocratie concourt avec l'autorité royale, la puissance publique en est altérée parce qu'elle veut être une, mais quand elle ne fait que l'aider, tout va bien mieux.

L'aristocratie, ou gouvernement de la noblesse, concourt toujours ; elle n'est vantée que par des esprits véritablement républicains ; notre ancien gouvernement féodal était ainsi. La noblesse est trop près du trône pour s'y bien soumettre ; la distance qu'il y a du roi au peuple met l'autorité royale à l'abri du concours. De ces considérations est venue la fortune de la robe, mais il ne faut pas la laisser sortir de sa sphère de dépendance.

Par la lecture attentive de notre histoire, on trouvera le progrès de l'autorité royale et de l'abondance en même temps, par celui de cette démocratie subordonnée, et par la destruction de l'ancienne aristocratie, quand on permit aux serfs de se racheter, aux villes d'avoir droit de commune ou de magistrature municipale, et au tiers état d'être admis dans l'assemblée des états généraux.

La vénalité de tous les offices de police a établi depuis cent ans une aristocratie de la plus fâcheuse espèce ; tout se régit par des officiers royaux, tandis que les communes ou magistrats élus du peuple policeraient bien autrement leurs communautés, entendant bien mieux leurs intérêts les plus directs, et apportant toute une autre industrie et d'autres soins à y vaquer. Mais l'application de ces principes a des bornes ; il faut surtout diviser les sphères d'autorité démocratique ; les états généraux sont dangereux, les états d'une province le sont moins ; les magistrats d'un hôtel de ville et des communautés du plat pays, séparés et non associés, ne font que du bien, sans nul danger.

Par le travail de ces communes, les taxes seraient levées avec justice et payées au roi sans embarras, et surtout les ouvrages publics seraient construits à moins de temps et de dépenses, et entretenus avec plus d'assiduité.

Il faut concevoir quelle est aujourd'hui la misère du plat pays : nulle guerre étrangère ou civile n'a davantage désolé la France que l'excès des taxes arbitraires, depuis que l'abus s'en est fait sentir.

Le seul moyen d'y remédier consiste à faire rentrer les habitants dans un esprit de propriété qu'ils ont perdu, tant sur leurs fonds que sur leur industrie. Ils se persuadent que la moindre amélioration de leur héritage leur attire un surcroît de taxe sans proportion, et en effet, le plus laborieux est le plus maltraité. Le meilleur moyen de répartir les taxes est de les placer sur les *consommations*, car l'opulence se décèle tôt ou tard par ce que l'on consomme.

Il faudrait considérer les choses contribuables en trois situations : naissantes, elles doivent être exemptes de tous droits; existantes, on pourrait y imposer un léger tribut par où on les dénombrerait; dépérissantes, ou se consommant, c'est là où tout le fardeau de l'État devrait être assis.

Le mouvement que le commerce donne aux marchandises doit être considéré comme une perfection qu'elles acquièrent, pour augmenter le capital de l'État.

Le commerce de toutes choses devrait être aussi libre que le passage de l'air.

Tous les tarifs de douane que l'on change ne vont qu'à diminuer les droits, et l'on s'en trouve bien. Le commerce ne se mènera jamais, comme on s'imagine, par des prohibitions et des droits exclusifs; les visites, les acquits, les avaries détournent le tranquille commerçant de ses entreprises.

On ne manque jamais d'air, quoiqu'il entre et qu'il sorte; on ne manquerait jamais de blé, si on avait la même confiance dans la liberté. On pourrait d'ailleurs avoir des magasins, ou arrêter des réserves de blé en chaque canton, et les répandre par manœuvres secrètes dans les marchés, pour les tenir au même prix; mais les étrangers seraient toujours alertes à prévenir nos besoins, si le commerce était libre de nous à eux.

Le commerce se perd en France par l'inspection infructueuse qu'on y donne. A chaque nouveau règlement on doit trembler pour ce qui en est l'objet, non qu'il ne contienne d'excellents avis à suivre, mais les exécuteurs manquent à la loi. Un seul inspecteur pour une province verbalise avec humeur; les fabricants viennent en cour demander grâce ou justice, ils s'y morfondent longtemps et se ruinent, ils font banqueroute, et une seule disgrâce de cette espèce décourage tous les autres commerçants d'un pays.

On devrait se désabuser en finance de toute cette espèce de magie attribuée au *crédit public*, à la *confiance* et à la *circulation*. Depuis qu'on en parle tant, jamais les uns ni les autres n'ont si

mal été. Ce sont des choses bonnes en elles-mêmes, mais ce sont
des *effets* et non des *causes* du bien.

Quand le gouvernement est bon, il obtient crédit et confiance,
et la circulation de l'argent répond aux affaires qui se négocient
entre des peuples aisés, de même qu'un grand corps donne une
grande ombre, ou que les habitants circulent beaucoup dans les
rues d'une ville fort habitée ; mais ce n'est ni la grandeur de
l'ombre qui constitue le grand corps, ni le grand mouvement des
habitants qui fait qu'une ville est grande et peuplée.

Le crédit n'est bon ordinairement qu'à celui qui l'obtient ; par
là, il se sert des fonds d'autrui sans en payer d'intérêt, mais ce
qu'il gagne de richesses n'est avantageux au public qu'après
l'avoir réalisé. Il y aura toujours assez de monnaies circula-
bles pour solder les échanges ; le crédit, comme on l'entend,
n'est que la commodité des échanges, et on s'occupe de la forme
avant d'en avoir étudié la matière. Cependant tout ce qui étudie
par spéculation la finance et le commerce, depuis le système de
Law, ne s'est occupé que de cette vaine théorie ; que l'on ra-
mène l'abondance, et tous ses bons effets ne manqueront pas de
s'ensuivre.

L'abondance et l'ordre dans les finances font fleurir les arts ; il
est inutile de penser encore à ces effets sans la première cause.
Nos arts et notre goût ne sont pas seulement l'ornement de l'État,
ils sont en France une des premières branches de commerce par
l'attrait universel qu'ils ont pour les étrangers.

Les départements de finance devraient moins être réglés par
affaires que par lieux. Un homme ou une compagnie s'acquittent
aisément de plusieurs sortes d'affaires, mais la correspondance ne
conduit qu'imparfaitement les soins du centre à une circonférence
éloignée ; de là viennent les négligences des directeurs, les infidé-
lités des employés et les gros frais de régie.

On songe à faire des fortunes et à former des gens de finance
comme si cet ordre était fort utile à l'État ; on devrait en diminuer
le nombre autant qu'il se pourrait et n'y garder que les plus entendus. Il y en aura toujours de reste pour corrompre les mœurs
de la nation par le luxe, l'ardeur du gain, la basse intrigue, l'a-
gio, et surtout pour fournir au ministère des moyens séduisants et
de fausses connaissances du royaume.

Il ne saurait y avoir de système général de finance que celui
d'une sage administration ; c'est partie par partie qu'on perfec-

tionne le total. Mais la source générale est de mettre les hommes à leur place, de ne point faire régir ce qui doit être donné à forfait, et de ne point mettre dans la main du roi ce qui serait mieux administré par la commune.

Le commerce est de même, la mesure de *liberté* y est grande, celle de *protection* est moindre qu'on ne pense. Cette protection n'est souvent qu'un prétexte à la gêne, et la preuve des faux soins qu'on s'y donne est que notre commerce extérieur se restreint tous les jours. Notre luxe augmente, et accroît nos besoins des choses étrangères. Les étrangers ont été si rebutés de nos attentions contre eux, que, bien éloignés d'en être dupes, ils ne nous prennent plus absolument aujourd'hui que ce qu'ils ne trouvent pas ailleurs, pour peu qu'ils le rencontrent chez les autres : tout a la préférence sur nous.

Guerre.

Chez la nation la plus brave du monde, l'état militaire dépérira par manque d'officiers généraux, jusqu'à ce qu'on ait confondu, à cet égard, en un deux ordres qui se sont introduits dans la noblesse, l'un de seigneurs, et l'autre de simple noblesse.

Tout doit être juste dans les gradations de cette profession qui ne travaille que pour la gloire ; la naissance et les richesses y donnent des préférences injustes, et cet abus se sentira de plus en plus.

Le moindre officier devrait envisager sans folie l'espoir des plus hautes récompenses quand ses actions le mériteraient, et il ne devrait pas être plus difficile de les faire connaître, que de les exécuter.

On devrait voir souvent s'élever des gens de mérite peu assidus à la cour, par leur grande assiduité à leur troupe. Le ministère de ce département n'est proprement chargé que de ce soin ; la subsistance dépend de la finance, tout est bien en règle sur cela, le mouvement des armées dépend des généraux ; mais le discernement des sujets est un travail qui peut se mettre mieux en règle qu'il n'est, par des registres où toutes les actions seraient couchées, et après cela, il serait aisé de décider, si les passions particulières cessaient.

La modération des équipages et des dépenses particulières, la frugalité et le bannissement de la mollesse ne vont pas à moins qu'à rendre nos armées victorieuses partout, d'autant plus que les étrangers sont fort embarrassés de bagages. Les Français vont fort loin d'abord en tout ce qu'on propose à leur émulation. Si Sa Majesté excitait sérieusement les premiers courtisans, si on récompensait ceux qui iraient le plus loin dans cette carrière, si on y exerçait les officiers en paix comme en guerre, si le roi en donnait le premier exemple dans quelques voyages sur la frontière, bientôt nos armées deviendraient aussi lestes et aussi frugales que celles d'Alexandre et de Scipion.

MARINE.

Il faut rétablir la marine de France telle qu'elle était dans le temps où elle a fleuri davantage, du règne de Louis XIV, et nulle dépense, sans exception, ne va avant celle-là.

C'est d'elle que vient la véritable protection que le roi accorde au commerce ; par elle on obtient justice et non grâce, sur les griefs qu'essuient nos marchands ; on se porte à des représailles justes et fréquentes, et on n'en craint point de mauvaises suites, quand elles sont justes.

En cas de guerre, la marine épargne les dépenses par terre.

En politique, on ne fait cas du suffrage des puissances maritimes qu'autant qu'il vaut.

On protégera par là les deux couronnes du nord contre la tyrannie prussienne.

Nous nous ouvrirons dans le nord un commerce réservé jusqu'ici à l'Angleterre.

Notre marine agira par flottes ou par escadres, selon que les marines étrangères agiront elles-mêmes. La guerre n'est qu'une enchère de forces où il faut toujours faire face à celui qui a le plus.

La marine royale épargne à celle des marchands toutes les dépenses de sûreté qui y distraient leurs fonds, et ces fonds retombent dans le commerce. Par là tout commerce peut devenir libre, et la nécessité de le faire par des compagnies tombe aisément. Ces compagnies sont des régies immenses trompées au loin, et peu industrieuses dans les détails ; mais elles allèguent qu'il faut au commerce d'Asie et d'Afrique des établissements coûteux de comptoirs, de forts et d'officiers résidents. Le roi peut, sur cela, faire ce qu'on a fait à la Louisiane, s'approprier ces établissements et les régir par sa marine ; ils en seront mieux gouvernés, et tout marchand français n'aurait qu'à y aborder et à y trafiquer sous les lois générales de l'État, et comme on trafique dans nos colonies d'Amérique et au Levant.

Mémoires d'État, II, 208 (Mars 1738).

TABLE DES MATIÈRES.

ı 25

388   TABLE DES MATIÈRES.

FIN DE LA TABLE DES MATIÈRES.

PARIS. — IMPRIMERIE DE CH. LAHURE ET Cⁱᵉ,
Rues de Fleurus, 9, et de l'Ouest, 21

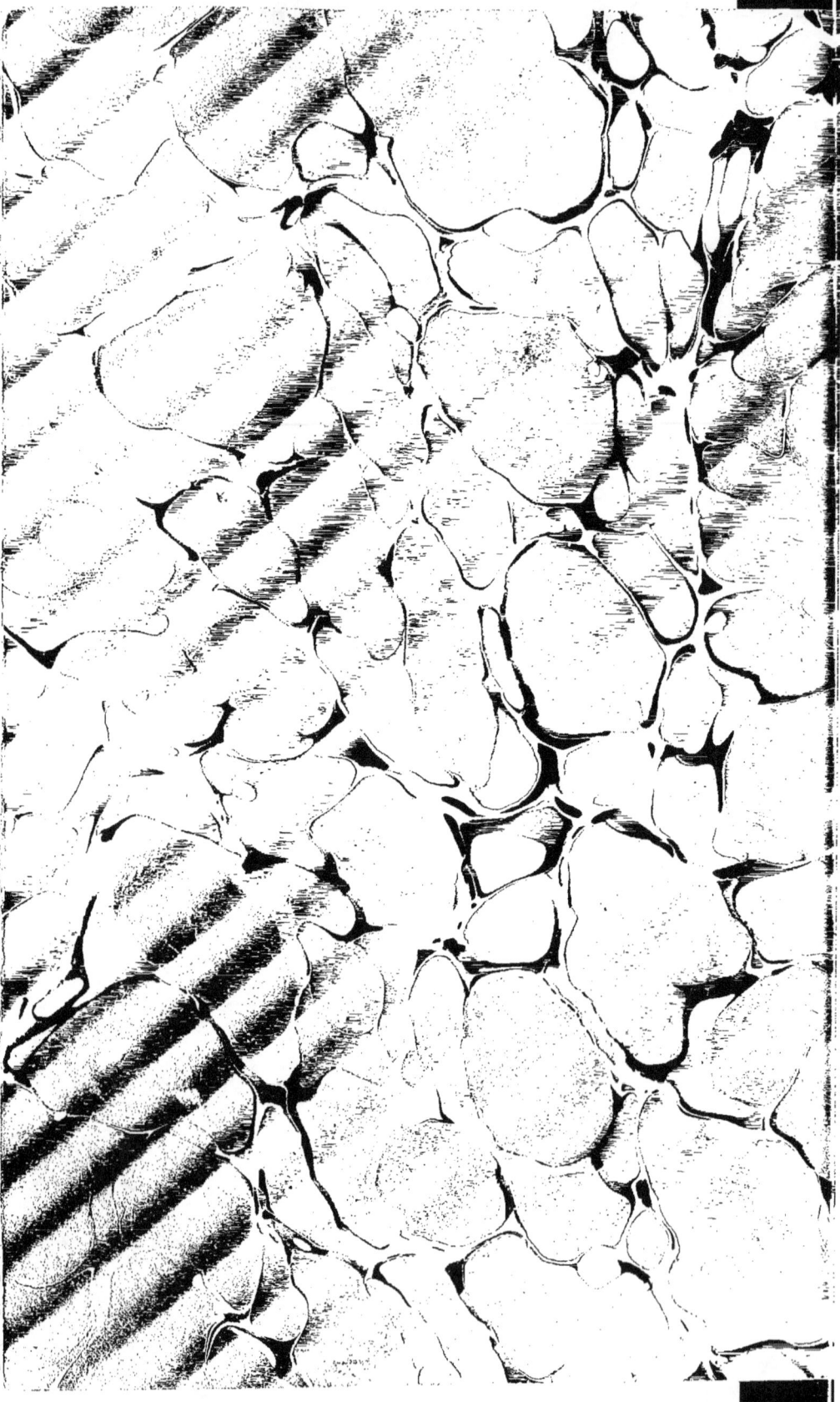

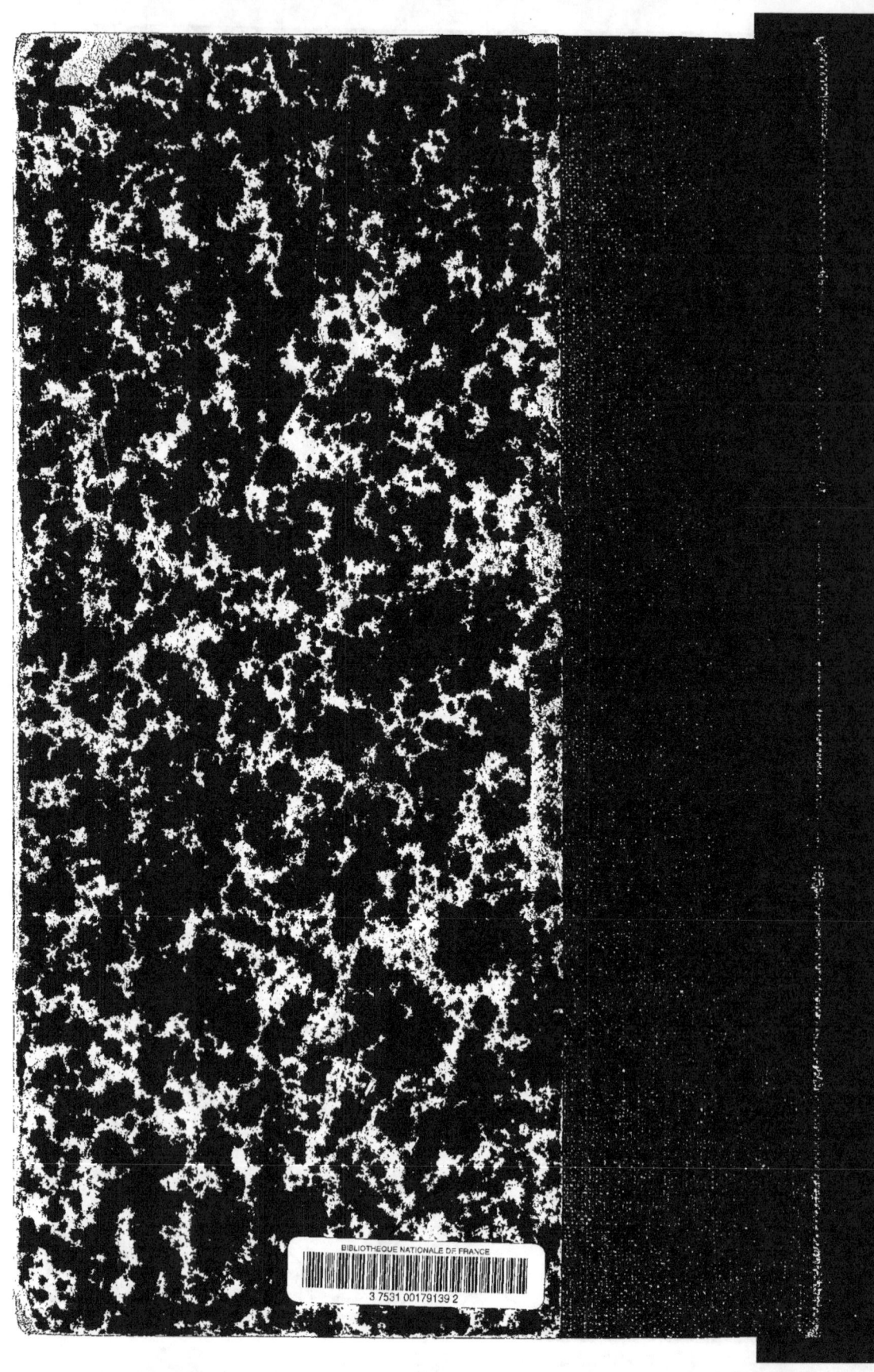